# 改革开放与中国企业发展

## （下　卷）

本书编写组

# 目录

CONTENTS

## 上卷

## 中　卷

# 下 卷

GEELY

# 吉利：民营企业创新转型领跑者

浙江大学区域协调发展研究中心

民营经济看浙江，汽车工业看吉利。改革开放40年来，民营企业如雨后春笋、异军突起，成为推动我国经济社会发展的重要力量。星星之火可以燎原，吉利集团正是在这片星火燎原中孕育而生。吉利集团创立于1986年，最初以生产冰箱配件、装潢材料和摩托车等开始创业历程。1997年吉利正式进军汽车行业，作为中国第一家民营汽车制造企业，其造车之路可谓从无到有、从小到大、从弱到强，实现了跨越式发展。2017年，吉利汽车总销量124.7万辆，营业收入达928亿元；沃尔沃汽车总销量57.2万辆，营业收入达2109亿瑞典克朗。目前，吉利资产总值超过2000亿元，员工总数超过8万人，连续六年进入世界500强，旗下拥有沃尔沃汽车、吉利汽车、领克汽车、伦敦电动汽车、远程新能源商用车等汽车品牌。在上海、杭州、宁波、哥德堡、考文垂、巴塞罗那及美国加州建有设计和研发中心，拥有大量发明创新专利，全部产品拥有完整知识产权。在中国、美国、英国、瑞典、比利时、白俄罗斯、马来西亚建有世界一流的现代化整车制造工厂，产品销售及服务网络遍布世界各地。

图 1　2016～2017 年吉利汽车销售产量增长

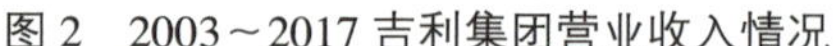

图 2　2003～2017 吉利集团营业收入情况

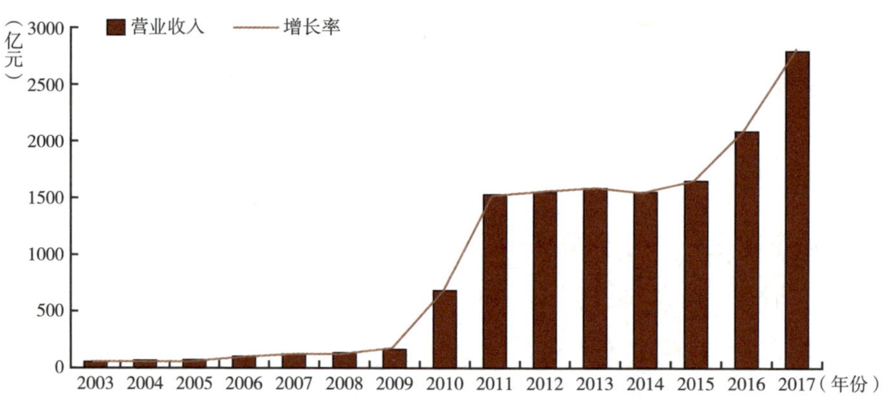


注：数据由吉利集团提供。

## 一、勇立时代潮头：汽车工业看吉利

“听党话，跟党走。”① 吉利的成长与党的方针政策紧密相连，与国家发展战略密不可分。吉利的发展与壮大归功于自主创新和全球布局，印证和拓展了熊彼特创新理论和对外直接投资理论。但更为重要的是，吉利发展高度契合我国改革开放的方针政策，吉利转型升级的关键在于紧跟时代步伐，把

① 吉利集团党委书记陈文明用这句话来总结吉利的发展。

握时代契机，勇立时代潮头，做时代的弄潮儿。

### （一）初创阶段：吉利进军汽车行业

改革开放以来，我国不断优化政策环境，发挥体制机制优势，民营企业快速成长。国家政策给予民营企业生产汽车的机会，为吉利有机会进军汽车行业提供了良好的市场环境。初创阶段，百姓买得起的好车，吉利来造！

#### 1. 改革开放与吉利造车

吉利进军汽车行业得益于党和国家改革开放政策给予民营经济从事汽车生产的机会。1994 年国务院发布的《汽车工业产业政策》有如下表述："国家鼓励个人购买汽车"；"任何地方和部门不得用行政和经济手段干预个人购买和使用正当来源的汽车"。这一政策意味着中国汽车市场的逐渐开放，为吉利等众多民营企业提供了巨大的商机和市场。在改革开放的大背景下，吉利于 1997 年正式进军汽车行业，然而却面临着内外交困的窘境。对内来说，吉利没有取得汽车生产的"许可证"，且无技术、无资金、无人才；对外来说，中国汽车工业"三大三小两微"[①] 的垄断格局一时无法打破。面对这一局面，吉利果断采取"低价战略"，提出了"三五"造车目标，即"五万元、五升油、五个人"，意思是车子售价仅为五万元，跑一百公里只需五升油，车内能坐下五个人。价格低廉但质量过关的吉利汽车一举冲破了三大轿车合资企业的市场垄断，使轿车从奢侈品变成老百姓都买得起的消费品，吉利成功跻身中国轿车行业十强。

#### 2. 中国入世与吉利"许可证"

1994 年颁布的《汽车工业产业政策》规定，企业生产和销售汽车必须取得"许可证"。在发展初期，吉利并没有取得汽车生产的"许可证"，它通过收购四川德阳一个濒临破产的国有汽车工厂进入汽车行业，要想持续发展，许可证是吉利无法绕过的一个槛。进入 21 世纪，中国加入世贸组织在

① "三大"指一汽、东风和上汽；"三小"指广汽、天汽和北汽；"两微"指云雀和奥拓。

即，在艰难的世贸组织谈判中，中国政府为中国的汽车产业争取到了 6 年的保护期，即直到 2006 年 7 月 1 日，汽车关税从 2004 年的 34.2% 最终降至 25% 的底线，同时零部件降至 10% 的目标税率。[①] 这意味着中国有 6 年的时间去发展和培育国有汽车品牌，以此来抗衡未来国外汽车品牌的涌入和竞争。这给吉利等众多民营汽车企业带来了挑战，同时也带来了机遇。挑战在于吉利能否在短短几年内实现技术的飞跃，成功地创造出属于中国的民族品牌；机遇在于中国政府为了培育民族汽车品牌而不断放宽对民营汽车企业的限制。果然，在中国入世前夕，国家经济贸易委员会增发了一批汽车生产许可证，吉利赫然在列，吉利成为中国首家获得轿车生产资格的民营企业。

### （二）转型阶段：吉利引领汽车工业转型升级

2007 年 5 月 17 日，吉利正式向外界宣布：吉利汽车进入战略转型期，最安全、最环保、最节能的好车，吉利制造。一直以来凭借低价策略取得竞争优势的吉利汽车开始转变发展战略，从“低价”战略向“技术先进、品质可靠、服务满意、全面领先”战略转型，这一转型预示着吉利不再依靠价格竞争，而是从价格优势走向技术领先。如何打好这一场技术战，从内部来说，吉利通过持续性的研发投入，增强自主创新能力；从外部来说，吉利依靠跨国并购获取国际领先企业的核心技术，融合全球资源强化创新能力。在这一战略转型过程中，国家“走出去”战略扮演着至关重要的角色。为了把“引进来”和“走出去”更好地结合起来，2002 年我国开始实施“走出去”战略，中国政府积极鼓励国内企业对外投资和跨国经营，吉利正是在这一全球化浪潮中开展跨国并购，实现转型升级。在战略转型期间，吉利完成了两大跨国并购。其一是 2009 年收购澳大利亚 DSI 公司。DSI 公司是世界第二大独立于整车之外的自动变速器生产商，通过收购 DSI 公司，吉利将

---

① 王千马、梁冬梅：《新制造时代：李书福与吉利、沃尔沃的超级制造》，北京：中信出版集团，2017。

DSI 先进的自动变速器产品和技术引入中国汽车行业，极大地强化了吉利自身自动变速器的研发和生产能力。其二是 2010 年收购沃尔沃。吉利斥资 18 亿美元收购了沃尔沃 100% 的股权。通过并购沃尔沃，吉利获得了沃尔沃轿车商标的全球所有权和使用权，以及分布于 100 多个国家的 2325 个网点的销售与服务体系和涵盖发动机、整车平台、模具安全技术和电动技术在内的 10963 项专利与专用知识产权等宝贵资产，这为吉利跨越技术瓶颈、提高创新能力奠定了坚实的基础。在跨国并购的同时，吉利快速融入全球化创新网络，2013 年在瑞典哥德堡设立欧洲研发中心（CEVT），整合旗下沃尔沃汽车和吉利汽车的资源，提高吉利自主创新能力。总的来说，在战略转型期，吉利借力国家“走出去”战略的政策东风，通过跨国并购嵌入国际技术前沿，并在此基础上积极搭建全球化创新网络，不断融合全球创新资源，实现技术的追赶和超越。

### （三）发展阶段：吉利迈入定制化的创造新时代

2014 年吉利实施品牌战略转型，提出造每个人的精品车，更提出让中国的汽车跑遍世界。在这一阶段，吉利积极对接国家发展战略，不断推动中国民族汽车品牌迈出国门，走向世界。

#### 1. 创新驱动与吉利技术创新

党的十八大明确提出“实施创新驱动发展战略”，强调科技创新是提高社会生产力和综合国力的战略支撑，必须摆在国家发展全局的核心位置。吉利通过跨国并购搭建全球化创新网络，在此过程中加速自主创新步伐，提升创新能力。吉利在杭州、宁波、哥德堡和考文垂设立了四大研发中心，在上海、哥德堡、巴塞罗那和洛杉矶设立了四大造型中心，拥有超过 12000 名科研技术人员。与此同时，吉利的研发投入近百亿，占营业收入的比重达到 10%～15%，远远高于行业平均水平。

#### 2.“互联网 +”与吉利转型

随着新一代信息技术的深入推进，互联网与各产业深度融合的步伐明显加快，2015 年我国推出“互联网 +”战略。在此背景下，吉利推出“曹操专车”业务，实现了汽车生产制造商向平台服务商的转型。与此同时，推出吉客智能（GKUI），携手互联网、大数据和人工智能等领域，打造开放、共享的车联网平台。

#### 3.“一带一路”与吉利“走出去”

为响应中国政府提出的“一带一路”倡议，推动中国与马来西亚及东盟国家间经济和贸易合作，2017 年吉利收购马来西亚 DRB 集团旗下宝腾汽车 49.9% 的股份以及豪华跑车品牌路特斯 51% 的股份，开启了中国汽车品牌向国外输出技术、输出标准、输出人才、输出产品的先河。

#### 4. 新能源战略与吉利新能源开发

2016 年我国颁布《节能与新能源汽车技术路线图》，党的十八大报告、十九大报告和政府工作报告也数次提到我国要优先发展清洁能源。吉利致力于多样化的新能源解决方案，积极探索油电混合、插电式混动、纯电动、增程式点动和甲醇、乙醇等替代燃料领先技术，推动传统汽车向新能源汽车转型升级。例如，吉利专门成立了远程新能源商用车品牌，专注于新能源和清洁能源商用车的研发。总的来说，这一阶段吉利积极对接国家发展战略，以自主创新为重要抓手，不断强化技术创新能力，推动中国民族汽车品牌走向世界。

## 二、理论与实践：自主创新和全球布局双轮驱动吉利领跑

吉利集团对内加速技术创新，实现转型升级；对外加快资源整合，实现全球布局，领跑民营企业创新转型。课题组在熊彼特创新理论和对外投资“外联 – 杠杆 – 学习”理论的基础上，分析吉利创新转型和全球化战略，以理论指导实践，以实践拓展理论。

### （一）“创造性破坏”：从弯道超车到变道追赶

熊彼特创新理论认为创新是指生产要素的重新组合，是把一种从来没有

的关于生产要素和生产条件的新组合引进生产体系中去，以实现对生产要素或生产条件的新组合。创新的精髓在于创造性破坏，即创新不断地从内部使整个经济结构革命化，不断地破坏旧结构，不断地创造新结构。创造性破坏的过程不是价格竞争，而是新商品、新技术、新供应来源和新组合形式的竞争。这一观点与吉利的转型升级之路“不谋而合”。2007 年吉利进入战略转型期，从“低价”战略向“技术领先”战略转型，不断摒弃价格竞争，狠抓技术创新和人才培养，在“创造性破坏”中实现中国民族汽车品牌的追赶和超越。

熊彼特进一步明确指出创新的五种情况：其一是采用一种新的产品或一种产品某一新的特性；其二是采用一种新的生产方法；其三是开辟一个新的市场；其四是掠取或控制原材料或半制成品的新的供应来源；其五是实现任何一种工业的新的组织或打破一种垄断地位。以上五类创新模式依次对应产品创新、技术创新、市场创新、资源配置创新和组织制度创新。基于以上五类创新模式，课题组深入剖析了吉利的创新转型之路。

1. 产品创新：打造横纵联合的双向交错“产品网”

“横”指的是汽车产品种类多元化，吉利拥有轿车、SUV（运动型多用途汽车）、MPV（多用途汽车）等多种车型；“纵”指的是汽车质量梯度化，吉利实现汽车 A 级到 B 级再到 C 级的跨越式发展。具体而言，一方面，横向扩展汽车种类。在 2007 年以前吉利只生产轿车这一种车型，比如豪情、美日和优利欧等，随着战略转型和行业竞争的不断加剧，吉利从轿车领域不断横向扩展，陆续推出远景、博瑞、博越和帝豪等融合轿车、SUV 和 MPV 等多种车型的品牌系列。吉利汽车在未来四年的产品规划中明确指出：将着力推出超过 30 款全新产品，产品涉及轿车、跨界车、SUV 和 MPV 等各个种类，覆盖从 A0 级到 B 级的各细分市场，以满足不同的市场定位和需求。另一方面，纵向提升汽车品质。在 2007 年以前吉利以低价战略抢占市场，美日、豪情和优利欧作为“老三样”主打低端廉价，在战略转型之后，吉利彻底摒弃“老三样”，在技术、安全和品质上积极探索；同时通过跨国并购，实现了汽车从A级到B级再到C级的跨越式发展，成功推出了远景、博瑞、博越、帝豪和领克等中高端汽车品牌，领克则进军欧美市场，实现了中国民族汽车品牌品质的跨越和技术的追赶。

### 2. 技术创新：自主、融合、突破的三位一体“创新网”

通过持续性的研发投入和高素质的研发和技术人才队伍，吉利形成了世界一流的技术研发体系和技术原创能力。具体来说，首先，核心技术加速突破。（1）发动机和变速器是汽车行业的命脉，吉利较早地涉足汽车发动机和变速器的自主研发。2006年吉利自主开发了Z系列自动变速器，填补了中国汽车行业自动变速器产业化的空白。近年来，吉利加快对发动机的技术研发，推出了1.8TD和6G35V等国际先进的发动机，为吉利的转型升级打下了坚实的技术基础。（2）提高吉利汽车的安全性能，吉利在C–NCAP碰撞测试中，多款车型获得了“五星+”，2016年推出的领克车型，其耐撞安全性能甚至超过奔驰等品牌，吉利汽车已成为中国乃至世界的最安全的汽车。（3）智能互联和智能驾驶等智能化技术成为吉利未来十年发展的技术重点。吉利汽车基于互联网、大数据和人工智能，将全力打造一个开放、共享的车联网平台，为用户打造智能出行环境。

其次，研发水平不断提升。（1）全球化研发网络。吉利在杭州、宁波、哥德堡和考文垂设立了四大研发中心，在上海、哥德堡、巴塞罗那和洛杉矶设立了四大造型中心，吉利拥有超过12000名科研技术人员，其中包括7000多名整车研究院研发人员，3000多名欧洲研发中心研发人员，400多名造型设计中心设计师，2000多名动力总成研发人员，全球化研发网络和庞大的研究团队为吉利技术创新注入了不竭动力。（2）大规模研发投入。吉利的研发投入近百亿元，占营业收入的比重达到10%～15%，远远高于行业平均水平。与此同时，吉利大力培养研发创新人才，目前拥有各类研发人员10000余人，而且吉利也是拥有“千人计划”等高端人才最多的民营汽车企业。

最后，新能源技术开发应用。吉利致力于多样化的新能源解决方案，积极探索油电混合、插电式混动、增程式点动、纯电动和甲醇、乙醇等替代燃料领先技术，推动传统汽车向新能源汽车转型升级。（1）吉利汽车率先承诺实现到2020年新能源汽车销量占吉利整体销量的90%以上，其中插电式混动与油电混合汽车销量占比达到65%，纯电动汽车销量占比达35%。（2）沃尔沃汽车开启“2019全面电气化战略”，沃尔沃汽车将不再提供纯内燃机汽车，汽油车将装配电动车，柴油车将逐渐改为汽油插电式混合动力车型等。（3）吉利专门成立了远程新能源商用车品牌，专注于新能源和清洁能源商用车的研发和制造。在新能源技术的开发与应用领域，吉利抢占先机，走在了世界前列。

3. 市场创新：构建国内与国外的两手互济“市场网”

吉利的市场创新可大致分为两个阶段。其一是跨国并购所带来的国际市场扩展，2010年吉利收购了沃尔沃100%的股权，成为中国汽车行业第一家跨国公司，自此吉利获得了沃尔沃轿车商标的全球所有权和使用权，也获得了沃尔沃分布于100多个国家的2325个销售网点和服务体系。这一次跨国并购意味着吉利走出国门，实现了本土市场向国际市场的巨大跨越。然而，在2010年吉利与沃尔沃不管是在技术水平还是在品牌知名度都相距甚远，吉利在并购沃尔沃之后采取“分而治之”的策略，即坚持吉利是大众化汽车品牌，沃尔沃是高档豪华汽车品牌，吉利和沃尔沃两个不同层次的汽车品牌携手，共同参与全球汽车市场竞争。2010年吉利虽然成为中国第一家汽车行业跨国公司，开辟了国际市场，但是吉利和沃尔沃采取“分而治之”的策略，从这个意义上说此次国际市场的扩展是初创式、被动式的。但可以明确的是，吉利收购沃尔沃是吉利开启国际市场征程的关键一步。其二是技术突破前提下的主动出击。在全球化的研发网络条件下，核心技术不断突破，吉利于2014年提出品牌战略转型，2016年10月吉利汽车推出领克汽车品牌，作为欧洲研发、欧洲设计、全球制造、全球销售的高端汽车品牌，凭借世界领先的造型设计、产品品质、互联网和新能源技术，主动出击，进入发达国家市场，与全球主流汽车品牌进行直接竞争。如果说2010年吉利凭借收购沃尔沃并利用沃尔沃这一国际品牌开辟国际市场，那么 2016 年领克的横空出世，可以说是吉利依靠自主创新，主动出击，在激烈的国际市场竞争中占据了一席之地。

4. 资源配置创新：全球采购与深度融合的兼容并蓄“配置网”[①]

在发展初期，吉利汽车的供应链体系选择范围非常狭窄，80%~90% 为本土供应商，与国际顶尖供应商合作匮乏。然而在并购沃尔沃之后，吉利的原材料和中间品采购体系发生了颠覆性的变化。首先，全球范围采购加深了吉利与国际顶级供应商的合作机会。在吉利并购沃尔沃之后，吉利在国际市场的知名度逐渐打开；与此同时，吉利不断提升自主创新水平，产品的质量和技术加速升级，诸多国际供应商更加积极主动地加入吉利汽车的供应链中。这一转变使得吉利在供应商的选择上有更大、更多的自主权，通过本土供应商与国际顶级供应商的相互置换，吉利实现了供应商的优胜劣汰，提高了原材料和中间品供应的技术质量。其次，与国际供应商的合作使吉利接触到了国际前沿技术。由于汽车产业的全球化，众多零部件供应商在全球范围内承担着整车同步研发工作和零部件模块匹配工作，其产品质量极大地影响了整车企业的产品性能。吉利与国际顶尖供应商的合作机会日益增多，这类供应商为吉利提供了前沿性的零部件技术研发支撑，同时也使吉利在合作中广泛接触国际高端技术前沿。

5. 组织制度创新：制造商与服务商的相辅相成“组织网”

基于互联网与制造业的深度融合，吉利集团成立“曹操专车”等新能源汽车服务平台，从制造商向出行服务商转型；同时，注重集团合规体系建设，杜绝风险。首先，从汽车制造商向交通运输服务商转型。“曹操专车”是国内首个建立新能源出行服务标准和引领低碳出行潮流的新能源汽车共享出行服务平台，也是吉利对“新能源汽车共享经济生态”的战略布局。传统

① 郭凌晨、丁继华、王志乐：《走向全球公司：吉利公司全球化之路》，北京：中国经济出版社，2016。

的网约车平台如滴滴主打的是C2C模式，管理成本相对低廉，但是乘客安全、管理规范和服务质量始终是其运营的弊端。由吉利主导设立的“曹操专车”采用的是B2C模式，主打安全和服务，具有传统网约车平台无法比拟的优势。具体来说，一方面，“曹操专车”背靠吉利这一汽车制造商，具有定制化车辆的独到优势，为乘客提供安全、便捷、差异化的服务；另一方面，由于使用新能源汽车，能源消耗成本大大降低，并且由于采用的是吉利自主创新制造的新能源汽车，其内部沟通和交易成本也大大降低。对于吉利汽车而言，通过组织创新，将平台服务业纳入产业版图，可以享受到企业多元化运营的好处，同时获取更为丰富的产品使用体验，为新能源汽车的研发改进提供重要的一手资料，可谓一举多得。其次，注重集团合规体系建设，杜绝风险。吉利设立首席合规官，并在各个子公司设立合规管理岗；健全合规制度体系，发布《浙江吉利控股集团廉洁自律行为准则及其处分实施细则》，全员签订《廉洁自律承诺书》；对商业伙伴采取廉洁自律约束，要求所有合作伙伴在签订合同时同步签署《诚信经营自律条款》，对商业腐败采取零容忍态度；内部建立多部门联动的风险管理体系，及时预防和应对风险。

### （二）“外联 – 杠杆 – 学习”：从后来者到领跑者

吉利的创新转型与全球化战略是相伴相随的。基于投资动机角度，对外直接投资（OFDI）理论将企业国际化经营分为四种类型，即资源寻求型、市场寻求型、效率寻求型和战略资产寻求型。对于战略资产寻求型，Dunning（1993）给出如下定义：跨国公司通过对外直接投资获取东道国关键性要素或无形资产等战略性资产，从而提高跨国公司自身的竞争能力和生产效率，战略性资产具体包括知识技术、管理经验、营销网络、品牌商标等无形资产。吉利2009年收购DSI公司、2010年收购沃尔沃、2018年收购戴姆勒等跨国并购活动，被认为是中国跨国企业战略资产寻求的典型范例。

Mathews（2006）提出“LLL”分析框架，认为作为国际化进程中的

“后来者”，发展中国家跨国公司可以凭借外部联系（linkage）、杠杆效应（leverage）和学习效应（learning），在干中、学中不断消化吸收领先者的技术外溢，并形成自身的竞争优势。具体来说，发展中国家跨国企业可以通过合资或者其他合作方式与先行者企业取得联系，并以此为杠杆融入国际化资源网络，进而取得资源，并将获得的资源进行学习、消化和吸收，最终形成企业自身的竞争优势。课题组以“LLL”分析框架为切入点，深入剖析吉利的全球化创新战略。

### 1. 外部联系：跨国并购“链接”国际前沿技术制高点

2002年我国实施“走出去”战略以来，吉利加速布局海外市场，通过跨国并购这一方式嵌入国际技术前沿并与之建立联系，这是吉利全球化创新战略的第一步。课题组重点分析吉利收购DSI公司、沃尔沃两大跨国并购案例。首先，收购DSI公司，强化核心部件研发。2007年实施战略转型以来，为进一步提升核心技术，特别是变速器和发动机领域的研发能力，吉利开始将目光放眼全球。2009年，吉利成功收购全球第二大自动变速箱生产商——澳大利亚DSI公司。DSI公司是世界第二大独立于整车之外的自动变速器生产商，拥有年产18万台自动变速器的生产能力，是美国福特、韩国双龙和印度马新爵等汽车企业的重要供应商。通过收购DSI公司，吉利将其先进的自动变速器产品和技术引入中国汽车行业，向中国整车汽车企业提供世界先进的自动变速器产品，极大地强化了吉利自身自动变速器的研发和生产能力。其次，收购沃尔沃，开拓国际汽车市场。汽车企业要想在激烈的国际竞争中脱颖而出，必须依靠核心技术、强大的研发能力和品牌知名度。对于吉利而言，要想进军国际市场的同时提升自主创新能力和品牌价值，最行之有效的方法即并购一家在世界上有品牌知名度且技术领先的汽车企业。利用金融危机这一契机，吉利在2010年斥资18亿美元收购了沃尔沃100%的股权，这为吉利跨越技术瓶颈、提高创新能力奠定了坚实的基础。由此可见，在早期的全球化过程中，吉利始终扮演着一个学习者的角色，利用跨国并购与国际领先企业建立联系，并从中掌握汽车生产和研发的核心技术，慢慢探索创新转型之路。

2. 杠杆效应：全球化网络“放大”创新资源集聚能级

在跨国并购之后，吉利与世界领先企业建立了联系，并以此为杠杆融入国际化资源网络，撬动创新资源，构建了全球化创新网络，形成了全球研发—全球设计－全球制造－全球销售的生产创新体系。首先，全球四大研发中心抢占前沿科技。目前，吉利拥有杭州、宁波、哥德堡和考文垂四大研发中心，全球化多点布局研发体系，抢占技术制高点。2010年，吉利斥资3.5亿元在杭州建立研发中心。2013年，吉利在瑞典哥德堡设立欧洲研发中心（CEVT），整合旗下沃尔沃汽车和吉利汽车的资源，打造新一代中级车模块化架构及相关部件的研发基地，以满足沃尔沃汽车和吉利汽车的市场需求。这也是吉利全新品牌领克产品的主战场，目前欧洲研发中心已拥有研发人员超过2000名。2015年，吉利在英国考文垂设立研发中心，投资5000万英镑（约合4.9亿元人民币），建设前沿技术研发中心和新工厂，研发和生产9种不同车型，包括集团即将推出的轻量化新能源商用车。2017年，吉利投资62亿元在宁波杭州湾新区设立研发中心，中心架构分别由整车研究院、汽车动力总成研究院、新能源汽车研究院、汽车创意设计中心构成，拥有国内最先进的研发技术中心、整车试验中心、动力总成试验中心和整车试制中心。

其次，全球四大设计中心引领造型前沿。吉利造车遵循基础架构、设计造型、制造基地这一流程，基础架构依靠核心技术的强大支撑，设计造型体现汽车外观和功能的时代潮流。吉利在上海、哥德堡、巴塞罗那、洛杉矶都建立了设计中心，这四个地方基本代表了世界级汽车工业的方向和动态。更为重要的是，吉利引进了国际顶尖汽车造型设计人才彼得·霍布里，彼得·霍布里在豪华车领域有二十多年的工作经验，参与了60多辆轿车、卡车等设计工作。2011年以来，彼得·霍布里担任吉利造型设计副总裁，集结了来自美、英、日、韩、瑞、澳、中等国的500多位专家共同研发，推出了具有中国文化元素的吉利博瑞，在合资企业主导的B级车市场占据一席之地。再次，全球制造提升汽车品质。国内层面，吉利加速建立全新的、具备国际顶级制造工艺的生产基地，其中以国际一流标准打造的春晓基地已全面投入使用。路桥新基地则完全按照沃尔沃工厂标准建设，在工艺流程、组织架构和 IT 等设置上，均与沃尔沃根特工厂保持一致，未来将实现吉利汽车和沃尔沃汽车的共线生产。国际层面，通过合资或合作等商业模式，吉利在原有的俄罗斯、乌克兰、埃及和乌拉圭等国已建立十多家 KD 工厂的基础上，又有序推进白俄罗斯、巴西、伊朗等项目，其中白俄罗斯的全新基地已经全面启动。

最后，全球销售占领国际市场。目前，吉利汽车主要出口东欧、中东、东南亚、非洲、大洋洲、中南美洲的 60 多个国家和地区，并且已在海外建立了 400 多家销售和服务网点，但大多分布在亚非拉等发展中国家。2010 年吉利并购沃尔沃之后，获得了沃尔沃分布于 100 多个国家的 2325 个网点的销售和服务体系（沃尔沃的销售网络主要集中在欧美发达国家），这为吉利打开欧美市场贡献了力量。

### 3. 学习效应：创新融合“渗入”自主创新能力提升

吉利通过跨国并购嵌入国际技术前沿，并以此为杠杆融入全球创新网络，在全球研发、全球设计、全球制造和全球营销的全球创新体系下强化自主创新能力，推动中国民族汽车品牌走出国门，迈向世界。首先，融合创新下民族汽车品牌走向世界。在 2010 年并购沃尔沃以前，吉利汽车销售的主战场停留在国内市场；并购沃尔沃之后，吉利开始在国际市场崭露头角。在“双品牌”模式下，沃尔沃汽车承担着国际市场开拓的重任，而吉利汽车仍然将市场锁定在国内，对外出口也大多聚集在亚非拉等发展中国家。从这个意义上而言，吉利这一中国民族汽车品牌并未走出国门。随着全球化创新战略的加速推进，吉利依靠全球融合的创新资源，不断强化自主创新能力，深度推动了中国民族汽车品牌走向世界。2016 年由吉利汽车和沃尔沃汽车联合打造的高端汽车品牌领克汽车，其 PHEV 型号将于 2019 年在比利时沃尔沃工厂生产，2020 年将在欧洲市场销售。这意味着吉利汽车在真正意义上走出国门、进军国际，中国民族汽车品牌能够在欧美市场上与来自世界各国顶级的汽车品牌分庭抗礼，竞争博弈，中国民族汽车品牌开始崛起。

其次，从技术学习向技术输出转变。在早期的国际化进程中，吉利跨国并购的目的在于获取国际汽车制造的先进技术，进而促进企业技术创新和研发能力，比如 2006 年吉利收购英国锰铜公司、2009 年收购 DSI 公司、2010 年收购沃尔沃。现阶段，依靠全球化创新网络融合创新资源，吉利已实现从技术学习向技术输出的华丽蜕变。具体而言，在“一带一路”倡议下，吉利积极与马来西亚等东盟国家开展经贸合作。2017 年吉利收购马来西亚 DRB 集团旗下宝腾汽车 49.9% 的股份，以及豪华跑车品牌路特斯 51% 的股份，开启了中国汽车品牌向国外输出技术、输出标准、输出人才、输出产品的先河。宝腾汽车将依靠吉利的新能源和智能化技术，实现电动化、轻量化和智能化，实现品牌复兴。同年，吉利收购了美国 Terrafugia 飞行汽车公司的全部资产和业务，凭借全球创新资源和研发能力助力 Terrafugia 实现飞行汽车这一战略目标。2018 年，吉利收购戴姆勒公司 9.69% 的股份，依靠在新能源和智能化服务方面的领先技术，帮助戴姆勒公司成为电动出行和线上技术服务的佼佼者。

## 三、经验启示：紧跟时代步伐，助推民族品牌“闯世界”

党的十九大明确指出，中国经济已由高速增长阶段转向高质量发展阶段，正处在转变发展方式、优化经济结构、转换增长动力的攻关期。随着我国经济进入新常态，民营企业发展亦面临升级转型和动力转换的巨大挑战。吉利集团作为民营企业的典型代表，在其 30 多年的创业发展之路中，对内加速技术创新、实现转型升级，对外加快资源整合、实现全球布局，走出了一条特色鲜明、成果斐然的民企转型之路。

### （一）抢滩制高点：精准出击实现产业链全覆盖

企业发展与国家战略密不可分，国家战略在政治格局和前瞻定位上为企业改革发展明确了前进方向。吉利的创立得益于改革开放政策给予民营经济从事汽车生产的发展机会，在随后的转型发展之路上，吉利紧跟时代步伐，在“走出去”战略、创新驱动发展战略、“互联网 +”战略、“一带一路”倡议等引领下，抓住机遇，实现了民营汽车企业的转型升级。

第一，依托国家战略，实现技术追赶。首先，在“走出去”战略推动下，吉利开展多项跨国并购。2002 年实施“走出去”战略以来，中国政府积极鼓励企业开展对外投资和跨国经营，在企业大规模走出去的浪潮下，吉利较早地开展对外直接投资实践。2006 年吉利收购锰铜公司，获取了伦敦黑色出租车的生产技术和销售服务网络；2009 年吉利收购 DSI 公司，将 DSI 公司先进的自动变速器产品和技术进入中国汽车行业；2010 年吉利收购沃尔沃，获得了沃尔沃轿车商标的全球所有权和使用权以及 10963 项专利和专用知识产权等宝贵资产。以上一系列并购的前提条件在于中国对外开放政策和“走出去”战略的深入实施，吉利充分抓住了这一政策机遇，实现了技术创新能力的不断提升。其次，在科学发展观和创新驱动发展战略指引下，吉利从“低价”战略向“技术领先”战略转型。科学发展观要求不断转变经济增长方式，大力推进经济增长方式向集约型转变，走新型工业化道路。而创新驱动发展战略更是明确指出中国经济的发展要靠科技创新驱动，而不是靠传统的劳动力以及资源能源驱动。吉利深入贯彻和实施科学发展观与创新驱动发展战略，主动从价格优势向技术优势跃进，依靠大规模研发投入和科技人才培养，抢占技术制高点。

第二，瞄准发展趋势，完成转型升级。首先，在国家新能源战略推动下，吉利积极布局新能源汽车市场，推动传统汽车向新能源汽车转型。2016 年我国颁布《节能与新能源汽车技术路线图》，党的十八大报告、十九大报告和政府工作报告也数次提到我国要优先发展清洁能源。在此背景下，吉利致力于多样化的新能源解决方案，积极探索油电混合、插电式混动、纯电动、增程式点动和甲醇、乙醇等替代燃料领先技术，推动传统汽车向新能源汽车转型升级，新能源技术已处于世界领先地位。其次，吉利积极对接“互联网 +”战略，推动互联网与汽车制造业深度融合，成立“曹操专车”平台，实现了汽车制造商向平台服务商的转变。与此同时，推出吉客智能(GKUI)，携手互联网、大数据和人工智能等领域，打造开放和共享的车联网平台。最后，吉利积极响应“一带一路”倡议，推动中国与马来西亚及东盟国家间经济和贸易合作。2017 年吉利收购马来西亚 DRB 集团旗下宝腾汽车 49.9% 的股份以及豪华跑车品牌路特斯 51% 的股份，开启了中国汽车品牌向国外输出技术、输出标准、输出人才、输出产品的先河。

### （二）转“危”为“机”：借力金融危机布局全球市场

经济全球化的浪潮下，闭门造车非但不能进步，反而会使差距愈拉愈大。吉利创新转型之路与全球化战略是相伴相随的，在国际化经营的初期，吉利通过跨国并购嵌入国际技术前沿，并以此为杠杆融入全球化创新网络，撬动创新资源，不断学习、消化和吸收领先者的先进技术，实现技术的追赶和超越。现阶段，在全球化创新战略的引领下，吉利已实现技术学习向技术输出的转变，推动中国民族汽车品牌走出国门，迈向世界。

第一，利用金融危机契机，积极开展跨国并购。一个国家或者一个企业技术进步的途径有两条，一是自主创新，二是技术引进和模仿。由于汽车产业具有高技术密集度等特点，要想在激烈的全球竞争中占据一席之地，必须依靠核心技术和研发能力。在国际化经营的早期，吉利作为一家“无技术、无人才”的民营汽车企业，要想在短期内显著提升技术创新能力，唯一且行之有效的途径就是开展跨国并购，以“蛇吞象”的方式并购国际汽车行业的佼佼者。2008 年爆发的国际金融危机，为吉利跨国并购提供了有利契机。2009 年吉利并购了全球第二大自动变速箱生产商澳大利亚 DSI 公司；2010 年斥资 18 亿美元收购沃尔沃，这为吉利跨越技术瓶颈、提高创新能力奠定了坚实的基础。截至目前，吉利共计开展 7 项大型国际跨国并购（见表 1）。

**表 1　吉利跨国并购一览**

| 时间 | 并购对象 | 主要内容 |
|---|---|---|
| 2006 年 | 英国锰铜公司 | 收购伦敦出租车公司；2013 年以 1.08 亿元再次追加收购，获得其 100% 股权 |
| 2009 年 | 澳大利亚 DSI 公司 | 收购全球第二大自动变速器生产商，提升了吉利自动变速器研发和生产能力 |
| 2010 年 | 瑞典沃尔沃轿车 | 以 18 亿美元收购沃尔沃轿车 100% 的股权，获得沃尔沃轿车商标的全球所有权和使用权 |
| 2017 年 | 马来西亚宝腾和路特斯 | 收购 DRB 旗下宝腾汽车 49.9% 的股份和豪华跑车品牌路特斯 51% 的股份 |
| 2017 年 | 美国 Terrafugia 飞行汽车公司 | 收购 Terrafugia 的全部业务及资产，助力其实现飞行汽车的梦想 |
| 2017 年 | 瑞典沃尔沃集团 | 收购欧洲基金公司 Cevian Capital 持有的全部沃尔沃集团股权，拥有沃尔沃集团 8.2% 的股权（第一大股东） |
| 2018 年 | 戴姆勒公司 | 斥资 90 亿美元收购戴姆勒公司 9.69% 的股份，成为其第一大股东 |

第二，构建全球创新网络，实现技术品牌输出。首先，在全球范围内搭建创新网络。在跨国并购 DSI 公司、沃尔沃等国际汽车行业的领先者之后，吉利并未就此止步，而是利用这一联系迅速在全球范围内构筑创新体系，形成全球研发 – 全球设计 – 全球制造 – 全球销售的产业链模式，不断整合全球创新资源，创新能力加速提升。具体而言，吉利在杭州、宁波、哥德堡和考文垂设立四大研发中心，在上海、哥德堡、巴塞罗那、洛杉矶设立四大设计中心，在俄罗斯、乌克兰、埃及、乌拉圭、巴西和伊朗等国建立数十家制造工厂，在亚非拉和欧美国家遍布销售与营销体系。全球化的创新战略，进一步提升了吉利的创新能力和品牌知名度。其次，基于全球化创新战略，吉利汽车走向世界。在创新能力和技术水平不断进步的前提下，吉利积极推动吉利汽车品牌进军欧美市场。2016 年由吉利汽车和沃尔沃汽车联合打造的高端汽车品牌领克汽车，其 PHEV 型号将于 2019 年在

比利时沃尔沃工厂生产，2020年将在欧洲市场销售。这意味着吉利汽车在真正意义上走出国门、进军国际，中国民族汽车品牌能够在欧美市场上与来自世界各国顶级的汽车品牌分庭抗礼。

### （三）灵魂人物掌舵：善抓机遇助推吉利汽车“走出去”

企业的发展需要企业家的引领导航。在吉利的创新转型之路上，吉利的掌舵人——李书福，始终扮演着至关重要的角色。从吉利创立到战略转型，从跨国并购到迈向世界，李书福的企业家精神一直发挥着巨大的能量。吉利的企业家精神可概括为：善抓机遇，敢打敢拼，胸怀天下。

第一，善抓时代机遇，实现创新转型“三连跳”。首先，抓住了汽车需求迅猛增长的机遇。20世纪90年代，随着改革开放深入推进，我国经济实力不断提升，老百姓对汽车等消费品的需求越来越大，而当时汽车价格昂贵，属于高档奢侈品。李书福敏锐地察觉到了市场需求和价格供给这一矛盾，果断采取“低价战略”，并提出“三五”造车目标，价格低廉但质量过关的吉利汽车一举冲破了三大轿车合资企业的市场垄断，使轿车从高档奢侈品变成老百姓都买得起的消费品，吉利成功跻身中国轿车行业十强。其次，抓住了金融危机下跨国并购这一机遇。在金融危机背景下，民营企业创新转型举步维艰，李书福充分抓住了金融危机隐藏的机遇，收购了国际顶级汽车品牌沃尔沃。这一跨国并购从最初谈判的200亿美元到最后的以18亿美元成交，得益于国际金融危机大环境，也离不开李书福的战略眼光。最后，抓住了当前汽车行业转型的机遇。一方面，未来的汽车工业将不断从传统汽车向新能源汽车转型，李书福带领的吉利集团积极投入新能源汽车的技术研发，探索油电混合、插电式混动等替代燃料领先技术，推动传统汽车向新能源汽车转型升级。另一方面，利用“互联网+”契机，成立“曹操专车”，实现了汽车制造商向平台服务商的转型。对比三大转型机遇期的营业收入（见图3），可以发现吉利的经营绩效也实现了“三连跳”。

第二，敢闯敢打敢拼，助推吉利汽车“走出去”。首先，不断开疆拓土，

图 3　三大机遇转型期吉利集团营业收入

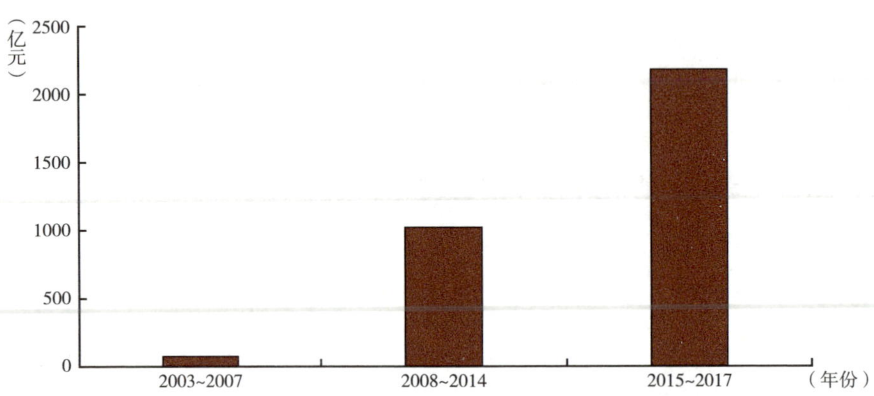


建立汽车王国。作为吉利的掌舵人，李书福是一位敢于冒险、敢于打拼的企业家，这一点在吉利实施全球化创新战略中可见一斑。作为一家中国民营汽车企业，李书福并未把眼光局限在国内市场，利用 2008 年金融危机，李书福带领吉利收购国际汽车品牌沃尔沃，并以此为杠杆融入全球创新网络，在全球设立四大研发中心和四大设计中心，在白俄罗斯、埃及等国建立制造工厂，销售和服务网络遍布全世界，不断开辟新的版图，建立吉利汽车王国。其次，心怀家国天下，推动民族汽车品牌走向世界。“让中国的汽车跑遍全世界，而不是让全世界的汽车跑遍全中国！”这是李书福的美丽追求，也是其心怀家国天下的真实写照。李书福带领的吉利始终践行着这一企业追求——推动中国民族汽车品牌走向世界，这一企业追求也随着领克汽车的推出加速实现。这意味着吉利汽车在真正意义上走出国门、进军国际，中国民族汽车品牌能够在欧美市场上与来自世界各国顶级的汽车品牌分庭抗礼，竞争博弈。

### （四）以人为本：加大研发投入栽培人才森林

创新是一个民族进步的灵魂，也是一个企业发展的基石。创新的基础在于持续性的研发投入和创新人才培养。在 30 多年的创新转型过程中，吉利始终坚持“自主突破创新，融合全球智慧，掌控核心技术”的研发战略，通过持续性的研发投入，培养高素质的研发和技术人才队伍，形成世界一流的技术研发体系和技术原创能力。

第一，大规模研发投入，构建全球研发基地。首先，吉利通过持续性、大规模的研发投入支撑企业产品创新、功能创新。现阶段，吉利的年均研发投入总额达到近百亿元的规模，占营业收入比重的 10%～15%，这一研发强度可以比肩 Google、Apple 等跨国企业。研发投入的持续增加显著地提升了吉利的自主创新能力，目前吉利申请专利位列国内主机厂前三名，共计 14000 余件，被列为“中国企业知识产权自主创新十大品牌”。其次，吉利在全球范围内搭建了四大研发中心，联合协同突破核心技术。目前，吉利拥有杭州、宁波、哥德堡和考文垂在内的四大研发中心，其中 2013 年在瑞典哥德堡设立的欧洲研发中心（CEVT）专注于 CMA 中级车基础模块架构的研发；2017 年在宁波杭州湾新区设立的研发中心，总投资 62 亿人民币，中心架构由整车研究院、汽车动力总成研究院、新能源汽车研究院和汽车创意设计中心构成，拥有国内先进的研发技术中心、整车试验中心、动力总成试验中心、整车试制中心及其生活配套，具备独立的整车、发动机、变速器、电子电器的自主研发能力。

第二，建设企业大学，打造人才森林。人才是知识和技术的有效载体，吉利在大规模研发投入的同时，注重科技人才队伍的建设。首先，大力引进高精尖技术人才。目前，吉利拥有各类研发技术人员 12000 余人，技术人员分类如图 4 所示。在这些技术人员中，海归 52 人，博士 47 人，硕士 742 人，国家千人计划 6 人，省“千人计划”专家 2 人，吉利是拥有“千人计划”高端人才最多的民营汽车企业，高技术人才的汇聚为吉利技术创新奠定了坚实的人才基础。其次，制

图 4　吉利研发技术人员分类

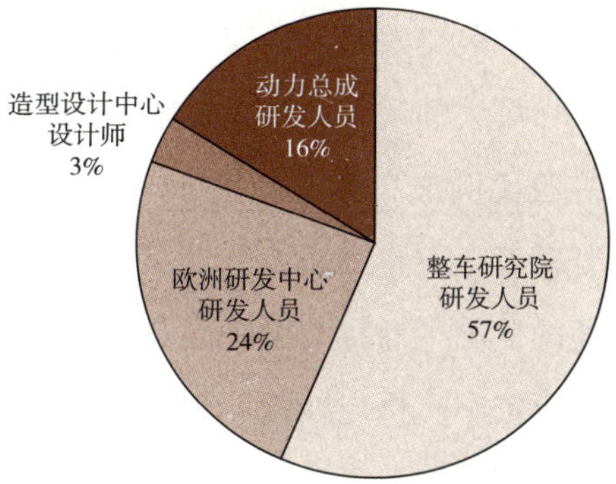

动力总成研发人员 16%
造型设计中心设计师 3%
欧洲研发中心研发人员 24%
整车研究院研发人员 57%

定管理人才、技能人才和专业人才的培养计划。针对不同岗位的人才，吉利制定了差异化的培养方案，管理人才培养包括航计划、海豚计划和转身计划等，专业人才培养包括精英训练营、项目经理特战队、卓越工程师培训和营销鹰项目等；技能人才培养包括扬帆计划、少将计划、技能鉴定、标准化技能训练等。最后，设立企业大学和学院。吉利投资数十亿元建立北京吉利学院、三亚学院、湖南吉利汽车职业技术学院等院校，每年有近万名毕业生走上工作岗位，为汽车行业输送了宝贵人才；投资建立浙江汽车工程学院，专门培养汽车车辆工程硕士、博士的研究生院，已有近 166 名研究生毕业。

## 四、居安思危：改革开放再深化，创新转型再出发

### （一）未来挑战源于外资准入、贸易关税和成本竞争

当今世界正发生复杂深刻的变化，从外部来看，国际金融危机深层次影响继续显现，世界经济缓慢复苏且发展分化，国际投资贸易格局深刻调整；从内部来看，经济新常态下我国产业转型升级和增长动力转换日益迫切。课题组基于外资准入、贸易关税和成本优势三个视角，分析吉利面临的未来挑战。

第一，汽车行业全面开放，外资准入放宽。2018 年 4 月，国家发改委提出把制造业开放作为一项重点，汽车行业将分类型实行过渡期开放，通过 5 年过渡期，汽车行业将全部取消限制。具体来说，2018 年取消专用车、新能源汽车外资股比限制；2020 年取消商用车外资股比限制；2022 年取消乘用车外资股比限制，同时取消合资企业不超过两家的限制。长期以来，在这个世界最大的汽车市场上，中国政府规定外资车厂只能通过合资形式存在，且持股比例最高不能超过 50%。此次汽车行业对外资的全面开放，最直接的受益者是专注于新能源汽车的外资车场，比如一直寻求在华建立全资制造基地的美国厂商特斯拉。而对于国内汽车品牌来说，汽车行业的全面开放意味着内资车厂将与外资厂商在公平的擂台上直接展开竞争，这对吉利和众多国内汽车品牌来说是一项巨大的挑战。

第二，中国汽车关税下调，行业竞争加剧。2018 年 5 月，我国财政部宣布自 2018 年 7 月 1 日起，降低汽车整车及零部件进口关税，其中将汽车整车税率为 25% 的 135 个税号和税率为 20% 的 4 个税号的税率降至 15%，将汽车零部件税率分别为 8%、10%、15%、20%、25% 的共 79 个税号的税率降至 6%。汽车关税的调整不但关系到国内进口汽车价格的高低，而且也会影响国内汽车的价格走向。具体而言，由于我国汽车关税的下调，进口汽车的价格势必会下降，这对合资车型将造成巨大的压力，随之而来的很有可能是合资车型的价格下调，最终将价格压力传导至自主品牌。因此，从这个意义上来说，关税的下调将加剧我国汽车行业的竞争，这种竞争不仅仅体现在价格上，还是对吉利等我国自主汽车品牌的技术、品质的极大考验。

第三，成本优势逐渐消失，利润空间缩小。改革开放 40 年来，我国依靠廉价且丰裕的劳动力要素和自然资源要素成为全球的制造工厂，吉利等众多民营企业也凭借着这一天然优势不断壮大。然而，随着我国经济的不断发展和综合国力的稳步提升，我国人口红利不断下降，劳动力成本和原材料价格持续攀升，全球制造工厂也逐渐向越南、菲律宾和墨西哥等国家转移，原先以生产要素的低成本为依托、以牺牲生态环境为代价而参与国际竞争的外向型经济增长方式正面临严峻挑战。成本优势逐渐消失和利润空间不断缩小成为制约吉利等众多民营企业持续快速发展的一大瓶颈。在此背景下，如何有效控制成本，进一步依靠创新驱动实现企业的跨越式发展则显得愈来愈重要。

## （二）吉利应对策略在于深化创新和开放

第一，新能源汽车技术研发是重中之重。首先，中国汽车行业将在未来 5 年内全面对外开放，这一政策最直接的受益者是专注于新能源汽车的外资车厂，比如一直寻求在华建立全资制造基地的美国厂商特斯拉，而在中国销量最大的日本汽车厂商日产汽车计划到 2022 年在中国市场推出超过 40 种车型，其中一半将搭载“e-power”电动车型。我国汽车行业的全面放开，最直接的竞争是外资新能源汽车的大量涌入，抢占本土市场。其次，新能源汽车进口将直接受惠于中国汽车关税下调，对于普通燃油车来说，除了缴纳15% 的关税外，还需缴纳消费税和增值税，而对于新能源汽车来说，小排量甚至零排量的消费税率让其获益匪浅。因此，我国汽车关税下调将有力地促进新能源汽车的进口。基于以上两大原因分析，未来中国的汽车市场将是新能源汽车技术竞争的市场。对于吉利等自主品牌来说，新能源汽车技术研发依然是重中之重。目前，吉利致力于多样化的新能源解决方案，积极探索油电混合、插电式混动、增程式点动、纯电动和甲醇、乙醇等替代燃料领先技术，推动传统汽车向新能源汽车转型升级。立足于“蓝色吉利行动”，吉利汽车推出了新能源动力系统——智擎，这一系统涵盖了纯电动、混动、氢燃料电池、替代燃料四大技术路径。此外，吉利正在研发国内首个开放式、全新一代纯电动模块化架构，也将以领先行业 3～5 年的率先布局，确保吉利新能源技术在未来的领先地位。

第二，拓宽全球化创新网络是战略保障。在经济全球化的浪潮下，闭门造车只会更为落后。为应对激烈的全球竞争，吉利必须依靠全球化创新网络，不断融合全球创新资源，显著提升技术创新能力。具体来说，首先，持续性高强度的研发投入是创新的基础。汽车产业作为一个高技术密集度、高知识附加值的行业，研发投入和核心技术突破是产业生存和发展的必要前提。目前，吉利的年均研发投入总额达到近百亿的规模，占营业收入的比重为 10%～15%，这在国内汽车行业处于领先地位，但对标比较国际汽车品牌，2016 年全球研发投入排名前三位的车企依次为：德国大众研发投入 136.12 亿欧元、日本丰田研发投入 80.47 亿欧元、美国通用研发投入 68.89 亿欧元。可以看到，吉利的研发投入强度与世界顶级汽车品牌之间仍存在较大的差距。因此，在未来的发展中，进一步扩大研发投入是吉利应对挑战的首要环节。其次，在原有的全球化创新网络基础上，进一步融合创新资源，打造更高水平和更高层次的全球研发－全球设计－全球制造－全球销售产业链条模式。具体而言，在现有的全球四大研发中心和设计中心基础上，加快布局和拓展新的研发设计中心，抢占技术制高点；充分利用非洲、东南亚和拉美地区的廉价劳动力资源和原材料成本，建立制造工厂以弥补国内人口红利不断下降这一劣势；依靠高品质和高技术，拓展在欧美等发达国家的销售市场，推动吉利这一中国民族汽车品牌真正走出国门，迈向世界。

第三，积极对接新科技革命是必要补充。现阶段，世界正处于新科技革命前夜，以信息网络、数字化制造、新材料和新能源为重要特征的第六次科技革命即将席卷全球，影响世界范围内的经济格局和产业调整。吉利应充分利用此次新科技革命契机，实现核心技术的重大突破。首先，利用新科技革命的有利契机，加快对欧美发达国家的技术寻求型海外投资。在新科技革命的技术前提下，欧美制造业加速回归，这意味着全球范围内技术、品牌等高级稀缺生产要素重新回流至发达国家，因此对于吉利等发展中国家的跨国企业，必须主动出击，通过跨国并购等方式加速嵌入发达国家汽车制造业技术集群，不断汲取发达国家汽车制造业的研发要素和研发成果，对母国实现技术反哺。在国际化经营过程中，吉利通过收购DSI、沃尔沃等国际知名企业，实现了技术的追赶和超越。在新科技革命背景下，吉利应抓住机遇，顺应潮流，更加积极主动地开展技术寻求型海外投资，不断提升技术能力。其次，积极对接“互联网 +”战略，推动新一代信息技术与汽车制造业深度融合。目前，吉利已推出了“曹操专车”业务，实现了汽车制造商向平台服务商的转变。与此同时，推出吉客智能，携手互联网、大数据和人工智能等领域，打造开放和共享的车联网平台。此外，吉利应加快推动智能工厂建设，实现智能生产，积极引入易用机器人、工业机器人等数字化制造，代替人工劳动，从而不断降低劳动力成本和制造成本等。吉利拥有大量发明创新专利，应以自主创新为抓手，全部产品实现完整知识产权全覆盖；以跨国并购为载体，在世界各地建设现代化整车制造工厂、研发创新中心等，将产品销售及服务网络遍布全球，实现全球布局，继续领跑汽车工业。

Alibaba Group 阿里巴巴集团

# 阿里巴巴：改革开放演绎的一个企业发展的传奇经历

中国国际经济交流中心

1999年以马云为首的“十八罗汉”在杭州不起眼的房间里创办了一个“小作坊”——阿里巴巴网络技术有限公司（简称阿里巴巴集团或阿里巴巴），它在不到20年的时间里了成长为一家世界级的企业，令世人惊叹，生动诠释出我国改革开放的巨大孵化力，成为改革开放的一个生动案例。目前，阿里巴巴集团有6万多名员工，股票市值一度突破5000亿美元，成为全球十大上市公司；中国零售平台移动月度活跃用户达到6.17亿，天猫国际有来自74个国家和地区的1.8万个品牌；集团日均纳税1亿元，带动上下游纳税超过2900亿元，2017年阿里巴巴零售生态创造就业机会总量达3681万个。阿里巴巴推动建设了3202个淘宝村，有效解决了农业小生产与大市场的对接问题，成为中国乡村振兴战略的先行者。在毕马威2018年度创新报告中，阿里巴巴被评为世界上最具科技颠覆力的公司。阿里巴巴自主研发的“刷脸支付”、“强化学习”技术入围2017年全球十大突破性技术榜单。根据中宣部部署，中国国际经济交流中心课题组对改革开放后出现的这样一个企业进行深入调研和开展文案研究，现根据调研情况总结如下。

## 一、阿里巴巴的发展传奇得益于40年前国家做出的改革开放伟大决策，得益于15年前时任浙江省委书记习近平同志提出的促进浙江民营经济发展一系列政策措施

### （一）阿里巴巴的命运跟改革开放息息相关，没有改革开放就不会有阿里巴巴，没有各级政府为塑造优秀企业和杰出企业家而培育的沃土，也不会有今天阿里巴巴的快速发展

阿里巴巴赶上了中国改革开放的大潮，如果没有中国经济40年的快速发展，如果没有不断增加的中小企业和日益扩大的市场，如果没有接近十亿级的中国网民，阿里巴巴就做不大。没有改革开放，中国就不可能在长三角和珠三角等地区形成产业集聚、不可能形成全球领先的商业和产业规模，这是阿里巴巴成功的大背景。改革开放重塑了经济体制、市场经济，不断推动商业、贸易、制造业的市场化，不断促进互联网技术革命在中国大规模应用。阿里巴巴在互联网应用领域走在全球前列，还得益于政府政策的开放、监管机构的包容。如果说当年要领一个牌照才能开办淘宝，也许没有哪个部门会批牌照给阿里巴巴，但国家允许企业先行先试去摸索，才有了今天的淘宝。2005年国务院办公厅发布的《国务院办公厅关于加快电子商务发展的若干意见》（国办发〔2005〕2号）提出了促进电子商务发展的系列举措，为电子商务发展营造了良好环境。2010年，国家工商总局发布的49号令《网络商品交易及有关服务行为管理暂行办法》明确提出，鼓励、支持网络商品交易及有关服务行为的发展，实施更加积极的政策，促进网络经济发展。如果监管部门从一开始就不允许互联网公司涉足金融业务，也就不会有蚂蚁金服。

### （二）2002～2007年，浙江中小企业出现了前所未有的活力，阿里巴巴也正好是在这个时期成长壮大起来的，而这恰好是习近平同志在浙江工作的时间

习近平同志在浙江工作时，高度重视民营经济的创新发展，深谙民营经济发展规律，深知民营企业所需所盼，为浙江民营经济发展设计了重大战略、重大政策和路线图，做出了一系列重大决策部署。习近平同志提出的“八八战略”使浙江最早在全国有了体制机制优势，浙商在15年以前就有了开放、绿色发展的理念。习近平同志在浙江工作期间还领导制定了《中共浙江省委、浙江省人民政府关于推动民营经济新飞跃的若干意见》，提出了鼓励、支持、引导民营经济创新发展的一系列政策措施。为认真贯彻落实好《国务院关于鼓励支持和引导个体私营等非公有制经济发展的若干意见》（国发〔2005〕3号），在习近平同志的领导下，浙江省2006年1月出台了《浙江省人民政府关于鼓励支持和引导个体私营等非公有制经济发展的实施意见》，对放宽非公有制经济市场准入、加大对非公有制经济的财税金融支持等做了明确规定。习近平同志强调，在实际工作中要做到“四个不限、四个有”，即不限制个体私营经济的发展比例、发展速度、经营方法、经营规模，使个私经营者在政治上有荣誉、社会上有地位、经济上有实惠、事业上有作为。习近平在浙江下基层调研时，总是要到民营企业走走，看看经营现状，问问有无困难，听听企业呼声。习近平同志在深入基层考察调研时表示，要加大对民营经济的服务力度，为民营经济发展营造良好的环境，鼓励民营企业进行制度创新、科技创新和管理创新，加快产业结构调整步伐。浙江没有这样的格局和眼界，阿里巴巴不可能有今天的局面。

### （三）从全国横向比较看，浙江是中国最好的经商之地，阿里巴巴创业选择了最好的经商之地

这些年来，历任浙江省委、省政府带领全省人民坚定不移地实施和续写“八八战略”，努力在提供最优制度供给上胜人一筹，在营造最佳发展环境上

先人一拍，在最大限度释放改革红利上快人一步，持续提升浙商创业活力，不断鼓励民营企业做大做强，日益彰显出“八八战略”的理论价值和实践力量，推动中国特色社会主义在浙江的实践取得丰硕的成果。民营经济是浙江经济的最大特色优势，2017 年浙江民营经济创造增加值近 3.4 万亿元，约占省地方生产总值的 65.2%，浙江平均 11 个人中就有一个老板，平均 30 个人拥有一家企业。[①] 在全国工商联公布的 2017 年“中国民营企业 500 强”名单中，浙江占 120 席，连续 19 年居全国首位。浙江的民营企业潮流涌动，阿里巴巴乘浙江民营经济发展的“东风”迅猛崛起。阿里巴巴 2018 财年（2017 年 4 月 1 日至 2018 年 3 月 31 日）收入 2503 亿元，中国零售平台成交额 4.82 万亿元，2017 年纳税 366 亿元。阿里巴巴的长远战略目标是服务全球 20 亿名消费者和支持 1000 万家中小企业在阿里的平台上盈利。

## 二、马云所带领的 18 人的企业抓住全球互联网发展重大机遇，迅速成长为具有全球影响力的企业，生动诠释了草根马云和阿里巴巴的奇迹背后是中国中小企业的成长奇迹

### （一）改革开放推动一群有情有义的人在一起做了一件有价值有意义的事情，创造了“互联网第四模式”，为中小企业插上了互联网与科技两大翅膀

1999 年 3 月，曾担任英语教师的马云和他的团队 18 人回到杭州，以 50 万元人民币创业，开发阿里巴巴网站，致力于通过互联网创造公平的竞争环境，让中小企业通过互联网与科技拓展国际业务，并在参与国内市场、全球市场竞争时处于更有利的位置。马云根据长期以来在互联网商业服务领域的经验和体会，明确提出互联网产业界应重视和优先发展企业与企业间电子商务（B2B）。阿里巴巴的发展模式很快引起国际互联网界的关注，被称为“互联网的第四模式”。1999 年 10 月和 2000 年 1 月，阿里巴巴两次获得国际风

① 车俊：《坚定不移沿着“八八战略”指引的路子走下去》，《人民日报》2017 年 8 年 18 日。

险资金共2500万美元投入，马云以“东方的智慧，西方的运作，全球的大市场”的经营管理理念，迅速招揽国际人才，全力开拓国际市场，同时培育国内电子商务市场，为中国企业尤其是中小企业迎接“入世”挑战构建了一个新型的电子商务平台。2003年，马云带领员工顶住了SARS的冲击，创立了独立的第三方电子支付平台，在中国市场位居第一。2005年，马云推动阿里巴巴与当时全球最大的门户网站雅虎开展战略合作，使阿里巴巴成为中国最大的互联网公司。2007年11月，马云成功推动阿里巴巴网络有限公司在香港联交所挂牌上市。2014年8月21日，世界经济论坛基金董事会选举马云担任世界经济论坛基金会董事会董事，他成为首位获任世界经济论坛基金董事会董事的中国内地商界人士。2014年9月，马云推动阿里巴巴集团（中国）有限公司在纽约证券交易所上市，IPO融资额250.3亿美元，刷新全球IPO融资规模纪录。2014年10月，蚂蚁金服集团成立，现已被誉为“全球最大独角兽”。

### （二）40年改革开放培养出了引领世界的一流企业家群体，马云是其中的一个杰出代表，是富有创见的领军人物，19年间成为知晓度最高的企业家

马云是最早在中国开拓电子商务应用并坚守在互联网领域的企业家，他和他的团队创造了中国互联网商务众多第一。他开办中国第一个互联网商业网站，提出并实践面向亚洲中小企业的B2B电子商务模式，在全球首创企业间网上信用商务平台——“诚信通”计划，发起并策划了服务于青年企业家交流与成长的平台——“西湖论剑”大会。2007年7月23日，时任上海市委书记的习近平同志带领上海代表团到阿里巴巴集团参观时表示，阿里巴巴拥有富有创见的领军人物，超前谋划企业发展，演绎了一个企业发展的传奇故事，非常值得上海企业学习。马云这位卓越企业家是中国大陆第一位登上美国权威财经杂志《福布斯》封面的企业家，马云和阿里巴巴的经营管理实践被哈佛大学两次收录为MBA案例；人民网2018年1月推出的《2017

年人民日报数据分析》显示，2017 年《人民日报》文章提及最多的企业家是阿里巴巴集团董事局主席马云，连续四年第一。

### （三）马云在中国企业界，无背景、无资金、无技术，是最草根的一个人，白手起家，持之以恒，不惧风险，被称为“创业教父”

马云最大的特点是有远大理想、永不言败。马云的“口头禅”就是：今天很残酷，明天更残酷，后天很美好，但绝大部分是死在明天晚上，所以每个人不要放弃今天。1999 年年底，在听了马云 6 分钟的阐述后，日本软银总裁孙正义判定阿里巴巴会成为一家和雅虎一样伟大的公司，当即表态，一定要投资阿里巴巴。马云想借用互联网把庞大的中国产品介绍给世界，没想到这成了中国最大的电子商务公司的发端。草根马云和阿里巴巴发展的奇迹背后是中国中小企业的成长奇迹，而中小企业的成长和转型也是以“帮助中小企业和创业者”为宗旨的阿里巴巴最关注的。目前，阿里巴巴平台服务了上千万家中小企业，并帮助很多家企业取得成功。正如马云在阿里巴巴 18 周年年会所言：“今天在互联网上，正在诞生新的经济体，我们希望通过这个新的经济体里面筹备的设施，能够让全世界的年轻人，让全世界的中小企业能够做到‘全球买、全球卖、全球付、全球运和全球游’。我们希望让更多的发展中国家、中小企业和年轻人都能够分享全球化的快乐、自由贸易的快乐以及创业创新。”

### （四）沪粤两位书记曾给予极大关注，一位要反思上海为何不出马云、留不住马云，一位一定要到阿里巴巴看看马云

在 2008 年 1 月 27 日举行的上海市政协十一届一次会议上，时任上海市委书记俞正声同志表示：“阿里巴巴创始人马云给了我一个‘刺激’。有一天我见了阿里巴巴的老板马云，他跟我说，阿里巴巴一开始是在上海，后来回到了杭州。我为失去这样一个由小企业发展而成的巨型企业感到相当遗憾，我当时的想法就是，为什么像马云这样的人，在我们这儿没有成长。”俞正

声提出上海应反思“为何出不了马云、留不住马云”的问题在上海乃至全国都曾经引起巨大反响。2008 年 2 月，时任广东省委书记汪洋同志一到杭州阿里巴巴总部就开门见山地对马云说：“我特地来看看，马云到底是怎样的一个人，阿里巴巴到底是一个什么样的公司。”[①] 在全国其他地区看来，上海、广东都是发展经济的榜样，非常值得其他地区学习。然而，就一个阿里巴巴的马云却引起沪粤两位书记的极大关注，这些显示出浙江独特的营商环境。

## 三、阿里巴巴通过换道超车演绎了一个企业发展的传奇故事，渐进地改变交易方式、支付方式、消费方式、生产方式，在众多领域成为推动改革开放的排头兵

### （一）阿里巴巴通过持续的技术迭代和运营模式创新，打造了中国领先的电子商务平台，成为网上及移动商务的全球领导者

手机淘宝通过创新内容形式及智能个性化推荐来优化购物体验，带动用户参与度、购买转化率及年度活跃消费者的强劲增长，已形成强大的内容生态系统。截至 2018 年 3 月底，手机淘宝约有 150 万活跃内容创作者。天猫则进一步增强在 B2C 市场上的领军地位，季度内服装、快消品、家电及消费电子类别表现强劲，其价值不仅在于分销平台的角色，更在于赋能品牌及商家通过营销工具及消费大数据洞察来触达新客户及服务已有客户。截至 2018 年 3 月底，天猫上共有逾 15 万个品牌，其奢侈品馆已有 BURBERRY、Dom Perignon、TOD’s、Zenith、LAMER、Maserati、Guerlain 等近 50 个品牌。独有的商超零售模式盒马鲜生飞速发展，在上海及北京启动了 24 小时送货服务，同时增加了产品选择，备受客户青睐。阿里巴巴充分发挥互联网、大数据、识别、传感等现代科技的作用，陆续推出了多种新零售业态，将现

① 《沪粤两位书记探讨上海为何不出马云》，《第一财经日报》2008 年 2 月 22 日。

代科技集成应用于改造提升传统零售业，为新一代信息技术商业化应用提供了新的成功实践，契合了目前我国消费转型升级阶段消费者对品质和体验的需求。

2018 年天猫双十一，很好地展示了中国消费升级不断加速的新趋势。一是消费结构从生存型向发展型和享受型升级。服装一直稳居双十一消费第一位，羊毛衫、呢大衣、棉袄三类服装均价持续下降，羊绒衫、羊绒大衣和羽绒服消费上涨，出现结构性升级。国内消费中，化妆品和保健产品销售增速最快，从进口消费看，进口额前十名的商品中，化妆品和保健品占据七席，显示消费者从过去把钱主要花在服装上正在转移到花在化妆品和保健品上。二是国货雄起。国货占据“亿元俱乐部”过半江山。小米、华为、美的、海尔更是当日销售破 10 亿元。三是越来越多的消费者愿意为爱好买单。一小时内，大疆灵眸 Osmo Mobile 2 无人机、GoPro HERO7 Black、雷神 911 ME 游戏本全面售罄。四是消费者对健康、美容产品和服务关注度显著上升。代表品质消费的高客单价医疗服务板块表现出色，医疗服务板块成交额达到了去年同期的 3.3 倍；而 Swisse、汤臣倍健、博士伦三个品牌晋级天猫双十一“亿元俱乐部”。

目前，阿里巴巴已成长为全世界最大的电商平台。商业模式创新与产品创新一样具有重要意义，当前新零售业态直接的效益是节省交易费用，提升零售业效率和服务质量，从更广的范围来看，商业模式创新将通过提质增效推动社会的整体进步。

### （二）阿里巴巴成为引领未来的创新者，不断孵化出新业务、新模式、新技术，并经过持续的创新不断取得新的成功

在阿里巴巴发展的路径里，创新一直是保证成功的关键。B2B 成功后发展淘宝，淘宝成功后发展支付宝，支付宝成功后发展阿里云、菜鸟物流，之后发展新零售、新制造、新金融、新技术、新能源，然后是大文娱、旅游、健康，领域不断拓展，做法都是依托互联网平台，一个又一个地去创造

新的样板。阿里巴巴有大量科技创新，有商业模式的创新，也有业态的创新、市场的创新，同时不断扬弃，把存量变成新的增量。菜鸟网络作为阿里巴巴新零售战略的基础设施，持续发展其数据平台及科技，为将产品更加快捷准确地配送至消费者手中提供保障。2018 年 3 月，菜鸟推出了首条电商专用的洲际航线，显著缩短了中国至俄罗斯的包裹运送时间。2015 年 8 月，阿里巴巴与中国兵器工业集团投资 20 亿元成立千寻位置网络有限公司，双方各占股 50%，千寻位置网络有限公司以“互联网 + 位置（北斗）”的理念，通过北斗地基一张网的整合与建设，基于云计算和数据技术，构建位置服务云平台，面向企业和开发者提供精准位置服务，以满足国家、行业、大众市场对精准位置服务的需求，最终目标是打造成具有全球竞争力的新兴产业集团。2017 年，阿里巴巴全资收购的高德地图与千寻位置网络有限公司达成战略合作，双方将共同为客户提供“高精度地图 + 高精度定位”的综合服务。据 QuestMobile 统计，高德地图日均活跃用户已超越 6000 万，是中国最大的移动数字地图、导航和实时交通信息提供商。高德的开放平台也为外卖、叫车服务及社交领域的主要移动应用程序提供支持，近期推出了专有的车辆导航系统。钉钉在企业通信及协作方面成功渗透，统一工作场景下通信及协作的重要任务，提供文字、图片、语音、视频通信、工作流程管理。

### （三）阿里巴巴探索出了一套行之有效的利用大数据、互联网创造的信用模式，推进了我国电子商务诚信体系建设

阿里巴巴自其创立之初，一直将诚信视为一切商务活动的基础，将建设一套符合互联网新环境的信用体系作为其核心工作之一。经过十多年不断努力，阿里巴巴探索出了一套行之有效的信用模式，保障了阿里巴巴自身各项业务的飞速发展，也推动了整个电子商务领域快速发展。阿里巴巴建立了包括用户信息认证体系、信用等级评价体系、业务流程保障体系、惩恶体系、扬善体系、平台外开放合作体系和大数据底层信息体系七个部分在内的全方位信用体系。自 2003 年起，淘宝网便开始对卖家进行实名登记，经过 15 年

的认证技术发展和经验累积，已经建立了完善的身份认证体系，实现了对千万级淘宝卖家的实名认证和全生命周期管理，使犯案率下降了 60% 以上，不断净化淘宝网的购物环境。阿里巴巴在 2003 年创造性地建立了第三方中间担保交易机制——支付宝体系，制约了欺诈行为的发生，保障了消费者的权益。经过十几年的努力，支付宝的业务范围已扩大到覆盖 B2C 购物、航空机票、教育缴费、医疗缴费等多个方面，并通过庞大的数据基础帮助构建中国的电子商务诚信体系。蚂蚁小贷就是阿里巴巴推动“你守信，你受益”诚信良性循环的一种重要方式，极大地解决了信用良好但资金不足的小微企业的融资难问题，也大大促进了互联网信用环境的优化。阿里巴巴利用自身在大数据和云计算方面的技术优势，对各方数据进行归并、整合、提炼，形成一个自身特有的、丰富的数据信息网和数据评估体系。

## 四、阿里巴巴赋能中小企业和年轻人，使之更方便地进入全球市场，积极参与新型经济全球化

### （一）顺应数字经济飞速发展的时代潮流，提出 eWTP 倡议，孵化互联网时代的全球化贸易新规则，帮助中小微企业更好地开拓国际市场，促进全球普惠贸易和数字经济增长

2016 年，阿里巴巴提出了电子世界贸易平台（Electronic World Trade Platform，简称 eWTP）倡议。eWTP 是一个以准公共服务平台为载体、市场驱动、开放透明、多利益攸关方参与的交流合作平台，旨在适应全球数字经济和电子贸易的发展趋势，讨论所面临的问题和政策建议，孵化和创新贸易新规则和新标准，推动全球数字经济基础设施建设，共同促进全球经济社会普惠和可持续发展。通过 eWTP，各利益相关方可以共同探讨和孵化数字时代的新规则、新标准；各相关方可以开展数字经济和电子商务领域的商业交流合作，建立电子商务平台、金融支付、物流仓储、外贸综合服务、市场营销、教育培训等互联网时代的新型基础设施。eWTP 倡议提出后，得到了

国际社会包括联合国机构在内的国际组织、政府机构、工商界、智库学者的积极回应和高度认同。2016 年 9 月，eWTP 作为二十国集团工商界活动（B20）的一项核心政策建议，得到二十国集团（G20）领导人的回应和支持，被写入领导人杭州峰会公报。与此同时，在全球建立 eWTP 试验区的工作也在加速推进。2017 年，首个 eWTP 试验区在马来西亚落地，双方共同建设“数字自由贸易区”（eHub），打造成物流、支付、通关、数据一体化的数字枢纽，成为发展数字经济的基础设施，成为马来西亚和东南亚中小微企业通向世界的窗口。2018 年 7 月 3 日，比利时首相米歇尔会见马云时，宣布比利时加入 eWTP，成为 eWTP 全球合作伙伴。

### （二）阿里巴巴利用互联网把全球的企业和消费者直接联系起来，把交通设施和数据信息联系起来，打破了过去 40 年国际贸易被 6 万家大企业长期垄断的局面

阿里巴巴搭建的平台使中小微企业和网商借助电子商务站在与大企业同样的起跑线上，成为国际贸易的活跃参与方，进入全球价值链和国际市场，让广大中小企业、个人可以从事、参与国际贸易，让发展中国家和中小企业受益，让国际贸易更加自由、更加公平。目前，阿里巴巴在澳大利亚、法国、德国、中国香港、印度、意大利、日本、韩国、荷兰、俄罗斯、新加坡、中国台湾、土耳其、阿联酋、英国和美国等国家和地区均设有办公室。天猫国际已成为众多海外品牌及零售商的首选平台，2017 年阿里巴巴天猫双十一全球狂欢节全天总成交额 1682 亿元，总支付 14.8 亿笔，总物流订单超过 8 亿件，交易覆盖全球 225 个国家和地区。而亚马逊 2017 年“网购星期一”（每年感恩节后的第一个星期一，“黑色星期五”的电商版本）虽再创单日销售额新纪录（65.9 亿美元），成为美国历史上最大的单日线上消费，但远远低于阿里巴巴天猫双十一的成交总额。2018 年天猫双十一，全球已成交的国家和地区达 230 个。在“全球买”方面，天猫国际引进了来自欧、美、日、韩、澳、新、东南亚等 75 个国家和地区的商品，超过 19000 个海外

品牌参与了这次天猫双十一。日本、美国、韩国、澳大利亚、德国、英国、法国、西班牙、新西兰、瑞士为 2018 年双十一最受欢迎的进口产品来源地。在全球卖方面，速卖通第一次带领海外商家参与天猫双十一，帮助它们把货品卖到本国之外，实现了真正的“全球卖”。

从趋势来看，在贸易形态方面，大量企业从线下贸易转变为线上贸易，包括电商平台、互联网金融、智能物流、网络信用等在内的电商服务生态日益繁荣，跨境电商（包括 B2B 和 B2C）在全球贸易中的比例快速提升。在商业模式方面，国际供应链通过电子商务的在线化、数据化和网络化，正在从工业时代的生产引导消费模式向互联网时代的消费者需求驱动生产模式（C2M）转变，数据正在成为经济社会的新能源和生产要素。在组织方式方面，越来越多的商业组织朝平台化发展，平台成为互联网时代消费、就业、创业、创新的重要基础。阿里巴巴等电子商务平台，将全球海量企业和网络消费者紧密联接，形成全球网络贸易大市场。这些发展迅猛、带有颠覆性的技术创新和商业变革，正对国际贸易产生巨大而深远的影响。

### （三）阿里巴巴以移动互联、大数据、云计算为基础打造支付宝，推动移动支付成为中国的主流支付方式之一

在支付宝出现之前，支付领域是“卡”的天下，“卡”几乎包揽了虚拟支付的所有业务。但现在支付宝已深入很多国家的大街小巷，甚至连卖菜的大爷都会使用支付宝。起步于支付宝的蚂蚁金服集团已发展成为科技金融领域的新生巨头，致力于打造开放的生态系统，通过“互联网推进器计划”助力金融机构和合作伙伴加速迈向“互联网 +”，为小微企业和个人消费者提供普惠金融服务。彭博新闻社称，蚂蚁金服是“地球上独一无二”的公司，该公司业务涵盖在线支付、保险、贷款、信用评分、资产管理等众多领域。目前，支付宝已经覆盖了全球 40 个国家和地区的 8.7 亿活跃用户，服务了超过 1500 万家中国中小企业，管理着世界上规模最大的货币市场基金。蚂蚁金服不仅为中国践行普惠金融提供了重要实践，还将推动国际金融支付体

系的创新。一直以来，蚂蚁金服坚持“利他”理念，通过分享技术和经验帮助生态伙伴发展，从而推动普惠金融在全球发展。蚂蚁金服积极在“一带一路”沿线国家和地区进行战略投资。2015 年 2 月，蚂蚁金服投资印度 Paytm，与阿里巴巴共同持股 62%，截至 2017 年年底，Paytm 用户数已达 2.5 亿，成为全球第三大电子钱包。2016 年 11 月，蚂蚁金服投资泰国正大集团旗下企业 Ascend Money，持股 20%，截至 2018 年 4 月，Ascend Money 旗下电子钱包 TrueMoney 注册用户已达 1000 万。蚂蚁金服不仅为当地国家带去了资金支持，更为重要的是将在中国实践成功的“支付宝模式”及其背后的技术能力和运营经验输出到这些国家，在当地寻找志同道合的伙伴，打造本地电子钱包服务——“当地人的支付宝”，共同为当地用户和商户提供普惠金融服务，共同消除贫困和为世界带来更多平等机会。

## 五、阿里巴巴不断嬗变，已转型成为具备强大自主研发能力的高科技企业，创造了特有的阿里现象和阿里模式，在技术创新、数字经济发展方面正在起到带头作用

### （一）阿里巴巴以电子商务出名，但本质上不是一家电子商务公司，目前已成为当今世界少数几个能够处理丰富数据源的高科技公司

9 年前，阿里巴巴已经把自己定位为一家数据驱动的公司，积极布局大数据、云计算，已拥有 2 万多名工程师，这些科技优势成为驱动阿里巴巴业务发展的重要引擎。阿里巴巴凭借强大的自主研发能力，已经具备成为类似美国的苹果公司、微软公司等优秀企业的基本条件，将成为让世界尊重的“中国公司”。在最新发布的毕马威 2018 年度创新报告中，阿里巴巴被评为地球上最具科技颠覆力的公司。《福布斯》2018 年 6 月 11 日报道，这是中国公司第一次在毕马威年度创新报告中拔得头筹。2015 年 12 月 16 日，习近平总书记在浙江省乌镇视察“互联网之光”博览会第一站阿里巴巴展台前表示，阿里巴巴不仅是一家中国的公司，也是一家在全世界具有影响力的世

界级公司，要在全球经济、社会治理中发挥积极影响力；阿里巴巴现在在全球的影响力，可以说是肩负重任，压力也很大，你们现在虽然有很多压力，很多挑战，还是要不断创新，不断突破，我对你们寄厚望。

作为世界上参与人数最多、参与主体类型最广、复杂程度最高的商业场景，毫无疑问，双十一是阿里巴巴这一数字经济体内最为复杂，也是对技术最具考验力的场景。多年以来，正是在双十一等场景的催化下，阿里巴巴取得了一系列世界级的技术突破。而双丨一，也已成为新技术创新、孵化、大规模应用的试验场。

阿里的商业场景，成功激发了人工智能技术的持续升级和应用。2018年天猫双十一产生了453亿次AI个性化推荐，使消费者在海量商品中更容易找到真正需要和想要的商品。再如，在打击刷单炒信方面，阿里目前已构建了涵盖129道风控模型的立体式智能风控体系，可以全方位洞察虚假交易、异常刷单行为。2018年双十一，风控团队专门汲取AI团队最新的反作弊算法技术能力，大规模应用了实时DF时空反作弊模型，该模型涵盖了最前沿的10项技术，比如说基于用户时序的边缘计算加速等。它能够实时处理每秒十万级的交易行为，更加精准、快速、自动地识别出刷单的虚假交易信息，做到秒级响应，并且可以在对抗刷单的过程中不断自我校验、完善，全面提升了平台风控识别和治理能力。

阿里巴巴在大数据分析、生物支付、区块链等前沿科技领域，也取得了一系列的重大突破。在生物支付领域，2017年，蚂蚁金服的刷脸支付入选《MIT科技评论》的“全球十大突破性技术”。指纹、刷脸等生物支付方式，大大降低了移动支付的使用门槛。2018年双十一当天，消费者生物信息完成支付的占比高达60.3%，相当于每10笔支付就有6笔是通过指纹、人脸识别等完成的。在大数据分析领域，2018年双十一备战期间，网商银行充分利用大数据技术为商家提供资金支持。343万商家获得了2020亿元的资金支持，贷款金额较去年同期增长37.4%。在区块链领域，IPRdaliy和incoPat创新指数研究中心联合发布了2017年“全球区块链企业专利排行榜

100强”，在所有企业中，来自中国的阿里巴巴区块链专利全球第一。区块链技术在阿里也得到了广泛应用。在天猫国际使用区块链溯源的商品，覆盖百余个国家和地区，商品数量达到1.5亿件，涉及的商品主要包括钻石、进口奶粉、进口保健品，以及五常大米、茅台酒和平武蜂蜜等特色产品。

### （二）阿里巴巴2009年创立的阿里云已成为全球领先的云计算及人工智能科技公司，为200多个国家和地区的企业、开发者和政府机构提供服务

过去，阿里巴巴的IT技术架构是以传统的IOE体系构建的。从2006年开始，业务快速增长的阿里巴巴开始面临世界级的技术难题。IOE架构在当时已无法满足业务增长的需要。面对复杂需求的难题，阿里巴巴下决心选择去IOE。而今，经过多次技术迭代后，阿里云已经彻底完成了去IOE工作，经历了几次双十一的挑战之后，阿里巴巴的云计算技术更是日益成熟。

阿里云致力于以在线公共服务的方式，提供安全、可靠的计算和数据处理能力，让计算和人工智能成为普惠科技。阿里云在全球18个地域开放了45个可用区，为全球10亿用户提供可靠的计算支持。ET大脑是阿里云研发的超级智能，用突破性的技术解决社会和商业中的棘手问题。阿里云的科学家已研发出ET城市大脑、ET工业大脑、ET医疗大脑、ET环境大脑等，它们在各行各业成为人类的强大助手。杭州城市数据大脑的内核采用的是阿里云ET人工智能技术，可以对整个城市进行全局实时分析，自动调配公共资源，修正城市运行中的缺陷，最终将进化成为能够参与城市治理的超级人工智能。阿里巴巴天猫双十一当天，蚂蚁金服客户中心服务量超过500万人次，94%以上通过人工智能ET提供服务，解决客户问题。2016年11月10日，Sort Benchmark在官方网站公布了2016年排序竞赛CloudSort项目的最终成绩，阿里云获得Indy（专用目的排序）和Daytona（通用目的排序）两个子项的世界冠军，这意味着阿里云拥有世界顶级的计算能力，变成普惠科技的云产品。阿里云自主研发了服务全球的超大规模通用计算操作系统——飞天（Apsara），可以将遍布全球的百万级服务器连成一台超级计算机，以在线公

共服务的方式为社会提供计算能力，目前为全球200多个国家和地区的创新创业企业、政府、机构等提供全球独有的混合云体验。

此外，阿里巴巴也拥有了100%自主知识产权的OceanBase分布式数据库技术。商业数据库对任何国家和社会都是一个非常重要的基础软件产品，在众多的通信、交通、金融等大型应用系统中，数据库都是信息系统的核心底座。历经数年坎坷，蚂蚁金服OceanBase终于能够走出创新的“死亡之谷”，它以远低于传统数据库的成本、更高的可用性，创造了支付宝一次又一次自我创造、自我打破的支付峰值的世界纪录，走出了一条中国在互联网时代的核心技术突破之路。

### （三）阿里巴巴2017年10月11日成立全球研究院——阿里巴巴达摩院，汇聚全球顶尖科学力量，立志打造中国人创办的世界顶级科研机构

阿里巴巴达摩院是一家致力于探索科技未知、以人类愿景为驱动力的研究院，是阿里巴巴在全球多点设立的科研机构，立足基础科学、颠覆性技术和应用技术的研究。阿里巴巴达摩院的阵容可谓“星光熠熠”，首批公布的学术咨询委员会十人中有三位中国两院院士、五位美国科学院院士，包括世界人工智能泰斗Michael I. Jordan、分布式计算大家李凯、人类基因组计划负责人George M. Church等。阿里巴巴达摩院研究领域涵盖量子计算、机器学习、基础算法、网络安全、视觉计算、自然语言处理、人机自然交互、芯片技术、传感器技术、嵌入式系统等，涵盖机器智能、智联网、金融科技等多个产业领域。阿里巴巴达摩院已经开始在全球各地逐步组建前沿科技研究中心，包括亚洲达摩院、美洲达摩院、欧洲达摩院，并在北京、杭州、新加坡、以色列、圣马特奥、贝尔维尤、莫斯科等地设立不同研究方向的实验室。阿里巴巴达摩院将像当年的贝尔实验室一样，打造第一流的研究机构，初期计划引入100名顶尖科学家和研究人员。

### （四）继成立达摩院之后，阿里巴巴又做了一件大事，由阿里巴巴倡议的研究机构罗汉堂 2018 年 6 月 26 日在杭州成立

罗汉堂由阿里巴巴倡议，包括 6 位诺贝尔经济学奖获得者在内的全球社会学、经济学、心理学等领域顶尖学者共同发起，将一起研究与科技创新伴生的社会经济形态变化等课题。罗汉堂首批学术委员会的 15 位成员以经济学家为主，包括 6 位诺贝尔经济学奖获得者。罗汉堂未来还会邀请更多全球顶尖的社会学家、心理学家、人类学家等跨学科、多领域学者加入。马云强调，罗汉堂不是为阿里巴巴而建的，通过罗汉堂累积的观点、研究报告和成果是为全世界服务的。达摩院研究解决未来问题的先进生产力，罗汉堂研究随之而来的生产关系，研究如何帮助人类社会适应科技进步、迎接可能出现的挑战。

### （五）在供需两端同时发力赋能，弥补结构性改革的供给侧短板，助力大众创业和万众创新

阿里巴巴将拥有的海量消费者数据、金融数据、物流数据、小企业数据分享给企业，共同搭建面向未来的产品创新实验室，帮助企业做到按需定制，通过人工智能给传统行业装上大脑，通过重构产品上市，让供应商和消费者实现在线互动和零距离沟通，让生产商快速试错、开发更好满足消费者需求的商品。阿里巴巴通过自有平台赋能中小企业改变销售和经营的方式，为商家提供基本的互联网基础设施以及营销平台，让其可借助互联网的力量与客户互动，不断实现产品升级和品牌提升。阿里巴巴凭借强大的数据资源和技术能力，让阿里巴巴电商平台的供应商开发新产品的周期极大缩短。天猫新品创新中心已经与全球 80 个集团达成战略合作，涵盖的一线品牌超过 600 个，这一方式将快消品新品开发周期从 2 年缩短到 9 个月。

阿里巴巴力推零售适应数字经济发展趋势，通过数据化改造对整个供应链条进行整体优化，从而提升效率、创造价值，从零售环节推动供给侧结构性改革。阿里巴巴积极赋能企业品牌建设，重构渠道管理，建设智慧门店，

助推中华老字号提升品牌经营能力，促进线下门店回归零售本质，提升营销的针对性，将消费者从线上引流到线下。2017 年，全国经商务部认证的“中华老字号”企业约 1200 家，超 600 家通过天猫开展线上销售。其中，北京市经认证的“中华老字号”企业共 117 家，超 50% 老字号在天猫开展业务。2017 年前 8 个月，北京老字号十强企业的在线销售额超 8 亿元。

2018 年天猫双十一，是数字经济体大规模高效协作的一次集体亮相，也是零售、批发、制造、物流各环节数字化改造的强大驱动力。平台上 18 万商家、20 多万家线下智慧门店、3000 多家物流合作伙伴、200 多家金融机构、1500 多家服务商加入双十一，这些场景和需求推动着平台、商家、银行、物流、服务商等参与主体技术和运营能力的持续演进升级，验证了整个中国数字商业系统交易、计算、支付、物流等数字基础设施能力。双十一所构建和验证的商业基础设施，也在培育生态体系中每个参与主体的新型能力，是对每一个商业主体竞争力的检阅。比如，智能物流骨干网实现全国 1600 多个区县的当日达、次日达。通过大数据预测双十一需求以提前备货，一些企业跨区发货比从 60% 降至 10%，当次日达比例预计从三成上升至七成。

### （六）阿里巴巴通过电商扶贫助力精准脱贫，开辟了中国扶贫的新路径，有效解决农业小生产与大市场的对接问题，成为中国乡村振兴战略的先行者

电商扶贫正在通过淘宝村落地，通过电商把商品卖给城市的消费者，卖到全国大市场，农村的经济发展成为中国扶贫的新路径。以淘宝村为例，已经从 2009 年 3 个省的 3 个淘宝村发展到 2017 年 24 个省份的 2118 个淘宝村。当前，淘宝村引领乡村振兴，已经不是概念而是进入实质性的阶段。2018 年，全国淘宝村进一步达到 3202 个，与 2017 年的 2118 个相比，新增 1084 个。国家级贫困县的淘宝村已经达到 33 个，省级贫困县的淘宝村达到 400 个。在山东曹县大集镇，2009 年没有淘宝村，2013 年发展到 2 个，2017 年已有 32 个，覆盖全镇所有的村庄。从整个交易来看，2118 个淘宝村，贡献了 1200 亿元的交易规模，不管是小商品还是家居用品，许多产品都在淘宝

村生产销售，淘宝村村民的收入比没有淘宝村村民的收入更高，淘宝村变成宜居的淘宝村、美丽的淘宝村。淘宝村已经成为中国乡村振兴战略的先行者，人才返回农村，借助淘宝等互联网平台，跟一线城市最先进的技术、商业模式和人才连接。草根创业者、先行者是淘宝村取得成功的带动者，这是最大的动力，2017 年在淘宝上开设的活跃网店已经超过 49 万个，数字还在进一步增加，交易额也会进一步扩大。2018 年 11 月，世界银行行长金墉在首届进博会开幕式演讲时表示，自己在贵州考察时发现，当地的贫困率已从 30% 左右降到了 8%，其中，农村电商和淘宝村起到了关键作用。随后，他还在个人社交账号里表示，“我看到淘宝村给年轻人创造了新的机会，让他们能返乡创业，同时也能更好地销售当地农产品。我希望更多人能够从贵州的案例中吸收经验。”

2018 年上半年，800 余个国家级贫困县在阿里巴巴平台网络销售额超过 260 亿元；2018 年 1 月以来，“兴农扶贫”频道覆盖 8 个省份的 141 个县，包含 51 个贫困县；自阿里巴巴脱贫基金启动以来，截至 2018 年 6 月，网商银行向贫困县（包括国家级和省级贫困县）100 余万用户提供贷款超过 380 亿元；截至 2018 年 6 月，117.8 万建档立卡贫困户从“顶梁柱健康扶贫公益保险项目”获得健康保险保障；2018 年上半年，阿里巴巴超过 1000 名员工投入脱贫业务，实地走访贫困县超 100 个。

### （七）阿里巴巴的 18 位创始人所创建的企业文化，让阿里巴巴与众不同，使阿里巴巴从一个有组织的商业公司，逐渐发展成为一个有生态思想的社会企业

阿里巴巴文化里有感恩、回报的思想。阿里成功了，让别人也成功，这是根植于企业内部的文化，这是商业模式决定的。做平台的，不让商家赚钱，平台就不会赚钱。阿里巴巴相信：人人都有社会责任，在网络化的便捷环境下，人人也有能力履行社会责任。阿里巴巴确信：社会责任对企业不是负担，在每一家企业的商业模式中，都可以找到自身与社会责任的结合点。

阿里巴巴坚信：企业社会责任应内生于企业的商业模式，唯其如此才能实现可持续发展。阿里巴巴积极开展公益事业，在阿里巴巴上市之前，马云就确定用3‰的营业额做公益。2017年，阿里巴巴成立脱贫基金，5年内将投入100亿元参与脱贫攻坚。

阿里巴巴还在集团内部发起每人每年“公益3小时”倡议。马云向全体员工表示，公益不仅仅是给予，更重要的是参与和自我教化，是一点一滴的行动。阿里平台也带动了海量商家和消费者参与公益行动。2018年天猫双十一创造了史上最大规模的公益捐赠行动。在11月11日当天完成的交易中，超过3亿笔公益宝贝订单产生了公益捐赠，超过91.8万商家、1.13亿消费者参与其中，共同支持了“顶梁柱计划”、“爸妈食堂”、“爱心包裹”、“童伴计划”、“大地新芽”、“新阳光病房学校”、“春晖妈妈守护孤儿”等近30个优秀公益项目，预计将有超过21.4万人次受益。

运营一个生态化的社会企业，不能简单依靠管理和流程，而越来越需要企业的共同文化和创新机制，以制度创新来推动组织升级。为此，阿里巴巴出台了合伙人制度，希望通过公司运营实现使命传承，帮助更多人成功。

## 六、阿里巴巴带来的启示是深刻的，改革开放重塑的经济体制是企业成功的制度性保障，使企业成为支撑中国强起来的微观主体

### （一）阿里巴巴模式是改革开放重塑经济体制的最有力证明，通过制度再造推动了中国市场与世界市场的接轨，充分释放了生产力，推动企业实现了难以想象的快速发展

改革开放的核心是经济体制的再造，推动了我国国内规则与国际规则的接轨，激发了企业的原创力。我国经济体制改革的最终目标是建立社会主义市场经济体制，坚持市场经济方向，发挥市场在配资资源中的决定性作用。这推动企业从过去行政的附属物转变为市场发挥作用的主体，成为连接中国

市场和世界市场的主体。改革开放是一次制度变革，没有改革开放就不可能有阿里巴巴这样的世界级企业。阿里巴巴通过自己的智慧、努力、创造，使改革开放更加具象，成为改革开放的缩影、名片、旗帜，改革开放造就了阿里巴巴，阿里巴巴又成为改革开放中的创造者。支付宝在 2003 年上线，但直到 2011 年才正式获得央行颁发的支付牌照。中国监管部门这种鼓励包容的做法和国际上的“监管沙盒计划”的做法有相似之处，就是既关注风险，又允许创新。改革开放是一项长期的、艰巨的、繁重的事业，实践发展永无止境，解放思想永无止境，改革开放也永无止境，停顿和倒退没有出路，必须一代又一代人接力干下去。在新时代，我国改革已经进入攻坚期和深水区，我们必须突破思想、管理、制度的限制，以更大的政治勇气和智慧，不失时机深化重要领域改革，坚定不移全面深化改革，逢山开路，遇水架桥，敢于向顽瘴痼疾开刀，勇于突破利益固化藩篱，将改革进行到底。

### （二）马云现象是改革开放再造微观主体的必然结果，马云作为企业家代表之所以得到国际社会的普遍认可和尊重，与中国对全球的经济贡献紧密相联

马云确实代表了一种现象，改革开放以来，全国各地各具特色的企业家开始成长，同时各地企业家群体作为一种普遍现象也开始形成和发展演进起来，而且随着改革开放不断深化，企业家群体在促进经济发展的过程中发挥着越来越重要的作用。没有改革开放就不可能有马云这样的一批企业家。经过改革开放 40 年，我国经济持续发展，社会生产力水平显著提高，经济总量跃居世界第二位，成为世界第一制造大国、第一货物出口大国、第二大对外投资国，对世界经济增长贡献率超过 30%，国家经济实力、科技实力和综合国力显著提升。特别是自 21 世纪以来，国家积极引导支持电子通信基础设施建设与科技研发，中国骨干企业在信息基础设施、移动互联网等领域累计投资超过 1 万亿元，公共服务平台不断完善，移动通讯技术从“1G 空白”发展到“2G 跟随”、“3G 突破”、“4G 并跑”。1997 年至 2016 年，我国

移动电话用户从约1323万户增13.2亿户，互联网上网人数从62万人增至7.3亿人，从而有力地推动互联网的用户数量和体验大幅提升。国家为互联网企业创造良好的硬件环境，阿里巴巴、腾讯、百度等一批企业可以充分利用国家提供的优势条件迅速发展。我国提出共建“一带一路”倡议，发起创办亚投行，设立丝路基金，举办首届“一带一路”国际合作高峰论坛、二十国集团领导人杭州峰会等一系列重大主场外交活动，彰显了我国深度参与全球治理的意愿和行动，我国对世界的多方面的贡献也越来越大，这为马云这样的企业家提供了成为时代弄潮儿的良好国际环境。随着新一轮改革开放，我国的经济实力、科技实力和综合国力将继续提升，必将催生出世界级的企业家群体。

### （三）竞争和合作促进发展，面对日趋复杂的全球经济环境，我们必须全面深化新一轮改革开放，培养大批世界级企业

竞争和合作促进发展。我们需要培育一批像阿里巴巴一样的世界级企业，通过竞争和合作，为全球经济做出更大贡献。没有大的视野格局，缺乏数字逻辑，很难解码类似阿里巴巴这样的创新范例，也就很难完整准确把握中国改革 40 年的创新发展脉络。但是，改革开放的很多领域目前都是无人区，包括治理上的无人区，需要更大的勇气去进行制度创新。改革开放是决定当代中国命运的关键一招，我们要总结经验、乘势而上，通过深化改革来解决企业发展面临的各种重大问题。

### （四）要实现新一轮改革开放的伟大目标，必须把造就优秀企业家群体提升到更加重要的地位，在较短的时间内培养出一批世界级的企业家，发挥企业家的带动示范作用

改革开放 40 年，我们之所以能取得举世瞩目的经济成就，很重要的一个原因就是企业家群体登上历史舞台，带动中国企业不断发展壮大，推动中国经济破浪前行。应重新认识企业家的作用，改革开放激活了人的创造力、

激活了企业家精神，让潜在的企业家变成了现实的财富创造者、创新活动的实践者。党的十八大以来，习近平总书记一系列重要讲话中多次出现“企业家精神”、“企业家作用”、“企业家才能”等关键词，体现了以习近平同志为核心的党中央在治国理政过程中高度重视企业家群体。沪粤两位书记如此关注马云，不仅说明两位书记爱才心切、爱企业家心切，还透露出两位书记希望本地区认真反思自己的人才发现机制、创业环境和管理体制。企业家形象和大国形象是连接在一起的，引领时代潮流的大国需要一大批成功的、叫得响的企业家。企业家就是创新家，是决定企业兴衰的主要力量，是推动社会创新的重要力量。企业家能够充分运用创新意识和创新能力，能够注意到别人忽略的问题，能够想到他人没有想或不敢想的问题，抓住时机，出奇制胜。时代呼唤优秀的企业家。我国正处在经济转型、爬坡过坎的关键期，结构调整加快推进，新旧动能加速转换，企业家作用和企业家精神更显得弥足珍贵。

### （五）新一轮改革开放要培育以企业为主体的微观经济基础，要有新的理论创新、制度创新、组织创新、技术创新、产品创新，发展系统性的创新能力，帮助企业实现换道超车

在工业经济时代，一国经济的竞争力在很大程度上由该国拥有的跨国公司的数量和质量决定；在数字经济时代，一国经济的竞争力将在很大程度上由该国拥有的大型平台企业决定。世界经济正在向数字化转型，数据是人类第一次创造的能源，是越用越值钱的东西，运用数据、产生数据和积累数据的能力越强，基本上就奠定了国家的未来竞争力。我们仅仅从数字逻辑来把握是不够的，还必须从思想认识上来一场革命，从工业化思维的禁锢中解放出来，加快从工业化思维向数字化思维转变。未来一个国家的基础设施不只是港口、铁路、公路、机场，还包括关系到整个未来信息时代的一些核心底层技术，这才是未来社会发展的核心基础设施。不能将对工业企业的垄断定义生硬地套在新业态企业身上，应与时俱进，宽容监管，审慎监管，应具有

足够的柔性。美国的科技成功是打造了一个以硅谷为核心的创新生态，没有新一轮的改革开放推动创新，中国现有的技术创新就会减分和打折扣。中美是全球互联网经济的领先者，但中国与美国相比还有较大差距，历史性的发展机遇稍纵即逝，要把握历史大机遇，把美好蓝图变为现实，开创发展新时代。

## 七、在新一轮改革开放中应大力推广一批像阿里巴巴经验一样的企业经验，充分释放企业的活力和企业家的创造力，让一切创新源泉充分涌流

### （一）将制度供给作为新一轮改革开放的主攻方向，突破深化改革扩大开放过程中遇到的难点问题，为我国企业在国际分工体系中占据更加主动的位置提供有效的制度支撑

政府应根据企业参与国际竞争的需要加快改革，加快调整管理方法，全方位调整思想理念和政策措施，形成支撑强大后续发展能力的体制机制，完善新一轮改革开放的理论设计、战略设计、制度设计、政策设计。继续推进国家治理体系和治理能力现代化，坚定不移深化各方面改革，要抓难点、补短板，尚未推出的改革要加快突破推进，已经推出的改革要加快落实落地，坚定不移扩大开放，使改革和开放相互促进、相得益彰。在政策层面上，建议以促进发展、面向未来的方式去看待我们的每一项政策，而不只是从监管、控制、管理的角度去制定每一项政策，这是过去时代的做法，下一个时代的做法应以服务促发展。特别要推出一批能叫得响、立得住、企业认可的硬招实招，处理好改革“最先一公里”和“最后一公里”的关系，突破“中梗阻”，把改革方案的含金量充分展示出来，为企业充分利用全球资源、进行产业结构调整和资源优化配置提供支撑，让企业有更多获得感。过去40年中国经济发展是在开放条件下取得的，未来中国经济实现高质量发展也必须在更加开放的条件下进行。

### （二）将企业家群体作为国家重大战略实施的重要载体，使其成为供给侧结构性改革的重要推动力量，不断引发效率和动力变革，推动经济实现高质量发展

13 亿中国人中一定还有不少“马云”，一定不缺“马云”，关键在于要有发现“马云”的长效机制。要用新一轮改革开放推动出现更多马云这样的创新型企业家，形成更大更优的企业家群体。优秀的企业家群体不可能凭空而来，应科学地整合各种资源，努力建立起一个可以持续地、大批量地培育优秀企业家的创新系统，建立一套孵化企业家精神的生态系统。应大力倡导和推行“理解企业家，尊重企业家，爱护企业家，支持企业家”的理念，深度挖掘优秀企业家的精神特质和典型案例，进一步营造依法保护企业家合法权益的法治环境，营造促进企业家公平竞争、诚信经营的市场环境，营造尊重和激励企业家干事创业的社会氛围。

### （三）推动经济社会数字化转型，加快建设数字基础设施，推动体系重构、流程再造，形成新的数字化场景，让全社会分享数字经济的红利

中国有发展数字经济独特的人口、技术、市场优势，历史包袱少，应坚持包容发展原则，给予数字经济试错的机会，促进数字经济这一新“物种”生存和发展，充分为小微企业、个人参与经济活动赋能。国家应积极提高全社会数字素养，形成数字文化，加快公共服务数字化转型，研究解决技术创新问题，真正在核心技术、基础研究上实现大的超越，这是我们为世界做出更大贡献的难得机会。今后几年，应积极促进数字经济与实体经济深度融合，在 5G、下一代互联网、物联网、大数据、云计算及核心技术、关键零部件等方面实现突破，打造新技术、新产业、新模式、新产品，为推动创新发展、转变经济增长方式、调整经济结构发挥积极作用。

# 福耀集团：把汽车玻璃做到价值链顶端

中国国际经济交流中心

## 导语

在改革开放 40 周年之际，回顾一个企业的发展历史，总结其发展过程中的突出经验和带有规律性的东西，具有重大价值和意义。按照中宣部的统一部署，国经中心承担“百城百县百企”中对福耀玻璃的调研任务。国经中心抽调精干人员组成课题组，在占有大量材料并进行充分案头研究的基础上，由国经中心执行局副主任、总经济师陈文玲同志带领课题组一行，深入企业所在的福建省及福清市，与福建省直有关部门、福州市直有关部门、福耀集团企业高级管理人员座谈，参观企业发展史和创新成果展示，实地考察了企业浮法玻璃生产线。特别是，与福耀董事长曹德旺先生单独进行了 5 个小时的深度访谈。课题组深刻感到，福耀玻璃的成长与中国改革开放紧密相连，没有改革开放，就没有福耀玻璃，福耀玻璃是改革开放的一个缩影，是改革开放伟大成功的一个鲜活案例。

福耀集团成立于 1987 年，前身为福州市福清县（1990 年改为福清市）高山异型玻璃厂。经过 30 多年发展，福耀玻璃从一家名不见经传的小厂，从原来简单的水表玻璃加工企业发展成为生产基地遍及美、俄、德、日等 9 个国家和国内 16 省市的全球规模最大的汽车玻璃专业供应商。目前福耀生产的汽车玻璃为宾利、奔驰、宝马、奥迪、通用、丰田、大众、福特、克莱斯勒等全球顶级汽车制造企业厂商做专业配套。在中国每 3 辆汽车中有 2 辆使用福耀玻璃，福耀产品全球市场占有率超过 23%，多年获得《财富》中国 500 强、中国民营企业 500 强，“中国十佳上市公司”等荣誉。2017 年福耀集团实现营业收入 187 亿元，福清基地实现产值 48.12 亿元，税收 6.87 亿元。

福耀集团是我国改革开放中涌现的大批民营企业的优秀代表，从中能够看出我国民营企业的巨大活力，能够看出民间蕴藏着无比巨大的企业家精神力量，也能够看出改革开放突破了对企业和人的制度性束缚后，所释放的巨大生产力。研究总结福耀集团成长史，我们发现福耀集团的成长发展与中国改革开放全程具有非常强的同步性、共振性，就像生物学中个体系统成长必不可少地要与大系统密切沟通交换，具有非常强的全息性特征。总结研究福耀的发展史，可以清晰地看到中国改革开放的节点、脉络、年轮。

## 一、“改革开放给了我一个人生的重要机遇，使我有可能从一名普普通通的农民成长为一名享誉全球的企业家。”

福耀集团从福州下辖福清市的小镇高山镇起步，作为再小不过的乡镇企业从加工水表玻璃做起，到经营不善推行企业承包制改革、企业经营权下放、引进外资搞中外合资、个人与国家间的股权纠纷、香港上市、“走出去”到美国等国设厂等，中国改革开放向前走一步，福耀向前跨一步。在这一过程中我们看到了不是过来人很难体会到的思想、观念和政策交锋。曹德旺董事长从受教育程度来说，尽管初中没毕业，却显示出了惊人的学习能力和探索精神，给福耀带来了了不起的“化危为机”的能力。凤凰涅槃，浴火重生，几乎每次国际经济危机和国内大的政策调整后，福耀都实现了一次跨越式发展。同早年福耀前身（小型乡镇玻璃加工厂）一样的企业何止万千，那么福耀成功的“密码”是什么？在董事长曹德旺的讲述中，常常是苦苦寻求而不得，后机缘降临终有开悟。从福耀成长过程看，他却不自觉地把现代企业管理中重大理念顺序地“演示”了一遍。中国改革开放用了40年时间走了西方发达国家二三百年的发展历史，福耀则是用了40年时间走了一遍现代企业的演进成长史。

——“只有改革开放，才有生产方式的改革与创新。”党的十一届三中全会后，农村实行了一系列改革，乡镇企业如雨后春笋般迅速发展起来。曹德旺先生抓住这一历史机遇推动筹建了高山异型玻璃厂，这也是福耀集团的前身。但工厂管理一切都是模仿国营企业的管理条例，从筹建的1977年至1983年的6年时间里，工厂换了6个厂长，年年亏损。1983年中央1号文件出台，鼓励个人承包。也正是在这一年的3月24日，福建省55位厂长(经理）向福建省委、省政府发出了《请给我们“松绑”》的呼吁书，当天，《福建日报》在头版头条的位置发表了一封对中国企业有着划时代意义的信。之后，《人民日报》《光明日报》《红旗》杂志等媒体转发，从而引起了国内一场有关企业的全面放权运动，发生在福建省的这起“松绑”事件，成为中国企业发展史上的里程碑之一。在中央和地方政府放权让利的大背景下，曹德旺得以于1983年初承包了高山异型玻璃厂，并于1987年在县委、县政府的支持下兴建了一个合资汽车玻璃厂——中外合资福建耀华玻璃工业有限公司，以曹德旺为代表的福耀立志“为中国人做一片属于自己的玻璃”的目标有了实践的基础。

——“只有改革开放，才有进军资本市场的机会。”福耀集团是改革开放的探索者，在不断深化改革中砥砺前行。20世纪90年代初，福耀成为福建省政府国内证券市场上市试验的试点企业，在福建省体改委、国家体改委和中国人民银行的支持下，福耀开始进行股份制改革，1993年6月10日福耀玻璃在上海证券交易所挂牌，成为中国最早上市的工业企业之一。但与当时的大多数企业一样，改革开放初期的福耀旗下不仅有汽车玻璃公司，还有与房地产相关的工业村公司、装修公司，甚至还有加油站、高分子公司、配件公司和贸易公司等。

1994 年，中国经济形势面临困难，资本市场疲软，粗放型发展模式与混业多元化经营模式使福耀面临发展的危机。在中央政府、商务部以及福建省政府的支持下，福耀与法国圣戈班进行资产重组，走定向增发道路；同时在地方政府支持下，福耀进行了一场以提高段位为目的的全面重组与改造，发展战略上从原来的混业多元化转向汽车玻璃专营化道路，明确汽车玻璃为专营主业，处理掉了与汽车玻璃主营业务无关的工业村房地产项目、加油站、装修公司等；玻璃产品的市场定位从原来的国内市场拓展为维修市场与汽车厂家的 OEM；清理遍布全国的几百个经销部，改产品直销为代理销售；改组公司董事会，引进董事制度以完善公司治理机制。自此，福耀开始“专注一块玻璃”，全面提升产品质量，更加纵深式地发展，将目光瞄准了上下游一体化的扩张，致力于“为汽车玻璃专业供应商树立典范”。近年来，中国股市大盘走势波澜起伏，而福耀专注一片“透明”，市值始终平稳。2015 年，福耀完成港股上市，以 A+H 模式进入全球化发展的快车道，备受海外投资者看好。

——“只有改革开放，才有机会推动国际贸易，参与经济全球化。”福耀发展是中国对外开放的缩影，“走出去”是时代洪流，更是福耀发展的必由之路。自 20 世纪 90 年代中期，随着中国市场经济改革和对外开放的发展，中国开始大力发展民族汽车工业和汽车部件国产化，福耀也得到了快速发展，福耀产品在国内市场上逐渐打出名号。早在 1991 年，福耀生产的汽车玻璃就开始探索向美国、加拿大等出口。1994 年，福耀在中国香港、美国投资，并在美国设立了福耀的营销机构，迈向产品市场和品牌的国际化阶段。印有福耀标志的产品越来越为美国市场所接受，从那时起，美国作为全球最重要的汽车消费市场和生产国，一直在福耀的发展战略中占有重要地位。进入 21 世纪，“加强全球合作、促进共同发展”是这一时期中国经济深化发展的时代之音。福耀再一次站立潮头，进入技术与服务的国际化阶段。与德国奥迪签订汽车玻璃配套供货协议，开始参与通用、现代等汽车厂商的 OEM 同步设计，开启中国零部件与全球顶级汽车厂商深度合作的序章。

福耀在具备产品、市场、客户、技术和服务这些条件之后，自 2013 年起将生产运营基地前移到海外。

如今，福耀玻璃已经成为遍及美、俄、德、日等 9 个国家的大型跨国集团，从原来简单的玻璃制造商发展成为全球规模最大的汽车玻璃专业供应商，产品得到宾利、奔驰、宝马、奥迪、通用、丰田、大众、福特、克莱斯勒等全球顶级汽车制造企业及主要汽车厂商的认证和选用，为其提供 OEM 配套服务和汽车玻璃全套解决方案，产品占全球市场超过 23%，并被各大汽车制造企业评为“全球优秀供应商”，成为全球汽车产业链上的“隐形冠军”，成为中国制造走向世界舞台的一面崭新旗帜。

2013 年，党的十八届三中全会审议通过了《中共中央关于全面深化改革若干重大问题的决定》。在全面深化改革的大背景下，2014 年 5 月 18 日，以曹德旺为代表的福建 30 位企业家致信习近平总书记，以《敢于担当勇于作为》为题，就贯彻党的十八届三中全会决定，加快企业改革发展建言倡议。习近平总书记给福建 30 位企业家回信，希望广大企业家继续发扬“敢为天下先、爱拼才会赢”的闯劲，为国家经济社会持续健康发展发挥更大作用。中国改革永远在路上，中国开放的大门永远不会关上，改革开放还将持续为以福耀为代表的企业提供改革的动力和发展的空间。

## 二、“国家因有你而强大，社会因有你而进步，人民因有你而富足。”

“发展自我、兼善天下”是福耀集团永恒的品牌价值观，“国家因有你而强大，社会因有你而进步，人民因有你而富足”是曹德旺先生一直坚守的企业家使命与责任。从最早的“为中国人做一片属于自己的汽车玻璃”到“为汽车玻璃专业供应商树立典范”，再到“迈向全球一流汽车玻璃供应商”，以曹德旺为代表的福耀集团一直在追求通过自我的发展来贡献国家、社会和人民。在此过程中，福耀不仅学会了如何做一片高质量的汽车玻璃，更自主研发、致力于生产高附加值产品，用卓越品质为客户提供顶级服务，致力于成为一家让国家、社会和人民长期信赖的优秀企业。

（一）“国家因有你而强大”

——始终如一地、专注地做好汽车玻璃，为国家高质量发展探索道路。党的十九大报告指出“我国经济已由高速增长阶段转向高质量发展阶段”，这是对我国经济发展阶段的重要判断，也为企业发展指明了方向。如同中国第一代在探索中成长的企业家一样，曹德旺曾经也不乏多元化扩张的冲动。20 世纪 90 年代前期，福耀旗下不仅有汽车玻璃公司，还有与房地产相关的工业村公司、装修公司，甚至还有加油站、高分子公司、配件公司和贸易公司等，但很快就遇到了难题。1993 年，国家实施第一次宏观调控，原本求企业借钱买地的银行，现在却抽掉银根，市场需求也因政策冷却。“工厂赚的还不够付那边的利息”，布局的失力，使福耀陷入危机。直到有一次，在美国福特汽车博物馆里，曹德旺找到了布局的答案。“多元化是一个误区，一个人的经验有限，精力有限，资金能力有限，对企业管理的能力有限……多元化失败，其实就是不务正业。”1994 年，福耀转让了对房地产公司和装饰公司的投资，1995 年又收回了南方证券的投资，所得资金全部投入了福建万达汽车玻璃有限公司的建设。从此曹德旺从多元化回归专业化，专心致志做玻璃。

20 世纪 80 年代末至90 年代初，大量进口车进入中国，国内众多低等级公路让进口汽车玻璃的损坏率居高不下，拥有可以根据设计参数自动成型的玻璃钢化炉先进技术的福耀玻璃依托维修市场需求而获得快速发展。也正是因为适应当时维修市场对进口汽车玻璃的需求，在坚定以玻璃为主业的发展方向后，福耀迅速在国内市场攒下口碑。但从 90 年代开始，国内一下出现了一百多家汽车玻璃厂，产品质量参差不齐，随后国家又对汽车市场加大整顿力度，这使汽车玻璃尤其是维修市场整体陷入低迷。曹德旺看到了我国汽车工业发展的前景，审时度势将福耀的发展方向定为两个：一是由单一只做维修转向配套领域，二是开始出口寻求海外市场。在发现福耀生产的玻璃质量与国外的同类产品的巨大差距时，福耀打响了全面提升产品质量的“战役”，花重金从芬兰引进工艺和技术，装配了整条生产线，并按照芬兰标准建设了新工厂，全面与国际接轨。通过提升产品技术质量，福耀逐步从维修市场转向直接为出口汽车配套。2005 年福耀通过与奥迪 A6 的汽车高端配套，实现了产品品质的蜕变。福耀集团被奥迪汽车公司确定为前风挡玻璃第一家中国出口企业，其采购的福耀玻璃，将配套全球的奥迪汽车。尽管此前福耀已经为韩国现代、美国通用和日本三菱、五十铃等做了出口汽车配套，但“与奥迪的签约配套意义重大，奥迪汽车玻璃是公认的世界上最难做的汽车玻璃，能为奥迪提供原厂配套，标志着福耀终于完全掌握了汽车玻璃生产的高难度技术，为中国汽车玻璃制造业打出了一个国际品牌”。如今，福耀是包括通用、福特、大众、丰田、本田、日产、奥迪、雪铁龙等知名品牌在内的 80 多家主要汽车生产企业的定点配套供应商，成为国内最具规模、技术水平最高、出口量最大的汽车玻璃生产供应商，也是具有全球化强势竞争力的汽车玻璃专业供应商。

与此同时，重新调整战略后的福耀，除了在汽车玻璃市场继续进行开拓外，开始更加纵深式的发展，将目光瞄准了上下游一体化的扩张，也就是汽车玻璃的原片——浮法玻璃。在拥有浮法玻璃之前，福耀的汽车玻璃原片材料通过国外进口以及国内采购的途径获得，一般来讲，玻璃原片约占汽车玻璃生产成本的 1/3，而玻璃原片的运输、包装费用，尺寸不合而导致的浪费，以及破损缺陷率约占到玻璃采购成本的 15% 以上。同时，国内汽车级别高端浮法玻璃生产数量本身偏小，加之几家可以生产这类浮法玻璃的企业本身也有汽车玻璃加工业务，这一片玻璃的原材料还把握在别人的手里，福耀做的只是汽车玻璃的后加工程序，这一片玻璃还未完全“属于自己”。此后福耀通过收购国内浮法玻璃老厂，引进国外先进技术，以及与国外玻璃巨头合作、消化和吸收等方式，实现了“为中国人做一片属于自己的汽车玻璃”的目标。

从拒绝多元化，专注一片玻璃，到福耀调整产业和产品结构，纵深上下游产业链开发，做好汽车工业的配角，福耀集团现已在福建福清、吉林长春、双辽、上海、重庆、北京、广东广州、湖北荆门、河南郑州、内蒙古通辽、海南文昌等地建立了现代化的生产基地，形成了一整套贯穿东南西北合纵联横的产销网络体系，还在美国、日本、韩国、澳大利亚、俄罗斯、德国、中国香港等国家和地区设立了子公司和商务机构。福耀集团将通过联动位于福建、上海、美国、德国的全球四大设计中心，实现全球客户需求与供应的互联互通，为全球汽车厂商提供顶级的服务，全面提升企业的“经营质量”，成为中国制造高质量发展的一面崭新旗帜。

——把汽车玻璃的功能做到极致，提升了中国企业的国际形象。以曹德旺为代表的福耀集团一直坚持以创新驱动为理念，探索如何通过自力更生、自主研发与创新等供给侧结构性改革做一片高质量的汽车玻璃，为全球汽车厂商生产、设计、提供高附加值产品与服务，从产品、设备、工艺方面的设计和研发进行全面技术提升。自 20 世纪 90 年代从国外搬来了国际上最先进的整条生产线，到与国外玻璃巨头合资，大批技术人员走出国门学技术，进入 21 世纪福耀开始了从设备、工艺、产品、产品技术、设计技术、前沿技术研发等六个方面的全面创新，福耀逐渐掌握了和汽车厂进行同步开发的能力。

目前，福耀集团已具备汽车玻璃、关键生产设备的创新自制能力，公司 70%以上的机械加工设备实现自主研发生产且基本达到国际先进装备水平。近几年公司在新材料、新工艺及加工设备方面创新成效显著，达到了国际领先、填补国内空白、行业领先等先进程度，“汽车玻璃深加工的关键制造技术及应用”得到了国家技术发明奖二等奖、专利奖等荣誉。2015 年，福耀集团在业内首先提出“将工业 4.0 落户福耀”的理念，并开展新一轮的智能化提升工程，致力于定制化产品、自动化制造、智能化运营的福耀模式，打造中国制造业的工业 4.0 范本。

同时，福耀不断拓展“一片玻璃”的边界，由“产品供应商”向“为客户提供汽车玻璃解决方案”转型，通过生产、设计和提供高附加值产品引领行业发展。如今，在福耀的汽车玻璃新品展示厅里，各种多功能智能化汽车玻璃让人大开眼界：能从局部到整体逐步自动加热的汽车玻璃、能根据环境调节透明度的汽车玻璃、装有雨水传感器能自动清洗的汽车玻璃、夏季能大量反射太阳能而冬季又能减少车内热量散失的防晒节能汽车玻璃、内部嵌入了多达6种天线设备的夹丝天线汽车玻璃……这些福耀研制出的新产品，其中一部分是按照世界顶级车型的要求量身研发制造的，另一部分是自主研发的前沿产品，在世界同行业具有先进水平。

福耀集团通过长期以来的探索与积累，形成了一套行之有效的自主创新研发体系，搭建了由“玻璃工程研究院 + 海内外设计中心 + 科研工作站”的多层级全球化协同创新平台。为推动持续性高投入为创新保驾护航，福耀集团每年投入数亿元进行产品及技术的升级，不断提升公司的核心竞争力。2015年至2017年3年间研发投入占产品销售收入的比例分别为4.47%、4.38%和4.29%，呈良性稳定增长势态。但这并不是福耀对于创新的最大投入，福耀创新的最大投入是2万名员工的智慧。福耀倡导全员创新，让从生产中来，到生产中去，实现真正的落地。为了鼓励全员创新，福耀每年斥巨资奖励创新个人和团队。2008年福耀创新奖设立以来，已挖掘了上万件创新项目，其中50%来自一线员工。

从2016年起，福耀更是投入数百万，设立董事长奖、总裁奖、最佳工匠等十余项创新奖项，让每个福耀人都可以从创新的工作中得到荣誉，得到收获。目前福耀集团是工业和信息化部授牌的“国家技术创新示范企业”，是国家知识产权局授牌的“专利工作交流站”和“国家智能制造试点示范企业”，也是国家知识产权局确定的第一批“国家级知识产权示范企业”，福耀玻璃工程研究院成为国家发改委、科技部等五部委共同认定的“国家认定企业技术中心”。

——要成为国际知名的中国企业和企业家，就必须在国际市场中立于不败之地。企业家是国家战略实施的主体，也是国家之间竞争的微观主体，中国改革开放的巨大成就之一就是全面深刻的经济体制改革，培育了一批具有国际竞争力、代表中国企业形象的企业和企业家。

福耀是一家全球化的公司，真正推动了中国汽车工业在海外的发展。早在 1991 年，福耀生产的汽车玻璃已经向美国、加拿大等地出口，1995 年福耀在美国设立营销机构，印有福耀标志的产品越来越为美国市场所接受。2001 年 3 月，美国商务部应美国 PPG 等三家美国玻璃生产商的要求，开始对中国汽车挡风玻璃生产进行反倾销调查。三家玻璃厂商之所以提出反倾销诉讼，是因为他们的“市场份额越来越少了”。2001 年 12 月 18 日，加拿大 PPG 公司向加拿大海关总署提出对中国出口挡风玻璃反倾销指控，福耀玻璃列在 4 家被指控企业的名单中。当时中国正在把汽车产业作为国民经济发展的支柱产业之一，具有巨大的市场潜力。

美加启动对福耀玻璃公司等中国中小企业的反倾销诉讼，本来想通过恶意反倾销的技术游戏这种反击战术，一举全面击溃中国汽车玻璃企业的崛起。从接到反倾销调查通知之日，福耀集团就决定应诉，并于同年推动成立了一个反倾销研究所。2014 年 10 月，美国商务部公布了来自中国的汽车挡风玻璃行政复审的终裁结果，以福耀为代表的中国汽车玻璃行业胜诉。终裁获胜后，福耀玻璃在 2001 年 9 月至 2003 年 3 月缴纳的反倾销税被予以退还。

作为中国加入世贸组织以来第一个反倾销胜诉的案例，福耀玻璃集团应对反倾销的经验与教训，不仅给相关企业提供了经验借鉴，更重要的是树立了中国企业在国际上的形象，福耀反倾销胜利载入中国商业史册，成为经典案例。

作为中国市场经济的代表性人物，曹德旺紧紧抓住国家改革开放浪潮的历史机遇，在企业的国际化道路上，凭借高度负责任的精神，充满前瞻的智慧与胆识，借助市场各方的力量，带领福耀发展成为具有国际竞争力的跨国企业，多次受到《华盛顿邮报》《华尔街日报》《俄罗斯公报》《FT 金融时代》等 20 多家海外媒体的报道，塑造了中国企业家在国际上的形象。

（二）“社会因有你而进步”

以曹德旺为代表的福耀集团的成就远远超过汽车玻璃领域，福耀集团真正推动了中国汽车工业在海外的发展，曹德旺也为中国的公司治理开辟了先河，他不仅把福耀重组为福建省最早成立的股份有限公司之一，也使福耀成为中国最早将独立董事引入董事会的企业之一。

——没有改革开放就没有福耀，福耀的发展也推动了改革开放向纵深方向发展。福耀开辟了公司治理的先河，它不仅是福建省最早成立的股份有限公司之一，也是中国最早将独立董事引入董事会的企业之一。20 世纪 90 年代初期，得益于中国开始大力发展民族汽车工业和汽车部件国产化，福耀以闪电般的速度迅猛发展。1991 年 6 月，公司经福建省经济体制改革委员会、福建省对外经济贸易委员会的闽体改〔1991〕022 号文件批准，改制为中外合资股份有限公司，更名为福耀玻璃工业股份有限公司。

1993 年 6 月，福耀玻璃在上海证交所挂牌上市，福耀成为中国汽车玻璃行业首家上市公司，也是福建全省第一批上市的企业。福耀的上市，也增强了股东的资产流动性，提高了公司的透明度和知名度，增加了大众对公司的信心。福耀玻璃当时除汽车玻璃主业外，还涉足房地产、装修工程和证券等领域，事实证明，这种模式很快使福耀面临危机，于是福耀开始推动深化改革，进行了以提高段位为目的的全面重组与改造，明确汽车玻璃为主营业务，改善公司治理，改组公司董事会，引进独立董事制度以完善公司的治理机制，成为中国最早将独立董事引入董事会的企业之一。

——“地上本没有路，走的人多了，便有了路”，坚持企业家的社会责任与历史使命需要不断挑战极限。改革开放早期，中国人事制度严重滞后于经济改革的发展，合资公司不能接受大学生的档案落户，曹德旺为此向福建省政府寻求人事制度改革。在福建省政府的支持下，作为试点，福建省人事局率先成立了全国第一个人才交流市场，即现在的中国海峡人才市场。1998 年，人事档案，这个中国合资企业与独资企业聘用大学生的拦路虎被搬掉了，此后，全国各省市纷纷仿效福建省人事局的做法，两年内人才交流市场几乎在全国普遍发展起来了。如今，中国海峡人才市场已经成为国家人力资源和社会保障部与福建省人民政府共同组建的国家级人才市场，提供全方位的人才服务。

——“慈善是财富的第三次分配，是国家治理、调节两极分化的工具。”福耀集团董事长曹德旺先生是改革开放过程中涌现出的优秀企业家之一，但曹德旺先生是一位特殊的企业家，一直坚守企业家的使命与责任，立志做一片“有灵魂”的玻璃，也是一位“心若菩提”的慈善家。他从 1987 年至今个人慈善捐款累计逾 110 亿元，2009 年荣膺国际企业界最高奖——安永企业家全球奖；2016 年荣获全球玻璃行业最高奖项——金凤凰奖，评委会称“曹德旺带领福耀集团改变了世界汽车玻璃行业的格局”。在中国慈善捐赠制度与捐赠模式方面，曹德旺先生也进行了创新探索与实践。2009 年西南大旱造成人畜饮水困难，农作物大面积绝收，曹德旺目睹了西南贫困山区农民的生活困境，做出了 2 亿元捐款的决定，为确保善款更多地发放到灾民手中，曹德旺与中国扶贫基金会签订了一份特殊的合同。合同中约定，曹德旺组织独立的监督委员会对项目执行的全过程进行监督，而且管理费不能超过 3%，差错率不得超过 1%，超出部分按 30 倍赔偿，因此被媒体称为“史上最苛刻的慈善”。但这种模式提高了慈善项目实施质量和透明度，促进了整体公益行业和慈善机构的公信力。2010 年底前，2 亿元捐款已经全部到账，中国扶贫基金会完成了 18430 万元资金的发放工作：5 个省区市的 17 个县、120 个乡镇、765 个行政村、5820 个自然村中，共有 92150 户受灾农户足额收到了每户 2000 元的资助善款，另有 970 万元在四川省通江县沙溪镇修建完成了一座便民大桥。2011 年，曹德旺先生捐出价值 35.49 亿元的福耀玻璃股票成立河仁慈善基金会，河仁慈善基金会是中国第一家以捐赠股票形式支持社会公益慈善事业的基金会，开创了中国基金会资金注入方式、运作模式、管理规则等领域的先河，标志着我国慈善事业又向前迈进了一步。

### （三）“人民因有你而富足”

“我是一名企业家，今天取得的成绩都是在社会各界的共同努力下得来的，因此，在社会需要的时候就应该还给社会，把财富用于最需要帮助的人。”1983 年，曹德旺先生捐赠了一批价值 2000 多元的课桌椅给母校，开始了他的慈善之路。“慈善是每一个有能力的人都应该经营的事业，我希望我的捐款，能真正帮到灾区群众，哪怕只是一点。”2008 年，面对汶川大地震特大灾情，曹德旺率先捐款 500 万元，通过国务院侨务办公室送往灾区。此后他组织集团遍及九省十三市的数万名员工以及十五个省市级经销商和部分外联单位献爱心，福耀集团累计捐款超过 1300 万元援助汶川地震灾区。2010 年，西南五省大旱，曹德旺、曹晖捐赠 2 亿元扶贫善款，西南旱区近十万贫困户受益。2010 年玉树地震，在中央电视台举行的募捐活动特别节目上，福耀集团总裁曹晖举牌向青海玉树地震灾区捐款 1 亿元。据统计，自 1983 年至今，曹德旺先生秉承“发展自我，兼善天下”的慈善理念，累计个人捐款已超过 110 亿元，被社会誉为“中国最慷慨的慈善家”。因其在慈善领域做出的突出贡献，曹德旺先生 2005～2007 年连续三年获得中国优秀企业公民奖，先后五次获得“中华慈善奖”、三次获得 CCTV 中国经济年度人物——社会公益奖，获得“优秀社会主义建设者”，连续两届荣获“中国首善”称号，福耀集团也荣获“中国十大慈善企业”称号。

## 三、面向一个开放的世界和日益紧密的全球产业布局，政府需要进行更大力度的改革和调整

在改革开放初期，我们采取的是“摸着石头过河”的改革方式，大胆放、大胆闯、自主试，对于我国突破当时僵化的经济制度、保守的思维方式发挥了重大作用。而当前，改革开放正在步入深水区，每一项改革措施的牵扯面和波及面都十分广泛，与改革开放初期情况大不相同，再采取摸索着试的改革方式很容易激发新的矛盾，必须要发挥好顶层设计的重要作用。顶层设计

就是要通过抓住制约经济发展的“牛鼻子”问题，聚焦深层次矛盾，以创新的思维和方式，从宏观、全局的视角制定改革开放的系统方案。春江水暖鸭先知，应把企业在生产经营中切身感受到的主要制度性问题作为改革的突破口和切入点。

### （一）税收将成为大国竞争的又一重要手段和表现方式

2017 年，曹德旺董事长公开提出，美国税负远低于中国，一石激起千层浪，赞同声有之，抨击者亦有之。由于中美税制不同，税负高低难以简单比较，曹德旺观点是非对错一时难有定论。特朗普新税改政策实施后，客观上确实形成了美国制造业的税收洼地，推动全球制造业向美国流动，同时也使我国整体税负偏高、企业负担较重的问题更加凸显。当前我国税收“营改增”改革已取得重大进展，企业经营成本大幅下降，使企业享受到了实实在在的好处。未来我国应加快推进税收体系改革，推动税制结构由间接税向直接税方向转变，在新一轮的全球减税中，继续保持税收方面的竞争力，做好供给侧结构性改革中的“降成本”文章。

### （二）生产制造企业正在经历一个寒潮期

课题组从福耀了解到，当前包括福耀在内的我国制造企业正在经历一个寒潮期。福耀作为一家成规模、技术性强、订单来源稳定的制造企业，尚且从过去的超高利润降至目前利润率只有 15% 左右，其他实体经济特别是一些中小制造企业更是面临生产经营困难，个别的甚至难以为继。造成这一情况主要有两方面原因：一是国外成本洼地对我国制造企业产生挤压效应，由于国内用电、用地、用工成本不断攀升，且税负成本偏高，一些劳动密集型企业正在向东南亚、南亚等地转移，一些资金、技术、电力密集型企业正在向美国等转移，我国制造业开始出现空心化现象；二是面临虚拟经济的挤压，近年来制造企业大量“脱实向虚”。未来一个时期，我国经济增长将面临一定压力，一方面国内杠杆率较高、去杠杆难度大，另一方面美元加息升值，国内资金可能外溢。在这一情况下，尤其需要稳住实体经济，使其成为我国经济增长的稳定器和压舱石。

### （三）坚决要求一些国家履行在中国加入 WTO 议定书中的承诺，放弃使用“替代国”做法，为我出口企业创造更加公平公正的国际市场竞争环境

根据《中华人民共和国加入 WTO 议定书》第 15 条，世贸组织成员应于 2016 年 12 月 11 日前终止在对华反倾销调查中使用“替代国”做法。但一些国家为在国际竞争中继续获得优势，仍采取“替代国”做法，实质上是继续对我国实行“隐形”贸易保护主义和双重标准。我国出口企业在海外竞争中，也经常遇到这类不公正做法。福耀反映，“替代国”对出口企业影响很大。比如巴西政府就以在“替代国”墨西哥生产、运输至巴西的汽车玻璃价格作为市场价格基准，以此认定福耀产品存在倾销，并对其征收 40% 的进口关税。墨西哥汽车玻璃生产成本本就较高，运至巴西运费也较高，以此判定福耀产品存在倾销极不合理，致使福耀多年来一直未能有效打入巴西市场，这一情况福耀在土耳其、墨西哥等国也经常遇到。福耀所遇问题是我国出口企业面临的普遍现象。当前全球贸易保护主义盛行，对我国“替代国”做法不减反增，我国应坚决要求 WTO 成员方履行我国入世协议承诺，放弃使用“替代国”做法，为我国出口企业创造一个更加公平公正的国际市场竞争环境。

### （四）关于知识产权保护的法律法规仍亟待健全

福耀近些年的快速发展得益于技术水平的大幅提升。2003 年，福耀收购美国 PPG 公司两条浮法玻璃生产线和相关技术，使福耀得以从传统玻璃生产技术直接跨越到低成本、高品质、快速生产的浮法玻璃技术，从而实现在国际市场的扩张，一跃成为全球最大的汽车玻璃生产企业，关键核心技术对于企业做大做强是不可或缺的。

目前，福耀已经进入由引进技术转向自主研发技术的发展新阶段，但

知识产权保护不力成为福耀向高科技玻璃生产企业转型的最大制约条件。国内一些汽车玻璃企业存在抄袭福耀技术、冒用福耀商标生产的现象，这些假冒玻璃由于技术水平低、品质差，成本也很低，在售后市场上每片玻璃仅售价 200 元，远低于福耀每片玻璃 2000 元的市场价格，但由于消费者真假难辨，福耀真品玻璃反倒难以与假冒玻璃竞争，出现“劣币驱逐良币”现象。福耀每年专门投入数百万元用于打假，但效果不佳。当前我国制造业正处于转型升级、向产业链高端攀升的重要阶段，要鼓励企业开展技术创新、提升制造业发展水平，必须做好知识产权保护工作，把各种知识产权保护的法律法规从纸面上落到实际中来，为企业开展技术创新创造公平的社会环境。

### （五）应在关键技术和核心设备方面进一步突破

经过多年发展，福耀通过购买国外技术、消化吸收再创新的方式掌握了一定技术，但一些关键技术和核心设备仍需从国外采购。比如，福耀的浮法玻璃流水线来自法国、工业机器人来自德国库卡和以色列、设备芯片来自德国西门子、设备软件主要来自法国达索，等等。福耀的情况也折射出我国制造业面临的普遍现象，由于核心技术和设备受制于人，许多关键基础材料、零部件、元器件、工业系统软件不能自给，产业安全还存在一定的脆弱性。未来我国应下气力加强科技研发力度，强化知识产权保护，着力解决在关键零部件、重大装备、重要材料等方面对国外的依赖，力争在关键瓶颈问题上有所突破，这也是推动我国产业结构升级、提升产业发展层次的重要方向。

## 四、“改革就是要革除旧弊，开放就是要进一步打开大门。”

企业是国家战略的实施载体，未来国家在国际市场上的竞争取决于企业的竞争能力。这就要求政府在新一轮的改革开放中，必须针对企业普遍反映的重要问题和在国际市场上打拼的实际需要，制定改革方案，政府要从过去对企业的俯视改为平视，要放下身段、亲商惠商，使政府从管理企业转为服务、支撑企业。福耀的发展历程、反映的问题和现实需求，可以对我国进一步深化改革开放有以下的启示和建议。

### （一）坚持顶层设计和基层实践相结合，同步推进各领域整体综合配套改革

2018 年是改革开放 40 周年，中国成功地由一个封闭保守的计划经济国家转变为一个融入全球的市场经济国家，诞生了福耀等一大批具有国际竞争力的优秀企业。当前，改革开放正在进入一个新的历史阶段，正面临新一轮全球化的历史机遇，要站在新时代新起点上，继续把全面改革开放推向前进，形成更高层次的开放格局。要全方位调整过时的思想、理念、政策，调整不利于企业发展的政策、制度，进一步释放制度红利、市场红利，形成强大的后续发展能力。

当前改革开放面临的局面和情况都更加复杂，矛盾和问题都是深层次的、系统性的，对企业所反映的财税、土地、金融、市场管理、对外开放等各方面问题的改革都是牵一发而动全身的，不是简单在某一领域推进一两项改革就能解决的。新一轮的改革开放必须注重顶层设计与基层实践相结合，同步推进各领域的整体综合配套改革，形成全新的、重大战略布局和设计，抓住新一轮全球化和我国经济转型升级的战略机遇，推动我国经济建设和全面开放迈上一个新台阶。

### （二）推动更高层次的对外开放，妥善应对日趋激烈的大国竞争与博弈

当前全球化进入了一个深度调整期，全球贸易保护主义盛行，大国竞争与博弈日益激烈，一些西方国家对中国崛起表现出疑虑、担忧。尽管如此，我们仍然要坚持对外开放的大战略不动摇，必须加快形成新一轮改革开放的整体战略布局和政策设计，在国家和社会全力支持下，形成以企业为主体、为先锋、为载体、为平台，参与国际竞争与博弈的新格局。引导企业把握大趋势、看准大方向，紧抓“一带一路”倡议机遇，大胆“走出去”，在全球

范围配置资源，加快产品向产业链、价值链中高端延伸，从单纯的产品“走出去”到全产业链“走出去”，使企业成为我国新一轮改革开放重大战略的实施载体。

### （三）适当调整制造业发展战略，打造一批实体经济领域的隐形冠军

当前应系统梳理总结我们在制造业发展中陷入的误区，对制造业发展要做战略上和政策上的调整。一是要避免弱化制造业、片面强调发展第三产业的误区。制造业是国民经济主体和国之根本，是大国的核心竞争力，制造业不但不能削弱，还应延长繁荣周期，第三产业发展要与第二产业相配套，不能过度发展，更不能允许第三产业的过度泡沫化挤占制造业发展空间。二是要避免强调发展重化工业、忽视消费品工业的误区。目前我国消费品等轻工业正在大量向海外转移，国内重化工业比重已经超过 70%，未来我国可能会出现日用消费品依赖进口的情况。因此我们既要发展新型制造业，还要重视消费品等传统优势制造业。三是要认识全球产业链与核心零部件间的关系。在全球制造业调整布局中，中国企业应该改变企业发展方式，调整企业发展战略，制造企业无须贪大而求全，要引导企业甘于坐冷板凳、坚守实业，甘于几十年坚持一个方向，瞄准全产业链中的核心零部件和关键环节，哪怕是只做好一片玻璃、一个零部件、一种材料，把一件事做到极致，才会有更多企业如福耀一样成为全球某一行业的隐形冠军。

### （四）努力培育一批企业家，形成尊重企业家的浓厚社会氛围

改革开放的一个伟大成就是重塑了微观经济基础，特别是释放了人的主观能动性和积极性，产生了如曹德旺等一批优秀的民营企业家，对国家经济发展、人民就业增收、我国国际竞争力的提高做出了重要贡献。当前，社会上出现一种“仇富”现象，一些民营企业家依靠个人能力致富也遭到非议，捐赠就是作秀，企业家的重要贡献非但不能得到社会承认反而受到

攻击诽谤。当前必须充分认识企业家的重要价值，企业家是我国改革开放过程中形成的优秀群体之一，是各类生产要素中宝贵的要素资源。政府应该积极主动引导社会舆论，营造尊重、认可企业家的社会氛围，尊重企业家的财产权和名誉权，支持企业家的善行善举，对企业家能有更多宽容包容，形成亲清的政商关系，培育能够努力创新特别是扎根实业的企业家的肥沃土壤，使中国未来诞生更多的“曹德旺”和“福耀玻璃”。

inspur 浪潮

# 浪潮集团：自主创新、永立潮头

国务院发展研究中心企业研究所

浪潮集团从20世纪80年代初期的一个连续亏损5年、仅有400人的小厂，快速成长为年销售额超800亿元、员工超过3万人的大型企业，业务范围已拓展至全球110多个国家和地区，并在美国、日本、拉美等多地设立研发中心和工厂，拥有26个海外分支机构。浪潮集团坚定不移地走自主创新道路，是科技部首批认定的创新型企业，拥有国家级企业技术中心、主机系统国家工程实验室、高效能服务器和存储技术国家重点实验室、国家信息存储工程技术研究中心、半导体发光材料与器件工程实验室、大数据流通与交易技术国家工程实验室、国家大众创业万众创新示范基地等七大国家级研发平台，涵盖了基础技术研究、共性和关键技术研究、工艺和工程技术研究、产业化方案等关键研发环节。浪潮还拥有国家级企业博士后工作站，是首批国家规划布局内的重点软件企业。

回顾浪潮集团波澜壮阔的改革发展史，浪潮人的奋斗精神正如其名字所刻画的那样，善于把握技术革命契机，勇于站立技术潮头，坚持市场化改革，坚持自主创新，不断超越自我，最终成为信息技术创新发展的"搏浪者"和"弄潮儿"。

## 一、第一次勇立潮头：踏上个人电脑产业发展的浪潮，创立了中国的个人电脑品牌

1983 年，浪潮开发出第一台“浪潮牌”微型计算机，当时与长城、东海并称为中国个人计算机市场三大主导品牌，由此开启了中国现代信息产业的新征程，也拉开了追逐信息技术创新的大幕。

### （一）10 万元“救命钱”，研发第一台“浪潮牌”微型计算机，踏入信息产业发展的大门

1982 年，浪潮的前身山东电子设备厂是一家从事计算机外围设备、民用电子仪表等产品研发与生产的国有企业，当时企业规模尚小，员工仅有 400 多名，由于产品滞销，当年亏损了 52.4 万元。连续亏损 5 年，工厂可谓债台高筑，借钱发工资，银行都将其拒之门外，企业濒临停产倒闭的边缘。到 1983 年，山东省电子工业局给企业下达的经营指标为“–21 万元”，由此可见一斑。

为了扶持这个困难大户，当时山东省电子工业局下拨 10 万元项目费，用于收录机的开发与生产，这笔钱对浪潮来说无疑是“救命钱”。有钱在手，企业经营者反而冷静起来，他们全面分析了国内外收录机市场，敏锐地洞察到“信息时代”正在来临。企业负责人大胆做出预测：现有收录机市场已基本饱和，而从世界范围内来看，信息技术方兴未艾，未来是属于信息产业的，于是果断做出“进军信息产业，开发、生产微型计算机，抢先在国内占领一席之地”的战略决策。在山东省电子工业局的默许下，浪潮将这笔“救命钱”投入微型计算机的研发。

当时，一位 IT 工程师每月能赚多少钱？浪潮集团董事长孙丕恕回忆说，他第一年的月薪是 45 元，第二年转正之后拿到了 54 元。可在那个时代，一台个人电脑的价格几乎是个天文数字——5 万元。那时，每个家庭拥有一台电脑都是很难想象的，甚至一所高校拥有一台电脑也非常奢侈。虽然当时个人电脑是高精尖技术，但全新的蓝海市场诱惑着“浪潮人”义无反顾地投入研发。

研制工作极其艰难，当时没有任何设计图纸可供参考，完全靠自己摸索，甚至负责开发的一帮年轻人从未见过一台真正的PC机，拿到只有一个使用说明书的样机，既无经验，也不可能像今天的人们求助于互联网来检索查找资料。怎么办？从哪开始？浪潮的年轻人从仿制开始，先易后难，逐个攻坚。浪潮的7个年轻人没白天没黑夜地“滚”在一起，往往每天醒来就开工，直至工作到深夜，仅有的吃饭时间是每天的休息时刻。

“我每天都在弄电路图，怎么设计，怎么来做，不停在想。”当年负责研发工作的孙丕恕说，自己每天的大部分时间都是这样度过。孙丕恕谈及那个时刻，心情仍然非常激动，“一方面这个产品当时只有美国能做，我们能够仿制成功，而且实现了与IBM的PC兼容，我们感觉非常骄傲，它的价值也是非常巨大的，那么从零部件材料费来讲，当时一台电脑我们就能为国家节省几万元”。

1983年，浪潮开发出第一台“浪潮牌”微型计算机，并很快批量投入市场。到1983年年底，浪潮实现产值248万元，利润8万元，一举扭亏为盈。1985年，浪潮0520A以最高分荣获国家电子部计算机产品评比第一名。浪潮微机由于其技术性能和产品质量不亚于国外品牌，且有价格优势，深受广大客户的欢迎，产销量迅速增加，很快成为中国微机领军品牌。

就在1983年，阿尔文·托夫勒的《第三次浪潮》一书正畅销中国，这本书提出的一个很重要的观点就是信息技术将成为社会发展的主要推动力。中国改革开放的大潮和以信息产业为代表的第三次产业革命浪潮荡涤出中国人创新的热情和才智。所以当1983年浪潮生产的第一台微机问世时，开发者们自豪地为它择取了这个响亮而时髦的名字——浪潮，后来也把公司名字改为浪潮。

### （二）学习模仿国外先进技术，踏上个人电脑发展的浪潮，企业逐步形成自主创新的新基因

在1982年前后，国内已经有多个科研机构及企业开始意识到计算机时

代的来临，着手进行微机及相关设备的研发。例如，华北终端设备公司已能批量生产 D-2000 型汉字智能终端及 ZD-1110 型字符显示终端；中国磁记录设备公司已生产出 24 兆磁盘机、6 兆盒式磁盘机等产品。而浪潮恰恰在 20 世纪六七十年代研发生产过晶体管（晶体管是二代计算机的基本元件）及多种计算机外部设备，这为微机研发在技术、人才等方面提供了扎实的根基。

与此同时，IBM 公司 1981 年推出个人第一台没有图像界面的计算机（PC），搭载了开放技术标准的英特尔 x86 系列 CPU 处理器，构建了开放的技术架构，成为全球第一台兼容机。1983 年 2 月召开的全国计算机协调工作会议，把生产 IBM PC 兼容机定为我国微机的发展方向，提出“照着 IBM 的 PC 做”。这也为浪潮、长城、东海等中国第一代计算机厂商，基于这个架构进行仿制开发出第一批中国自主品牌的计算机创造了机遇。

“照着 IBM 的 PC 做”，也是很难实现的。当时，国内 PC 市场企业有两条路线，一条是浪潮、长城所走的技术路线，另一条是东海所走的市场路线。在短缺经济的条件下，走市场路线是一条省力且赚钱快的事情，而技术研发显得吃力不讨好。浪潮的决策者坚决选择了走技术路线的道路，在拆解了 5 台 IBM 的兼容机、反向研究个人电脑结构的基础上，由易到难、循序渐进，从生产 PC 机箱起步，逐步向主板等核心部件进军，直到进行着操作系统的“汉化”研发。掌握了这些技术，公司就可以全球采购部件，真正开展整机的设计。

技术研发最终是会获得市场回报的。以 PC 机的主板为例，既然主板可以买得到，为什么还要自己去设计主板？浪潮人清楚地算了一笔账，买回来的主板跟自己设计出来的价格差好几倍，买回来，别人再加价，贵得不得了；而且你不掌握这个技术，永远会被别人控制。更为重要的是，浪潮人对坚持技术研发的自信。

自主研发，既需要学习精神，更需要奋斗精神。为了研发 PC 机主板，时任浪潮 0520 课题组组长的孙丕恕带着十几名技术骨干来到深圳，租了一套三室两厅的房子，进行封闭开发，所有技术骨干一年只能回家一趟。为进一步提升技术水平，浪潮又派技术骨干到香港学习研发，经济拮据的他们一个月只能打一次电话，一次三四分钟，与大陆联系更多依靠信件来往。

集体强化封闭开发迅速取得了成效。在1988年短短一年时间内，浪潮先后开发出浪潮0520AS、0520BS、0520CS、0520DS、0530H、0540等8种新品，大大提高了浪潮微机的市场竞争力。其中，浪潮0530H获国家质量最高奖项银质奖，也是计算机行业首个银质奖；浪潮0540D微机由于其独创的128KB高速缓存，在美国的COMDEX展上引起轰动，并成为中国当时向美国出口电脑主板的唯一厂商。这一重大突破，标志着国产PC的开发由简单模仿开始向独立研发转变。同时，这也意味着，在短短的四年时间里，企业管理层带领浪潮渐渐摆脱仿制加工，向自主研发、输出技术的发展道路迈进。

就在这一年，浪潮完成新产品开发多达20项，销售收入首次突破亿元，实现产值1.33亿元，创汇110万美元，这为浪潮的发展奠定了坚实的基础。1990年，浪潮微机夺得国家人口普查专用机，一次供货4000多台，是中国IT历史上的第一大标。当年浪潮微机销量累计突破了1万台。

### （三）适应改革开放和市场竞争新环境，在游泳中学会游泳，企业机制成为重中之重

在企业创新过程中，技术和管理是相辅相成的关系。浪潮在进行微机研发的同时，企业经营者在改变传统观念、解放生产力方面克服了重重困难，开始进行企业经营机制的转变，实行经济承包责任制。这一改革打破了传统计划经济的束缚，调动了企业的积极性，大大提高了工厂的劳动纪律和生产效率，经过半年的整顿，企业生产形势迅速好转，整个工厂的面貌焕然一新。

改革和创新产生了丰硕的成果。1988年，浪潮微机的市场占有率已经占到了全国市场的20%，位列全国第二，成为当时三大主导品牌之一。当时包括长城、浪潮、东海等在内的国产PC品牌，合计市场占有率高达75%。

但随着改革开放走向深入，1992年国家取消了外国计算机整机进口配额限制，国外品牌大举入侵。在发达的商业社会背景下成长起来的跨国公司，凭借着品牌影响力和全球营销经验向刚刚从计划经济中走出来的国有品

牌 IT 企业开战。当时，国有三大品牌长城、浪潮、东海计算机均招架不住，市场占有率迅速下滑，国有 PC 产业发展走向下坡路。

雪上加霜的是，浪潮的内部也出现了问题，之前的快速发展导致了“成长的烦恼”，企业的研发、生产、市场销售等体系出现了分割、混乱局面。例如，浪潮下属的子公司各自为政，甚至出现了两个品牌的电脑，一个是 PC 事业部生产的“浪潮”电脑，另一个是设备厂生产的“希望”电脑，这些都是各自独立的核算单位；再加上各地的销售分公司相互抢占市场，导致浪潮不但要与跨国公司竞争，自己内部也出现了市场竞争，浪潮的整体品牌形象受到了严重破坏，企业的市场竞争力严重下滑。

此外，受到 20 世纪 90 年代初全民经商和下海大潮的影响，国内出现了只要赚钱，什么都干的风潮，浪潮也走入这个怪圈，开始了所谓的“多元化”经营。在此期间，浪潮涉足了酒店、印刷、运输、驾校等一系列和 IT 并不相关的业务领域，导致了人力、资金、技术等原本有限的资源被进一步摊薄。最终，投机成分占主导地位的多元化经营思路导致“赔了夫人又折兵”，浪潮从 PC 产业领头羊的位置一落千丈。直到 1997 年开始“二次创业”，伴随着服务器业务的发展壮大，浪潮调整 PC 业务面向商用市场，重点拓展海外市场，PC 业务才开拓出一片新的天地。

通过市场的洗礼，浪潮从挫折中吸取教训，变得更加成熟，对企业的发展规律也有了更加深刻的认识。企业的起伏，不仅没有消磨掉发展的勇气，反而积淀为发展的智慧。这段经历让企业认识到，必须坚定走市场化发展道路，必须坚定走专注化发展道路。这些经验成为后来企业发展战略的基本指导思想。

## 二、第二次勇立潮头：抓住互联网发展浪潮，国产高端服务器进入世界前列

20 世纪 90 年代，互联网开始在全球范围内进入民用，服务器成为互联

网发展的核心设备。1993 年，浪潮研发出我国第一台小型机服务器，开创了中国服务器产业。此后 20 多年，浪潮紧盯服务器发展前沿，技术上实现从跟随到赶超，产业上实现由小到大、由弱到强。2017 年浪潮服务器市场份额实现国内第一、世界前三，为掌握关键技术、支撑我国信息化建设做出了重要贡献。

### （一）研发中国第一台服务器，实现网络核心设备的“中国制造”，搭上互联网发展的快车

1983 年美国军用互联网技术转化为民用之后，世界开始进入互联网时代。1987 年，北京计算机应用技术研究所向世界发出了第一封电子邮件“越过长城，走向世界”，也揭开了中国人使用互联网的序幕。1992 年，以邓小平同志的“南方谈话”和党的十四大召开为标志，我国的改革开放和现代化建设进入一个新的历史时期，为浪潮的发展提供了新的机遇。

以提供网络服务为主、支撑大规模商用的服务器必然有巨大发展空间，一定会成为支撑未来经济社会运行的关键基础设施。基于这样的前瞻研判和对于中国市场的敏锐把握，浪潮决策者大胆预测：个人计算时代将逐渐向网络计算时代转变，服务器作为网络的核心，将是 21 世纪网络信息技术的关键所在。要想长远发展，浪潮必须另筑高楼，与此同时，来自 PC 市场的国内外竞争压力，进一步让浪潮下定决心向服务器产品市场进军。

但是，20 世纪 90 年代初期中国服务器的市场完全被国外厂商垄断，核心技术被国外机构控制，特别是大型机更是核心技术机密，国内厂商基本上一片空白。当时，民用小型机也只有美国等少数国家可以生产，这些产品价格昂贵，动辄上千万，我国只有省级以上的银行等才能够部署使用，而且需要放在专门的“玻璃房子中”，由国外厂商派人看管，以确保不会被用于“军事用途”。

天无绝人之路，浪潮人选择了走自主研发道路。1992 年浪潮成立了新部门，专门负责小型机服务器研发。国内搞不到资料，副总工程师孙丕恕不

得不率领研发“小分队”远赴新加坡、中国香港这样的“巴统协议”管不到的“边缘地带”，收集技术材料，还从美国买回介绍服务器知识的书籍。当时，为了节省经费，他们常步行几十里到各个相关科研机构查阅所需资料。经过一年的不懈努力，课题组终于在1993年研发出了基于Intel开放平台、具有10颗486 CPU、运行Unix操作系统的中国第一台小型机服务器SMP2000。它的诞生开创了中国服务器产业新纪元，大大降低了中国服务器市场的产品价格，使得服务器在中国的广泛应用成为可能。孙丕恕也因此被后来者尊称为“中国服务器之父”。

“有了产品仅是万里长征走完了第一步。”为了开拓市场，服务器研发者还需要亲自走到市场第一线去推广产品，但不难预见，往往被用户拒之门外。孙丕恕回忆说，“为了取得客户信任，一百斤上下的机器，我们常常是扛着就去了，在客户处，晚间用我们的机器来替代国外品牌，进行应用模拟测试比较，靠着团队的执着努力和产品验证才挤进去”。

浪潮赶上了国际厂商的步伐，成为服务器国有品牌的代表。1996年，浪潮服务器卖出了近2000台，跃居国产品牌第一名；SMP2000获得了国家科技进步二等奖。1997年浪潮服务器的开发与推广应用被列为国家“863”计划重大项目和国家级产业化基地。2000年实现中国首条年产10万台的生产线，2003年又建成年产30万台能力的全国规模最大的生产基地，实现了国产服务器的大规模生产。

### （二）向世界先进水平冲锋，攻克高端服务器技术，为国家关键信息基础设施提供计算能力和安全保障

高端服务器技术是一个国家综合国力的体现，是支撑国家实力持续发展的关键技术之一。在高端服务器领域，矗立着两座高峰，一座是高性能计算机，如天河二号，用于科学计算；另一座就是关键应用主机，运行着金融、能源、交通等关乎国计民生的核心业务系统，对社会生活及国家经济建设有着举足轻重的战略意义。

2002 年，浪潮启动了“天梭工程”，意在向高性能服务器这座高峰攀登，在高效能计算领域形成我国自有的技术体系，打造自主品牌。在信息化、全球化的大背景下，为了有效利用内外部资源加快创新步伐，让高效能服务器参与全球产业链分工，浪潮坚持走开放式创新之路，积极与 IBM、EMC、BEC、Oracle 等国际厂商合作，开展了大量兼容性测试，使产品具备了大规模商业应用的条件。在国家“863”计划等政策的扶持下，2003 年中国商用第一台高效能服务器——天梭 TS20000 诞生了。

浪潮取得了质的飞跃后，不忘初心，继续挑战自我，赶超国际最先进水平。2004 年天梭 TS20000 打破了商业智能计算 TPC-H 由 IBM 保持的世界纪录，创下了中国服务器领域的第一个世界纪录，并荣获国家科学技术进步二等奖。之后，浪潮服务器又在性能、速度、节能等方面先后 80 余次创造了 TPC、SPEC 等国际权威测试最好成绩，这也标志着我国服务器产业的技术水平逐步走在了世界前沿。

浪潮高性能服务器还极大降低了全社会系统购买和使用的成本。仅从价格来看，2004 年，国内品牌高端服务器的价格仅为国外同档次系统的 1/2 至 1/3，单套系统每年的维护费用也从 15 万元降至 5 万元，迫使国外同类进口产品不得不降价，每年为国家节省外汇支出 8 亿元至 18 亿元。可以说，浪潮研制高性能服务器为国家带来的社会效益远高于企业自身的经济利益。

随后，浪潮开始向高端服务器领域的另一座高峰——关键应用主机这个关系到国民经济运行安全的核心装备发起冲锋。这一核心装备技术只有美国的 IBM 与日本的 Oracle、富士通等少数几家厂商掌握，业界认为中国厂商靠自己研制成功是不可能的事情。

对于关键应用主机的研发，国家给予高度重视，并将其列入“十一五”信息产业优先主题，为企业创新提供研发资源支持。2007 年科技部授予浪潮“高效能服务器与存储技术企业国家重点实验室”，构建以企业为主体的国家服务器开放创新平台，并纳入国家科技创新体系。2008 年，“天梭高端容错计算机”获得国家“863”重大专项研发立项，国家研发经费支持达 2.6

亿元，总投资7.5亿元，这是我国“863”项目信息化领域的第一大单。

为了突破核心技术，浪潮集团再次发扬了“集中力量办大事”的创新传统。在企业内部，把最优秀、最有经验的工程师抽调到项目组中，并不惜成本从全球招募顶尖的设计、工艺工程师，组成了最强研发团队；在企业外部，联合国防科大、建设银行协同研发，既用好创新协同机制，也解决了首套产品的市场试用问题。

研发过程中，浪潮的工程师们把海拔8611米的乔戈里峰的照片贴在了课题报告里——乔戈里峰海拔仅次于珠穆朗玛峰，有“世界上最艰险的山峰”之称，登峰之难被形容为“死亡之旅”。项目组回忆说：“小伙子们以此激励自己不畏艰难，技术高峰矗立在眼前，要做敢于攀登、科技报国的勇士。”浪潮集团首席科学家王恩东说：“掌握高端服务器核心技术是浪潮人十几年的梦想。能有机会去实现梦想，拼了命也值得！”

功夫不负有心人，经过460位浪潮工程师四年多的努力，2010年7月28日，中国第一台关键应用主机浪潮天梭K1问世，也使我国成为继美国、日本之后的第三个掌握关键应用主机技术的国家，一举结束了我国关键行业信息化建设受制于人的尴尬局面，开启了中国大型主机从无到有的历史新篇章。K1的研发成功意味着中国用了20年的时间跟上了世界服务器发展的步伐，并在2015年被授予国家科技进步一等奖。2013年9月30日，习近平总书记主持中共中央政治局集体学习时，还现场了解了浪潮天梭K1的技术创新和应用情况，并给予高度评价。

K1关键应用主机的研发与设计，同时推动了计算背板等相关上下游厂商的工业设计能力的全面升级。在关键应用主机研发成功后，由浪潮牵头，联合国内38家上下游企业成立了国产主机联盟，推动国产主机、芯片、操作系统、数据库、中间件等领域企业的合作，携手打造中国自主的IT产业生态。

浪潮并不停步，天梭K1之后继续开发迭代技术，2016年耗资12亿元、由600余名工程师参与的新一代关键应用主机浪潮M13发布问世。M13的处理能力相当于3000台通用服务器的总和，日处理交易量可达数十亿笔，相当于两至三个大型商业银行每天的总交易量，是我国自主研制的在线交易处理性能最强的单机服务器系统。M13系统的性能比K1提高了10倍，全球能研发K1的有5家公司，但能研发M13这类产品的，只有IBM和浪潮两家公司。2018年6月14日习近平总书记考察浪潮期间，了解到浪潮在关键应用主机研发领域再次取得重大突破后，对浪潮坚持自主创新给予充分认可，并特别叮嘱，关键技术、核心技术、高新技术，要靠自己，要不来、买不来、讨不来！

掌握了核心技术，才能拥有行业的主导权，提高在全球经济中的地位。目前，浪潮高端服务器已被广泛应用在国内外的金融、交通、能源等诸多行业，为全球信息化发展提供了关键设施。也正是看到浪潮在技术上的丰厚积淀和能力提升，IBM与浪潮在华成立合资公司（浪潮占股51%、IBM占股49%），研发、生产、销售关键应用主机，引起业界轰动。

### （三）发展混合所有制，建立现代企业制度，打造利益共同体，激发企业的创新活力

20世纪90年代末期，在国家大力推进国有企业改革的政策鼓励下，浪潮开始积极探索、实践，推行企业的股份制改造。经过近6年的持续改革，老国企终于蜕变为新国企。浪潮人回忆说，没有这一轮国企改革，就没有现在的浪潮。改革使企业获得了新生，让企业充满活力，为坚持自主创新提供了不竭动力。

与许多国企改革类似，浪潮的国企改革也是从重要板块改制上市开始的。1998年浪潮将其计算机硬件主业进行整合，引进了战略投资者，改制组建了浪潮电子信息产业股份有限公司；2000年6月8日，浪潮旗下第一家上市公司“浪潮信息”在深交所挂牌上市。2000年，浪潮进一步整合其软件企业办公自动化研究所、系统集成事业部等，购并外部软件企业，组建了浪潮齐鲁软件产业有限公司；2001年1月抓住机会，将齐鲁软件产业有限公

司注入“泰山旅游”，并更名为“齐鲁软件”，成为该公司第一大股东；2001年11月，进一步更名为“浪潮软件”；2004年4月，浪潮集团香港子公司“浪潮国际”在香港联交所创业板上市，2008年8月转至香港主板。

但是，与其他企业相比，浪潮的国企改革多走了一步：在集团层面进行改革，实行混合所有制。就因为多走了这一步，浪潮具备了新国企的优势，彻底抛弃了旧体制管新体制的弊端。2004年4月，浪潮集团在山东省深化省属国有企业改革领导小组及国有资产管理部门等的支持下，由国资独资变为国资相对控股的混合所有制公司。当时，管理层收购（MBO）风潮在全国兴起，但浪潮没有实施MBO，而是倡导公平与效率并重的原则，按照不同职务、工龄等原则，骨干多得，全员都可持股。其中，中层以上干部必须购买，员工自主选择，从而把骨干和公司捆绑在一起，这被浪潮人称为ESOP（公司员工持股计划）。在这轮改革中，集团员工持有集团的股权，建立了全集团统一的利益平台，这也为深入实施一体化战略奠定了基础。

为了应对市场残酷的竞争，进一步吸纳人才，激励核心人才和骨干员工为公司做出持续性贡献，浪潮集团参照国际惯例和同行业做法，积极探索股权、期权等长效激励措施。对于引进的高层次人才，浪潮根据不同情况，对他们实行不同形式的股权、期权激励，这对于吸引和留住高层次人才起到了很好的作用。浪潮信息、浪潮软件两家上市公司实施了期权激励计划，进一步稳定了公司的核心骨干队伍，有效提升了员工的凝聚力和向心力，同时增强了对行业人才的吸引力，不断壮大了核心人才队伍，使公司的竞争优势更加明显，公司长期持续、健康有质量的发展有了更为有力的保障。

在公司治理上，浪潮结合自身的实际情况，建立了规范的公司治理结构和议事规则，明确了决策、执行、监督等方面的职责权限，形成了科学有效的职责分工和制衡机制。制定公司章程，建立了股东会、董事会、监事会制度，对公司控制权、决策权、经营权和监督权进行了有效配置。省国资部门没有按“管人、管事、管资产”的方式面面俱到地管理企业，而是依照《中华人民共和国公司法》，主要按“管资本”的方式参与公司治理，一方面确保了重大决策规范科学，另一方面又确保了公司日常运行高效有序、经营活动监控有效。

改制后，企业的凝聚力和向心力显著增强，公司面貌和综合实力也发生了根本性变化，实现了让员工分享企业的成功和发展，有力提升了干部、员工干事创业的积极性、主动性、自豪感、成就感和归属感，提升了企业经营业绩，对促进企业二次创业、走出低谷，逐步走向发展壮大起到了极大的作用。

### （四）专注信息产业，坚持一体化运行，强化品牌，改进管理，提升企业的运行效率和市场竞争力

盲目多元化给公司发展带来了惨痛的教训，1998 年浪潮开始整合产业资源向 IT 主业集中。当时，浪潮涉及不同领域的业务多达十几个，散乱的多元化分散了企业资源，造成了极大的浪费，因此公司决定毅然关掉或卖掉一些与自身能力不相适应的产业，着力发展 IT 主业。

1998 年，浪潮成立了 PC、服务器、系统集成三个事业部，1999 年浪潮服务器业绩翻了一番多，浪潮的产业重心开始向服务器部门倾斜，形成以服务器为龙头、以 PC 为主体的产业格局。当时服务器虽然只占整个集团销售收入的 1/5，但利润的比例却远大于此，这愈发坚定了浪潮发展服务器产业的决心，进一步将计算机硬件产业进行整合，形成以服务器为主导业务的浪潮电子信息产业股份有限公司。

在对于计算机硬件产业整合完成后，进一步将多年来形成、分散于不同部门的软件力量进行整合，将 OA 研究所、系统集成事业部、金融事业部，连同外部购并的业务整合成立了浪潮齐鲁软件产业有限公司。收紧五指攥紧拳头，齐鲁软件产业有限公司围绕大型行业信息化建设提供产品和服务，2001 年完成了浪潮软硬件产业的架构整合、梳理。

伴随着中国信息化建设的快速发展，浪潮 IT 业务得到快速拓展，形成了围绕中国信息化发展的多方面支撑业务，2003 年浪潮再次进行产业群组

的构建，进一步强化产业方向的专注化，提升产业核心能力，形成了计算机产业群、软件产业群、智能终端产业群、移动通信产业群四大产业群。计算机产业群由服务器、存储、PC、特种计算机、信息安全等产业构成；软件产业群由 ERP，通信、金融、税务、电子政务等行业应用软件，软件外包等产业构成；智能终端由税控收款机、金融自助设备等产业构成；通信产业群组由无线移动技术和手机合资产业构成。

专注化战略推进浪潮综合实力跃居中国 IT 产业前两位，浪潮服务器实现连续 22 年蝉联国产服务器第一的品牌；浪潮 ERP 位列国内 ERP 前三强，并且连续 5 年成为中国 ERP 软件市场成长最快的企业。如今浪潮集团管理软件更是连续 15 年市场占有率第一；浪潮税控收款机连续 5 年市场占有率第一；浪潮在烟草行业 IT 应用主力厂商综合竞争力排名第一。此时，浪潮已从国内信息产业的早期探索者，发展成为国内信息产业的领军力量。

在专注化战略实施取得阶段性成果的同时，浪潮也在大刀阔斧进行组织体系变革，推进产业、市场、品牌一体化，提升实体集团的协同性。

2003 年浪潮在构建产业群组中，由集团高管中不同产业的领军者担负群组的领导者，从产业管理上实现了集团的统一指挥、决策。

2004 年年底，浪潮开始了“一个浪潮”改革，着重解决已经不适应集团发展的市场运营模式。随着浪潮业务的快速发展，“产供销一条龙模式”的产业公司独立运营架构制约了市场的建设、发展，各产业自身的市场体系下单一的产品推广销售，使得市场建设资源难以充足支撑；同时在实际运作中，因各产业不能共享而造成的资源浪费也不利于浪潮软硬件综合实力的发挥。为此，浪潮进行了市场营销体系的整合，构建“产业、行业、市场”“三维一体”的一体化运作新模式。集团成立市场委员会，全面负责公司的市场体系建设和市场营销的指挥，在全国八大区域建立统一的大区或省区市场机构，担负主导产品的市场开拓，同时在总部建立行业市场部门，全面提高浪潮的市场运作能力；将产业单位的职责定位为着重进行产品研发、生产，通过不断创新、降低产品成本等措施提高产品的竞争力。如今浪潮已经将这种

“三维一体”的一体化运作新模式应用到所有 IT 业务当中，成为其业务快速发展的体系保障之一。

一体化经营在品牌上强调建立统一的“浪潮”品牌，强化品牌推广的“One Voice、One Face”，构建“浪潮”唯一的主品牌架构，所有 IT 业务使用统一的“浪潮”品牌。2004 年年中，浪潮 ERP 软件产业品牌由 GenerSoft 回归主品牌“浪潮 ERP”，实现浪潮全线业务在统一的品牌下运作，为塑造国际知名品牌奠定了基础。

### （五）强化创新基因，加大创新投入，建立创新体系，倡导创新文化，打造全员创新企业

浪潮以技术创新立业，因技术创新而蓬勃发展，使得创新精神深深印入每一代浪潮人的心中。对浪潮发展起关键作用的几位经营者均是从基层干起来的发明家或技术专家，从第一台 PC 的研发到 SMP2000 小型机问世，再到 K1 研发成功，都能看到他们的影子，项目技术骨干成为企业最核心的人员。就是这样，浪潮人把创新基因传递和融入企业的血液当中，崇尚自主创新成为浪潮人的一贯传统。

在研发投入方面，为了实现快速技术迭代，浪潮采取高饱和研发投入。除了年度立项投入的研发预算外，对随时通过评估的项目也提供充足的经费支持。浪潮研究开发经费占销售收入的比例连续多年高于行业平均水平，目前达到 10%，也因此集聚了业界一流的研发人才和先进的研发设备。

在研发体系方面，浪潮建立了全球一体化的创新体系，不断夯实创新的“基础设施”。浪潮集团成立了技术委员会，负责研究和决定集团技术创新战略，成员由各业务领域技术带头人组成，在技术发展方向、技术规划、人才培养等方面发挥重要作用。在世界信息技术前沿的中国香港地区、台湾地区，以及日本和美国硅谷设立了技术研发中心，在企业内部搭建了七大国家级研发平台，形成了应用基础技术研究、技术和产品开发研究、生产工程（工艺）研究三级全球化研发体系，为产品、技术创新提供了有力的保障。

在知识管理方面，浪潮集团专门设立了首席知识官，负责集团整体和分管业务的知识管理体系的建设。自主开发了综合知识管理平台，通过系统提供的文档管理、知识地图、专家地图、协作空间、全文检索、6步法导引等功能实现了企业知识由数据、信息到经验、知识的“全生命周期”管理，对大量的一般知识，包括隐性知识进行集中的管理和多维度分类。同时还建立了“技术－专利－标准”梯次攀登的知识产权管理制度，要求将创新技术变成产品，由产品申请实用新型、发明等专利，最终争取成为国家标准。

在人才激励方面，浪潮集团特别重视培养“头脑人才”。一方面通过股权激励等方式留住人才，另一方面通过保障科研经费等为他们提供事业发展舞台。再者，通过出国深造等培训制度提升他们的专业能力和水平。目前，活跃在公司关键技术岗位上的专职技术开发人员有2500多人，一大批IT技术创新精英的脱颖而出。

在创新文化方面，“全员创新、持续创新”已成为浪潮潜移默化的企业文化。浪潮的创新理念是：技术原创是创新，技术改进是创新，今天比昨天进步是创新，学会了也是创新。从技术人员到一线工人，每个人都可以成为一个创新细胞。浪潮对不同岗位的各个层面设立创新奖励制度，重奖科研人员，鼓励年轻技术人员创新，从而有效激发了全员创新的活力。

改革开放以来，在长期的自主创新努力下，浪潮人的创新硕果累累，荣誉满墙。2017年浪潮申请专利近7000项，服务器、存储领域发明专利4655项，云计算及大数据平台及应用领域申请发明专利560项，均位居全国第一。浪潮主导或参与制定的各类已发布标准107项，其中国际、国家标准占76%，参与或主导的在建标准58项。

## 三、第三次勇立潮头：迎接云计算、大数据和智能化的浪潮，主动转型为领先的“云＋数”新型互联网企业

最近10年来，以移动互联网、云计算、大数据、人工智能等为代表的

新一代信息技术蓬勃兴起，呈现日新月异、集群突破、叠加创新的发展态势。浪潮审时度势，顺应技术产业变革趋势，主动从服务器制造商和软件提供商向云计算、大数据、智慧城市运营服务商转型，打造“云＋数”的新型互联网企业。

### （一）抓住云计算发展先机，推动政务云制度创新，构筑政务信息化基础设施

2006年云计算技术开始在美国兴起，亚马逊、IBM、微软纷纷推出自己的云服务业务，向社会提供可弹性调度、按使用付费的云计算业务，这极大地降低了计算成本，提高了计算资源的使用效率。面对这场新一轮信息产业变革，浪潮人再次面临着产业抉择：是继续固守已经获得优势的服务器产业，还是主动出击抢占云服务产业先机，向云服务商转型。在产业转型研讨中，企业内部也出现了一些顾虑：发展云服务产业将提高服务器使用效率，理论上会减小服务器的市场规模，那么，如果浪潮在全国范围内推广云服务模式，是否会造成国内服务器市场的整体萎缩，从而对风头正劲的服务器产业带来冲击，让企业自身业务左右互搏呢？

此时，对产业技术趋势高度敏锐的孙丕恕有着清晰的判断。在他看来，云服务是未来产业的大趋势，云计算不但可以实现计算资源的集约化，而且可以实现客户业务系统整合，有助于打破信息孤岛，促进社会信息化水平提升。同时，云计算不仅是技术创新，而且会驱动商业模式创新。基于对产业发展趋势的把握，2010年浪潮全面吹响了向云计算转型的集结号，一方面加大技术创新力度，打造浪潮云海操作系统等云计算技术，强化了浪潮以服务器为核心的云数据中心的技术优势；另一方面不固守原有优势，快速出手，挑战自我，全面向云服务商转型。

当时，云计算在国内仍是新生事物，客户对云服务的基本概念、市场价值、成本优势等并不了解，市场接受度不高，仍然习惯于自建、自用数据中心。作为中国云计算的布道者和先行者，浪潮率先进行云计算、云服务市

场的培育和推广工作，与济南市政府探讨以云服务的方式来构建济南政务云，济南市政府则着眼于促进战略性新兴产业的发展，积极参与这一创新实践。

说易行难，先行者不可避免会遇到各种各样的难题。在此期间，《国务院办公厅关于政府向社会力量购买服务的指导意见》《国务院关于加快培育和发展战略性新兴产业的决定》《基于云计算的电子政务公共平台顶层设计指南》等一系列国家政策出台，为我国政务云发展创造了良好的政策环境。然而，长期以来围绕传统的信息化建设模式所形成的政府财政预算、采购、管理等方面的制度还不健全，如政府采购目录上只有购买硬件和软件的科目，没有购买服务的科目；而且，云服务的技术和安全标准、计价和服务规范还不成熟，这一系列发展中的新问题制约了政府购买云服务的进程。

浪潮与济南市政府并没有却步，以“逢山开路、遇水架桥”的精神，担当起推动制度创新的重任，积极探讨各种可行方案。最终，济南市委常委会、市政府常务会分别审议通过，并以济南市委、市政府两办的文件下达，确定购买浪潮云服务，从财政的电子政务采购科目购买软硬件的费用中列支。2011 年 7 月，济南市政府与浪潮签署云计算战略合作协议，成为全国首个购买云服务的政府，中国第一个政务云落地。其后，身为全国人大代表的孙丕恕基于济南政务云的试点实践，在全国“两会”上提出《关于加快推进政府购买云服务的建议》的提案，并就政务上云的标准制定、安全保障、组织建设和考核机制、财政预算、政府采购等提出了切合实际的政策建议。随后，相关部门到济南调研政务云模式，并陆续完善了相关财政预算等政策。自此之后，我国各级政府快速兴起购买云服务的热潮，这不仅促进云服务市场的发展，而且为各地构建智慧政府构筑了统一的云平台。

至今，济南市政府上云的委办局部门达到 138 家，上云业务 780 余个，政府信息化资源的共享率远远高于过去，CPU 利用率从过去低于 10% 提高至 60%~80%，信息化建设成本每年节省 30% 以上，信息系统部署周期大幅缩短 50% 以上，为提升政府公共服务水平、优化政务、服务民生、城市治理、促进发展提供了强大的云支撑。

继济南政务云签约之后，浪潮又开始承接山东省卫生云、警务云的建设，开始探索基于云的业务迁移，在不破坏原有业务系统的前提下，将数据整合，实现跨部门之间的业务协同，创新一体化的新应用。基于山东警务云的成功经验，浪潮总结出“业务上云、数据整合、应用创新”的云计算、大数据三步法，为今后我国政府、企业开展数据共享与应用创新，乃至智慧城市、智慧政府、智慧企业建设找到了合理路径，这套理念也得到了各级政府、行业部门的认同。而今，随着越来越多的政府将业务系统迁移到云上，传统信息化建设模式形成的“信息孤岛”和“数据烟囱”正在被打破，各种“奇葩证明”开始逐渐消失，群众也不用在分散的线下部门之间“跑断腿”“寒透心”，更多新经济、新业态也将随之产生，数字中国建设大幕正在快速拉开。

先行者尝到了甜头。这几年随着政府购买云服务集中爆发，浪潮也迎来了战略收获期，获得国家首批可信云服务认证，成为国内唯一一家首批可信云金牌运维认证、首批可信云服务安全认证双通过的企业，并在公有云和私有云领域均通过了工信部首批云计算服务能力评估增强级资质审核，在中国政务云市场占有率连续四年第一。截至目前，浪潮已经完成了北京、济南、上海、重庆、昆明 5 个核心云数据中心和 45 个地市云数据中心建设，为 12 个国家部委、21 个省级政府、121 个市级政府提供云服务，承载了 8000 多家政府部门、超过 3 万个应用，为全国 165 万公务员提供便捷服务，造福 3.2 亿老百姓，助力优化政务服务、保障民生、改善治理和促进发展。同时，浪潮还积极推进企业上云，为 50 万 + 企业提供系统上云、设备上云、产品上云和能力上云，浪潮自身也位列中国公有云市场前三。

### （二）推进政府数据共享开放，促进数据流通交易，向大数据运营商转型

随着移动互联网、物联网、社交网络的快速发展，进入 21 世纪以来，数据总量开始呈现几何级增长，每年增长率超过 40%，每两年翻一番。据

统计，目前世界上 90% 以上的数据是最近几年才产生的。然而，海量数据长期分散、沉睡在政府、企业、个人手中，如何利用数据资源释放其潜在的商业价值，当时仍没有清晰的产业路径可循。

凭借多年的 IT 产业经验，孙丕恕预判到，数据正像工业时代的煤炭、石油一样，将成为新的矿产资源。于是，从 2010 年开始，孙丕恕就组织队伍采集互联网数据，探索汇聚数据、盘活数据的路径，在海量、无序的数据中洞察规律、发现价值。

为积累更多数据资源，浪潮还联合合作伙伴构建天元数盟，牵头建设 100 个不同行业的数据所，培育采集数据的创客，聚合各类行业数据资源。与此同时，浪潮还与中国工程院合作，联合打造中国工程科技知识中心，推动我国自主创新技术发展；助力中国科协科学汇聚中国科协各类权威数据资源，形成中国科协“智慧大脑”和中国科技创新大数据；为中储粮建设了储粮业务管理信息系统和智能化粮库系统，将粮食业务数据、粮情监测数据、互联网数据整合形成国家粮食大数据。目前，浪潮通过整合互联网数据、组织数据和第三方数据，已形成了 10 大行业领域 39 大类 53PB（拍字节）的高价值数据资源。

家有梧桐树，引得凤凰来。很快，国家税务总局便开始与浪潮合作，一同尝试将浪潮积累的电商数据与税务数据结合起来，提升政府有效控税能力。从 2014 年起，国家统计局通过将浪潮提供的商品零售、生活服务、企业画像等 22 类互联网数据资源与国家统计数据相结合，打造更科学、更实时的统计数据来源，增强政府统计数据的全面性、科学性和及时性，使大数据更好地服务国计民生。目前，浪潮为商务部、国家税务总局、农业农村部等部委以及山东省税务局、河南省统计局、贵州气象局、满洲里市政府等提供商业零售、餐饮、旅游、跨境电商、企业信息、木材药材等 40 余种行业数据，为政府科学决策提供坚实的数据支撑。

为构建大数据流通交易、创新应用生态，浪潮打造了第三方数据交易平台——天元数据网，通过供需信息发布、数据上架、数据交易等为数据供需双方提供服务，已拥有注册供应商超过 1000 家，注册用户超过 20000 家，平台累计交易高达 3 亿笔，API 接口调用次数过亿次；同时借鉴“公司 + 农户”的模式，创造了“公司 + 创客”的大数据双创模式。目前，浪潮已在全国建立了 37 个大数据创客中心，投资 6 家大数据公司，发展 A 创客（从事大数据应用开发）1553 家、B 创客（从事大数据采集加工）超过 1 万名，创造经济价值近 100 亿元，打造出一个涵盖数据收集、共享、交易、应用等产业环节的“中国数商”新生态，并成功入选国家级双创示范基地。

在培育大数据产业生态的实践中，浪潮很快就发现全社会 80% 的高价值数据掌握在政府手里，要让“死数据”变成“活水之源”，利用大数据提升政府治理现代化水平，就必须推动政府数据资源的共享和对外开放，并将政府、企业等组织数据与互联网数据相融合，推动更多的数据更高效地流通，从而让数据从资源变成资产，从资产转为价值。

早在 2014 年，浪潮就为广州市政府提供了国内首个政府开放数据项目咨询服务，协助构建了政府数据开放的业务模型，明确数据开放工作步骤，梳理开放目录，建立数据运营体系，搭建数据开放平台，并向社会提供开放数据服务，目前已梳理并向社会开放了 1000 余个数据集。2015 年，孙丕恕在全国“两会”上提出推进政府数据开放的建议，成为国内较早推动数据共享开放的企业家。

迄今为止，浪潮已参与制定了两大类 17 项国家标准，参与承建国家数据共享平台和开放平台，帮助宁夏、山东、内蒙古、辽宁、广州、佛山等全国 52 个省（区、市）政府建立了大数据共享开放平台，梳理政府数据目录 2 万余个。特别是在山东省，浪潮承建了省级和 17 地市的政府数据开放平台，数据开放量位居全国前列。通过政府数据开放共享，政府社会治理能力和公共服务水平得到了大幅提升。如浪潮在贵州用大数据甄别贫困人口、管理扶贫项目和资金、开展贫困监测和评估，从而实现精准扶贫和精准脱贫。

“未来决定城市发展的不再是土地和矿产红利，而是基于大数据运营和服务所产生的数据红利。”随着云计算、大数据的快速深入发展，孙丕恕认识到数据已经成为孕育新经济、新业态、新动能的土壤。然而，数据梳理、数据整理、数据更新维护、数据运营等诸多环节，都需要借助大数据技术和专业人力来进行。也只有通过市场化机制引入社会化服务，才能更好地盘活城市数据资产，才能充分满足社会应用的深层次需求，不断释放数据价值。大数据运营商应运而生。

目前，浪潮已为宁夏、济南等多个省市提供大数据运营服务，对内为各个政务部门提供数据资源目录梳理、数据质量检测、数据分析等服务；对外依托数据开放网站，持续、常态地向公众开放政府数据，并在青岛、哈尔滨、成都等地举办大数据应用创新大赛，引导社会公众充分利用政府开放数据创新创业，打造大数据创新应用生态。

### （三）构建“一平七通”模型，推进新型智慧城市建设，探索向智慧城市运营商转型

一直以来，我国高度重视政府信息化工作，早在 1993 年 12 月就启动了起步工程——“三金工程”，即金桥工程、金关工程和金卡工程。2002 年 8 月，《国家信息化领导小组关于我国电子政务建设的指导意见》明确表示，要加快十二个重要业务系统建设。以“十二金工程”为代表的部门信息系统，促进了业务协同、资源整合，提升了政府信息化水平和行政效率。但受限于当时的 IT 技术，系统相互割裂出现了大量信息孤岛，并没有让群众从整体上感受到城市智慧。近年来，伴随着云计算、大数据、人工智能的快速发展，构建新型智慧城市具备了可行支撑。

坚持软硬结合再一次让浪潮站在了风口上。伴随着以服务器为核心的 IT 硬件产业发展，浪潮为满足政府、企业日益增加的信息化应用需求，专门组建成立了浪潮软件公司，主营政府管理软件。多年来，浪潮先后承担了金税、金质、金关、金盾等多个金字工程建设任务，近 40% 的区域政府行政审批系统也由浪潮承建，是国家规划布局内重点软件企业，连续多年位居自主品牌软件厂商第一位。基于对政府信息化的深刻理解和丰富的实践经

验，2010 年浪潮发布云战略后，便开始积极探索基于云计算、大数据的智慧城市建设。

“大数据是‘智慧城市’的基础，没有大数据，‘智慧城市’就是一个空架子”。随着 2015 年新型智慧城市概念的提出，浪潮也逐渐意识到云计算、大数据在智慧城市建设中的核心作用，倡导以服务民生为根本，以发展产业为核心，以城市管理为重点，紧紧围绕“优政、惠民、兴业”的目标来建设新型智慧城市。

在建设路径上，浪潮将智慧城市建设分为公共服务网络化、城市管理智能化和城市发展一体化三个阶段。现阶段则重点开展“一平七通”建设，即率先依托政务云，以政府数据、互联网数据和感知数据为源头，建设数据汇聚与计算平台，打造智慧城市大脑，并聚焦城市发展和民生需求，按照总体规划、分步实施的原则，聚焦市民出行一路通、居民健康一卡通、公共安全一网通、群众办事一站通、和谐社区一格通、金融服务一贷通、便民服务一点通等“七通”，推进新型智慧城市建设，满足便民服务需求，逐步拓展民政、教育、旅游等其他领域。

为繁荣智慧城市应用生态，浪潮还率先示范，打造了爱城市网、一贷通等智慧应用。目前，作为便民服务“一点通”，浪潮打造的“爱城市网”APP 已在天津、济南、哈尔滨、石家庄等 40 余个城市开通站点。在济南，市民登录爱城市网 APP，即可实时进行社保、公积金、个人所得税、违章、预约挂号、生活缴费，以及出入境服务、法律服务、志愿服务、供暖服务等 50 余项政务事项的在线查询与办理，快捷享用“互联网 +”城市服务。

然而，新型智慧城市建设不仅仅是技术和应用的问题，政府在规划、建设、运营、监管、评估等方面相对缺乏经验，开始成为新型智慧城市建设的新“障碍”。比如，新型智慧城市建设是涵盖城市方方面面的庞大系统工程，没有科学的整体规划、没有清晰的发展路径，就不可能实现城市整体智慧，甚至造成资源的浪费。这需要通过市场手段，引入社会力量，聚集专业咨询机构，根据城市特色和信息化基础，因地制宜地确定总体架构、建设内容、专题领域、投融资模式、投资规模和保障体系等。

在资金方面，建设新型智慧城市并非一日之工，需要大量、持续的资金投入，单纯依靠政府投入势必独木难支。这就需要一方面采取PPP模式吸引社会资本参与，减少智慧城市建设对地方财政的资金压力；另一方面通过政府授权的方式，将拥有的软硬件资源提供给企业，再由企业向社会提供有偿的信息增值服务来获取回报，反哺智慧城市整体建设，由此推动智慧城市建设和可持续化运营。

为统筹解决这些问题，浪潮再次启程，致力于成为智慧城市运营商，依托政府授权，转身成为智慧城市建设的主体，从“规划、融资、建设、运营”等全流程上，支撑新型智慧城市建设可持续发展。目前，浪潮已为济南、娄底、亳州等10余个城市提供智慧城市运营服务，在全国29个省份、90多个城市开展智慧城市建设业务。

以济南市为例，2017年6月，济南市政府与浪潮集团签署新型智慧城市建设战略合作协议，明确浪潮为济南智慧城市运营商，按照“技术+资本”的运作方式，吸引社会资本共同出资组建智慧泉城智能科技有限公司，以“一平七通”为第一阶段目标，推进智慧泉城建设。目前，浪潮基于济南全市统一的计算和数据汇聚平台打造起济南智慧城市运行管理中心，并联合合作伙伴推动智慧泉城的规划、建设、融资、运营，打造城市智慧应用。

### （四）打造工业互联网，成就智慧企业，支撑实体经济的数字化、智能化转型升级

近年来，随着工业化与信息化的深度融合，制造业变革与数字经济发展形成了历史性交汇，个性化定制、预测性运维和智能化生产等新模式新业态蓬勃发展。2017年11月印发的《国务院关于深化“互联网+先进制造业”发展工业互联网的指导意见》，正式宣告了我国工业互联网产业进入落地实施阶段。在这一背景下，浪潮一方面向云服务、大数据运营商转型，另一方

面不断整合自身优势，推动我国工业互联网落地生根，打造智慧企业大脑，为实体经济转型升级插上云计算、大数据、人工智能的翅膀。

首先，推动企业上云，这是推动我国工业互联网发展的前提。凭借30年的企业信息化服务与云服务经验，浪潮逐步解决了企业上云过程中原有的IT架构向云端迁移，业务模式、数据模式与云相配等难题，为企业上云扫清了技术障碍；陆续构建出涵盖财务、制造等的领域云，以及涵盖建筑、能源等的行业云，以及面向中小企业的公有云和面向大中型企业的混合云；获得浙江、山东、广东、江苏等制造业大省的企业上云服务商资格，推进超过50万家企业上云。2018年，浪潮计划在10个以上重点省份、面向300万以上企业发放5亿元企业上云服务券，进一步推动全国企业上云，加速国内传统行业信息化、数字化转型。

事实上，从进入云计算时代起，浪潮已凭借自身软硬件一体化的技术实力与平台优势，在工业云平台建设上积累了丰富的运营经验。到目前为止，浪潮拥有大型企业云平台GS7、中小企业云平台PS Cloud、小微企业云平台，以及财务共享云、大数据分析云、智能制造云、电子采购云、司库与资金云、人力云等云产品，为38%的中央企业、26%的中国500强企业、50家以上的世界500强企业提供信息化服务，积累起世界级的企业数字化转型案例库和经验，实现各类企业在业务层面的信息化、数字化转型。

其次，打造工业APP，这是吸引企业使用工业互联网应用的切入点。发展工业互联网，只聚焦企业上云与企业信息化还不够，还必须以企业为核心，推动工业互联网落地推广。但在推动产业落地方面，还存在着关键技术突破不够，商业模式不清晰，工业APP不能满足行业需求，企业对工业互联网应用有畏难情绪、门槛高等问题。浪潮凭借自身经验，推出300多种SaaS应用对企业业务链、供应链和生产链的梳理整合，实现企业、行业的数据资源互联共享。同时，浪潮还加强与政产学研合作，在全国构建了50多个工业互联网联盟，举办了300+创新示范推介会，推动了工业互联网在广大企业群体中的普及，并聚集了5000家以上合作伙伴。

再次，打造工业互联网平台，这是支撑互联网、大数据、人工智能和实体经济深度融合的关键。浪潮认为工业互联网是个公共服务平台，孙丕恕也在2018年全国“两会”上建议以ICT企业为主体打造工业互联网运营商，打破产业链不同企业主体之间的融通壁垒，实现数据、研发、测试、制造、服务等资源的优化配置，促进资源的集聚和共享。不仅如此，在构建工业互联网平台时，还需要高强度的平台投入，这样才能吸引中小微企业入驻和使用工业互联网平台，也才有更多的APP、更多的应用加入这个平台，帮助民营企业、中小企业克服企业信息化、数字化转型的畏难情绪。

作为工业互联网平台运营商，浪潮正致力于结合行业特色，与行业龙头企业共建工业互联网平台，逐步形成产业链上下游融通发展的行业平台；结合区域产业特色，浪潮搭建面向中小企业的区域性工业互联网公共服务平台。在工信部《2018年工业互联网创新发展工程拟支持项目名单》中，浪潮成为首批入选跨行业、跨领域工业互联网平台试验测试的企业。同时，浪潮还建设地方工业互联网创新中心，并联合生态合作伙伴，共同打造大型企业集成创新示范以及区域特色产业示范基地，加快推进企业系统上云、设备上云、产品上云和能力上云，推动工业互联网产业全面发展。

此外，浪潮还联合国内制造业龙头打造了一批智能制造示范标杆，推动中储粮、山东钢铁、中国重汽、伟星集团、云内动力等企业的数字化转型。其中中储粮的智慧粮库系统是国内应用规模最大的工业大数据、物联网应用系统；格力、美的、东阿阿胶、鲁花等企业利用浪潮与中检学会联合推出的质量链网，进行全面质量提升。这些产业实践与模式探索，进一步为传统产业全面走向智能制造、打造智慧企业铺平了道路。

### （五）推出智慧计算战略，打造高性能AI服务器，在全球服务器竞争中独占鳌头

随着数据量的指数增长，机器学习算法理论的迭代更新，以及计算能力的不断增强，人工智能接棒云计算、大数据技术开始成为网络信息技术领域

的新兴前沿。2016 年 3 月运行在 1920 颗 CPU 和 280 块 GPU 之上的人工智能程序 AlphaGo 打败世界著名围棋选手之后，人工智能在全球范围内引发了广泛关注。浪潮集团敏锐地捕捉到人工智能技术商用化对计算力的巨大需求正在倒逼服务器行业向智慧计算升级，于是毫不犹豫地加速转型步伐。

但是，升级之路并不平坦。在云计算设施一端引入 AI 技术将对基础架构的设计带来新的挑战，比如要求 AI 服务器灵活适用于不同的 AI 训练场景（如图片分类、对象检测、语音识别、视频分析等）、具备高并发低延迟与高能效比的线上推理能力，以及面向大规模 AI 数据的存储与通信能力。在分析不同场景下人工智能计算对服务器的性能要求的基础上，浪潮一方面通过实测数据，合理搭配以 CPU、GPU 和 FPGA 为核心、具有不同能效和浮点运算能力的 AI 服务器；另一方面有效对接百度、腾讯、阿里巴巴等互联网巨头，汇聚双方研发资源进行定制开发，帮助客户加速部署丰富多彩的 AI 应用。

2017 年浪潮集团将智慧计算确立为新的战略，全面发展新一代云计算、人工智能和大数据方案，构筑智慧计算生态。2017 年 9 月，发布云计算、大数据和人工智能（ABC）一体机，面向模型训练和线上预测两类 AI 计算场景，支持人脸识别、文字识别、语音识别等众多功能；9 月又展示了基于英伟达的 GPU 全线 AI 计算产品和方案；10 月推出了基于 FPGA 的 AI 加速方案。2018 年 4 月，浪潮又发布了一个全新的 AI 品牌——TensorServer，提供从硬件创新到软件定义、从框架优化到应用加速的全栈式、端到端的基础架构解决方案，为浪潮在 AI 时代的服务器做出了全新定义。

付出自有回报，机会也总是垂青远见者。在智慧计算战略推动下，浪潮服务器出货量在全球市场占有率持续提升。据 Gartner 数据，浪潮在 2017 年出货量达到 73.65 万台，位列全球第三。但在 AI 服务器市场上，浪潮在国内 AI 服务器市场占有率 2017 年达到 57%，阿里巴巴、百度、腾讯等互联网巨头 90% 的 AI 服务器由浪潮提供。可以说，浪潮已成为我国最大的 AI 计算平台供应商；此外，还与科大讯飞、奇虎 360、搜狗等人工智能企业深入合作，帮助客户在语音、图像、视频、搜索等方面大幅提升应用性能。随着人工智能商用加快和对计算能力需求的不断增长，浪潮 AI 服务器的市场空间越来越大。

## 四、浪潮自主创新、永立潮头的经验与启示

改革开放以来，浪潮踏准了信息产业革命的三次浪潮，通过自主创新，从一个名不见经传的亏损小厂发展为世界知名的行业领先企业，其背后的深刻经验对于当前的高质量发展具有重要的启示意义。

### （一）建立激励员工创新的企业制度

信息产业既是创新活跃的朝阳产业，也是充分竞争甚至过度竞争的知识密集型行业，只有“偏执狂”才能生存。这个行业的基本特点是规模经济和赢者通吃，谁将产品和服务做到极致，谁就能一家独大。因此，信息技术领域的企业在企业制度上具有一些共同之处，比如重视股权激励、重视企业家精神、重视简政放权。有了这些制度，才能释放员工的创新精神，激发员工的奋斗热情。

浪潮的领导者从自身实践中领悟到，传统的国有体制根本无法适应产业的变革规律，必须进行改革。从外部看，行政化管理不仅决策周期长，而且不愿担当创新的风险，甚至还会因频繁更换领导人导致企业发展缺乏专业性和连续性；从内部看，人员无法优胜劣汰就无法支持业务的不断升级。孙丕恕董事长举过一个最简单的例子：“在我们这种国有独资企业里，你要想解聘一个人，得做无数的思想政治工作。早晨天一亮他堵在你门口，晚上下班回家，他还堵在你门口，一遍遍地谈。改制是势在必行。”

浪潮混合所有制改革的成功之处在于，相比其他国有企业多走了一步，不仅在主要业务板块实现了上市，还在集团公司层面开展了股权改革，彻底摒弃了旧体制管新体制的弊端，实现了旧国企向新国企的蜕变。

浪潮的混合所有制改革打造了利益共同体，激发了数万人的创新热情。打造利益共同体的手段是多方面的，但从全世界高新技术产业的发展经验看，最有效的无疑是股权期权激励。孙丕恕董事长认为：“没有期权就不能形成良好的激励机制，人就‘活’不了。如果单纯靠奖金，靠企业精神来鼓舞人，企业的长远利益就没有人去关心。企业要建立激励机制，真正让员工把公司的事当成自己的事情来干，实现企业发展与员工致富同步。”因此，浪潮一直在努力建设一个完善的员工持股和股权激励机制。利益共同体的提出便是浪潮建设激励机制的指导性战略。

浪潮的混合所有制改革也伴随着国有资产管理体制改革。浪潮的改革离不开山东省政府的大力支持，从这一点看，浪潮无疑是幸运的。政府部门的支持体现在多个阶段和多个方面。首先，政府支持和推动企业改革的措施，甚至走在了企业前面。例如，20 世纪 90 年代，山东省政府将第一个上市名额留给了浪潮，但浪潮当时还没有意识到资本市场的重要作用，错失了一次机会，幸好后来重新抓住了上市机遇。其次，企业股权改革完成后，必然要求政府部门在企业管理方式进行相应改革。山东省政府部门的做法也是可圈可点的，基本做到依照《中华人民共和国公司法》参与公司治理，不缺位也不越位，充分释放企业自身的能动性。

浪潮的混合所有制改革发挥了多种资本的优势。一方面，员工持股激发了创新创业热情，提升了企业活力；另一方面，国有相对控股，提升了企业信用，为浪潮参与关键基础设施建设打开了方便之门。

### （二）发挥企业家精神

浪潮集团在发展中涌现出以孙丕恕为代表的企业管理队伍，这支队伍不是靠上级选拔出来的，而是市场实战的优胜者。企业领导团队具有卓越的企业家精神。

一是对大势的敏锐洞察和不断追求自我超越。浪潮的领导者对产业、技术、市场、政策具有高度敏感性，顺势而为，抓住了技术革命的三次浪潮。

20 世纪 80 年代，个人电脑在全球普及，浪潮研发出中国第一代 0520 系列微机，以技术创新驱动浪潮成为当时中国三大 PC 品牌之一。随着互联网的兴起，1992 年孙丕恕带领团队转战海外，最终研发出中国第一台服务器 SMP2000，让网络核心设备有了“中国制造”，浪潮也已发展成为中国第一、世界前三的服务器厂商。进入 21 世纪，以云计算为核心的技术革命再次引发全球产业变革，浪潮率先向云计算、大数据运营服务全面转型，提出了云中心、云服务、大数据、云伙伴的云计算战略。以上这些不仅体现了浪潮领导者对大势的洞察力，更体现了他们对自我的不断超越，以及通过不断超越实现更大的辉煌。

二是强大的战略领导力。领导者制定了目标，还需要找到通向目标的道路。浪潮领导者在实践中逐步提升对行业、技术、企业的发展规律的认识，制定了专注化、一体化、国际化、利益共同体四大战略。“专注化”是指专注信息产业，在自己擅长的领域不断坚持，同时不断向产业链上游攀登，在细分领域形成专业化的竞争优势。“一体化”是指实现集团一体化经营，一个脑袋，一个声音，统一指挥，统一行动。“国际化”是指围绕核心业务开展与世界 500 强企业的合资合作，加快“引进来”“走出去”，不断开拓国际市场。“利益共同体”是指通过管理创新和机制创新，在集团母公司层面实现国资与员工资本合资，建立全集团统一的激励机制，实现“企业发展和员工致富同步”。

三是带头拼命干。孙丕恕不仅建立起一整套激励员工的体制机制，而且以身作则，夙兴夜寐地埋头苦干，逐渐在浪潮企业中形成了以“斗志 + 方法论”为核心价值观的“奋进者”文化。孙丕恕认为，成功 =（梦想 + 能力）× 时间，只有把主要精力投入企业的发展，一心一意干好企业，趁别人打高尔夫、喝咖啡、休假的时间多工作一会，才有成功的可能。孙丕恕就是这样的“拼命三郎”。为了开发个人电脑，孙丕恕带领 6 人团队在深圳封闭开发一年；为了开发小型服务器，又转战中国香港和新加坡。孙丕恕不仅自己做到“日事日清、日清日高”，也要求身边人也做到这一点。在浪潮，有一条“22：30原则”，即每天晚上十点半前处理完邮件和当天重要事项，已经成了浪潮人的铁律和工作习惯。这是浪潮人斗志的直接体现。孙丕恕说，我们只有快速适应变化的环境，精准地满足客户的需求，才能获得竞争的优势。

### （三）坚持专注化与饱和攻击

凡是创新取得重大成就的企业，基本上都是采取相似的创新策略：集中力量，在选定方向上发起饱和攻击。浪潮也是如此。浪潮认为，企业最重要的责任是在自己专注的领域通过持续创新获得竞争优势，以创新带来的价值推动社会进步。

浪潮将专注化放在公司战略指导思想之首，原因是公司总结了自身发展的深刻教训。公司在20世纪90年代初受到“只要赚钱，什么都干”的观念影响，曾经涉足了包括酒店、印刷、运输、驾校等一系列和IT并不相关的领域，导致了原本有限的资源被分散，企业在每个领域都形成不了优势。最终，经不住政策环境波动，1992年浪潮从PC产业领头羊的位置一落千丈，不得不“二次创业”，集中力量发展服务器和PC业务，剥离非相关多元化。信息产业是投入强度大、知识壁垒高的行业，单个企业在一个领域做好尚且不易，更不用说分散力量到处投资了。

在专注化的同时，浪潮还采取了集中人力、物力实施饱和攻击的策略。由于信息技术发展速度快，全球信息产业领先企业都采取了研发高投入策略，研发投入占销售收入比重通常为10%左右，少数领先企业如IBM、思科研发费用占销售收入的比重为14%~18%。在浪潮发展早期，受毛利等制约，研发投入占销售收入的比重也比较低；当具有一定的规模和实力后，浪潮对技术研发实行饱和投入，不受当期的研发投入资金计划限制，每年增长0.5个百分点，目前的研发投入已占到企业营收的10%。有了研发经费，也能聘请到高水平人员，企业就可以更加从容地向世界先进水平发起冲锋。

浪潮还实施“技术－专利－标准”梯次攀登的知识产权发展目标，构建了“两个平台一个中心”三级研发体系创新链，为浪潮坚持专注化与技术研发的饱和投入，提供了长效的技术支撑。三级研发体系创新链支撑了有自主知识产权的关键和核心技术的开发与系统设计，形成了聚集持续创新能力的创新场。

### （四）坚持走开放式创新道路

浪潮坚持自主创新，但并不搞闭门造车，而是坚持开放式创新，积极拥抱新技术，与国外高手过招来查找努力的方向，与顶尖企业合作来提升自身的能力。通过国际化，吸收先进技术、培养吸纳国际化人才、学习借鉴国际化管理经验，最终提升企业参与国际大环境下的核心竞争能力，是浪潮向全球化迈进的重要经验。

在企业技术水平较低时，企业就坚持学习国外先进技术，先后在新加坡、美、日等国设立贸易公司，并借助香港、新加坡开放的技术贸易环境，实现了 PC 机、小型机服务器的技术突破。例如，1992 年为了研制小型机服务器，时任浪潮集团副总工程师的孙丕恕率领团队远赴中国香港、新加坡收集技术材料，还带领团队拆卸国外废弃的小型机服务器，搞懂其构造原理和技术参数。通过学习国外技术，少走了研发弯路，加速了追赶步伐。

在企业具备较强技术实力时，抓住与领先企业合作的机遇，积极融入全球产业链。20 世纪 80 年代末，浪潮研发出全球第一个汉字传呼机并制定了汉字寻呼标准，而公司拒绝了摩托罗拉提出的合资要求，错失了巨大发展机遇，由此意识到在竞争中树立开放心态、加强国际合作的重要性。浪潮考虑到网络方面存在的短板，于是决定与思科建立合资公司，总投资 10 亿美元，浪潮控股 51%，联合研发网络产品；思科现在也已将苹果、爱立信、浪潮作为三大全球顶级合作伙伴，面向全球推介。到目前为止，浪潮已与昔日的“偶像”思科、IBM、爱立信、LG、迪堡等联姻合作，形成世界级企业朋友圈。浪潮尤其重视与客户的联合创新，例如浪潮利用 JDM 模式来超越 ODM 模式，ODM 模式提供从产品研发、设计制造到后期维护的全部服务，而 JDM

相比 ODM 的进步之处在于，从产品设计的一开始，客户就参与研发过程，是双方联合开发、协同创新。这种基于浪潮与客户双方产业链融合的产品服务的全程定制，将 BAT 等互联网企业变成了浪潮稳定的客户，也形成了浪潮新的竞争力。

在企业处于行业领导地位时，与供应链企业、客户开展全面合作，不断发展基于计算、云和数的三大产业生态。一是围绕云数据中心平台，浪潮联合上下游企业构建"开放、融合"的计算生态，聚焦智慧计算，助推大数据、人工智能等产业发展；二是通过全球布局的云中心及政务云优势，浪潮建立云应用商城，聚集政府、行业、企业应用开发者，不断丰富和完善云市场生态圈；三是吸引更多的组件及工具提供企业，完善浪潮 PaaS 平台，培育云平台生态圈。此外，基于自己打造的天元数据平台，浪潮与地方政府成立大数据运营公司，专门从事政府数据的运营工作，加上浪潮从互联网上抓取的数据，吸引各方共同开发各种应用，释放数据资源潜力，建立了大数据产业生态系统。例如，浪潮作为数据运营商，在济南、重庆等地将政府数据和浪潮互联网数据进行融合，联合合作伙伴共同开发智慧城市应用，实现了"一平七通"。特别是将 25 个委办局数据进行融合，打造了一贷通，实现用大数据对小微企业授信自动评估、随贷、随放、随还，本质就是一个互联网银行，真正解决了小微企业贷款难、融资难的问题，为兴业提供了资金支撑。再如，浪潮利用计算和数据两大平台，创造了"公司 + 创客"的天元大数据双创平台，鼓励创客提供数据和利用数据。一名安徽创客通过天元大数据平台，利用市政府开放的数据（房产局、社保局、发改委的征信系统数据、法院的数据等），为某银行开发了一个数据模型，推出了线上贷业务，使该银行一年放贷 100 亿元。强大的生态系统不仅提升了企业竞争力，而且助推了全社会的创新创业活动。

### （五）建立争做奋进者的全员创新文化

浪潮的奋进者文化是挑战自我、超越极限的精神，是坚韧不拔、永不服输的信念。争做奋进者的创新文化，起源于企业的奋斗历程，巩固于企业的各项制度。

从 30 多年前开始，当孙丕恕带领技术骨干攻坚浪潮第一台 PC、中国第一台小型机服务器时，奋进者的文化就开始在企业埋下种子、扎根发芽。在高端服务器 K1 的研发过程中，奋进者文化开始壮大、开始扩散，成为企业的主流文化。当时，数百位浪潮工程师夜以继日地工作，困了累了就在躺椅上休息一下，“躺椅文化”成为拼搏精神的代名词。研发 K1 是一项庞大、复杂、精细的工程，其中又以板卡研发最为艰巨。比如计算板的尺寸只有 50cm × 60cm，如此狭小的面积上有 40000 个管脚、20 层布线。方寸之间千针万线，一条线出错就会造成飞线，甚至主板报废。为保证研发工作顺利进行，在验证前夕，研发工程师们全都停工，一手拿着原理图，一手拿着电路图，用肉眼一根线一根线地检查，从而保证了 100% 正确。在 K1 这种大型计算系统中，可靠性每提升万分之一都要付出巨大努力。正是依靠精益求精、尽善尽美、毫不含糊的精神，项目组跟自己较劲，使系统可靠性提升至 99.999%，意味着全年非正常停机时间不到 5 分钟，达到了世界先进水平。这种高可靠性也使 K1 能够完全替代国外小型机，甚至让国外品牌成为浪潮 K1 的备机，赢得了用户的高度认可和肯定。

浪潮青年的创新奋斗得到了政府及社会各界的充分肯定。2002 年 11 月，浪潮集团董事长孙丕恕荣获第十三届“中国十大杰出青年”称号；2016 年，浪潮 K1 研发团队成功入围第 20 届“中国青年五四奖章”候选集体，获评第 20 届“山东青年五四奖章”集体奖；2018 年 5 月，共青团中央授予浪潮“全国五四红旗团委”荣誉称号。

文化最终需要制度来支撑。浪潮 2004 年完成了混合所有制改革，所有浪潮员工都可以入股，由此建立了以市场为导向的企业制度和运营机制。公司提出自主技术领先全球和“员工致富与企业发展同步”的浪潮梦，极大激发了大家的工作热情。

在建立面向整体的股权期权激励机制的同时，浪潮建立了多层次的激励机制，从不同岗位的各个层面设立奖励措施，有技术创新项目奖、成果效益奖、专利成果奖、技术岗位工资津贴等一系列人才激励政策，通过制定实施《技术创新奖励办法》重奖科研人员，通过设立“青年人创新基金”鼓励年轻技术人员创新，形成了有利于重大技术突破的激励文化，从而有效地激发了员工技术创新的成就感和能动性。另外，公司坚持业绩导向，建立了以目标考核（MBO）为核心的考评体系。班子成员能上能下，员工实行末尾淘汰制。浪潮的实践表明，企业文化不能仅靠宣传来贯彻，最终还是要依靠公司的制度来发挥基础性支撑作用。

# 双汇集团："杀猪卖肉" 做到全球第一

中国人民大学国家发展与战略研究院

中国改革开放40年取得的伟大成就举世瞩目，中国社会经济生活实现"千年未有之大变局"。在改革、开放、发展的历史进程中，人民群众的首创精神充分释放，涌现出一批在国际上有影响力的企业、企业家。他们胸怀天下、敢为人先、坚忍不拔、锐意进取，谱写了一部部瑰丽的创业诗篇，见证了中华民族从站起来、富起来到强起来的历史进程，在当代人类文明发展史中贡献着中华民族的智慧和中国方案。

2018年6～7月，按照中宣部关于组织开展"百城百县百企"调研活动的工作部署，中国人民大学国家发展与战略研究院双汇集团课题组对双汇集团进行了实地调研、现场走访、专题座谈，获取了丰富的第一手资料，体察了民族企业走向国际的发展历程，印证了国运昌、企业兴的历史规律。

在中国，双汇品牌众人皆知，双汇产品畅销全国。走进双汇，零距离地接触、感知、观察，我们惊奇地发现，双汇不仅是中国民族品牌和民族产业的一面旗帜，在世界肉类食品行业也享有很高的盛誉。可以说，双汇演绎了从中国内陆城市的一个小小肉联厂蜕变为全球最大猪肉跨国公司的传奇。通过梳理双汇40年改革变迁之路，追踪双汇杀猪卖肉、专业专注、变革重组、国际搏击的发展历程，本调研报告力图在回顾企业发展历程和取得成就的基础上，对双汇的社会价值和行业引领作用进行概括性总结；在中国高质量发展的新时代，“以点带面”，为推进供给侧结构性改革、为中国农业现代化和乡村振兴提供鲜活经验和事实依据；在国际分工合作成为常态的全球化时代，为中国民族品牌和民族产业“走出去”提供可资借鉴的成功经验与发展模式。

## 一、埋首于“杀猪卖肉”的双汇

双汇集团的总部在河南漯河，“双汇”最初因沙河、澧河在漯河交汇而命名。双汇的前身是 1958 年建厂的漯河肉联厂。1984 年中国城市经济体制改革，漯河肉联厂第一批走向市场，由省管下放到地方；1989 年双汇品牌创立；1994 年组建双汇集团；1998 年进行股份制改造，双汇实业股票上市；2012 年双汇实施重大资产重组，整体上市；2013 年双汇国际收购美国史密斯菲尔德公司，成为全球最大的猪肉食品跨国公司；2014 年双汇国际更名为万洲国际，在香港整体上市；2016 年万洲国际进入世界 500 强；2017 年万洲国际股票入选香港恒生指数成分股，成为大蓝筹。

40 年来，双汇不断深化企业改革，参与市场竞争，积极引进战略投资者，推进六大区域布局，开展跨国并购、整合上市、跨国经营等一系列发展实践，以国际化的视野和理念诠释了深化改革、扩大开放的深刻内涵，走出了一条民族企业勇于创新、开放合作、优势互补、做大做强的成功路子。可以说，双汇 40 年的发展历程，就是一部中国肉类行业改革开放的“浓缩史”。40 年来，从城市经济体制改革、加入 WTO，到“一带一路”建设、“走出去”参与全球竞争等一系列国家改革开放重大发展战略和关键节点，双汇不仅仅是见证者、参与者，更是受益者、推动者。

### （一）改革突破，敢为人先求生存

1984 年，党的十二届三中全会通过了《中共中央关于经济体制改革的决定》，明确提出以增强企业活力为中心环节，全面推进城市经济体制改革。随后，国务院多次下文指导地方政府试行企业扩权与经济责任制，全面梳理流通渠道，发展多种经济形式，激发企业活力。一场决定中国由计划经济向社会主义市场经济变革的序幕正式拉开，这一年也被称为企业改革的元年。

1. 下放改制，赢利搞活

中国肉类工业率先实行改革，全国生猪屠宰行业由计划经济时期的一把刀变为多把刀，各大肉联厂被推向市场。当时，河南有十家肉联厂，郑州、开封、洛阳、商丘肉联厂排在前四位，号称"郑汴洛商，四大金刚"。当时的漯河是个县级市，漯河肉联厂（双汇前身）很小，连年亏损，每天才杀二三百头猪，淡季长期停工待料，一年有半年的时间烟囱不冒烟，企业经营千疮百孔，在河南十家肉联厂中排在最后。

为落实国家改革政策，1984 年漯河肉联厂作为改革的试点单位，由省管下放到地方。由此，企业进行了一次里程碑式的公推民选，全体职工代表不约而同地把选票投向了万隆，推选万隆作为厂长。对于漯河肉联厂的家底，1968 年就进厂当工人的万隆再清楚不过。为了维持生计，企业杀猪、宰鸡、宰牛、宰兔、宰乳猪，只要是企业不停产，能做什么就做什么。

当时的猪肉市场还没有放开，要想扩大供应，满足需求，就必须扩大生猪的采购范围。但因为猪价低，农民养猪的积极性并不高，撬动肉联厂的"杠杆"就是提高生猪收购价格。当时的生猪收购价由国家统一规定，不是一个小小的肉联厂能够决定的。私自提价，是对当时计划价格体系的挑战。不过国家当时出台的一项政策让万隆看到了希望，政策规定企业在完成国家下达的生产任务之后，可以根据自身需要购进一些原材料。这意味着原料价格将会放开，万隆决定先行一步。漯河肉联厂将生猪收购价格每斤比国家规定价上浮 2 分钱，消息迅速传遍了漯河及周边地区，对农民产生了不小的"诱惑"。方圆百十里乡村的生猪源源不断地涌进漯河肉联厂，停工待料、无米下炊的漯河肉联厂一下子变活了，当年漯河肉联厂奇迹般地扭亏为盈，赢利 8000 元。

### 2. 瞄准海外市场，以外贸出口促发展

随着屠宰业逐渐放开，白条肉市场竞争激烈，许多肉联厂经营状况更加困难。为了避免在国内市场与众多小屠宰户进行肉搏战，万隆决定把重心转向海外市场。为了取得出口资格，1985 年漯河肉联厂在资金极度困难的情况下，投资 55 万元对分割肉车间及配套设施进行技术改造。万隆带领员工攻破一道道技术难关：没有图纸，领着基建人员自己绘，没有资料自己找，没有经验向兄弟厂家学，拼搏四个月，顺利完成了改造任务并通过了省级验收，为漯河肉联厂争取到了 50 吨对外出口分割肉的资格。

漯河肉联厂以过硬的质量赢得了出口信誉，产品远销东南亚和苏联市场，实现由内贸向外贸转移，走上了一条依靠外贸出口发展企业的道路。从 1984 年到 1990 年，漯河肉联厂的年销售收入从不足 1000 万元发展到 1 亿元，由亏损企业发展成为利税大户，成为河南省乃至全国肉类工业改革的典范。

回顾历史，可以看到，20 世纪 80 年代中期企业放开搞活的改革路径，使企业摆脱了计划经济的束缚，确立了围绕市场搞经营、围绕市场开发产品、围绕市场求生存的发展理念，大大增强了企业主体的经营活力。双汇的发展在很大程度上也正是得益于国家制度改革的历史契机。

### （二）开放带动，勇于竞争上规模

20 世纪 90 年代，东欧剧变、苏联解体，世界格局动荡，而中国的改革开放进入新的时期。邓小平南方谈话、党的十四大召开，明确了中国经济体制改革的目标是建立社会主义市场经济。我国对外开放和引进外资的实践进入全新阶段，也成为推动中国企业发展的主要力量。

相比于起步阶段，这一时期的双汇面临两项挑战：一是苏联解体，对苏出口业务的 80%处于停顿状态，刚刚从生死线上挣扎出来的企业，再次被推到了发展抉择的十字路口；二是企业上项目、扩市场、上规模仅靠自有资金滚动发展，远远不能适应市场竞争的形势，需要有新的战略、新的思路、新的动能推动企业发展。

1. 战略调整，引进火腿肠项目

1992 年，双汇经过对市场的周密考察和深入研究，提出上"火腿肠"项目的构想，拿出了当时仅有的 1200 万元家底，一次性从日本、德国、瑞士引进火腿肠生产线 10 条，快速启动火腿肠项目，并命名为"双汇"。从 1992 年 2 月 10 日第一根"双汇"牌火腿肠问世，到 1993 年底，在一年时间内，"双汇"就跻身国内火腿肠市场前三强。

2. 吸引战略投资者，扩大生产规模

1994 年，双汇与香港华懋集团合资，引入资金 1.27 亿元，建成了亚洲最大的肉制品大楼，当年生产能力就增长了 104%。这一时期，先后在双汇投资的有美国、日本、荷兰、意大利、加拿大、德国六个国家和地区的外商，建立了 30 多家合资公司，合资给双汇的发展注入源源不断的血液。此后，"双汇"火腿肠生产线以每年 20～30 条的速度递增，远远超过先期的几家肉类加工企业，仅用 6 年的时间就实现了产销量全国第一。

3. 产品结构多元化，赢得市场青睐

随后，双汇开发了一系列新产品投放市场。其中，以双汇王中王、鱼肉肠、力博肠等为代表的一批产品，成为主导城市市场的主要创利产品；而普通火腿肠则打开了广阔的农村市场。肉制品结构调整不仅使双汇巩固了老市场，而且开辟了新市场。由中央电视台、《人民日报》联合推出的"1998 全国城市居民消费品调查报告"中，"双汇"系列火腿肠荣获同类产品市场占有率、品牌知名度、品牌购买力、消费者心目中最佳品牌 4 项第一。双汇火腿肠年产销由 1992 年不足 1 万吨发展到 2000 年的 30 多万吨，一举奠定了双汇在中国肉类行业中第一的位置。

90 年代深化改革、扩大开放的政策，推动了一大批中国企业进入发展的快车道，也极大地推动了双汇建立现代企业制度，大力引进外资，扩大规模、参与竞争，并结合中国国情专注实业发展、专注技术创新和产品创新，在同行业领域取得并占据了"领头羊"的位置。

### （三）对标国际，六大区域布局谋发展

进入 21 世纪，中国成功加入 WTO。一方面为中国企业参与全球竞争提供了国际化舞台，中国企业需要在国际竞争中提高自身素质，实现产品升级、技术改造和管理提升。另一方面也倒逼国内市场开放，为打破地方保护主义，建立统一、开放、竞争有序的大市场创造条件。已成为中国肉类行业龙头的双汇，又一次站在了历史的关键节点上。从推动中国肉类工业产业升级、大力发展现代肉类工业的高度，双汇引入工业园区的理念，制定六大区域发展战略，以冷鲜肉为突破口，加速在全国的布局，在肉类行业的结构调整和产业升级中发挥了标杆引领作用。

#### 1. 引进“冷鲜肉”技术，发展现代肉类工业

冷鲜肉在发达国家已有上百年的历史，与传统热鲜肉相比，更加卫生、营养、健康、安全，但受生产工艺、技术设备、冷链控制的限制，投资规模大、运营成本高，国内大部分肉联厂仍然热衷于传统的加工和售卖方式。对此，万隆在对国内外肉类行业深入考察的基础上，形成了坚定的信念：解决中国屠宰业小、散、乱、差的根本途径就是要用大工业代替小作坊，用冷鲜肉代替热鲜肉，用“冷链生产、冷链销售、冷链配送、连锁经营”代替“一把刀杀猪、一口锅烫毛、一杆秤卖肉”的传统模式。只有走现代化肉类工业发展之路，彻底改变中国肉类行业落后的面貌，才能让中国老百姓吃上放心肉。

2000 年，双汇投资上亿元在漯河总部第一工业园，规划建设了双汇第一条现代化冷鲜肉生产线，率先把“冷鲜肉”引入中国，实行“冷链生产、冷链销售、冷链配送、连锁经营”的模式。当时很多人担心冷鲜肉的市场开发与培育有一个认识过程，一开始就投入如此大的规模，不但运营成本高，就是杀“金猪”也很难赢利。面对质疑，双汇坚定不移，董事长万隆没有在投资规模、技术设备引进上让步。经过十几年的推广，冷鲜肉被广大消费者广泛认可，也成为生猪屠宰业结构调整的重要方向。

### 2. 引入工业园区理念，制定六大区域发展战略

为快速占领全国市场，把冷鲜肉推向全国，双汇提出了"六大区域发展战略"，即围绕北京开发京津唐地区，围绕上海开发长江三角洲，围绕广东开发珠江三角洲，围绕沈阳开发东北，围绕重庆开发西南，围绕河南开发中部地区。按照"六大区域发展战略"的总体部署，双汇制定了投资标准化、建设标准化、管理标准化，按照事业部管理模式，推进区域投资建设。先后在黑龙江、辽宁、河北、河南、山东、湖北、江西、江苏、浙江、安徽、上海、内蒙古、广东、广西、四川、陕西、云南等18个省份建成30个现代化肉类加工基地。同时，配套建设了包装材料、冷链物流、连锁商业等辅助产业，形成了完善的供、产、运、销一体化大格局，实现了"建立一个工厂，开发一片市场，带动一方经济，惠及一方百姓"的发展目标。

21世纪，利用中国加入WTO的契机，双汇借鉴国外先进技术和管理经验，依靠市场力量和商业规则，用20多年的时间走完了发达国家肉类工业上百年才能走完的历史，质量、技术、管理和人才储备都达到世界领先水平，具备了参与国际竞争的能力。

## （四）海外并购，昂首迈向世界500强

2012年中共十八大开启了中国发展的新时代。以习近平同志为核心的党中央确立了"五位一体"的总体布局和"四个全面"的战略布局，明确提出要"加快走出去步伐，增强企业国际化经营能力，培育一批世界水平跨国公司"。这为企业的发展和结构调整指明了方向、为企业更好地做强做优做大增强了自信，也为中国企业"走出去"参与全球竞争提供了制度支撑。

### 1. 海外并购，实现跨国经营

随着全球化的推进，双汇意识到，跨国经营将成为中国大型肉类企业的必然选择。只有配置全球资源、整合全球资源，才能在全球竞争中立于不败之地。而机会总是给予有准备之人，2013年，双汇获悉美国史密斯菲尔德（Smithfield）公司有并购的意向，立即组建高效的团队，筹划并购方案。

当时美国史密斯菲尔德公司的总资产为100亿美元，净资产42亿美元，销售额131亿美元；而双汇国内业务的全部资产为200亿人民币，净资产130亿元，销售额400多亿元。无论是资产规模、净资产还是销售规模，史密斯菲尔德都比双汇要大很多。为解决资金问题，由中银国际牵头，组织英国、法国、荷兰、新加坡等多家银团参与，双汇国际成功融资40多亿美元，在美国发行票据融资9亿美元，加上自有资金，确保了整体并购资金的及时到位。

2013年5月，双汇国际与美国史密斯菲尔德签署了收购协议。在历经美国国会听证、美国证券交易委员会审批、多个国家反垄断调查、美国参议院农业委员会听证、美国外国投资委员会批准和董事会与股东会投票通过，于9月26日以71亿美元完成了对史密斯菲尔德的收购，历时4个月。双汇的这一举动，不仅创下了当时中国企业最大的赴美收购案，也成为中国肉类行业发展史上的里程碑，改变了世界猪肉行业的格局。这一步，使双汇由中国企业变成跨国公司，由国内经营变成跨国经营，由中国最大的肉类企业变成全球最大的猪肉加工企业，双汇也从此进入跨国经营的新阶段。

### 2. 整体上市，迈入世界500强

2014年，收购史密斯菲尔德之后，“双汇国际”更名为“万洲国际”，整合中美欧的100多家企业，于当年8月在香港联交所成功上市。在收购不到一年的时间内，万洲国际就融入香港的国际资本市场。上市三周年即2017年，入选香港恒生指数成分股，成为港股大蓝筹。2016年，美国《财富》杂志发布世界企业500强，万洲国际以212亿美元的营业额名列第495位。

双汇人抓住了稍纵即逝的历史性机遇，果断出手，演绎了“蛇吞象”的壮举。很难想象，早3年收购，双汇也许会陷入国际金融危机的泥潭，不能自拔；晚3年收购，双汇可能付出更高甚至成倍的代价，或因国际形势的变化难以通过美国国会听证、美国外国投资委员会批准等一系列的审查。

进入世界500强，是双汇多年来的夙愿，也是既定的发展目标之一。经过不懈奋斗，双汇人把一个资不抵债的小型肉联厂做成了世界级的跨国公

司。可以说，双汇的海外成功并购和国际化发展，展示了中国企业走出去的实力，也展现了中国企业家在国际舞台上的风采。双汇在美国本土和欧洲地区采取的中西结合的管理模式，也展示了中国民族企业管理制度的自信和中华民族文化的魅力。实践证明，中国企业不但能"走出去"，而且能站得稳、做得优，实现良好的经营效果和社会效益。

## 二、为什么、凭什么是双汇

改革开放 40 年来，双汇始终紧跟时代的脉搏，一路披荆斩棘、务实创新，创造了中国肉类行业一个又一个第一，引领着中国肉类工业的技术进步、管理提升、结构调整和品牌升级。双汇作为肉类加工行业的典型，其发展轨迹和取得的成就，对中国实体经济的发展、对中国农业现代化和乡村振兴、对国计民生的食品安全以及新时代中国企业"走出去"参与国际竞争等方面都提供了可资借鉴的经验和发展模式。

### （一）专注主业，发挥行业标杆引领作用

中国是一个人口大国，也是肉类消费大国。改革 40 年来，中国不仅解决了老百姓吃饱饭的问题，也解决了老百姓吃上肉、吃好肉的问题。这 40 年，中国肉类行业发生了巨大变化，总产量由 800 多万吨增长到 8000 多万吨，猪肉产量由 700 万吨发展到 5400 多万吨，满足了老百姓对动物蛋白日益增长的消费需求。

肉食品行业是关系国计民生的朝阳产业，是一个大产业。在这个产业里需要有一批专业专注坚守的企业，需要有一批诚实守信、消费者信赖的品牌。双汇在 40 年的改革发展中，始终坚持围绕"农"字做文章，围绕肉类加工上项目，不相关的产业不做，不熟悉的产业不做，一以贯之的理念就是将肉类产业做大、做强、做专、做精。双汇确立了"实业为本，专注肉食，做中国最大、世界领先的肉类供应商"的发展战略，立足在"杀猪卖肉"这

个最传统的行业，做出一个世界领先的肉类加工企业，让中国人吃上放心肉。

当然，在40年的改革发展进程中，双汇的“专业专注发展战略”也接受了市场竞争的各种考验，抵制了各种利益诱惑。如1994年开始引进外资，双汇在招商引资过程中，坚持“以我为主、选商引资，发展方向不偏离、发展战略不改变、企业利益不损害、企业品牌不丧失”的原则，目的就是保证企业发展战略不转向。1998年双汇股票上市，把所有募集到的资金都投入新建项目上，而不是像当时一些上市公司，挪用资金去炒股、去追求自身利益最大化。2006年双汇进行资产重组，选择的投资商为财务投资商，避免了民族品牌主导权可能丧失的风险。2012年双汇肉类产业整体上市，壮大了主业的实力；2013年“走出去”实施海外并购，选择的并购对象美国史密斯菲尔德公司仍然是肉类产业。

概言之，专业专注在很大程度上成就了双汇的成功。双汇这种专业专注的发展模式，也符合实体经济的发展规律与社会的分工要求，对行业起到了很好的标杆引领作用。

1. 冷鲜肉标杆

双汇率先倡导推广的冷鲜肉成为中国肉类行业结构调整的方向。以双汇为代表的一批大型肉类加工企业共同参与和引导，国家把冷鲜肉列为肉类产业结构调整的方向，明确提出，“十二五”达到30%，“十三五”达到40%以上。

2. 管理标杆

双汇以管理著称，国际先进的标准率先在双汇实施。双汇取得了全国肉类行业HACCP的第一张认证，率先取得了ISO9001、ISO14001、ISO22000等认证。双汇管理标准化和信息化全国领先，“诚信立企、德行天下”的企业管理文化也为行业所推崇。伴随着国际化的进程，双汇开始主导和制定肉类行业国际标准和国际规则。

3. 规模化标杆

双汇在全国建设的加工基地，引入工业园区理念，按照屠宰业、肉制品业和相关配套产业统一规划。这些基地建设规模大、科技含量高、食品安全保障能力强，且注重生态环保、辐射能力强，以高标准发展现代肉类工业。

企业的发展和壮大离不开市场这一赖以生存的载体，双汇正是一手练"内功"，即专注主业谋发展；另一手练"外功"，即严格遵守市场规范，通过有序竞争提升企业绩效。40 年来双汇坚持大工业、大市场、大流通、大外贸、全球化的发展战略，利用国内国外两个市场、两种资源，实现企业规模扩张，成为肉类行业的标杆企业。

### （二）放眼世界，树立中国人的品牌和民族产业形象

双汇作为中国最大的肉类加工基地，长期以来始终站位全球，紧盯国际、国内两种资源、两个市场，进行资源配置、技术融合、设备引进和产融结合。双汇全球化步伐的重大飞跃是成功收购美国史密斯菲尔德公司。作为中国"走出去"的跨国公司，不仅在世界经济重构和发展中承担了更大的责任，而且在参与更多国际事务、谋求更大市场份额中，树立了中国企业的民族品牌、展示了中国企业的良好形象。

2013 年，双汇并购美国最大猪肉食品企业史密斯菲尔德公司，成为当时中美史上最大的并购案。史密斯菲尔德公司具有完善的、垂直一体化的产业体系，在规模、技术、品牌影响力等方面，处于全球领先地位。双汇经过 40 年的发展，借鉴国外先进技术和管理经验，依靠市场力量和商业规则，扩大了规模和实力，形成了品牌、规模、团队和管理优势，具备了参与国际竞争的能力。双汇与史密斯菲尔德公司的强强联合，对中美两国的农业发展有利，对中美两国肉类企业有利，对世界肉类工业的发展也有利。

海外并购只是中国企业"走出去"的第一步。经营好、管理好项目，走得出、站得稳、效益好才是跨国经营的目的。双汇海外并购后，通过卓有成效的管理和协同，优势互补，合作共赢，不仅构筑了全球管控体系、输出了双汇管理文化、实现了本土化管理，而且全面提升了企业国际竞争力。

1. 构筑全球化管控体系

实行全球化经营，本土化管理。中国人管中国的企业，美国人管美国的企业，欧洲人管欧洲的企业，给予管理者充分的授权、信任和尊重。双汇对美国史密斯菲尔德公司实行“六个不变”（品牌不变、团队不变、基地不变、上下游产业链不变、工厂不关、员工不减），语言不同，但目标一致。

2. 输出双汇的管理文化和机制

对全球所属公司实行任期目标责任制，推行目标管理，用好日报、月报、月分析和月例会制度，实施及时的信息跟踪。虽然远隔太平洋，但总部对每个公司每天的运行状况和经营效益都了如指掌。

3. 整合全球资源，实现协同发展

双汇把美国、欧洲的优质资源、技术、产品引进国内，高标准建设的郑州美式工厂 2015 年竣工投产，美式培根、香肠、火腿进入中国市场，丰富了百姓餐桌。双汇利用全球市场拉动史密斯菲尔德扩大规模和效益，通过协同发展，2016 年万洲国际（原双汇国际）进入世界 500 强，进一步显示出较强的国际竞争力。

双汇的成功，与其长期以来重视在全球分工体系中配置资源的发展经验和发展视野关系紧密。20 世纪 90 年代，双汇就积极发展冻猪肉外贸业务，完成了自身积累。1994 年与香港华懋集团合资，随后从意大利、美国、日本及中国台湾与香港等 6 个国家和地区招商引资，1998 年双汇发展 A 股在深圳证券交易所成功上市发行，通过以上引资和募资，双汇建成漯河第一个工业园，完善和发展了主业及相关配套产业。2001 年双汇自丹麦引进长白曾祖代优良种猪，与日本合资建立了河南万东牧业等四个优良种猪繁育、养殖基地，拉开了双汇从源头控制产品质量的序幕。2002 年双汇与美国杜邦公司合资成立了杜邦双汇漯河蛋白有限公司，实现了产业链条向粮食加工业的延伸。2003 年双汇与日本吴羽、日本丰田公司合资成立南通汇羽丰有限公司，打破了国际市场对中国 PVDC 包装材料的垄断，有力地支持了双汇主业的发展。

可以说双汇的海外并购和国际化发展，不仅实现了由中国最大向全球最大猪肉企业的跨越，改变了世界猪肉行业的格局；也充分展示了中国企业"走出去"的实力，展现了中国企业和企业家在国际舞台的风采，树立了中国民族品牌和民族产业的形象。

### （三）精益求精，让家家户户吃上放心肉

肉类行业是传统行业，也是民生行业，更是与老百姓获得感、幸福感最直接相关的行业。双汇始终坚持"消费者的安全与健康高于一切，双汇品牌形象和信誉高于一切"的质量方针，通过引进、消化、吸收发达国家先进的产品、技术、设备和食品安全控制理念，用现代大工业改造传统肉类行业，让消费者吃的更营养、更健康、更安全、更方便，满足了广大人民不断增长的肉类消费需求。

1. 按照国际先进标准投资建厂，确保所有加工基地的生产质量

一是建设规模大。生猪屠宰、肉制品及相关配套产业整体规划，发挥肉类联合加工优势，节约资源，提高综合竞争力。二是食品安全保障能力强。配套有完善的检验、检疫设施，检验仪器、检测水平达到国内一流、国际领先，确保产品质量和食品安全。三是注重环保。配套建设污水处理及相应的环保设施，实现环保、节能、生态发展。

2. 始终坚持技术革新，通过先进技术提升产品质量

大力引进、吸收、消化世界先进的技术和设备，改造传统肉类工业，先后从美国、德国、日本、荷兰、丹麦等发达国家，引进世界一流的设备5000多台（套），把世界肉类前沿的腌制技术、乳化技术、冷分割技术、保鲜技术应用到中国肉类工业。

3. 坚持围绕消费者需求，创新、细化产品种类

利用现代化的屠宰技术把一头猪分成200多个产品，按照不同的消费需求，分割成不同的品种，流向不同的市场。由生变熟、由粗变细、由内贸到外贸，实现了内外贸相结合、粗加工与深加工相结合、生加工与熟加工相结

合。小小的一块猪肉，就是在不断的变化中体现价值，市场也在这个过程中不断细分、做大。同时，双汇围绕西式产品的引进、中式产品的改造、东西方食品的结合，大力进行产品创新，以适应消费者对营养、安全、新颖、时尚等方面的追求。这些做法有力地保持了双汇产品旺盛的生命力，每年新产品销量占到10%以上，形成了1000多种肉制品的产品群，双汇香肠、火腿、培根、中式酱卤等系列产品深受消费者的喜爱。

4. 同步市场和民众消费观念变化，大力发展冷链物流

冷链物流作为与现代农业结合最为紧密的行业之一，对调整农产品生产结构和解决“最先一公里”“最后一公里”问题至关重要。为此，双汇大力发展现代冷链物流体系。一是建立产供销一体化的标准体系，建立以HACCP为基础的全程质量控制体系，坚决推行质量安全认证和市场准入制度。二是从产地到销售终端全程冷链控制，加速生鲜配送中心建设，推动冷链物流服务由基础服务向增值服务延伸。三是利用信息化技术和供应链管理技术，建立现代冷链物流配送体系，实现信息化冷链物流配送和监控。大力发展“互联网 +”冷链物流，构建“产品 + 冷链设施 + 服务”信息平台，实现市场需求和冷链资源之间的高效匹配对接。四是紧紧围绕冷链物流上下游、内外部业务开展供应链金融业务，实现“物流、商流、资金流、信息流”四流合一，助推冷链物流企业向供应链型企业转变。

5. 构建全生产链管理内控体系，实现食品安全管控全覆盖、无死角

以“预防为主、风险管理、全程控制、全员参与”为原则，从供、产、存、运、销各方面制定食品安全保障措施，建立起一整套标准化体系。一是构建集团、事业部、项目公司三级安全管理机构，铁腕抓质量，铁心保安全。企业监督权与管理权的有效分离，保障了食品安全工作的有效开展。二是建立了与国家相关部门联动的食品安全风险信息报告机制，将监测发现的风险及时报告，便于国家对风险的研判、控制。三是形成了针对食品源头、加工过程、出厂产品的全面检验能力。先后投资1.2亿元，购置各类检测仪

器设施3000多台(套)。四是严格供方评审，加强供方管理，通过供方评审、风险监测、接收验证、驻厂指导等措施，推动行业良性发展。五是严格按照标准对产品质量进行现场监督控制。企业有800多名品管人员实施现场巡回检查。六是严格成品检验制度，企业制定了严于国家标准的企业标准，如生鲜产品出厂批批检测盐酸克伦特罗等，确保每批产品检验合格后方能出厂。总之，双汇通过建立完善的食品安全控制体系，实现了原料使用批批把关、生猪屠宰头头检验、成品出厂批批检测、供产运销全程追溯，确保产品质量万无一失，为消费者提供安全、营养、卫生、美味的双汇食品。

### （四）以工促农，带动上下游产业和农户共建共享

中国是农业大国，但与欧美等国相比我国农业现代化水平还很滞后，农村发展、农业兴旺、农民增收的结构性压力仍然较大。作为大农业重要组成部分的养殖业也同样面临一系列约束，如养殖业粮价高、饲料贵、规模小、技术偏低、疫病控制不严、环保风险大等。屠宰业小散乱差，肉品质量参差不齐，私屠乱宰屡禁不止，肉类市场供应时多时少、价格大起大落，面对这些状况，双汇始终坚持围绕“农”字做文章，注重大产业发展格局，不仅带动了上下游产业的发展，也带动了当地农户脱贫增收。

农业的现代化必须有产业的支撑，有规模化、现代化、具竞争力的龙头带动，有产业链的配套、市场化的运作。双汇在促进粮食转化、农产品加工业发展、农村劳动力转移、农民收入增加等方面具有重要的带动作用；对传统分散的生产经营模式向集约化、规模化、标准化的现代农业模式转变，发挥了龙头企业的引领作用。

#### 1. 产业带动

目前，双汇年产肉及肉类制品350多万吨（生鲜产品180万吨、肉制品170万吨）。上游带动1000万亩农田，转化粮食1000多万吨，带动合同养猪户15000个，相当于2000个万头猪场。随着双汇的稳步增长，产业带动效应还将不断扩大。

### 2. 就业带动

目前，双汇国内有员工5万多人，采购商2万个20万人、经销商2000多个3万人、销售终端100万个200万人、干线物流司机1万人、养殖终端就业30万人，合计带动社会就业250多万人。这一数目在未来10年还将稳步增长。

### 3. 信息带动

双汇通过建立从农田到餐桌的生态链，了解从种植、养殖到生产加工、物流配送、终端销售的各环节信息。与农户、采购商、经销商进行信息共享，提高双汇生态链适应市场的能力。同时，食品行业的法律法规、技术要求、产品标准和发展趋势，都可以通过生态链及时传导，实现信息共享。

双汇始终响应国家脱贫战略，积极落实农业产业扶贫工程，开展精准扶贫工作。作为大农业生产企业，双汇利用自身优势，实施“农户 + 企业”的精准扶贫模式。探索合作社、养殖专业户等新兴农业方式，扶贫扶志，增强贫困户的脱贫意识，让贫困户通过劳动增加收入，逐步走向自我发展、发家致富的道路。

## 三、双汇经验与中国本土企业成长

企业是推动国家经济社会发展的重要力量，而其自身的发展更是脱离不了伟大的时代和变革的进程。站在改革开放40年和新时代向更高质量发展的历史节点，我们发现，一个企业的成长和成功、发展和壮大都深深根植于国家改革开放、制度创新的土壤之中。

双汇的成功是万千中国企业在改革的历史潮流之中，勇于拼搏、勇于奋斗、勇于开拓的典型代表和历史缩影。双汇从一个小型肉联厂蜕变为全球行业第一，不仅实现了“走出去”的战略目标，而且走得成功、走得稳健；不仅解决了中国人吃放心肉的问题，而且几十年如一日专注主业不动摇，将吃肉的饭碗牢牢端在中国人自己手中；不仅有效解决了民生基本需求，而且实现了企业经济效益与社会效益的有机统一，带动了上下游、全生态链参与者的共同发展、共建共享。这些成功经验及其所反映出的国家制度和体制优势，对今后一个时期我国本土企业，尤其是国有企业的改革改制、民营企业的发展和治理有着宝贵的借鉴意义，也对国家相应制度安排和政策革新有着现实启发意义。

### （一）始终坚持改革开放，以更大的勇气、更宽广的胸怀、更坚定的自信参与全球合作竞争，拥抱全球化

始于 1978 年的改革开放，是中国在发展进程中最为鲜明的特色，中国也由此进入全面经济建设时期。在这一蔚为壮观、横跨 40 年的转型变迁场景中，人民物质生活水平极大改善，实现了由温饱不足向全面实现小康的历史跨越；社会生产力极大解放，实现了由落后国家向世界第二大经济体的伟大突变；国家制度更加成熟定型，治理体系和治理能力现代化水平不断提升。习近平总书记在庆祝中国共产党成立 95 周年大会的重要讲话中指出："改革开放是决定当代中国命运的关键抉择，是党和人民事业大踏步赶上时代的重要法宝。"我们在对国家取得的一系列伟大成就击掌相庆之时，更应该意识到，改革没有完成时，只有进行时。中国经济社会的巨变得益于改革开放，中国未来的发展同样离不开进一步的改革开放。

经过改革开放 40 年的发展沉淀，中国在全球事务中扮演着越来越重要的角色，中国企业在全球经济中的地位越来越重要。中国企业"走出去"，寻求全球资源，参与"一带一路"建设，融入国际化，是实现中华民族伟大复兴的中国梦的重要组成部分，也是企业进一步提升国际竞争力，实现在更大规模、更高水平上发展的必由之路。

改革开放没有固定的路径和现成的模式可以照搬，随着国际环境不断变换、中国综合国力稳步提升、国际分工体系不断深化，必须以高远的视野、更大的勇气、更宽广的胸怀、更坚定的自信锲而不舍地全面推进改革开发，参与全球合作竞争。一是坚持改革开放不动摇。在全球化的大趋势下，改革

和开放已经难以分离，形成一体两面的关系。改革的目标既是更好地扩大对外开放，也是让对外开放更好地促进国家改革发展。回顾双汇 40 年的成长历程，其发展无不是踏着改革开放的关节点一路前行，改制和“再生”如此，打开外贸市场如此，吸引外资、引进先进技术如此，21 世纪“走出去”实现跨国并购更是如此。正是得益于中国的不断改革、不断开放，如双汇一样的一批企业从本土生发，成功立足于全球市场之中。二是企业要成为改革开放和国家“走出去”战略的主体。在资本和技术全球布局流动的大趋势下，企业主体积极走出去，在全球市场中配置资源和各项生产要素，才能不断扩大企业的影响力、控制力，也才能更好地促进国家综合国力的提升。三是要有效防范国际化风险。历史经验表明，一个国家崛起的过程，也往往是风险较为集中的时期。全球化在提供发展机遇的同时也隐含各种风险，“走出去”并非一片坦途。在几十年的对外开放实践中，中国企业有的取得了辉煌成就，有的却折戟海外。这些有益经验和失败教训都警示企业主体在积极参与和拥抱全球化的过程中，要审慎对待，保持风险意识，从企业整体布局和发展长远考虑，最大化维护企业和国家利益安全。

### （二）始终坚持社会主义市场经济方向，顺应国家发展和政策要求，发挥企业在市场竞争中的主体作用

改革开放 40 年来，我国经济体制的改革历程，一直都是围绕政府和市场的关系这一核心问题展开的。改革前，我国实行高度集中的计划经济体制，由政府通过计划方式进行各项资源的配置，企业的经济主体地位难以确立，经济社会发展活力也得不到很好激发。1978 年后，国家突破层层束缚，通过渐进式改革，市场力量不断得到释放，最终确定了走社会主义市场经济的发展道路。十八届三中全会《关于全面深化改革若干重大问题的决定》明确指出：“紧紧围绕使市场在资源配置中起决定性作用深化经济体制改革”，“使市场在资源配置中起决定性作用”。这些重大决断进一步凸显了中国特色社会主义市场经济的优越性，企业主体应该也只有在充分的市场竞争中才能

不断提升经营效率和发展能力。

企业作为中国特色社会主义的重要物质基础，是我们党执政兴国的重要支柱和依靠力量，是国家经济社会健康稳定发展的基石。企业的首要价值定位是赢利能力和经营效率，随着全球化进程的加快，企业主体在提升国家经济全球竞争力、在"一带一路"建设部署中执行国家产业政策和经济战略等方面必将发挥更加重要的作用。

通过充分竞争，让市场在资源配置中起决定性作用。纵览改革以来我国企业的发展历程，但凡取得成就者，无不是紧随国家改革步伐、严格遵守市场规范、尊重首创契约精神，通过不断的竞争才立于不败之地的。双汇的发展经验，反映的正是让市场充分配置资源，让企业主体在市场中充分竞争以谋求在更大领域、更高水平成功的鲜活案例，即要想从一个内陆小城濒临破产的转置企业跃升为跨国行业龙头，除了在市场的不断竞争中提升自身实力别无其他捷径可寻。顺应国家发展和政策要求，发挥企业主体的广泛作用。企业的发展壮大，必须顺应国家发展和政策要求，按照市场规律办事，实现资源的有效配置。新时代下，在充分的市场竞争之下，推进供给侧结构性改革就需要通过提质增效、重组整合、落后产能淘汰、"僵尸企业"出清等方式和途径，让优质企业发挥更加广泛的作用：全面贯彻中央方针政策，有效维护国家经济安全；始终引领技术和产业进步，促进市场繁荣稳定；开展国际化经营，全面提升在全球配置资源的能力和水平；积极提供公共服务，有效改善民生，稳定和增加就业，更好地履行社会责任。

### （三）始终坚持质量技术优先，推动高质量发展，建设创新型国家

党的十八大以来，我国经济面临增长速度换挡期、结构调整阵痛期、前期刺激政策消化期"三期叠加"的巨大压力。以习近平同志为核心的党中央审时度势，做出了我国经济发展进入新常态的重大判断。"新常态"之谓新，就是要区别于以往粗放式、低质量发展的"旧常态"，逐步实现从高速增长向中高速增长转变、不断实现经济结构优化升级，最终实现从要素驱动和投

资驱动转为创新驱动，全面推动高质量发展。这一战略转变，对大量企业而言，既是挑战，也是重要机遇。

专注主业，以产品服务质量为生命。双汇的成长历程和众多企业的兴衰史表明，一个企业只有始终以产品和服务质量为准线，埋首专注于主业，才能在激烈的竞争和时代的变迁中立稳脚跟。在经济"新常态"背景下，我国诸多企业要实现"华丽转身"，首要任务便是推动从数量导向到质量导向的深层次变革。客观而论，我国是制造业大国，但不是制造业强国。很长一段时间内，中国产品是低质量的"代名词"，这不仅难以增强企业竞争力，也难以提升企业效率，更难以实现国家高质量发展的总体目标。可以说，中国所有成功的企业，无不注重产品和服务质量。质量是企业生存发展的基础，每一个企业主体既要有依靠质量赢得市场、赢得消费者的战略意识，也要有专注主业、调整产品结构、注重企业品牌的长远眼光，更要有创立"百年企业"，实现品牌与质量、品质与效益同步发展，推动企业在同行业和领域成为标杆的自信和魄力。

激发活力，以技术创新为突破。十九大报告提出："要加快建设创新型国家。创新是引领发展的第一动力，是建设现代化经济体系的战略支撑。"这一战略举措对企业加快技术革新和创新驱动具有重大而深远的意义。技术是企业的生命线，与世界上发达国家的领先企业相比，我国企业在一些关键技术和核心领域还处于后发地位，尤其是在产业转型升级、战略性新兴产业投入、技术创新、管理创新和商业模式创新等方面还有很大提升空间。对此，既要大力发展新技术、新产品、新业态，充分利用新一轮技术革新的机遇，提升企业的技术创新能力，也要注重培植企业创新能力得以持续的制度氛围和社会环境。同时，创新活动的产生离不开企业家的创新精神，而创新本身又具有很大不确定性，这就更加要求现有制度要形成有效的"容错"机制，激发企业和企业家积极投身创新活动之中。

### （四）始终坚持大力发展实体经济，推动经济效益和社会效益的有机结合，实现共建共享

习近平总书记指出："实体经济是一国经济的立身之本，是财富创造的根本源泉，是国家强盛的重要支柱。"新时代，在推动高质量发展的实践进程中，实体经济强大与否是衡量现代化经济体系健康与否的重要指针，是一个国家经济竞争力的重要体现。目前我国实体经济发展，面临发达国家"再工业化战略"及其产生的高端制造业"回流"和欠发达国家劳动密集型低端制造业"分流"的压力。同时，国内实体经济分化趋势明显，企业间联动发展、带动上下游产业共同发展的能力还很不足，不少企业只注重眼前的短期经济效益，而忽视了长远的社会效益与社会责任。

实体经济的发展和振兴是中国在经济转型过程中必须解决的关键议题，推动和强化实体经济是其他形式经济能够长远稳定发展的根基。为此，既要在制度导向和政策安排上大力振兴实体经济，也要在制度导向和政策安排上引导企业将经济效益与社会效益有机结合起来，将龙头企业的做大做强与引领带动全行业的做大做强结合起来、与推动中国民族品牌和民族产业的做大做强结合起来，打造共建共享的发展格局。双汇的发展充分显示，企业不是孤立的个体，企业的发展离不开其所依赖的产业总量和关联主体，更离不开其所立足的城市、区域和国家。"一荣俱荣、一损俱损"，企业主体只有从单打独斗向共建共享转变，从只注重经济效益向经济效益与社会效益相结合转变，才能在市场竞争和社会发展中立于不败之地。

首先，要进行制度创新和导向激励。通过"加快发展先进制造业，推动互联网、大数据、人工智能同实体经济深度融合，推动资源要素向实体经济集聚、政策措施向实体经济倾斜、工作力量向实体经济加强，营造脚踏实地、勤劳创业、实业致富的发展环境和社会氛围"等重大制度导向，形成以市场为主体的资源配置机制，优化企业所有制结构和投资主体，建立健全与市场经济和实体经济发展相适应的政策法律环境，转变政府职能营造良好的政商关系，发展壮大实体经济。其次，实体经济企业必须主动迎接挑战，增

强忧患意识。企业要有“功成不必在我”的意志和专注主业、打造精品的“工匠精神”，着眼自身优势，充分运用国内外两个市场和两种资源，积极探索产业转型升级路径，培育核心竞争力。最后，要加强产业链上下游的沟通、协作、共享，实现行业和产业整体的联动发展。双汇的经验充分证明，成功的企业多是在产业、行业、市场整体蛋糕做大时谋求自身更好发展的。“同天下之利者，则得天下；擅天下之利者，则失天下。”共建共享不仅是发展理念，也是发展路径；共建共享不仅要求企业与利益相关者共同发展，也要求企业的经济价值与社会价值共同彰显；共建共享不仅是满足人民群众多样化多层次多方面需要的有效方式，也是企业和国家谋求发展的必由之路。

# 隆平高科：把论文写在祖国大地上

科技部中国科学技术发展战略研究院

## 一、发展历程

### （一）成立院所：杂交水稻技术 45 年引领世界

水稻是我国也是世界的主要粮食作物之一，它养活了世界近一半的人口。袁隆平院士是我国研究与发展杂交水稻的开创者，也是世界上第一个成功地利用水稻杂种优势的科学家，被誉为“杂交水稻之父”。作为我国“国家最高科学技术奖”的首位获得者，54 年来袁隆平院士全心投入杂交水稻的研究，不断创新技术理论和育种方法，实现了杂交水稻育种从“三系”法到“两系”法再到“一系”法的技术突破，从 2000 年到 2017 年实现了超级杂交水稻产量 700～1100 公斤的连续跨越，2017 年成功开发出亩产超过 600 公斤的海水稻。

从 1976 年到 2013 年，全国累计种植杂交水稻近 68 亿亩，累计增加稻谷约 8000 亿公斤，每年可多养活 8000 万人口，对解决中国的粮食需求问题发挥了极其重要的作用，并将为保障中国粮食安全做出新贡献。目前，我国盐碱地总面积约 15 亿亩，其中有 2 亿亩具备种植水稻的潜力，如果都能种上海水稻，按照最低产量 300 公斤计算，每年能多收入 600 亿公斤粮食，能多养活 1.6 亿人口，这对于我国粮食安全意义重大。当前我国经济发展进入新常态、城镇化水平还将继续提高，如果能够拿出1亿亩耕地用来进行城镇化建设，按照一亩地20万元的地价，就可以创造出20万亿元的经济效益。

袁隆平于1964年开始杂交水稻研究。1973年，袁隆平等率先找到了一批优势强、花粉量大、恢复度在90%以上的“恢复系”。同年10月育成了第一个强优组合“南优2号”，正式宣告我国籼型杂交水稻“三系”配套成功。这是我国水稻育种的一个重大突破，从此杂交水稻得以在大面积生产中应用。

1986年袁隆平提出了杂交水稻的育种战略，将杂交水稻的育种从选育方法上分为“三系”法、“两系”法两个战略发展阶段，即育种程序朝着由繁至简而效率越来越高的方向发展；从杂种优势水平的利用上分为品种间、亚种间和远缘杂种优势的利用三个战略发展阶段，即优势利用朝着越来越强的方向发展。

历经9年的艰苦攻关，1995年“两系”法杂交水稻取得了成功，一般比同熟期的“三系”法杂交水稻增产5%～10%，且米质较好。中国独创的“两系”法杂交水稻是作物育种上的重大突破，使中国的杂交水稻研究水平持续保持着世界领先水平。

同年，国家杂交水稻工程技术研究中心成立，是国内外第一家专门从事杂交水稻研发的科研机构。二十多年来，袁隆平院士领衔的杂交水稻创新团队在超级杂交稻研究方面取得重大进展，于2000年、2004年、2012年、2014年、2017年分别实现了亩产700～1100公斤的中国超级稻育种五期目标。

1997年，袁隆平开始了“中国超级杂交水稻”的研究。这是一道世界级难题，通过攻关研究，2000年已实现了第一期大面积示范亩产700公斤的指标。

2001年袁隆平指导选育成大面积示范亩产800公斤、米质优良的第二代超级杂交水稻，并于2004年提前一年实现第二期超级稻目标。经过努力，2011年、2012年超级杂交水稻第三期目标攻关百亩示范分别达到亩产926.6公斤、917.7公斤，标志中国超级杂交水稻第三期目标实现。

2014年“Y两优900”湖南省隆回县百亩高产示范片平均亩产达到1006.1公斤，首次实现了超级稻百亩片过千公斤的目标，标志着第四期超级稻研究的重大突破。

2017年10月15日，超级杂交水稻品种“湘两优900”（超优千号）平均亩产1149.02公斤，即每公顷17.2吨。创造了世界水稻单产的最新、最高纪录。

2016年8月，袁隆平团队正式入驻青岛国际院士港进行海水稻研发。这项研发结合了最新的、基于遗传工程雄性不育系的第三代杂交水稻技术，以提高海水杂交稻配组成功率，解决品种南北方广泛适应性问题和全球配组推广问题。2017年9月，袁隆平团队培育出的最新一批“海水稻”最高亩产达到620.95公斤，意味着我国在“海水稻”研发领域取得了重大突破。2018年5月袁隆平带领的青岛海水稻研发中心团队对在迪拜热带沙漠实验种植的水稻进行测产，最高亩产超过500公斤。这是全球首次在热带沙漠实验种植水稻取得成功，为沙漠地区提升粮食自给能力、保障全球粮食安全、改善沙漠地区生态环境再添“中国贡献”。

### （二）创办企业：创业19年跃居国内种业第一

袁隆平农业高科技股份有限公司（简称“隆平高科”）于1999年成立，是一家以“杂交水稻之父”袁隆平院士的名字命名的，并由袁隆平院士担任名誉董事长的国际化种业企业。

1999年，“隆平高科”由湖南省农业科学院和湖南杂交水稻工程中心等科研和技术推广单位将其下属部分企业进行改制后发起设立，并于2000年在深交所上市；2004年，湖南新大新受让湖南省农业科学院的全部国有股权，成为大股东，“隆平高科”因此成为民营资本控股的企业；2016年，中信集团入主“隆平高科”，经营方式和管理理念不断得到优化，“隆平高科”快速成长为国际种业巨头。2017年“隆平高科”主营业务收入达到31.9亿元（不含2017年收购的巴西项目），位居全国种业第一，全球种业第九位。

### （三）企业转制：从国内第一迈向国际一流

#### 1. 搭建全球化育种平台、拓展国际业务

"隆平高科"搭建了全球化的商业化育种平台，水稻居全球领军地位。业务范围不断拓展，水稻业务以东南亚、南亚地区（"一路"）为主，玉米业务以南美、北美、中亚地区（"一带"）为主，在菲律宾、印度、美国、巴西、东帝汶、印尼、尼日利亚等国成立合资公司和研发机构，与40多个国家和地区建立了贸易关系。

#### 2. 兼并重组，强势联合，从国内走向国际

2004年湖南新大新控股后"隆平高科"成为中国种业龙头企业，2007年收购亚华种子，2015年收购天津德瑞特。2016年中信集团成为最大股东，成立了中信农业基金，确定了2015～2025年"隆平高科"十年战略规划，加快了国内外收购步伐。2016～2018年在国内方面相继收购了广西恒茂、优至种业、湖北惠民、三瑞农科、巡天农业和联创种业。"隆平高科""十三五"的战略目标是用十年跻身全球种业前五强，2017年收购陶氏巴西特定玉米业务（LP Sementes），并成立了海外研发中心总部，搭建了海外生物技术平台。此次收购陶氏益农在巴西的玉米种子业务，是公司国际化战略落地的关键一环，将成为"隆平高科"全球种业战略在南美的立足点和桥头堡，将成为公司未来整合资源、拓展市场的海外主要平台。

## 二、主要做法

改革开放在时间跨度上推进了制度的演变，在空间维度上确立了一批创新和改革的样板，"隆平高科"的体制蜕变是对改革开放历史沿革的最佳诠释。

### （一）体制创新，科研院所改革体制创办公司

长期以来，农业科学一直被认为是公益性的、以政府支持为主的行业，农业科学技术能否创办企业，一直颇受争议。在"隆平高科"成立之际，许

多种子公司并不赚钱，已经上市的种子企业经营状况也存在诸多困难，湖南农业科学院和湖南杂交水稻研究中心创办企业，本身就具有极大风险。如何办好企业、采取何种体制都是值得研究和探索的问题，农科院和杂交水稻研究中心选择了一批懂科技、会经营、善管理的科研人员，创办“隆平高科”，直到目前，企业的技术骨干和核心管理人员仍是这批优秀人才，实践证明体制转变和选人是成功的。

体制在阵痛中渐变，到一定的临界点，也在突变。从国有到民营，再到混合所有制，“隆平高科”实现了由传统农业企业到现代种业集团的完美蜕变。从创立开始，“隆平高科”就是一个能够不断自我革新、抓住机会的企业。

1999 年，“隆平高科”由湖南省农业科学院和湖南杂交水稻工程中心等科研和技术推广单位将其下属部分企业进行改制后发起设立，并于 2000 年在深交所上市。2004 年，湖南新大新受让湖南省农业科学院的全部国有股权，成为大股东，“隆平高科”因此成为民营资本控股的企业，新大新集团的入驻，给“隆平高科”的多元化发展提供了机遇；2011 年“8 号文件”出台，抓住机会，“隆平高科”在杂交水稻育种方面成为第一。2016 年，中信集团入驻“隆平高科”，大股东背景的再次转变，为隆平高科回归种业、强化自身种业竞争优势提供了良好的条件。

### （二）观念创新，著名科学家带头做成果转化

无论是在 20 世纪 90 年代末，还是在当前，科学家创办企业都是风险极高的举动，会经历巨大的内心斗争和思想转变。如果企业创办失败，将会对科学家的个人声誉带来巨大影响，有可能成为科学家的“污点”。从“隆平高科”的创立到今天的发展，可以看出，“隆平精神”不仅体现在科技创新上，在思想创新、体制创新上也取得了重大突破。

面对市场的巨变，是选择守成还是突破，是企业发展过程中需要决定的重大问题。1993 年 11 月，党的十四届三中全会召开，勾画出社会主义市场经济体制的基本框架，市场经济的理念逐渐深入人心；1999 年，技术

开发类科研院所企业化转制正式启动，极大地促进了科技与经济的紧密结合，加速了科技成果转化与产业化，为以企业为主体、以市场为导向、产学研相结合的技术创新体系的建设注入了强大动力。以袁隆平院士为主的湖南省农业科学院和湖南杂交水稻研究中心充分认识到改革的意义，1999年，为实现袁隆平院士“发展杂交水稻，造福世界人民”的心愿，由袁隆平院士发起，依托湖南省农业科学院、湖南杂交水稻研究中心等单位，“隆平高科”成立，并在成立后的一年间就成功上市。“隆平高科”上市当天，股票上升20多元，袁隆平本人因占公司总股本的5%而成为亿万富翁，但袁隆平院士承担巨大风险，同意企业使用自己的名字，并不是为名利所累，而是为了解决广大人民的温饱问题，为了杂交水稻能够打入国际市场、走向世界。

### （三）机制创新，人才市场资金实现最佳配置

#### 1. 股权激励和保留岗位解决了优秀人才“既能出得来，也能回得去”的问题

如何处理好离开科研院所的研究人员的后顾之忧，是“隆平高科”创立初始就要解决的问题。“隆平高科”与湖南杂交水稻研究中心基于各自特长分工，形成了新的创新组织形式。企业建立之初，湖南杂交水稻研究中心等单位挑选科研人才创办企业，科研人员的工作单位、身份、待遇等保持不变，通过保留原有岗位，给予一定股权，鼓励科研人员出来创办企业，保证了科研人员“既能出得来，也能回得去”，为企业初期的发展奠定了坚实的技术基础和人才基础。

#### 2. 企业支持院所科学研究，做到院所“成果创得出，人才留得住”

随着企业业务的不断拓展、国际化进程的逐渐提升，“隆平高科”与湖南杂交水稻研究中心形成了现代种业新的合作模式。中心负责杂交水稻理论和方法的前端突破，企业集中负责成果转化、推广的后端工作。在研发方面，“隆平高科”每年给湖南杂交水稻研究中心提供1000万研发资金，中

心向企业提供种质资源及信息并开放实验室、育种及实验基地。在成果方面，中心将其与杂交水稻有关的研发成果交由公司独家进行开发研究及商业推广，在申报成果、品种审定方面则是以双方的名义共同申请，科技成果属于基础研究部分的，其知识产权属于中心所有，应用科研成果部分则由双方共同所有。这种全新的体制是在按照各自优势分工的基础上，基于共同目标开展的合作模式，科研单位提供研发技术，企业提供资本和经营运作方式，提前制定利益共享、风险共担的合作模式，有利于维持合作的长期性和紧密性，保证了院所“成果创得出，人才留得住”。

3. 引进农业以外经济要素，扩大规模，实现了“引得来，做得大”

“隆平高科”两次大股东身份的转变，新大新集团和中信集团先后入驻，为“隆平高科”增加科研投入、保持创新领先、转型种植服务商获取协同效应、进行持续并购做大做强以及走向国际化、打开成长瓶颈创造了前提，加快了“隆平高科”内生和外延的发展，实现了“引得来，做得大”。

### （四）技术创新，用“五化”确保中国第一、国际一流

1. 创建了国内种业最完善的商业育种体系

作物育种是由若干技术环节组成的系统产业链条，杂交水稻新品种的选育设计不育系和保持系、恢复系、品种选配、田间测试等一系列过程，传统选育方法选育一个新品种至少需要 8～12 年。“隆平高科”通过创新的重大突破，以市场需求和企业需求为导向，从零起步，从无到有；从依靠外部，到自有体系，实现了育种的“标准化、程序化、信息化、规模化”，建立了“工厂化、分段式”的育种流程，不但大幅提高了育种效率，提升了育种技术水平，同时实现了对知识产权的有效保护，形成了“推广一代、储备一代、研发一代”的科研创新体系，实现了成果“创得快、拿不走、推得开”。

在 1999～2004 年公司成立初期，“隆平高科”主要以股东单位（国家水稻工程技术研究中心）提供技术支撑为主、自主创新为辅；2005～2016

年新大新控股期间，开始构建企业自主研发体系，并购湖南亚华种业研究院，逐渐建成国内领先的自主研发体系；2017年开始科研上移，成立海外研发中心，初步建立起全球化的商业化育种创新体系。在全球水稻、玉米主要生态区建有13个水稻育种站、13个玉米育种站、7个蔬菜育种站，基地总面积近7000亩；组建了国际先进水平的生物技术平台，包括湖南、天津、河南等多个国内生物技术实验室和巴西生物技术研发中心等。比如要育成15个审定品种，育种团队要从15万份各类选种材料起步，没有一个成熟的育种体系以及高效的育种流程，“商业化育种”就无从谈起。

### 2. 保持了国内种业最高强度的研发投入

“隆平高科”的杂交水稻品种优势源于杂交水稻研究中心的排他性研发支持以及公司自身一流的研发平台建设。“隆平高科”与湖南杂交水稻研究中心于2011年11月签订了为期15年的《全面合作协议书》，约定公司每年支付杂交水稻研究中心1000万元，后者的研究成果由公司独享经营和开发，有效保障了公司的品种独占性。

同时，“隆平高科”在研发育种上的不断积累，形成了支撑水稻主业高成长的强大竞争优势。2008年以来，“隆平高科”的研发投入逐渐接近国际领先种业企业水平，大幅超出国内同行，2017年研发投入达3.23亿元，研发投入占比达10.14%，这种创新强度已成为农业界的“华为”。在强大的品种优势和研发投入优势下，国内种业领域最高水平的创新成果不断涌现，截至2017年，公司通过审定登记的水稻品种385个次，玉米品种40个次，辣椒品种42个次，黄瓜品种30个次，其他作物品种57个次，总计554个次，居国内前列。

### 3. 吸引了一批国际一流的种业研发人才

从国际种业的发展经验来看，长期的技术投入、人才投入是种业构建技术壁垒的基石和保证。以“隆平精神”为旗帜，“隆平高科”的研发人才队伍不断壮大，吸引了一批一流的国际化研发人才，先后从孟山都、杜邦先锋等公司引进育种领域的顶尖人才，为企业的全球化进程奠定了人才基础，目

图 1 "隆平高科"研发投入及占比（2008～2017 年）

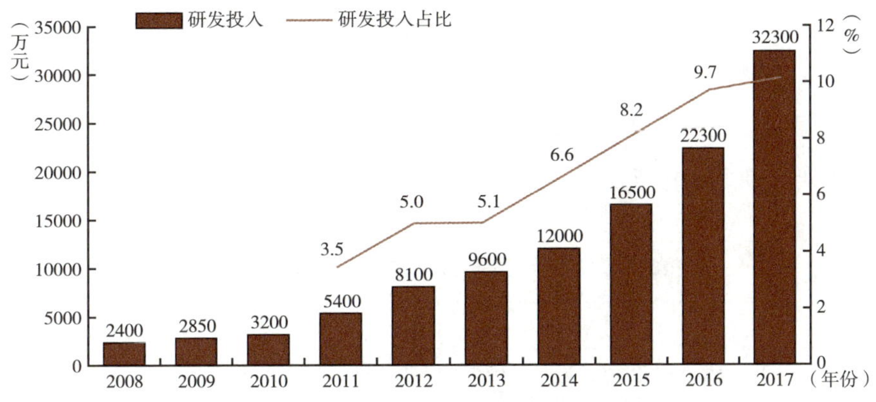

图 2 "隆平高科"研发经费占营业收入比重与国际种业巨头对比（2008～2016 年）

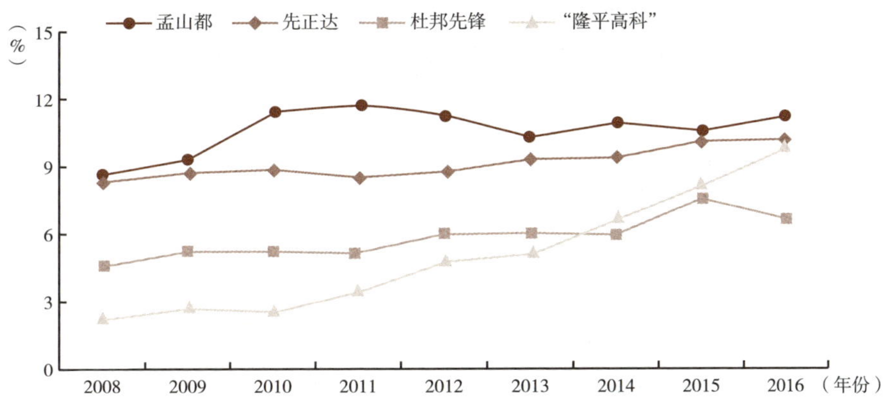


前全球专职科研人员超过 600 人，超强研发实力和一流的人才队伍使"隆平高科"具有行业强大的垄断优势和成长性。

### 4. 加快了企业的兼并收购和国际化进程

从种业百年历程来看，兼并收购是种业企业做大做强的必经之路，对比中美两国种业历史，我国进入种业兼并收购的高峰期、密集期。孟山都、杜邦先锋等企业从龙头走向国际巨头的过程中有三大特征：一是依附于资本实力雄厚的农化或医药集团存在；二是在资本支撑下通过持续并购迅速做大；

三是通过走向国际化打破成长路径。“隆平高科”借助中信集团的资金优势，加快了国内相关种业的收购和兼并；同时借助中信集团的全球化业务布局，以国际化的视野全面积极拓展海外市场。比如，2017 年“隆平高科”就实现了并购的“连落五子”，先后完成对 LP Sementes、三瑞农科、河北巡天、优至种业、湖北惠民 5 家种企的并购。

表 1　2015 年以来“隆平高科”部分收购案例

| 时间 | 事件 | 对公司的影响 |
|---|---|---|
| 2015.06 | 收购天津绿丰园艺 80% 的股权<br>收购天津德瑞特 80% 的股权 | 加快公司蔬菜产业发展，拓宽公司优势产业范围 |
| 2016.10 | 设立黑龙江粳稻合资公司 | 填补公司东北粳稻等领域的空白，实现水稻种业全产业链覆盖，夯实行业领导地位 |
| 2016.12 | 收购广西恒茂 51% 的股权 | 双方可以在品种、生产与营销策略方面产生协同效应，打造新的多品牌宽渠道运作主体，差异化与规模化并举，最大限度开拓市场，提高隆平体系在广西、江西等市场的占有率 |
| 2017.03 | 收购湖北惠民 32.49% 的股权 | 有利于公司做强做大产业，提高水稻主流品种市场占有率和终端服务能力 |
| 2017.06 | 收购湖南金稻 80% 的股权 | 公司的杂交水稻种业与其可构成强有力的互补，对其进行收购整合将有利于完善公司的市场和产品布局，进一步提升公司的市场竞争力和盈利能力 |
| 2017.07 | 设立南方粳稻研究所 | 完善公司在南方水稻种业市场的全面布局，进一步提升公司的水稻种业创新能力、市场竞争力和盈利能力 |
| 2017.08 | 收购湖北惠民 47.51% 的股权 | 有利于提高公司在湖北及周边市场的营销能力、终端服务能力和占有率 |

在持续大量的收购、并购发展中，“隆平高科”杂交水稻、蔬菜等品种储备得到极大丰富且品质行业领先，国内市场上隆平高科品种市场占有率持续提升。

5. 构建了农业全产业链良好的创新生态

从最初简单的育种，到目前的包括测试、品种、检测、加工、生产、营销、服务等在内的商业化育种体系、规模化种子生产体系以及标准化推广服务体系，“隆平高科”从改革体制机制入手，推动了创新链与产业链、资金链、政策链的紧密融合，构建了农业全产业链、全过程高效配置的创新生态。

在开展标准化体系建设、打造种子质量全程可追溯的信息化平台的基础上，“隆平高科”紧紧把握行业格局，引领营销创新，基于品种品质、种子质量、行业环境等特点，通过“价值营销”和“多主体、多品牌、宽渠道”的运作模式，推动大田作物由种子销售进入种子营销时代，以具有知识产权的优质品种替代市场上大量低质、低价、同质化的大路品种，探索出一套成熟的农业服务业务模式，扩大了企业的利润空间，大幅度提升了行业价值，开创了种业营销的新时代。

## 三、几点启示

农业作为弱势产业，一直以来对能否创办高科技企业充满争议。国内许多种子公司多年间由于经营不善，先后倒闭，因此，能否做大、做强农业高科技企业是困扰“隆平高科”发展的重要问题。19 年来，“隆平高科”走出了一条成功的道路，取得了从创办到国内种业第一的辉煌成绩。“隆平高科”的成功做法和经验，可以对我国其他农业相关企业在人才、体制、技术、文化和管理五个方面提供借鉴和启示。

### （一）体制创新是前提：把论文写在祖国大地上

没有体制创新，就不可能把论文写在祖国大地上。我国科研院校仍然以论文为导向，论文写在纸上，成果挂在墙上，成果转化阻碍重重，而企业的考核目标经营收入，才能真正保障成果的应用与推广，才能用体制机制保障论文永远写在祖国大地上。

农业科技的出路在于改革。长期以来，受公益性、长期性、区域性等特点的制约，我国农业科技体制改革始终没有走出一条科技与经济结合、融合，农业科研与生产同步发展的新路子。“隆平高科”的成功，为农业科技体制改革探索了一条成功的道路，潜力在改革、出路在改革，科技要强需要改革、科技人员要富需要改革，农业与农村发展需要技术，更要依靠改革，改革不是万能的，但不改革是万万不能的，这是40年改革的经验结晶。

“隆平高科”创立至今始终不断进行体制创新，率先施行了从国有到民营，再到混合所有制的体制转型创新，合理的体制变革使得“隆平高科”实现了由传统农业企业到现代种业集团的完美蜕变。

企业体制创新是对企业各种组织构架和运行关系进行科学调整和优化组合，从而为生产要素优化配置和高效使用开辟道路；根本目标是建立产权清晰、权责明确、政企分开、管理科学的现代化企业制度，全面解放和促进企业生产力的发展。相比国外农业企业，我国农业企业发展依然处于起步阶段，企业体制落后，创新机制不够完善，经营规模过小，经济实力较弱，缺乏资金的合理投资。

因此，推进农业企业体制机制创新，要致力于加强农业生产经营组织和制度建设，进一步激发农业发展活力和潜力。必须创新发展模式，走非常规式的发展道路。从体制上，大力发展资本市场，适应市场经济体制。

总之，体制创新是“隆平高科”存在和发展的前提，如果没有体制的创新，杂交水稻至今仍然存在于科研院所中，不可能有今天的成绩，一切也将无从谈起。以论文为导向的科研评价机制不适用于杂交水稻这种应用型的成果，没有体制的创新，就不可能“把论文写在祖国大地上”。只有体制创新，从院所转变为企业，才有“隆平高科”的创办与发展。而多数科研院所直到今天仍没有转制，裹足不前，严重制约了农业创新。

### （二）技术创新是根本：把饭碗端在自己手上

我国人多地少，只有通过一流的技术，不断提高农作物的产量，用一亩地生产过去3～5亩地的粮食，才能真正地把“饭碗端在自己手上”。54年来，袁隆平院士及其团队，使水稻产量实现了由每亩300公斤到1100公斤的8

次跨越，平均每5年上一个台阶，始终走在世界杂交水稻育种的最前列，为饭碗端在自己手上做出了卓越的贡献。

“隆平高科”在技术创新模式方面，从无到有，建立了各环节紧密分工协作的分阶段创新流程，以市场需求和企业需求为导向，形成推广一代、储备一代、研发一代的科研体系。在技术创新投入和成果方面，“隆平高科”多年持续保持国内种业最高强度的研发投入。公司研发投入接近国际领先种业企业水平，大幅超出国内同行，取得植物新品种权证书的达200余件、著作权保护的“杂交水稻种植培训服务手册”系列作品6件。近三年取得国家专利局授权的重要专利14项，并构建了国内种业最完善的商业化育种体系。不断的技术创新使得隆平高科始终走在国内外农业高科技企业的发展前列，保证了企业技术水平的行业引领地位。

技术创新是以创造新技术为目的创新或以科学技术知识及其创造的资源为基础的创新。面对激烈的市场竞争，农业企业不断提高技术创新能力，逐步转变为农业创新的主体，不仅是农业企业自身发展的需要，也是农业发展和创新型国家发展的需要。当前，我国农业企业在技术创新中存在创新内涵不明确、创新实力普遍不强、创新人才缺乏、创新信息交流不畅、创新投入不足和对创新的知识产权保护不力等诸多问题。

因此，需要在政府的主导下，农业企业、科研院所、农业高校积极参与农业技术研发；加大对企业技术创新的扶持力度；加强产学研合作、信息交流和对企业创新的知识产权保护，逐步提高农业企业特别是中小型农业企业的创新实力，使企业走上技术创新的发展道路。

总之，一个高科技企业的核心是技术，没有技术的突破，没有一流的技术作保障，高技术企业难以持续发展。技术是根本，始终保持杂交水稻的世界一流，引领世界杂交水稻的发展，是“隆平高科”的根本所在，也是未来的出路所在。离开技术的高科技企业是不存在的，如果没有技术创新，粮食的单位面积产量不可能取得如此大而快的突破，只有通过技术创新，一亩地能够生产四亩地的粮食，才能真正满足我国的粮食需求，“把饭碗端在自己手上”。

### （三）顶尖人才是核心：用顶尖人才保障技术一流

人才是技术之母，人才是创新之本，人才是财富之源。没有一流的人才，就不可能有一流的技术。

“隆平高科”成功的最主要经验就是建立了以袁隆平为首的一支国际顶尖的杂交水稻人才队伍，并不断壮大，企业内全球专职科研人员超过600人。其中，杨远柱是首届（2018）“中国种业十大杰出人物”、邹继军博士是美国伊利偌伊大学作物遗传育种和基因组学博士后、谢放鸣博士毕业于美国德克萨斯农工大学植物育种学博士。长期以来的顶尖人才培养与投入，是“隆平高科”占据行业垄断地位的强力保证和基石。

在知识经济时代的背景下，企业必须加快自身的人才建设，发挥知识对企业发展的推动和促进作用，须将企业自身的人才管理与培养置于重要的发展地位。农业作为典型的传统行业，一直以来，企业忽视人才培养和开发。而顶尖人才的主要来源之一是培养，但是随着市场竞争的不断升级，国内农业企业的管理者和员工的知识层次已经开始滞后于企业本身发展需要，很多企业在经营理念和思路上遇到了“瓶颈”。目前国内对农业企业顶尖人才特别是国际顶尖人才的需求量大，尤其是缺乏既懂农业业务又懂管理的技术创新人才。因此，想要提高农业企业国际竞争力、实现可持续发展，就必须要建立顶尖人才队伍储备库。

总之，顶尖人才是核心，没有“野败”的发现，没有袁隆平和杨远柱等顶尖人才及其团队的创新与带动作用，以及用一流技术解决一线问题的创新精神，就不可能使“隆平高科”技术水平长期保持世界第一，因此顶尖人才是隆平高科快速、高效发展的核心，这批顶尖人才对于“隆平高科”是无法被取代的财富。“隆平高科”发展给我们的重要启示是：企业要想领头，必须找到领头科学家。

### （四）文化创新是支撑：用一流技术解决一线问题

文化是民族之魂、是力量之源、是信念之本。没有文化与信念的支撑，一项事业很难在困难之中坚持数十年。袁隆平院士数十年如一日坚持在稻田做实验，数十年把论文写在祖国大地上，之所以能够在长达半个多世纪引领世界杂交水稻技术发展，其创新的精神是最重要的因素之一。50多年坚持一个目标不动摇，不断提升创新目标，把研究成果写在祖国大地上，“用一流技术解决一线问题”是对“隆平精神”的高度概括、是“隆平高科”的创新文化。“隆平精神”和隆平技术则是支持“隆平高科”发展的核心力量，也是“隆平高科”文化形成的基础和源泉。以“隆平精神”为主体的企业文化支撑隆平高科企业多年来始终保持健康和快速发展。

企业文化是一种企业经营理论、价值观和企业人的行为准则，属于思想范畴概念，体现在企业运行的一切时间和空间，体现于企业人的一切行动中，通常体现企业创办人及其后继者所提倡的经营思想和文化理念。企业文化是促进企业健康发展、创造企业最大经济效益的精髓所在。由于农业企业的生产不同于其他企业，为使农业企业更好地为社会经济发展服务，积极营造企业文化，对农业企业生产的顺利进行是非常必要的。

总之，应高度重视企业文化建设工作，制约农业生产顺利进行的因素是多方面的，但是最关键的还是取决于人的主观能动性，农业企业要想使员工工作的主观能动性得到有效的发挥，就应加强企业自身的文化建设工作。

### （五）管理创新是保障：用专业的人办专业的事

管理也是生产力。当今世界，专业分工越来越细，只有“用专业的人办专业的事”才能最大限度地释放管理的潜力。

为适应激烈的市场竞争，“隆平高科”自1999年成立至今，从普通民营企业管理模式到设立科学的决策管理体系，积极推进事业部制。2016年建立了“决策委员会 + 执行委员会”的决策体系，一直以战略指导公司发展，并根据行业变化不断升级。“隆平高科”管理方式和理念的不断优化创新，使其能够快速成长并始终保持国际种业巨头的领先地位。

企业管理创新是企业管理思想、管理方法、管理工具和管理模式的创新，是企业面对技术和市场的变化所做出的相应改进和调整，并已成为企业持续发展的关键。

国内农业企业现代化管理水平普遍较低。很多农业企业缺乏现代化经营模式，在企业管理理念和策略上仍停留在传统单一模式，没有建立科学管理系统，管理的方式方法不能够适应不断变化的市场环境。由于当今的农业企业要面对的是市场经济体制下的严酷市场竞争，因此对于农业企业管理来说适合市场的管理制度制定工作非常重要。农业企业要积极转型，解决自身在管理中的弊端，以优秀的管理制度和方法来提升企业实力。

总之，管理也是科学，“隆平高科”18 年的成功启示之一就是不断完善管理体制机制，“懂市场的人管市场、懂技术的人管技术、懂后勤的管保障”，用专业的人做专业的事，实现了木桶的每个短板都成为长板。

## 四、对策建议

新形势下，为了总结隆平经验、发扬“隆平精神”，树立国家种业发展的旗帜和典范，为中国农业科技和整个农业发展提供引领和支撑，实现以高科技支撑农业大国转变为农业强国的战略目标，激活农业科技创新主体的创新活力和“走出去”的信心，推进中国农业国际，提出以下几点建议。

### （一）坚持创新驱动，用一流农业技术建设农业强国

当前，中美贸易战日趋激烈。我国作为一个在海外拥有 9 亿亩耕地的粮食大国、农业大国和人口大国，要实现农业可持续发展、确保国家粮食安全，必须依靠科技支撑，必须建立起农业科技创新体系。“隆平高科”为我国农业发展树立了创新典范、提供了发展经验。为有效应对生物育种研发和产业化、农业种业贸易战在全球范围内的激烈竞争，我国农业技术的发展应

坚持以全球眼光谋划发展，以中国精神突破创新，以高点布局确立定位，以产学研结合为手段，以体制改革和机制创新为技术创新推动力，以强化企业的创新地位和产业地位为主导，以杂交水稻为前阵，采取一系列扶持政策，如免征企业所得税，对企业兼并重组涉及的资产评估增值、债务重组收益、土地房屋权属转移等给予税收优惠等，培育一批具有重大应用前景和自主知识产权的突破性优良品种，打造一批育种能力强、生产加工技术先进、市场营销网络健全、技术服务到位的“育繁推一体化”现代农作物种业集团，力争在每一个领域都能培育一批像“隆平高科”一样具有世界先进技术水平的龙头企业，建设起具有中国特色的生物育种产业化体系，用一流的技术推动农业大国向农业强国转变。

### （二）推广隆平经验，使农业科技率先跃居世界前列

1500 多年前，我国农业技术曾处于世界领先水平，创造了农耕时期中华民族的辉煌历史。进入新时代，我国迫切需要确立农业科技率先跃居世界先进行列、推动新科技革命的发展新目标，而实现这个新目标必须改革现有农业科技体制，推倒院所外墙，引领科研人才进入经济发展主战场，用一流技术解决一线问题。“隆平高科”的实践和成就证明，中国企业跻身世界一流、名列前茅，不仅是时代需要，而且目标可行。

因此，要以“隆平高科”为改革样板，以隆平经验引领农业科技体制改革，始终瞄准生产一线，围绕经济主战场找问题、定目标，围绕农业发展的现实重大问题组建一批联合攻关协作组，集聚全国农业科技优势资源，探索建立国家需求导向、项目任务带动、平台资源共享、机制创新推动的高效协同创新机制。

支持地方农业科技创新联盟建设，围绕本区域农业发展需求和生态条件、资源禀赋，开展协同攻关。重点加强企业与科研院所的分工与协作，激发各类主体创新激情和活力。推动企业成为技术创新、研发投入、科研组织和成果转化的真正主体。大力培育一批核心技术能力突出、集成创新能力强

的农业创新型领军企业，推动我国农业科技率先跃居世界前列。

### （三）弘扬创新文化，让“隆平精神”成为新时代创新文化

袁隆平院士“坚持一线、追求真理、敢为人先、锲而不舍”的创新精神，体现了中华民族的优良传统，反映了建设创新型国家的现实要求。“隆平精神”就是始终瞄准生产一线、坚持用一流技术解决一线问题、保持求真务实的科学精神。近 90 岁高龄的袁隆平院士拥有 19 岁的创新热情，始终不离开生产一线，紧抓现实问题，锲而不舍地研究攻关。在当前美国对中国进行技术封锁的关键时期，更需要发扬“隆平精神”，重塑创新文化，鼓励科学家走出象牙塔、走上生产一线，把科研成果写在祖国大地上。

“隆平精神”就是追求真理、不畏挫折，始终把别人想都不敢想的目标作为前进动力的创新精神。以“隆平精神”重塑创新文化，就是要树立与创新相适应的一系列思想观念，始终着眼世界科技发展前沿，增强科技创新意识，不断开拓科研新领域，不断挑战科研新难题，不断开辟科研新境界，做到生命不息、创新不止，为推动科技和社会进步、加快建设创新型国家贡献智慧和力量。

弘扬“隆平精神”，重塑创新文化，还要在全社会牢固树立以创新为荣的价值观，大力培育创新意识，弘扬创新精神，通过制度设计，让一流科技人才愿意投身并安于科技创新领域，让社会大众认同技术光荣的理念，改变传统观念中学而优则仕、技而优则管的思想。

### （四）突破技术瓶颈，实现技术第一、规模一流

我国杂交水稻在技术、种质资源、科研水平方面都一直处于世界领先地位，被称为中国的“第五大发明”，为我国作为一个有世界影响的大国奠定了重要基础。未来“隆平高科”若能代表我国农业科技发展的前沿，突破分子育种的技术“瓶颈”，将海水稻和现有稻种结合实现杂交优势，那么大量沿海滩涂和内陆盐碱地都有可能变成粮食生产基地，不仅能突破大陆 18 亿

亩有限的耕地资源约束，还能对全世界尤其是亚非拉贫瘠地区和“一带一路”沿线国家的扩大水稻种植规模起到极大的推动作用。

对此，国家应支持“隆平高科”联合国内外高校院所联合开展基础和应用基础研究，重点谋划在亚非地区和“一带一路”沿线国家建立杂交水稻资源库和生产基地，有针对性地实施目标国的“本土化”育种和审定品种推广，依托杂交水稻优势产品进行种植产业链的扩张，并为规模化农户提供从土壤修复到种植方案设计、农资供应、市场服务、信贷保险服务等一体化的农业生产服务，带动世界杂交水稻的创新发展，担当“世界超级水稻发展的引领者”，为中国农业企业的“集体出海”奠定坚实基础。

大力推动杂交水稻外交二期工程，进一步加大杂交水稻外交工作力度，保护和推动杂交水稻在国际的推广应用，充分带动国内农产品的出口，以农业产业链的扩张促进农业相关领域的国际经贸合作，是新时期与“一带一路”沿线国家和亚非拉地区重要的沟通桥梁和外交手段。

### （五）创新管理机制，当好农业科技体制改革的排头兵

创新管理机制，当好农业科技体制改革的排头兵，首先要改革科研评价机制。必须改变过去以论文、专利、资金数量等静态标准和评价结果为主的评价方法，坚决避免“一个千万亩的品种抵不过一个影响因子 15 的论文”的怪象出现；要遵循农业科技的发展规律，以应用转化和成果落地为导向，建立健全以创新能力、质量、贡献为导向的科研评价体系，形成真正有利于科技人才潜心研究和创新的评价制度。

创新管理机制，当好农业科技体制改革的排头兵，关键要改革创新激励机制。要把“隆平高科”作为科技成果转化股权和分红激励试点，重点推动农业科研院所成果转化激励机制改革，探索完善科研收入分配制度。通过加强农业科研教学单位与企业对接，鼓励探索科企合作新机制新模式；允许高校院所依据学科领域、研究方向组建创新团队，按需设岗，按岗聘用，明确岗位用人标准，建立与绩效产出、成果转化相配套的薪酬体系。

创新管理机制，当好农业科技体制改革的排头兵，重点要完善创新创业保障机制。对企业急需的高端创新人才、管理人才、运营人才，应在住房、落户、医疗、社保、子女入学、配偶就业等方面享受相应优惠待遇。打开企业和高校院所之间的人才“旋转门”，激发高校院所创新资源参与企业研发的积极性。

### （六）造就尖子人才，要像培育种子一样造就尖子人才

当前，袁隆平院士已年近90，培育接班人成为“隆平高科”的当务之急。要保持“隆平高科”始终走在世界前列，必须始终有源源不断的优秀人才输送，没有结构合理、技术一流、勇于创新的尖端人才队伍，“隆平高科”跻身世界种业前五的梦想恐难成行。对此，建议“隆平高科”要把培育顶尖人才当作培育优良品种，面向全世界公开选拔和培养既有长期扎根生产一线的求真务实精神，又要始终瞄准世界科技最前沿的尖端农业科技人才。

第一，完善科研人员奖励制度。建立健全对企业研发人员的中长期激励机制，采取股权出售、股权奖励、股权期权、科研成果作股等股权激励方式，也可采取项目收益分红和岗位分红激励方式，激发科研人员的创新热情，让优秀科技创新人才得到合理回报，使科研人员更关注企业的长远利益，与企业形成利益共同体。

第二，创新“引进、留用”人才机制。设立人才专项基金和特殊奖励基金，积极实施人才柔性引进战略，对拥有科研学术成果、发明专利或掌握高新技术及紧缺专业知识的人才，除正式引进外，还可以通过项目合作、参与技术攻关、提供技术指导、咨询服务和兼职、临时聘用等方式引进人才智力。

第三，开辟企业科研人员职业发展绿色通道。鼓励企业科技人才进入国家职称体系，允许重点创新型企业自主开展职称评定，建立健全与专业技术人员职业特点相适应的职位体系，如首席科学家、资深科学家、首席技师、资深技师等，企业职称评定结果与工资奖金直接挂钩，以此培养工匠精神，造就一批能深入一线的“小袁隆平”，培养一批国际一流的农业人才，打造国际一流的创新人才成长环境。

# 三一重工：一个民营企业的家国情怀

中国财政科学研究院

1989 年春天，在湖南一个偏远山村，梁稳根等四个年轻知识分子，义无反顾地踏上了艰难的创业之路，创办了涟源焊接材料厂。时任湖南省委书记熊清泉去厂考察，见大门口贴着“创建一流企业，造就一流人才”的对联，建议加横批“做出一流贡献”。这就是企业称为“三一”的由来，其中蕴含着企业发展的精神基因。1994 年，他们走出大山，凭着艰苦奋斗、“疾慢如仇”的作风，在中国装备制造领域，打造出一个深得用户和社会广泛赞誉的世界级品牌——三一重工。

一滴水可以反映太阳的光辉。“三个一流”的远大抱负，深深植根于中国改革开放的宏大背景中，深深融进三一的血脉，成为三一人矢志不渝的使命担当，并不断汲取改革开放精神而淬炼升华。这家以 6 万元创业资金起家的民营企业，以其坚定的理想信念和强大的竞争力在改革开放大潮中踏浪前行，引领着中国工程机械行业，改变着中国制造在世界的形象和地位。

有道者术能长久，无道者术必落空。极简的三一标识内含着三一人外圆内方、万物于心的宏大格局和追求极致的匠人精神。三一之“道”源于产业报国的企业家精神，三一之“术”在于“疾慢如仇”的经营发展理念和凝聚人才的企业文化。道为体，术为用。在这个伟大的时代，三一继续与祖国同行。三一“梦之队”秉持产业报国初心，在迈向世界高端制造前列的征途上不懈奋斗，在为中华民族贡献一个世界级品牌的道路上砥砺前行。

正所谓一生二，二生三，三生万物。

## 一、产业报国的企业家精神

产业是国家兴盛的基础。40年来，一批工程机械企业，冲破国际垄断、不断改写着中国工程机械制造的历史，开启了中国制造的新时代。三一能够从一家乡镇小工厂发展为引领工程机械行业的佼佼者，不是偶然的。三一的跨越式发展有其特定基因，那就是产业报国的企业家精神。改革开放初期，面对国家的落后、外国产品的垄断以及国企的低效，梁稳根他们内心燃起了强烈的报国情感。在他们看来，中国的弱主要弱在产业，尤其是装备制造业。“一个强大的中国不能没有自己强大的装备制造业。”在这样的使命感召下，志同道合的创业团队义无反顾地跨进了当时外国产品一统天下的工程机械行业。24年来，三一一头扎进实业并矢志不渝坚守，以追求极致的匠人精神改变着世界，不断创新、超越自我。从“个人的三一”“企业的三一”到“国家的三一”，这既是创业者的梦想起点，也是三一以振兴装备制造业而报效祖国的实际行动。这种以发展实业而报效祖国的情怀就是一种高尚的企业家精神。

### （一）誓为民族工业奋斗的创业者

道不同不与为谋。共同的产业报国理想，“三个一流”的愿景是三一创业者们牢不可破的精神牵引。在他们的信仰里，金钱只能让自己过上富足的生活，装备制造业的发展才会成就国家的富强。

1978年改革开放，中国进入了一个新的历史时期。多年的落后，不会朝夕改变。改革开放之初，国家的基础工业仍然非常落后，中国大地上没有像样的中国品牌。

20 世纪 80 年代末 90 年代初，全国掀起了一股全民经商潮，其中最为典型的是“国企员工下海”。1992 年初，邓小平同志提出了“三个有利于”标准，进一步打破了人们的思想禁锢，激发了人们投身市场经济之海的热情。“下海发财”成为很多人的理想。几个不安分的国企年轻人也在酝酿着下海，誓要改变中国落后的面貌。

1983 年，梁稳根从中南矿冶学院材料专业毕业，被分配到原兵器工业部下属的洪源机械厂工作。在这里，他结识了大学刚刚毕业的唐修国、袁金华、毛中吾三个志同道合的小伙伴。四个年轻人常常聚在一起讨论国企的出路，抒发报国情怀。他们对当时国企“大锅饭”的诸多问题看在眼里急在心里，“国家还这么穷，如此下去怎能富强？”于是，他们对工厂提出了一系列的改革建议。1985 年，他们不顾厂领导劝说与挽留，义无反顾地放弃了让人羡慕的“官位”和“铁饭碗”，辞职创业，“拯救一个旧的细胞，不如换一个新的”。作为当时国家培养的第一批学材料出身的大学生，他们感觉到在改革开放的大环境下，可以发挥自己的一技之长，为国家在制造业发展方面做出贡献。为此，他们刺破中指写下誓书：“今生今世，肝胆相照，患难与共，誓为民族工业的振兴而奋斗……”

从哪里起航？梁稳根起初提出“熟悉十个行业，拿出十个方案，做出十张图纸”的想法。然而，创业的过程远比想象中艰难。四个人一起贩过羊、卖过酒、生产过玻璃纤维，却始终找不到出路。1986 年，眼看就要山穷水尽时，他们瞄准了当时市场供不应求，又是所学专业的焊接材料行业。揣着凑来的 6 万元钱，他们在家乡湖南涟源茅塘道童村一个废弃的养殖场放飞梦想，成立了焊接材料厂。由于产品适销对路，工厂获得了快速发展。1989 年他们走出茅塘乡，在涟源市成立了“涟源焊接材料总厂”。“三个一流”的理想从此扎根。

在市场本就有限的焊接材料领域，无论如何折腾都很难实现“做出一流贡献”的远大理想。1991 年，向文波扔掉自己国企厂长的铁饭碗加入三一。看着当时中国各处工地上清一色的“洋机器”，他们很不服气。经过市场调研后，1994 年他们决定转向国家支柱性行业——工程机械行业，在湖南长沙成立“三一”。

创立之初，三一就展现出了不同于其他企业的远大理想和实业报国志向。“三个一流”从一开始就融进了三一人的血脉。梁稳根说：“创建一流企业是企业使命的立足之本；企业造就一流人才具有承上启下的作用，是三者最有效的连接点；做出一流贡献是三一践行企业责任最集中的表现形式，也是三一使命最终要达到的目的。”为解决中国重工业多年来积累的深层次矛盾，收复洋产品所抢占的中国市场，三一创立初期就提出了“让施工队用上中国品牌”的目标。目前，三一的混凝土机械稳居全球第一品牌，挖掘机械连续 7 年蝉联国内市场销量冠军。2008 年，国外混凝土输送泵产品在中国市场的占有率就从 1995 年的 95% 下降到不足 5%。

古往今来，创业团队“共苦”易，“同甘”难。市场经济为中国企业的发财致富提供了从未有过的机会和平台。然而中国很多民营企业却无法逃脱“短命”的魔咒，倒在了巨大的物质洪流中。与多数民企相比，三一 24 年的发展似乎无法解释这一现象。其实本没有什么魔咒，关键是人的思想境界。

梁稳根称向文波为“战略第一人”，唐修国为“管理第一人”，易小刚为“技术第一人”。共同的家国情怀和“三个一流”的理想追求把他们紧紧系在一起。三一的创业团队从创业至今一直紧紧团结在一起，不折腾，不内耗，红脸不结怨，吵架不生仇，他们结下了兄弟般的情谊。梁稳根一直是三一的主心骨，表现出敢于担当、着眼大局的心胸。1994 年第一次分蛋糕，明晰两个公司（涟源焊接材料总厂和长沙三一）的股权。梁稳根的方案是，涟源焊接材料总厂的股权，大家占比较平均；而长沙三一当时还处于亏损状态，他占 50% 多，其他几人未超过 10%。三一产权的人格化，为日后在市场经济体制下的有效治理奠定了坚实基础。

24 年来，创业股东同舟共济，没有忙于给自己分红，没有一个人撤资跳槽，也没有一个人的子女移民海外。对于移民，梁稳根曾说，生一千次死一千次都愿在中国，不做坏事不用留后路。创业团队用共同的理想信念打造着庞大的“三一王国”。面向未来，他们依旧初心不改，致力于为中华民族贡献一个世界级的品牌。

### （二）“一根筋”坚守实业

实业兴，国家强。市场经济条件下，很多企业想的是赚快钱谋短利。三一从创立之初就把装备制造视为企业发展的唯一方向。不论其他行业如何赚钱，他们都不为所动，衷心实业。哪怕是行业深度调整期，三一也没有转行，而是把周期当成制造业数字化转型发展的重大机遇，继续坚守、矢志不渝。

改革开放40年的发展中，很多企业包括国有企业的产业布局呈现的是多元化的格局，有主业有辅业。很多民营企业哪儿赚钱就去哪儿，频繁转行；很多国有企业主业极度弱化，辅业却遍地开花。房地产和金融领域为很多企业所热衷。三一的发展并没有走传统意义上的多元化之路。从创业至今，三一没有像众多企业那样遍地开花，而是一头扎进实业，生死相守。

1980年，党和国家“把工作重心转移到经济建设当中来”，中国虽刚刚开放，但市场空间很大。基础建设浪潮兴起，需要海量工程机械。梁稳根常说：“三一之所以能够长足、健康、稳健的发展，是得益于党的正确领导，得益于国家的开放政策，得益于行业的春天。”从1994年开始，三一以混凝土拖泵作为其进入工程机械制造业的“敲门砖”，陆续启动路面机械、起重机械、挖掘机械等工程机械8大主流产品，并在这些领域打造了多个“中国第一”乃至“世界第一”，成为国内行业的一艘“航母”。随着市场的扩张，三一开始向工程机械全液压技术领域突破，相继研制了全液压压路机、全液压平地机和全液压推土机等一系列产品，多款极具竞争力的创新产品让三一在国内崭露头角。

城镇化进程的提速把整个行业送进了高速发展期。1999～2017年，中国的城镇化率从30.89%提升到了58.52%，增长了27.63%。依照中国13亿多的人口基数，1%的人口也在千万级别以上。伴随着工程机械行业实现“周

期 + 成长”的高速增长，三一进入了超速发展的黄金时期。2008 年 11 月，中国政府推出了进一步扩大内需、促进经济平稳较快增长等 10 项措施，相应的 4 万亿政府投资中大部分投资于交通基础设施领域，迅速把三一推向了巅峰。2009 年，三一混凝土机械年销售收入超越德国普茨迈斯特，成为全球第一。2006～2011 年，三一利润率、净资产收益率、年复合增长率都比同行高出 50% 以上。这一惊人的业绩主要得益于政策春风和低廉的劳动力成本，得益于早进场、早布局。

没有一成不变的市场，也没有永远盈利的行业。面对 2012 年开始的行业寒冬，很多企业要么死在了寒冬里，要么转行。三一“咬定青山不放松”，没有转向那些见效快、收益高的“快钱”领域，而是耐住寂寞、坚守实业。向文波说：“基础管理不搞好，无疑是建立在沙漠上的高楼大厦，基础不牢。”这五年，三一进行了一场大刀阔斧的“供给侧改革”，通过制度和流程信息化建设降低风险，降低库存、降低成本和负债率。与其他公司想方设法去银行争相拿贷款不同，三一却选择去还贷款来降低企业负债率。存货是三一风险管控的重点，依托高效的管理创下零库存的纪录。“不追求座次，不追求规模，不盲目追求市场占有率”。2017 年三一资产负债率下降到 54.7%（见图 1）。为进一步增强实业竞争力，三一面向工程机械行业提供金

图 1　资产负债率对比

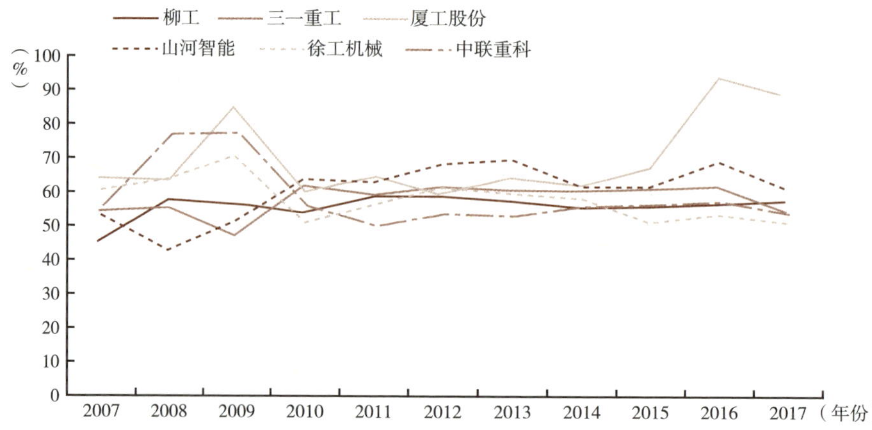

融服务，打通产业链上下游，以“产融结合”方式，为实业提供强有力支撑。抓住第四次工业革命的机遇，三一致力于智能制造、工业化联网而不断发力，走在了“工业 4.0”和“中国制造 2025”的最前端。

没有矢志不渝的坚守，三一可能不会率先走出行业寒冬，创造着一个又一个奇迹。向文波说：“通过此轮调整，我们生存了下来并从中受益，盈利能力在恢复，竞争力、国际化水平在提升，实际上已摆脱对国内市场的过度依赖。”2015～2017 年三年平均利润率仅为 2.1%，2017 年主要经营指标明显回升（见图 2、图 3）。2018 年第一季度，营业收入较上年同期上升 29.7%，归属上市公司股东的净利润较上年同期增长 101.2%，预计全年主要

图 2　2008～2017 年三一净利润和利润率变动情况

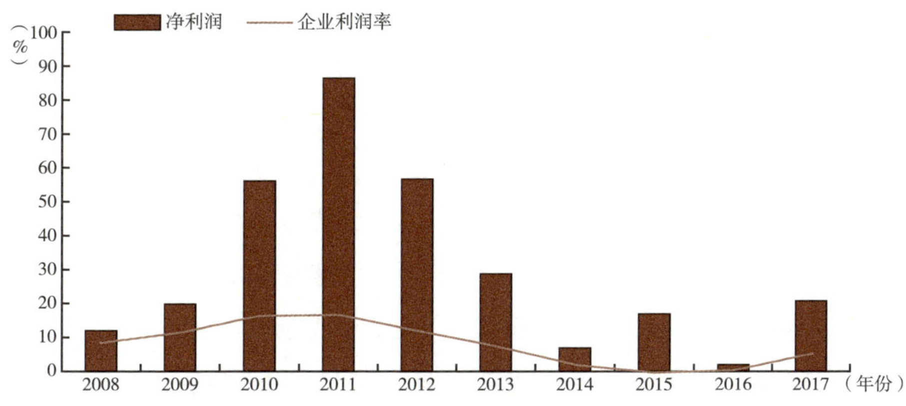


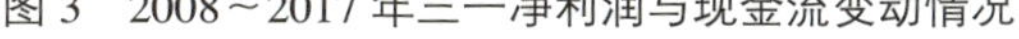
图 3　2008～2017 年三一净利润与现金流变动情况

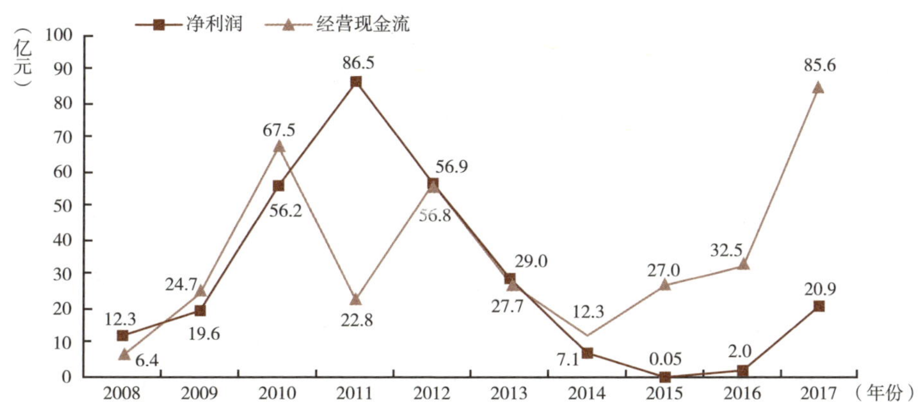

经营指标都会超过历史最高水平。

2018 年 6 月，在三一北京工业园里，梁稳根淡定地说：“五年深度调整，我们最大的收获，就是深刻认识了风险和周期。”事实证明，三一并没有因为“一根筋”坚守实业而变穷，反而更加富裕、更加自信、更加成熟、更加笃定、更加开阔。面向未来，三一将会继续坚守在工程机械行业而不断突破，面向海外市场不断发力，不仅让中国工地上有中国的品牌，也要让更多国家的工地上用上信得过的中国品牌。

### （三）品质改变世界的匠人精神

视质量如生命。不同于很多行业，三一对质量的追求不限于某一件产品，而是渗透到了三一品牌打造的方方面面。每周一的早操时间，梁稳根都会与全体员工一起升起国旗，并庄严宣誓：“品质改变世界！”致力于以极高品质的产品和服务改变“中国制造”的世界形象，就是三一的匠人精神。

“Made in China”一度被认为是品质低劣的代名词，缺乏创新、安全隐患频发。就连中国人也热衷于“洋品牌”。几十年来，以三一为代表的民族自主品牌不断崛起，不仅在工程机械产品的多数类别上实现了进口替代，而且形成了较强的国际竞争力和资源整合能力。只有精益求精、追求极致匠人精神才能打造具有国际竞争力的民族品牌。

三一人视质量如生命，质量是唯一不能妥协的事。这一宗教般的理念，从研发源头贯穿生产制造、销售、服务直至产业链的客户末端。“像照看婴儿一样对待我们的产品”，这是梁稳根精辟的质量观。在每天 7：30 的早会上，质量是唯一不变的首要话题。

2008 年 6 月，三一集团总裁唐修国在起重机事业部总经理戚建陪同下走进 12 号厂房，对生产现场进行抽查。车间过道上摆放的几台装配好的起重机底盘上车护栏表面不平，不同程度的划伤引起了唐修国的注意。在戚建看来，护栏表面划伤严重，会严重影响产品外观质量。“铛”地一锤砸在了出现问题的上车护栏上。“不合格物料绝对不允许上车！”这一锤敲醒了三一人。一场精益制造变革之风从起重机事业部率先刮起，并很快席卷三一，精益化、精细化成为衡量产品品质的重要指标。基于“精益制造”，三一创造性提出了适合自己的生产系统 SPS，把“精益”“精细”思想运用到产品制造中，追求全过程的质量控制，打造世界一流产品。

正如每一次改革一样，过程中都会遇到各种各样的困难。在精益制造的变革中，三一遇到的困难在于员工意识和管理层的决心。然而，自上而下的改革成就了三一。梁稳根要求三一的管理层积极学习精益制造的相关知识，并对相关人员进行考核。大家在学习之后很快达成了共识，那就是“高质量、低成本、快速交货之间是不矛盾的”。技术层面和管理层面的共识，以及以起重机事业部为代表的精益制造生产出质量过硬的产品，使更多员工认识到精益制造模式将带来的优势。

三一为员工建立了宗教般的质量文化，不论是管理人员还是设计人员、一线工人，都将质量文化融入了自己的每一项工作。面对被国外特种材料供应商卡脖子的困境，梁稳根心急如焚，可又怕给负责材料研发的易小刚带来压力，只好派人跟易小刚商量：“易工，不行的话，就降低一下材料的等级吧！”易小刚坚定地摇了摇头说：“梁总一定要对我有充分的信心，相信我一定会把这个材料投产成功。三一的产品要想有竞争力，材料的等级千万不能降低。”

在激烈的市场竞争中，三一还认准了一个简单但常被忽视的真理，那就是：客户是企业生存的土壤，离开了客户，企业一天也不能存活。梁稳根对于三一服务提出了“以偏执的态度，穷尽一切手段，将服务做到无以复加的地步”的要求。三一以“超越行业标准，超越客户期待”的双超服务标准和为客户创造价值，帮助客户成功的理念不断引领行业标准升级，构筑着三一面向未来的独特竞争优势。三一学习借鉴医疗行业的“特级护理”模式和汽车行业的“4S 店”服务模式，开创了行业内独特的“保姆式服务、专家型服务”等模式；同时搭建 ECC 平台（企业控制中心），对分布在全国的几十万台三一设备实现实时监控，既可以实现服务工程师对设备的远程诊断，设备运行数据又可为企业决策、宏观经济运行提供基础。三一一直在引领行业的发展方向，成为行业服务的标杆，打造了业内知名的“三一服务”品牌。

### （四）打破恐惧，不断创新

中国制造走过了一个仿制到自主创新的历程。仿制永远被动跟跑，只有自主创新才能实现并跑和领跑。技术创新是三一发展的核心驱动力。三一成立初期便开始了自主创新的探索，“打破恐惧，大胆创新”是三一的鲜明特征。在技术创新的道路上，三一很多技术已经全球第一，但从来没有高枕无忧，而是不断创新，超越自我。

一个拥有 13 亿人口的大国不可能进口一个现代化。改革开放 40 年来，中国正在从承接发达国家和地区产业转移的“世界工厂”向以自主创新支撑的“制造强国”转型。40 年来，我们越来越强烈地认识到技术依赖只能解决我们吃上饭的问题，却无法支撑一个强大的国家。而且，面对中国传统优势减弱和更为激烈的国际竞争，一味模仿追随带给我们的将是不可想象的“毁灭”。从“世界工厂”向“中国制造”继而向“中国创造”转变，持续创新是我们唯一的选择。

诞生之初，三一便立足于自主创新，敢于挑战权威，最终实现了进口替代。三一第一个产品中的一个核心零部件当时只有日本公司能够生产。但这家公司也销售由该零部件构成的主机产品。“为了不使三一成为竞争对手，日本公司会在市场不好的时候卖给你，市场一旦好起来，就控制了供应量。经历了这样的曲折，三一决心靠自己，自主创新。”易小刚激动地说着那段经历。“与其引进技术跟在人家后面亦步亦趋，沦为‘生产车间’，不如另辟蹊径，以自我创新掌握发展主动权。”梁稳根掷地有声地说。在重工业发达的西方国家，混凝土生产的先进程度是相当关键的，它是国家制造业水平的标志之一，这个制高点必须拿下。随后，梁稳根喊出了“瞄准跨国公司，走出一条‘中国创造’之路”的响亮口号，将战略重点放在技术攻关战和创新焦点战上。

20世纪90年代末期，国外把臂架长度做到最高36米时，整个行业都被吓坏了。中国业内认为“臂架增一米，难于上青天”，那是外国人的专利，没人敢去尝试。易小刚偏不信邪，他最不允许科研人员说的两句话就是“国外是这么设计的，我们也这么设计”“国外没有这么做过，我们也不能这么做”。实践证明，“世上本没有路，只要三一人走出来了，也就成了三一自己的路。”易小刚他们是这么想的，也一直是这么做的。

从创业初期的焊接材料工艺改进，到破局集流阀打破外资企业技术壁垒，三一每一个发展的关键时刻、瓶颈时期，都是通过科技创新打开新的出路，实现新的突破。面对金融危机和行业周期，三一选择持续创新、超越自我。在易小刚看来，不进则退，只有持续不断创新，才能保持三一的持续竞争力，才能让已经走在世界前列的中国工程机械制造技术不至于在被不断赶超中落后。他说，一旦他们的新技术研制成功并被推向市场，很快就会成为整个行业的技术。从国际市场来看也是如此，只有持续创新才能后来居上，才不被后来者居上。

从37米泵车到86米泵车，从单泵垂直泵送混凝土406米到492米，三一的不断创新和自我超越之路，折射了整个中国制造业的修正和创新之路。当产业大势风云突起，市场的轮盘迭代变化之时，当局者应强烈意识到，敌人不是欧美、不是同行，而是自己。当下，三一又将创新重点放在了如何将产品做得更优、更节能、更环保、更高效上。

### （五）三一是“国家的三一”

梁稳根曾说：“三一资产在10万元的时候，是我个人的三一；到了100万元的时候，就是企业的三一；到了100亿时，就该是国家的三一。”

从诞生那天起，“三个一流”就成为三一向未来的承诺，成为三一人不懈奋斗的使命担当。三一根植改革开放的土壤并吸取改革开放的丰富养料，在三一人的精心呵护和用心经营下，虽经风雨，却茁壮成长，从10万元、100万元到100亿元、1000亿元。小时候三一是自己的孩子，长大了要为国家社会做贡献，是国家的三一、社会的三一。

24年来，三一坚持“国家之事大于企业之利”，始终践行创业初心。通过自主创新，不断刷新着行业纪录，引领着行业标准，带动着行业发展。2008年湖南抗冰救灾到汶川救援，2010年营救智利矿难受困矿工，2011年抗击福岛核危机，2013年雅安地震救援，2014年哥伦比亚矿难救援，2015年深圳山体滑坡，2017年湖南洪灾……三一不仅创造了一个个生命奇迹，更向世界彰显了“中国制造”的强大力量；热心参与社会建设，以绿色环保理念建设产业园，成为当地“绿肺”；为响应国家扶贫部署，从2017年9月起连续5年每年提供不少于1000万元人民币的资金与资源用于精准扶贫……

中国股改第一股。2005年6月10日，长沙国际会展中心里正在上演着一场改写中国资本市场历史的大剧。16点15分，三一以93.44%的赞成率通过了股权分置改革试点方案。三一为我国证券市场股权分置改革成功破冰，打响了第一枪。为了股改破冰，三一承受了巨大的压力和牺牲，包括10股送3.5股、6000万真金白银的现金付出、调整原配方案从10送6到10送10。梁稳根觉得，“中国可以没有三一，但不能没有一个强大的资本市场”。投资者回归理性，资本市场才能回归理性，优势资源才能理性地回归优势企业，资本市场才能真正成为产业振兴、经济繁荣的推进器，而非“定时炸弹”。这既是梁稳根对强大资本市场全部内涵的期望，也是中国资本市场改革矢志不渝的追求。24年来，三一用实业的发展支撑了其在资本市场的稳健发展。

反对徐工并购，状告奥巴马。改革开放的进程是“引进来”和“走出去”的双向驱动。这期间，也并非没有波澜。2005年10月25日，徐工集团、凯雷、徐工机械三方签订协议，美国凯雷投资集团拟以3.75亿美元收购徐

图 4　基本每股收益情况对比

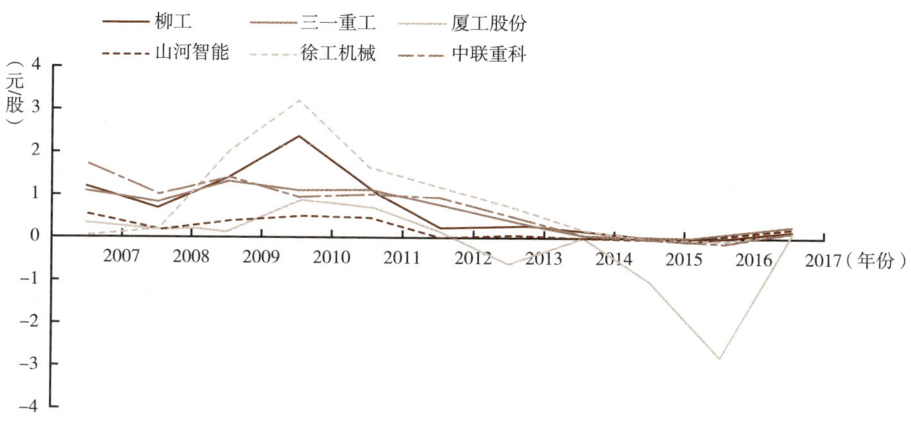


工机械 85%的股权。2006 年，一场反对徐工并购、保护民族产业的世纪博客大战由向文波打响。他表示，徐工被凯雷收购不仅是贱卖，还可能让中国失去战略产业的主导权，三一愿意全盘接受凯雷方案，并加价 30% 甚至更高价钱购买徐工。“徐工这件事，即使给三一带来任何损失，我们也不后悔，这是民族工业。”梁稳根坚定地认为。2008 年 7 月 23 日，徐工科技的一份公告让凯雷收购徐工功败垂成。外资资本在强势进军中国市场的同时，却从未停止过贸易保护。2012 年 9 月 28 日 13 时，美国总统奥巴马以可能损害美国国家安全为由，禁止了三一关联企业 Ralls 公司收购俄勒冈州风电厂项目。面对奥巴马政府的咄咄逼人，三一没有退让，而是坚定地拿起法律武器维权。2012 年 10 月 1 日，Ralls 公司把奥巴马与 CFIUS 一起推向了被告席。2015 年 11 月 4 日，历时三年多，三一成功告倒了奥巴马。向文波感慨道：“这一场走下来，给我的最大感受是，公道自在人心，三一赢得了尊严。”这是中国制造企业第一次拿起法律武器对美国贸易保护主义说“不”；这也是三一作为中国高端制造的国家名片，第一次为中国企业“走出去”所遇不公代言。梁稳根说“未来海外是我们的主战场”，“经济没有国界，企业和企业家是有国籍的”。三一从来都不是封闭的，不论行多远，根在中华，振兴民族工业是三一坚守的底线和不变的追求。

## 二、“疾慢如仇”的经营发展理念

改革开放开启了“中国速度”。要改变中国落后的面貌，必须奋起直追，迅速赶超。改革开放 40 年来，中国 GDP 年平均增速高达 9.5%，城镇化率从 17.9% 提高到 58.5%，工业化走过了发达国家一二百年的进程。中国以大象的身躯跑出了猎豹的速度，成就了发展的奇迹。中国速度背后是众多像三一这样的企业时不我待的追赶和发展。三一秉持产业报国理想，把快的时代特点深深烙进血液，形成了“疾慢如仇”的独特性格。这种性格体现在三一经营发展的各个方面，成就着三一跨越式的发展，助力着中国工程机械行业的快速发展。

### （一）零起点，快速转行进入工程机械行业

1994 年，梁稳根舍弃了上亿元产值的焊接材料厂，果断地进入了当时被洋品牌垄断的中国工程机械行业，从零开始重新创业。

“摸着石头过河”，中国开启了改革开放的征程。30 多年前，作为改革开放前沿阵地的深圳曾创造了三天一层楼的“深圳速度”，并逐渐成为中国速度的代名词。“时间就是金钱、效率就是生命”的口号响彻大江南北。三一也深深烙上了时代的印记，以快速转行的极大魄力和眼光开启了快速发展的征程。

功夫不负有心人，不到五年时间，梁稳根团队的特种焊接材料生意就做到了上亿产值、几千万利润、细分市场占有率第一。在那个年代，这样的家底足以让梁稳根他们过上富足的生活。而此时，梁稳根却有了新的苦恼。

与三一几乎同时起步的湖南民企远大空调一下子把产值做到了 20 亿元。当时，三一除了焊接材料，也开始了金刚石生产业务。可即使把全国的金刚石市场都垄断过来，也只有 10 个亿。当时的速度和规模与“三个一流”的梦想相去甚远，梁稳根和他的管理团队开始思考企业的战略调整。

1991年“战略第一人”向文波的加入，彻底点燃了梁稳根再创业的激情。两人放下家里上亿元的摊子，开启了一年多的艰辛市场调研。其间，他们走访了几十位专家，开了十多次董事会，终于找到了制约公司发展的行业及地域瓶颈。有色金属材料市场狭小，无法承载他们的远大理想；涟源地域偏僻无法让他们打开更大市场。之后，董事会提出了三一历史上著名的“双进”战略：进入中心城市——长沙；进入大行业——工程机械制造业。1994年，三一落户长沙星沙镇，开始了混凝土泵送产品的生产与制造。从此，三一由材料行业进入国家支柱性产业，施展“三个一流”的远大抱负。

对于三一的转行，不论是行业伙伴还是工厂内部，都认为这是一次大胆的冒险，前方是未知的挑战和风险。随着中国城镇化进程的快速推进，工程机械行业的前景是巨大的。事实证明，三一放弃到手的“金子”，从零开始，进入这个对他们而言全新的行业是有超前战略眼光的。然而，最残酷不是行业本身，而是中国基础工业的落后现状。面对工程机械行业的国际大佬们，国内没有哪个民营企业敢率先进入。没有任何经验的三一，硬是以“鸡蛋碰石头”的极大勇气和魄力彻底转进了这一行，没有拖泥带水。

24年的发展充分证明，三一的转行为后来的发展开辟了更为广阔的天地。转行的巨大挑战尤其是技术挑战恰恰成了三一自主创新的巨大动力。“创新是被‘逼’出来的，创新成就了三一”，向文波说。三一创业团队身上“霸得蛮”的湖南人性格，让他们带着三一不断向更广阔天地和更难的新技术发起挑战。“我们的创业团队眼光很敏锐，事业心很强，能抓住主要矛盾”，三一昆山产业园邓荆辉园长钦佩地说。

### （二）以快取胜，分秒必争

梁稳根是个急性子，在他看来，做事情若不讲速度和效率，简直就是犯罪。三一要求，对客户需求要做出快速反应，加速技术创新，日事日必、分秒必争。“萝卜快了不洗泥”，三一的快不是毛毛糙糙的快，是有原则、有底线、有质量的快。

1. 对客户需求做出快速反应

在改革开放的“淘金潮”中，赢得了客户就赢得了市场。然而，很多企业把从客户口袋里快掏钱作为唯一追求而不择手段，投机取巧；占据绝对技术优势的外资企业却高高在上，对用户需求反应迟缓，令施工方苦不堪言。三一快速瞄准了这个市场缺陷，并迅速将其转化成了独特的竞争优势。通过为客户创造价值，对客户需求做出快速反应实现了快速发展。三一要求副总裁以上管理人员每季度必须抽出固定时间走访客户、走访市场，了解市场变化和客户需求，并对营销服务一线提出的协调事项予以快速解决。这种营销督办制度解决了“企业在做大后如何紧贴客户和市场”的问题。

对于挖掘机等大型工程机械来讲，时间就是金钱，一旦因设备问题停工，就意味着客户的巨大损失。“一台机器可能要花上客户全部家当，他们耽误不起，这是我们的责任”，三一挖掘机事业部的售后人员饱含感情地说。售后服务工程师必须 24 小时开机，一线城市出现设备故障，必须在 2 小时内赶到，24 小时内完工。三一在行业内最先使用 800 免费服务电话、4008 呼叫服务系统，2006 年建成业内首家 ECC 企业控制中心，并率先启动集整车销售、零配件供应、售后服务、信息反馈、产品展示、培训“六位一体”的“6S 中心”。

2010 年 3 月 15 日，三一重机率先提出打造服务第一品牌的口号，并推出 123 服务价值承诺，将承诺落到实处。同年 7 月 8 日，三一推出一生无忧服务承诺，分别从服务速度、服务质量、成本节约等方面提出了“211”“123”“311”等多项集量化的承诺数字与明确的补偿方式于一体的服务承诺，开创了工程机械行业售后服务标准的革命性篇章。现在，三一已经从为客户解决服务问题的 1.0 时代到如今为客户提供智能系统化服务的 2.0 升级、从解决客户现有困扰到调查未来需求、从产品的可靠性到产品的全生命周期的保障、从行业追随者到规则制定者的华丽蜕变。

随着 2011 年之前基础设施建设的高歌猛进，大量新设备流入市场。继 2013 年同比增速达到 24.6% 后，基础设施建设固定资产投资额便进入了下行通道。大量新增设备一夜间成了“沉睡的资产”。当时，国家尚未出台存量设备强制退出的相关政策。三一挖掘机事业部销售总监程吉军介绍：“作为终端客户，设备超过 8 年后，经济性将会变差。2014 年 7 月，我们迅速洞察到客户的诉求和这片蓝海市场，建议国家环保部门和机械相关制造行业出台工程机械强制性报废制度和上牌制度。公司很快出台了存量设备更新补贴政策，助推了调整期的逆市上涨。”当前，我国工程机械保有量 672 万～728 万台。在经济低速增长叠加转型升级趋势下，工程机械行业进入了存量时代。程吉军说：“存量设备更新会越来越占到主导地位，对存量设备的管理和价值挖掘也将成为三一转型的助推器。相比做增量，做存量更需要庞大的运营、管控和为客户提供差异化服务的能力。”

2002 年，三一搭乘对外开放的巨轮进军海外市场，是当时民营制造企业征战海外“第一家”。十六载出海路，面对各种挑战，三一人一往无前。目前，公司已经拥有印度、德国（科隆、斯图加特）、美国、巴西等 5 个海外研发制造基地、10 个海外大区、180 家海外代理商，业务覆盖 150 多个国家和地区。从最初以出口产品为主，到进行海外绿地投资，再到海外战略并购，三一走出了一条独特的集资本、技术、人才、产品全生命周期发展闭环的国际化路径。2012 年，三一用 26.54 亿元人民币拿下了当时已经陷入“慢牛”的国际混凝土巨头德国普茨迈斯特 90% 的股权，完成了“龙象共舞”的国际战略布局。

“一带一路”成为三一海外深度布局的千载难逢机遇。2014 年 7 月 23 日，时任湖南省委副书记、省长杜家毫视察三一新疆产业园，嘱托三一：“要成为‘一带一路’的领军企业，在重点国家做出样板来。”目前，三一在海外有 15 个工厂基本排布在“一带一路”沿线；有 70 多个销售子公司、230 多家代理商，产品销售到 120 多个国家，海外销售额年均增长 24% 以上，其中 75% 是来自“一带一路”市场。

在三一挖掘机事业部研究本院曹东辉院长看来，“民营企业家有一种积极探索的精神。我们通常会感觉压力很大，危机感很强。高效的市场调节机制和以市场为中心的经营理念可能是我们快速发展的关键所在。如果我们采用日本那种发展模式，可能永远难以超越”。

### 2. 加速技术创新

我国工程机械行业起步较晚。经过多年发展，销售规模已在全球市场中占据一席之地。但在国际化布局、核心技术研发（自制率）、代理商网络、产品多元化等方面较海外巨头仍存在一定差距。从零起步，要想超越并引领，慢不得。技术创新是成就“三一速度”的核心驱动力。自打破技术壁垒，实现核心部件集流阀的自制后，三一就走上了一条快速的自主技术创新路线。

当年破局集流阀组，三一是用标准件来组装核心部件。只有用这个办法，当时还属小企业的三一，才有可能通过在市场上买到稳定的零件，组装成优质的集流阀组，从而做出属于自己的高质优价的拖泵。对于三一的快速创新，易小刚认为，除了核心技术一定是自主研发外，并非什么都要自己搞。他认为一些零部件可以借助社会力量。三一的研发不仅延伸到了客户端，而且延伸到了零部件供应商。为确保产品质量和效能，三一实现了与前端供应商的共同研发。对于超越国际同行进而领跑，易小刚说：“我们要有信心，因为我们有后发优势。我主张先把人家的好东西全部学到手，然后在这个基础上来创新超越。”

经过24年持之以恒的不断创新，三一累计申请专利12070项，授权8751项，累计专利申请与授权量稳居行业第一；累计获得中国专利奖23项，获奖数量排名全国前十，为工程机械行业获奖最多的企业。快速的技术创新支撑着三一产品的不断迭代。1997年，三一成功研制出中国首台37米泵车；2002年，在香港国际金融中心创下单泵垂直泵送混凝土406米的世界纪录；2007年12月，在上海环球金融中心以492米再次创造单泵垂直泵送的世界新高；2011年，自主研制的86米泵车成功下线，标志着中国由混凝土泵送技术的跟随者成为领导者。目前，中国300米以上的高楼，80%都是由三一混凝土设备完成施工任务，500米以上高楼则全部是由三一的泵送设备完成混凝土输送施工任务。三一还成功研制出世界第一台全液压平地机、全球首创无泡沥青水泥砂浆车、世界最大吨位 3600 吨履带起重机、国产最大 200 吨全液压履带挖掘机、亚洲首台大吨位旋挖桩机等创新产品。

事实证明，技术创新的溢价也让三一有足够的资本来回馈投资者。从 2003 年上市以来，三一向上市公司股东共募集资金 39.45 亿元，派现 72.23 亿元，是募集资金总额的 1.83 倍，为工程机械行业之最（见表 1）。公司从资本市场募集的资金已经成倍地以现金方式回报给股东。

**表 1　主要工程机械上市公司资金募集和分红情况**

| | 上市时间 | 募集资金（亿元） | 累计分红（亿元） | 累计分红 / 募集资金 |
|---|---|---|---|---|
| 徐工机械 | 1996 年 | 107.34 | 17.77 | 0.17 |
| 三一 | 2003 年 | 39.45 | 72.23 | 1.83 |
| 中联重科 | 2000 年 | 61.16 | 102.28 | 1.67 |
| 柳工 | 1993 年 | 34.95 | 27.81 | 0.80 |
| 厦工股份 | 1994 年 | 20.61 | 4.31 | 0.21 |
| 山河智能 | 2006 年 | 34.87 | 2.29 | 0.07 |

注：募集资金为首次发行募集、增发募集、配股募集之和，数据来源于各上市公司。

### 3. 日事日毕、分秒必争

要使企业的各种资源都快速运转起来，关键在人的工作作风。工作速度不仅影响企业人力资源本身的效率，还决定着其他资源的效率。三一有着不同于一般民营企业的高效风格。走近三一的每一个车间，偌大的“日事日毕”横幅展现出的是三一人与时间赛跑的作风。“日事日毕”并非挂在墙上的口号，而是实实在在的行动。

三一的董事高管们率先垂范。他们没有企业主的“官架子”，而是以极其开放和高效的方式直奔问题、简洁明快、高效执行。在三一北京工业园，梁稳根坦言："众多荣誉中，我最喜欢也最适合的一个就是劳动模范了。"在三一有一个坚持了几十年的"七点半"习惯。全球董事和中高管雷打不动地在每周二7：30召开早餐会，讨论工作中遇到的问题。梁稳根要求"事不隔夜"，会上讨论的问题，回去后必须马上落实。易小刚说："我们这些董事，一日三餐在公司，早会结束后第一件事就是直奔车间，看看生产现场，解决当天问题。"董事们还会有午餐会、晚餐会，各部门同步召开部门会议，直奔问题形成决策后高效执行。

"七点半"既是三一的高效工作作风，也是三一人深度工作的奋斗精神。这种时不我待的奋斗精神已经渗透到每个人的骨髓。挖掘机事业部的一位一线老员工介绍，为了更好地完成工作，大家会主动加班，当天的事必须当天解决，因为这是大家共同的家。三一副总经理柳洪文说："三一的文化很年轻，通常企业发展一二十年后容易得大企业病。但三一对任何事物都抱着新鲜感，抱着学习的态度，只要觉得好就吸收过来"，"这么多年过去了，我觉得三一还在创造生活。停不下来，天天在拼命跑"。

三一的决策机制非常灵活，执行力强，自我纠错效率高。2009年，刚来公司的曹东辉院长参加了公司召开一次质量会。针对当时为了抢占市场，开发的很多机械经常出故障的问题，他提出要建立挖掘机耐久性试验场。梁稳根没有犹豫，直接让向文波陪同去搞。向文波总裁充分授权，并在一周内批复了选址方案。高效的决策和执行力，一度让曾在日本工作多年的曹东辉感到惊讶："三一是典型的跟改革开放市场化改革相一致的民营企业，能够迅速决策，即便有错的时候，也能很快更正过来。"

### 4. 萝卜快了不洗泥

三一的速度与效率不是无规矩的快、无原则的快，恰恰是近乎苛刻的三一纪律和规矩为三一快速且有质量的发展保驾护航。"妥协"是组织散漫之源、是万恶滋生之源。三一对贪污腐败、弄虚作假、各种形式的官僚主义、懒惰平庸、违反流程制度等五类事情"绝不妥协"。据三一挖掘机事业部财务总监陆涛介绍，三一绝不允许做假账，这么多年在三一工作很踏实。

### （三）快速转型，以数字化改造三一

面对行业周期和数字化浪潮，三一选择快速转型，拥抱互联网，以数字化改造三一。

“周虽旧邦，其命惟新。”改革开放 40 年来，我国凭借人口红利实现了经济高速增长。当人口红利逐渐消失，用什么来支撑中国经济从高速增长转向高质量增长？创新驱动、动能转换。2011 年之前，三一的发展很大程度上得益于市场，得益于政策，得益于低廉的劳动力成本，得益于早进场早布局。当市场、政策、人口红利以及先发优势的边际效应逐渐递减，用什么继续承载“三个一流”的梦想？

2012 年，对三一来说，喜忧参半。继 2011 年业绩达到巅峰、2012 年完成“龙象共舞”后，三一的实业帝国正在形成，三一人喜出望外。2008 年金融危机后，工程机械行业也有过行业风险的担忧，但谁也没有把这种担忧转化成调整的行动。2012 年的市场拐点出现之前，三一还在高歌猛进地投资和扩大产能。寒冬来得猝不及防。短短 5 年，整个行业“断崖式”跌至谷底，80% 的企业死在了寒冬里。残留的行业大佬们日子也不好过。周期和风险给三一上了沉重一课。梁稳根感慨道：“调了五年，国内市场调低了 75%，真是没有想到。这次吃亏最大的就是周期把握不准。”向文波说：“这个代价带给我们的教训太沉重了，相比过去，我们的确变得更谨慎。”

当曾经的风光不再，三一能否“涅槃重生”？这五年，三一好像“沉寂”了。他们在痛定思痛，用变革重获新生。面对行业周期和与之相伴随的智能化浪潮，三一果断变革，用数字化改造三一。

三一把数字化网络化技术渗透到企业管理的各个层级，努力建立一个端到端的高效产业链，打造卓越运营体系；以精准的流程再造，打造更为高效的资源运行模式和把客户价值诉求植入全面流程实现放大。为落实公司数字化、流程型组织等战略转型，实现公司产品、服务和管理“更好、更快、更经济”，全面推进组织机构变革。通过穿透职能分析业务，建立统一、规范

的组织机构和岗位，重新任命领导干部，同时分体系梳理和明确各单位的业务流程和授权，实现组织、岗位、业务流程的标准化、规范化。

三一率先在业内启动了智能制造生产模式在离线型制造业的探索应用，凭借18号厂房数字化工厂建设项目，成为工程机械行业首家国家级智能制造示范企业。数字化工厂投产运行后，产品研制周期缩短20%，生产效率提高20%，产能提升23%，不良品率降低15%，整体运营成本降低24%。

2007~2016年，三一投资了约15亿元来打造自己的工业互联网平台。三一在产品上增加嵌入式自主开发芯片，通过芯片传递机器信息，上传云端并且进行数据归纳和管理，让用户更加自主管理。工业互联网大数据平台，接入38万台工业设备，涵盖5000种机器参数，积累了1000多亿条数据，形成“挖掘机指数”，为分析宏观经济形势提供了重要支持。通过ECC技术在公司产品的深度应用经验，结合最新的物联网、大数据技术，孵化成立了工业互联网的先行企业树根互联，将公司在工业产品互联方面的技术沉淀整理成专业的技术解决方案，赋能万物，连接未来。

2018年“两会”代表通道上，人大代表梁稳根表示，站在中华民族伟大复兴的中国梦和第四次工业革命的交汇点上，三一要么“翻船”，要么“翻身”；不能实现数字化升级肯定就“翻船”，转型成功就会“翻身”进而再次强大。

## 三、凝聚人才的企业文化

企业发展靠创新，创新发展靠人才。改革开放40年来，我国培养了大批服务于经济社会发展的优秀人才，凝聚一切人力和智力是贯穿改革开放始终并引领未来高质量发展的主线。三一视人才为第一资源。“小企业做事，大企业做人，小企业靠权力管理人，大企业用文化影响人。”三一从一开始就认识到了人才是企业持续发展的核心竞争力，是一切发展理念得以落实和推进的原动力。

## （一）事业更有感召力

人类因梦想而伟大！金钱只有诱惑力，事业才有凝聚力。

自主创新是三一发展的核心驱动力，人才则是三一发展的“命根子”。改革开放40年来，我国人才队伍规模、结构和质量发生了巨大变化，海内外中华儿女积极投身建设中国特色社会主义事业。站在新时代，中华民族伟大复兴的中国梦正唤醒着有理想的各类人才和爱国人士的报国情怀。24年来，三一用“三个一流”的产业报国理想凝聚着最有力量、最有价值认同的一流人才。截至2017年，三一拥有技术研发人员2300余人，硕士以上学历超过1000人，拥有高级职称180余人，累计引进国家人才“千人计划”专家3人，湖南省人才“百人计划”专家3人，归国侨眷及海外留学归国人员千余人，形成了一支包含50名工程机械行业领军人物、73名国际专家在内的高素质创新人才队伍，是全球工程机械领域最大的企业研发团队。

民族品牌的打造需要民族情结，对三一家国情怀、治理理念的认同，汇聚了大批行业一流人才加入三一。1995年，易小刚冒着“众叛亲离”的危险，以技术合作者的身份加入三一。“我坚信我的选择，人生最重要的就是找到能让自己发挥的舞台，在三一我可以干成我想干的事业，实现自己的抱负。”回忆起来三一创业的初衷，易小刚仍然十分激动。被问及和梁稳根一起打拼的理由时，向文波说：“一是志向相投，二是缘分到了。”

在国外工作充其量就是打工，回国则可能改写历史。曹东辉院长作为国家向全球招聘的100个博士之一，从日立公司回国发展，2009年加入三一。作为与梁稳根同是改革开放后参加高考的一批人，他说：“那个时代造就了我们这一批人，三一当时虽然很小，但很有理想。我在日本的工作已经很好，来到三一会很累。但是，我觉得成就了企业就成就了自己。三一的文化精神随处可见，员工都很有激情。”柳洪文时常回忆起1980年去日本时教育部领导说的话：“你们出去学习，国家需要几十个农民养着你们，将来你们一定要想着好好报答祖国。”他的回国路很艰难，但是他被三一“品质改变世界”的追求深深吸引，毅然回国加入。

这种实业报国的精神，正在为三一凝聚着拥有共同追求和梦想的世界各地的高端人才。在这里，个人才华能得以施展，远大抱负得以实现，个人价值、企业价值、国家价值进行了最完美的对接。

### （二）英雄不问出处

“先做人，后做事”，聚天下可用之才为我所用。

人才是关系改革开放成败的关键。1977 年高考制度的恢复迎来了尊重知识、尊重人才的春天，我国人才培养步入健康发展的轨道，无数通过高考选拔出来的人才成为社会主义事业建设的中流砥柱。三一创业团队都是改革开放初期参加高考考上大学的青年才俊。他们敢想敢干、思想活跃，也特别重视人才。梁稳根求贤如渴，视人才如至宝，尤其是技术人才。“英雄不问出处，聚天下可用之才为我所用”是三一选人用人的一大特色。关系户照样拒之门外，可用之才不论资历、年龄、学历均有发展的机会和施展拳脚的舞台。

“德才兼备，以德为先”是我国一贯坚持的，经过实践检验了的正确用人观。三一看重的是品质、能力和贡献。从办公楼到生产车间，在三一每个角落都清晰可见“先做人，后做事”的醒目标语。不论是进门还是发展，三一看重的是员工的能力和贡献。在用人上，三一大胆提拔青年人才。那些敢想敢拼敢干的年轻人或走上重要岗位或担任项目经理。“那个零部件是我研发攻关的”“那个产品是我组装的“在三一我很自豪”，一句句质朴的话语，表达是三一人对工作的高度认同和对企业强烈的归属感。

“疑人不用，用人不疑”是三一选人用人的重要信条。不论是研发集流阀时的力排众议，还是研发高强度钢板材料，建设耐久性试验场的充分授权，三一管理层都给予研发人员高度的自主权和充分的信任。正是这份信任，打消了三一人内心的顾虑，大胆干的热情被充分激发。

允许犯错，不许再错。易小刚说："打破恐惧，大胆创新，必须要形成一种创新文化，失败了没关系，公司不会处罚你。三一发展历程中，还没有哪一个研发人员因为创新时给公司带来了损失，对其处罚的。公司只处罚不负责任的人。"三一泵送研究院消防装备研究所陈添明所长激动地回忆着当年那段"2200万"的经历。2009年他带领的研究团队耗时一年半时间，研发了当时引领市场的桥长比最大化四桥50米泵车，并小批试制了22台。由于客户使用的一些场景在前期设计、试验中没有充分考虑，结果使用时都出现了故障。两个月的召回整改完成后，陈添明因愧疚主动提出辞职，令他意外的是"公司没有接受，没有因为一次失败而剥夺我下一次成功的机会"。他把公司用2200万代价换回的教训转化为不断创新路上一笔宝贵财富。"从此，三一专注细节、追求完美的信条，就像血和肉一样，长在我的身体里。""一切源于创新；直抒胸臆，张扬个性；宽容失误，不许重错；无功便是过，创造才是能"的核心理念和鼓励创新、宽容失败的创新文化及氛围，无疑给研发人员吃上了一颗定心丸，对于激发科研人员的主动性、积极性和创造力打了一剂强心针。

### （三）幸福而有尊严的生活

"企业的日子好过了，也要让员工过上好日子。我梦想三一成为世界上备受推崇和尊重的公司，我梦想三一员工过上幸福而有尊严的生活，成为令无数人羡慕的人。"——梁稳根

让员工过上幸福而有尊严的生活，是对所有三一人最为真挚朴实的表白。把企业打造成家，让三一人更有归属感，是三一人力资源管理一直追求的目标。为践行"让员工过上幸福而有尊严的生活"的承诺，三一制定了极具竞争力的人才激励政策和以人为本的福利政策，以企为家成为三一人共同的行为习惯。

对人才的渴望，对事业的稳打稳扎，使得三一特别注重人才激励。在

三一工作，预期是可期可实现的，完善的激励机制让大家干得很踏实很有奔头。与许多靠降低成本取胜的制造业企业不同，三一对人才从不吝惜自己的钱袋子。三一建立了多维度的绩效管理制度和完善的薪酬福利政策，实施了中长期股权激励计划，让员工干得舒心、干得起劲。2016年三一将3.77亿份股票激励给1684名员工，让更多员工成为公司真正的主人，共享企业发展成果。“三一节”是三一人特有的新年，奖励为三一事业做出杰出贡献的三一人，2008年的“三一节”上，一份高达3500万元的巨额奖金奖给了英年早逝的三一研究院原院长李冰。针对研发人员，除了有期权激励、研发项目奖励、科技进步奖励之外，还制定了增量毛利提奖激励制度，按新产品对老产品的毛利额增量的5%～8%给项目组用于发放奖金。“我们项目组是把奖金抬回来的”，将研发人员的研发成果直接与市场联系起来，极大地激发了研发创新的主动性和积极性。

三一不仅让员工共享企业发展成果，而且特别注重把企业打造成“家”。“公司的福利政策还是很细致入微的，包括生活、家庭的方方面面，很让人感动。以人为本的人文关怀，让员工很有归属感，有家的感觉。”三一重机国际营销公司王旭很是幸福。为了改善车间空气质量、方便员工休息，三一在厂房内建造6000平方米的室内公园。诸多人性化的举措，让员工以进入三一工作为荣。

### （四）“人才工厂”培养造就人

三一不仅是一家工程机械的制造工厂，也是一家培养造就一流人才的“人才工厂”。三一不仅培养自己的人才，也在培养行业的人才。

改革开放为“人尽其才”提供了土壤、创造了机会和平台。得益于改革开放的伟大实践，各行各业人才如雨后春笋般涌现。改革开放在成就企业发展的同时培养造就了人才。一流的企业本身就是一所好学校。作为引领中国工程机械行业的一流企业，三一的理想、三一的理念、三一的文化、三一的机制本身就是一本鲜活的教科书。三一用实实在在的行动向员工诠释着产业报国的丰富内涵。在三一调研，有一种很深刻的体会，不论是一线员工、管理层、科技人员，大家都很有理想，很有信念，很有激情，也很实干。这恰恰是一个好的学校应当具有的朝气蓬勃的气象。

在三一听到最多的词之一就是"成就感"。三一的发展不是在单向的使用人才中实现，而是在尊重人才和培养人才的相互成就中实现。用一流平台造就一流人才，依托一流人才建设一流平台。梁稳根要求将"帮助员工成功"作为管理者晋升的一项重要考核内容。通过推行导师、师傅带岗制，帮助新员工尽快适应工作环境，提升工作技能，并引导新员工做好职业发展规划。员工个人可以通过轮岗、转岗、竞聘上岗及职务轮换和副职挂职等多元化的职业成长通道获得职业发展的机会。"我是公司重点培养的员工，在一线装配车间锻炼，我需要的只是努力工作，我对未来我充满希望。"

没有一劳永逸的技术，只有不断更新的知识。继续学习、深度学习是三一人才梯队建设的重要手段。在三一，人才培养方面从不松懈，培训是唯一不限资费的项目。为培养"自家经理人"，三一每年选派大批管理、技术骨干到北大、清华、中欧商学院等知名院校深造，实行"学费公司出、工资照旧发、岗位长期留"的鼓励措施；建立了 OLM 在线学习系统、三一中欧移动学习平台，并依据员工的职业生涯发展路径，为员工提供新员工入司培训、岗前培训、专业培训、干部培训四个层级的职业培训，以促进员工职业发展提升岗位胜任力。三一坚持与员工共同成长，从"潜力人才"到"精英训练营"与"雏鹰计划"，在大大增加人才储备厚度的同时，真正实现了帮助员工成长成才的目标。

三一不仅注重培养"自家的人才"，更以为中国工程机械行业培养和输出人才为己任。三一于 2005 年投资创办了全日制普通高等职业院校三一工学院，并每年投入 2000 余万元用于师资、教学设备建设。按照现代大型制造企业的用人要求，三一工学院成为三一及工程机械行业营销、服务、生产管理、物流管理、高级技工等高技能人才的重要输送基地，也是目前工程机械行业师资最完备、教学设备最先进、投资规模最大的工学院之一，旨在为中国制造培养出更优秀的大国工匠。

### （五）“党委楼”里领航聚心

“我加入共产党以后，把党的事业和三一事业融为了一体，三一才真正找到了方向！”追求了二十年的入党梦，2004 年如愿以偿。梁稳根日常办公的楼叫作“党委楼”。

没有中国共产党改革开放的伟大决策，就不可能有民营企业从板结力极强的计划经济体制中破土而出，就不会有三一的诞生和跨越发展。2002 年 10 月，三一正式成立党委。同年启动国际化战略以来，三一相继德国、美国、巴西、印度等国成立了党支部，实现了“企业的生产经营发展到哪里，党的组织就建立到哪里；企业的员工工作生活在哪里，党的活动就开展到哪里”的全覆盖目标。

走近三一各地工业园，醒目的“心存感激”巨幅标语十分亮眼。“三一人感激改革开放，感激党的领导。三一这么一棵市场经济的幼苗，是在党的关怀下长成的一棵参天大树。”事实证明，三一自成立党委以来，实现了跨越式发展，最高市值突破千亿大关。“自己最初入党的动机不很明确，只觉得是一件很光荣的事，因为当时农村女孩找对象都希望找党员。直到自己开始创业以后，才明白只有与党的事业联系起来，才能实现自己的理想”，“我们成功的因素，就是把追求经济利益和支持党建工作相结合，走出自主创新的道路”，梁稳根说。

梁稳根重视党建，带头参加党的活动，明确了“将三一打造成民企党建标杆”的党建工作目标。三一开展人才“双培”，就是把优秀员工培养成党员、把党员培养成工作骨干；实施优秀党员“双推”，即把优秀党员经营管理者推选为党务干部，把优秀党务干部推荐进管理决策层。三一高管每年元旦都要去韶山重温创业誓言；员工每周的升国旗仪式雷打不动；提拔干部以党员优先，非党员须先递交入党申请。党性教育使三一人有更高的境界，也使三一企业文化得到了进一步升华。向文波曾说，民营企业最爱党。为什么要最爱党？因为只有中国共产党才能够为中国的民营企业提供最好的发展机会和条件。党建工作犹如一座灯塔，让民营企业在扬帆远航的征程中不会迷失方向；党建工作犹如强大的“分子内聚力”，让民营企业凝聚最大人心而行稳致远。

## 四、价值与价值的对话

企业的价值既体现为以金钱衡量的经济价值，也体现为以事业衡量的社会价值。大道之行，天下为公。小到个人、企业大到国家，格局和价值观决定了价值。在经济价值和社会价值的天平上，三一不以一企之利为利，而以国家之事为重。三一始终秉持“产业报国”初心，以“三个一流”的极致追求，致力于为中华民族贡献一个世界级品牌。改革开放为企业的干事创业提供了土壤。众多“三一”的快速发展则不断创造着中国速度、凝聚起中国力量。

### （一）价值观决定了企业的价值

在国际大佬云集的工程机械行业，从零开始，以“疾慢如仇”的性格，三一实现了从跟跑到并跑、领跑的跨越式发展。24 年来，三一从产值 1 亿元的乡镇小工厂发展成了市值最高破千亿的全球公司；从名不见经传的行业小弟，发展成全球装备制造业排名第八的领先企业。三一挖掘机的国内市场占有率连续 7 年保持第一，2018 年销量有望成为世界第一；梁稳根们也从当年的穷困潦倒变成了腰缠万贯，员工们纷纷实现了致富；三一也在中国工程机械行业进入世界高端的征程中写下了浓墨重彩的一笔。

是什么成就着梁稳根们、成就着员工们、成就着三一，继而改变着中国制造在世界的地位？是价值观，是在国家不强、行业羸弱的背景下萌生并在改革开放精神引领下不断升华的“产业报国”理想。“不忘初心，方得始终。站在过去与未来的交叉点上，我们既要变革，更要回归。回归，就是要回归精神原点，三一过去的成功，是坚守价值观的成功。在新的发展阶段，我们要始终坚持‘品质改变世界’的信念，坚持‘三个一流’的信念；回归，就是要回归市场原点。”梁稳根在一次内部新春晚宴上如此说道。共同的信仰，得以让梁稳根带领着三一这艘航船，凝神聚力、久久为功，大浪淘沙，勇立潮头。

站在改革开放 40 年的新起点上，我们不禁反思，企业到底为何而生？为谁而立？“皮之不存，毛将焉附”，但凡把个人梦想、企业梦想融入国家梦想而不懈奋斗者，大抵能共同成就更大事业，实现更大理想。从三一的发展看，中国特色社会主义政治经济学要跳出西方经济学中关于企业是纯粹“经济人”的假设。企业不仅是经济人，更是社会人。我们应回归中华民族伟大复兴中国梦的精神原点，回归社会主义市场经济以市场机制推动共同富裕根本目标实现的本质。应以习近平新时代中国特色社会主义思想为指引，把企业的价值追求和事业发展融进中华民族伟大复兴中国梦的宏伟蓝图和伟大事业中，更加自信地砥砺前行。

### （二）发展需要“义”和“利”来支撑

在商言商，企业的生存发展要注重物质之“利”；天下之事以利而合者，皆易以利而离，企业的长久发展更要关注精神之“义”。三一创业团队始终不离不弃；三一人始终凝神聚力；三一不断汇聚着行业资源并引领着行业发展。三一的发展是义和利的结合，见利思义、以义为上、共享共赢。产业报国的企业家精神、追求卓越的匠人精神、抱团发展的团队精神，正是三一实现跨越发展的密码。

人的成长、企业的发展、社会主义的建设都如登山。攀登本就是一场探险。等待攀登者的是未知的前路和不确定的风险，越近山顶道路越崎岖。没有精神的牵引，仅靠体力和物质支撑的攀登是不可持续的。固守既得利益而安于现状很容易面对困难跌入谷底。物质和精神共同支撑的攀登才会成就披荆斩棘、一个山头接着一个山头的跨越。

改革开放 40 年来，中国实现了物质财富的巨大积累，成为世界第二大经济体，并日益走近世界舞台中央。与物质财富快速积累相伴随的是精神的滑坡。在巨大的“金钱洪流”中，一些人迷失了方向甚至沦为阶下囚；一些企业见利忘义甚至不择手段。当今社会，中国不乏暴发户和各式“老板”，缺的是有精神追求的企业家。不论个人、企业，还是国家，持续发展、高质量发展不能只长骨骼，更要长精神，需要“义”和“利”来支撑。“理论一经掌握群众，也会变成物质力量”，精神可以转化为强大的物质力量。实现中华民族伟大复兴的中国梦是党和国家面向未来的政治宣言，体现了中国共产党高度的历史担当和使命追求。站在新时代，我们当“不为浮云遮望眼”，应放眼中华民族伟大复兴的中国梦，坚定“四个自信”，统筹推进“五位一体”总体布局，协调推进“四个全面”战略布局，全面落实新发展理念。

### （三）好的理念需要好的体制机制来承载

“空谈误国，实干兴邦。”“产业报国”的远大理想是三一发展的基因，“疾慢如仇”是三一的性格。果断转行，坚守实业；精益求精、以快取胜；打破恐惧，持续创新；数字化改造三一；有效的激励，帮助员工成功的平台。三一产业报国的理想和“疾慢如仇”的理念不是挂在墙上、讲在会上的，而是体现在章程、流程及具体管理中的。三一的成功是理想信念与体制机制行动一致的结果。

改革开放 40 年来，中国共产党带领全国人民进行了大刀阔斧的改革，为企业发展创造了良好环境、提供了实实在在的政策支持。改革开放 40 年来，中国形成了很多好的战略和理念，也在持续不断地推动着各项改革进程。然而很多好的战略和理念却在各种博弈中与体制改革、机制改革呈现“多张皮”。

党的十九大提出了符合新时代实际的指导思想、总体布局、战略布局、新发展理念。这些好的理念都必须用扎实、高效的体制机制来落实。固守传统观念和既得利益，改革落不到行动上，再好的理想和理念只能停留在口号上。必须以壮士断腕的决心和勇气全面深化体制机制改革。全国一盘棋，一张蓝图绘到底，真正实现战略、理念与体制改革、机制改革的全面深度融合。

### （四）发展依靠人，最终为了人

人才是企业发展的第一资源。向文波、易小刚们义无反顾来到三一；“我很自豪”的归属感和认同感；“人才工厂”赋予的“成就感”；“党委楼”的领航聚心……“以人为本”的企业文化和共享发展成果的务实机制，让三一保持着年轻昂扬的姿态和不断涌流的创造力。

员工不仅仅是企业价值链上的一个生产工具，更是与企业共同实现价值的生命主体。只有把企业打造成与员工共同成就的平台，让员工的价值更好实现，企业的价值实现才更具持久动能。

改革开放的伟大成就归根结底是中国共产党带领中国人民以艰苦卓绝、矢志不渝的奋斗得来的。为了人民才能依靠人民，依靠人民才能创造历史，发展必须以人民为中心，坚定推进改革开放。

三一诞生在改革开放的沃土，借势而起、乘势而上、造势引领，形成了与改革开放的同频共振。三一“产业报国”的企业家精神、“疾慢如仇”的经营发展理念和凝聚人才的企业文化非一朝而成，是在改革开放进程中不断丰富发展的。从自发形成并暗合改革开放精神到自觉认同并与新发展理念高度契合，三一不断塑造着独具特色且更加成熟的企业价值体系。中国特色社会主义进入新时代，改革发展是不变的真理。立足中华民族伟大复兴的中国梦，以习近平新时代中国特色社会主义思想为引领，以新发展理念为指导，坚定不移地推进改革开放，为人类命运共同体贡献中国力量，是中国特色社会主义发展的历史必然和现实选择，是人类社会发展不可逆转的潮流。站在新时代，三一人把产业报国的伟大理想和使命担当幸福地融入中华民族伟大复兴的中国梦，在三一“梦之队”的领航下，以更自信的姿态和更开阔的视野再启航。“识时务者为俊杰”，新的航程中三一唯有持续变革、加快创新、不断突破方能成就更大事业、实现更大梦想。社会主义现代化的建设目标，中华民族伟大复兴的中国梦也将在诸多像三一这样的企业的再次跨越中变为现实。

# 格力电器："格力现象"的时代启示

中国财政科学研究院

中国市场规模世界第一，却没有世界第一的利润，中国市场的消费红利去了哪里？中国是"世界工厂"、制造大国，2017 年制造业增加值接近美、日、德三国之和，中国制造业为何陷入超低利润区？中国制造业越来越多地涉足房地产和金融，专注制造业还有没有出路？中美贸易战的实质是技术战，自主创新能否破解"卡脖子"困境？中国要迈向制造强国，实现从价值洼地到价值高地的升级，路在何方？

## 一、引言："格力现象"

家电业是一个竞争十分激烈的产业，平均净利润率为 2%～3%，而珠海格力电器股份有限公司（以下简称格力）2017 年净利润率高达 15%，归属于上市公司股东的净利润为 224.02 亿元，成为世界上最赚钱的空调企业；很多上市公司为赚快钱涉足房地产和金融，而格力一直专注制造业，甚至没有自己的招待所；格力作为一家充分竞争领域的国企，在实现国资保值增值的前提下成为行业龙头；格力没有外籍专家，没有"海归"，自己培养了上万名科技人员，有 24 项国际领先技术，成为全球制冷技术领先的创新型企业；家电行业的价格战是"众败俱伤"的顽疾，而格力始终坚守不打价格战的信条；格力对腐败的零容忍和从不偷漏税的做法，使格力成为另类。格力的这些有违"常识"的现象，可称之为"格力现象"。

中国制造业也能赚大钱。中国是世界第一的制造大国，也是世界最大的消费市场，然而中国制造企业的平均利润率，从 2011 年开始，连续 7 年徘徊在 2%～3% 的超低利润区。入围 2017 年中国企业 500 强的 245 家制造企业，2016 年平均利润率只有 3.3%。家电行业几大家电巨头常年净利润率保持在 2%～4% 之间；国产知名品牌车企 2017 年净利润都不到 5%。总体而言，我国汽车、机床以及家电等制造行业的净利润率达到 5% 已属不易，超过 10% 更是寥寥无几。这也难怪李书福痛心疾首道："制造业的利润已经比刀片还薄。"然而，当大多数企业抱怨成本太高、赚钱太难时，2017 年格力实现营业总收入 1500.2 亿元，同比增长 36.92%，归属于上市公司股东的净利润达到 224.02 亿元，同比攀升 44.87%。2017 年格力的净利润是国内五大彩电企业利润总和的 2.5 倍。

专注实业也能不吃亏。早在 2006 年，当制造业纷纷转投房地产时，董明珠却逆势发声，首倡"工业精神"。格力多次拒绝找上门来的暴富机会（既有房地产开发商，也有给原始股的证券商），怕赚快钱的甜头让自己失去了定力。再说，格力在珠海、重庆、合肥、郑州、武汉、石家庄、芜湖、长沙、杭州等地投资建设空调生产基地，每个基地都有几十亿元的投资，都是当地的缴税大户和就业大户，如果想搞房地产，地方政府都会给予种种便利，甚至会无偿提供配套商业用地，但是格力没有在任何一处搞房地产，而是一如既往地专注制造业。地总有卖完的那一天，金融杠杆总有没法再加的那一天，而创新无极限，增长潜力也无穷。格力凭借核心技术创新体系的建立，以及对产业链上下游有质量的延伸，技术价值最大化已成为格力决胜千里的重要因素，更是对新时代"工业精神"的全新阐释。

竞争性国企也能做得好。1996 年上市前，格力是 100% 的国有成分，直至 2005 年股改前，仍有 58% 的国有股，这就是格力长期的经营环境。格力身处充分竞争的家电行业，在国企体制和市场潜规则之间，在国企、民企这两种性质不同的企业之间，如何竞争，如何去寻找平衡点，使之既满足竞争的需要，又符合国家对企业的要求，这的确是摆在国企领导人面前的一道难题。“难做不代表完全做不好”。“不管是什么企业，要办好的关键是人。”朱江洪对此了然于心。董明珠表示，国有企业照样能建立良好的现代企业制度，应该淡化国企、民企的概念，国企属性不是关键，关键在人。在董明珠的世界里，她不会也没有时间去和政府官员“搞关系”，她唯一要做的是把企业发展好。破除“一股独大”、股权和薪酬双重激励、靠业绩说话的职业经理人，三要素助力格力屡破国企治理难题。

自主创新也能全球领先。中国制造业大而不强的根源就在于缺少核心关键共性技术：一是缺少关键基础零部件；二是缺少关键技术材料；三是缺少先进基础工艺；四是缺少技术标准。自主创新是格力发展的灵魂。在创新模式上，与一些制造企业通过“买买买”寻求技术进步不同，格力坚持走自主创新的内生发展之路。格力重视对自主人才的培养，在格力没有空降兵，公司的技术骨干、中层干部乃至高层领导，大都来自格力基层车间。目前，格力拥有1万多名科研人员、1个国家重点实验室、2个国家级技术研究中心、12个研究院、72个研究所、727个实验室。截至2018年6月18日，公司累计申请专利38339项，其中发明专利16757项。2017年申请技术专利7698项，平均每天有超过20项专利问世。迄今为止，格力拥有24项全球领先的关键技术，成为全球制冷行业的领军企业。

不打价格战也能赢得市场。家电业恶性价格战不仅损害了商家的品牌声誉，而且低廉的售价也使经销商无力承担对消费者的售后服务，最终导致消费者的根本利益受到损害，殃及整个行业。格力营销的铁律就是不打价格战。在1996年空调价格战中，各大品牌纷纷降价，格力不靠价格战而是通过销售模式创新抢占了先机。2002年科龙挑起价格战，但因管理和质量问题逐渐没落。2008年空调价格战白热化，董明珠坚持不打价格战。董明珠直言：“彩电企业的衰落，与价格战有关，而格力坚持对价格的主导权，格力阻止了空调业走向彩电业那样的困境。”格力倡导“和所有人一起走下去”。

自 1996 年一举超过春兰空调后，格力空调在中国市场就成为一个另类单打冠军。2017 年格力家用空调国内市场占有率达 48%，世界市场占有率达 30%。

腐败零容忍和决不偷漏税也能行得通。"不是有权才腐败，有交易的地方就可能有腐败。"在当前过度放大的商业精神主导下，急功近利，扭曲市场价值观念，缺乏战略眼光，几乎成为中国制造企业的通病。在此背景下，行贿受贿是一种顽症，在这种阻碍市场经济和社会稳定发展的"毒瘤"面前，格力用"正和博弈"的棋风，本着对国家、社会、股东、消费者、经销商、合作伙伴和员工的诚信，坚决抵制各种行贿受贿行为，以坦然冷静的心态潜心技术创新和工业制造，不仅创造了空调产销量连续 13 年世界第一、连续 23 年国内第一的奇迹，而且以其恪守商业道德、倡导公平公正、维护交易秩序的风范，树立了业界诚信经营的典范，推动了中国空调产业良性前行。在偷漏税绝不是少数企业行为的大环境下，格力一直是照章纳税的模范，2017 年格力纳税 149.39 亿元，累计纳税 963.53 亿元。董明珠有句名言，只有照章纳税和偷漏税，不存在什么合理避税。格力一直把缴更多的税作为义不容辞的责任和无上的光荣。

## 二、"6+1"：全价值链的格力样本

价值链是观察企业竞争优势的有效工具，也是衡量一国经济发展水平和竞争力高低的重要视角。从价值链的"微笑曲线"来看，近于 U 形的曲线代表整条价值链，曲线左端是研发环节，右端是营销环节，中间是制造环节，制造环节利润低、附加值低，研发和营销利润高、附加值高。中国长期陷入全球价值链的"低端俘获"，如何重构价值链、实现价值链的高端攀升，是中国迈向制造强国、走向价值高地的基本途径。

### （一）全价值链的格力实践

价值链分为研发、设计、核心零部件、制造、营销、售后和品牌七个环

节，格力不仅像苹果公司一样，掌控了“6”：研发、设计、核心零部件、营销、售后和品牌，还跟富士康一样掌控了制造。这就是格力完整的“6+1”价值链。郎咸平曾把格力称为“苹果和富士康的集合体”。“格力 = 苹果 + 富士康”，有理由期待，有了核心技术作为发展内核，有了智能制造作为升级动能，未来的格力将拥有比苹果、富士康更大的空间。

格力打造全价值链的成功之处在于选择了恰当的路径：从微笑曲线来看，曲线左端是研发、设计和核心零部件，右端是营销、售后和品牌，比较而言，右端比较容易做起。因此，格力打造完整价值链是先从营销、售后和品牌做起的。通过建立“筛选分厂”把关并严控质量，格力有了良好口碑，有了市场规模，也就是有了微笑曲线右端跃升之后的基础，之后格力开始把价值链延伸的触角转向微笑曲线的左端，即研发、设计和核心零部件，而且对这三个环节，格力又把重点放到已有基础的核心零部件上。以上所有环节打通之后，格力水到渠成地发力研发和设计，最终打造了完整的价值链。先易后难的正确路径选择是格力成功的重要保证。

格力打造完整价值链之路起始于营销模式的创新。格力通过淡季贴息返利、年底返利，独创区域性销售公司，建立了对格力至关重要的格力营销模式，拉长了价值链。格力的售后服务也是独树一帜。空调商品本质上是半成品的独特性，使安装等售后服务变得十分重要。格力依托专营店和销售公司，培养了高素质的售后服务队伍，通过优厚的待遇保障了服务的质量。格力的品牌建设之路也很具有超前性，早在建厂之初，在狠抓质量的前提下，就注重品牌建设，“好空调，格力造”的广告语深入人心，为格力赢得了良好的口碑。2012 年 3 月，格力形象片在素有“世界的十字路口”之称的美国纽约时代广场闪亮登场。2015 年格力大步挺进福布斯全球 500 强，排名 385 位，位居家用电器类全球第一位，2017 年排名上升至 294 位。格力以其销售“全球领先”、技术“国际领先”、产品“世界名牌”的国际知名度成功实现了价值链微笑曲线右端的打造。

格力在成功打造价值链微笑曲线右端的过程中，不断提高市场占有率，实现了资本的原始积累，进而有实力转向微笑曲线右端价值链的打造。格力首先从有一定基础的核心零部件入手。早在1996年上市时，格力就开始涉足核心零部件，参股设立以生产空调器压缩机为主业的丹阳格力。2004年，为进一步完善供应链体系，除收购格力新元外，还收购了母公司格力集团持有的珠海凌达压缩机70%的股权、珠海格力电工70%的股权。这些收购的完成有利于提高公司的配套能力，降低成本，提高综合竞争能力和抗风险能力。2009年，格力与日本大金达成战略合作，除了联合生产压缩机、电机、模具等有形产品外，也进行技术上的联合开发，涵盖从零部件开发、产品设计、空调整机技术到生产工艺等多个方面。对格力来说，深化向后垂直整合在于做好压缩机、电机、电容等的研发、配套生产，高端、核心、影响关键质量且能显著降低成本的关键零部件由公司自己研制。2010年格力开始发力研发，2012年之后逐步实现了研发的质的飞跃：2012年格力开始大力开展自动化工作，之后发现国产机床、智能装备等的精度满足不了需求。为摆脱对国外同类产品的依赖，格力于2013年开始进军智能装备产业，经过近6年的发展，研发制造出五轴数控机床、工业机器人、智能尿素机、高端模具、激光切割机等一系列相关产品，在技术上取得了相应的突破。其中，工业机器人用高性能伺服电机及驱动器项目，关键指标达到国际领先水平。至此，格力逐步打造了完整的价值链。今天，格力不仅是空调产品的制造者，而且是产业上游的数控机床、机器人、精密模具等智能装备的提供者。格力不仅是家电制造商，而且是全球最有力的大型建筑物、大型设备甚至各种可移动设备的"气温环境供应商"。

### （二）"6"的"倍增器"效应

2012～2017年是格力成功打造全价值链的5年，也是格力实现质的飞跃的5年，更是"6"的"倍增器"效应凸显的5年。从2012～2017年与之前21年的数据对比情况来看：2012～2017年格力营业总收入7208.55亿元，是过去21年总和的1.9倍；2012～2017年净利润总额833.33亿元，是过去 21 年总和的 4.2 倍；2012～2017 年纳税总额 741.78 亿元，是过去 21 年总和的 3.4 倍；2012～2017 年分红总额 363.96 亿元，是过去 21 年总和的 6.7 倍；2012～2017 年申请专利总数 32178 件，是过去 21 年总数的 6.7 倍。尤其是 2017 年格力营业收入超过 1500 亿元，归属上市公司股东净利润为 224.02 亿元，净利润率高达 15%，纳税 149.39 亿元。与同样致力于打造全价值链的华为技术有限公司（以下简称华为）相比，2017 年华为营业收入 6036 亿元，净利润为 475 亿元，净利润率仅为 8%。与同样是空调领域的巨头美的相比，2017 年美的营业收入 2419.19 亿元，净利润为 172.84 亿元，净利润率为 7.1%，纳税 83.23 亿元。因为有了全价值链，格力空调的附加值高，增值额大，因此税负就高，2017 年格力纳税额接近美的和海尔之和。靓丽数字的背后是格力在打造全价值链基础之上形成的定价权。企业转型升级的标志是在市场上有没有定价权。格力的盈利能力充分说明了格力的定价能力，这也标志着格力在新一轮的转型升级中树立了标杆。

“6”的“倍增器”效应还体现在格力的国际竞争力上。格力的产品标准超过了欧洲、美国等发达国家在碳排放、节能环保方面严苛的技术要求。格力产品不仅在国内重大建设工程中屡屡中标（人民大会堂、北京新机场、北京地铁等），而且在国际上大放异彩。格力在南非世界杯配套设施中央空调招标中，凭借其独特的低碳节能核心科技、灵活的设计、可靠的安装脱颖而出，一举中标在约翰内斯堡的足球体育场（世界杯开闭幕式和决赛所在地）、世界杯官员办公大楼、世界杯 Sinaba 比赛训练体育馆工程项目、机场 PROTEA 酒店等中央空调设计、制造、安装、调试等一系列工程。2011 年 5 月，马尔代夫政府从格力采购了世界上第一批真正的“无氟空调”R290 环保空调，其中一部分供国会大楼使用。在意大利 2015 年米兰世界博览会、俄罗斯索契奥运会上及 2018 年俄罗斯世界杯场馆，都能见到格力的身影，而这些让人振奋的样板工程正在向世界昭示“中国造”的极大魅力。

### （三）"6+1"的独特优势

"6"的"倍增器"效应巨大，但是，"1"的基础作用也不可忽视，因为有"1"这个基础，"6"的"倍增器"效应才有根基和支撑，这就是当前欧美再工业化背后的根源。尤其是"6+1"更是具有独特优势。有了"1"做基础，就有了"干中学"的可能性。"干中学"是技术内生化增长模型的主要内容。技术之所以被视为内生变量，是因为技术变动是从观察实践中实现的，而不是经过专门研究开发出来的。这就是制造反过来对研发设计具有强大推动作用的体现。中国高铁就是这方面的典型例子，尽管高铁技术最早由德、日、法领先，但是中国引进技术之后，因为有了大规模的修建运营，中国高铁技术通过"干中学"而不断提高、突破，乃至走向领先地位。

"1"这个基础，更是培养人才的平台。格力通过制造环节，在生产线上培养了大量的科研人员，格力的"草根科研"和"全员创新"蔚然成风。刘小华 2003 年毕业进入格力，2004 年就加入了离心机研发这个团队，在其他的企业，很少有这样的机会。2009 年 10 月，他所负责的"格力高效离心式冷水机组研发项目"被制冷界的权威机构鉴定为国际领先水平。2011 年 12 月 17 日，刘小华负责的"高效直流变频离心式冷水机组"再次被权威机构鉴定为国际领先水平。除了刘小华，一线工人中涌现了大批创新能手：一步步从普通一线工人转变为高级技术工人的张树源，开叉车创造吉尼斯世界纪录的叉车司机曹祥云，全国五一劳动奖章获得者卢锦光……他们都是新一代产业工人的榜样。格力在制冷行业素有人才培养的"黄埔军校"之称。

随着价值链新载体的出现，"6+1"的独特优势更为凸显。智能与制造业的结合、生产与服务的深度融合，使生产环节不再意味着价值链的"低端俘获"，服务环节可能产生更高的价值。同高端服务相结合的生产环节、同先进制造相结合的服务环节，是迈向全球价值链中高端的基本载体。

## 三、治理模式：“杰出企业家 + 全要素创新”

“格力现象”产生的微观基础是格力治理模式的创新。格力治理模式的特点可以概括为“杰出企业家 + 全要素创新”，格力治理模式为格力“全价值链”的打造提供了坚实的微观基础。“全价值链打造”和“全要素创新”二者共同作用是格力成功的内因。

### （一）杰出企业家是格力成功的第一要素

企业家是独特的企业资源。在企业经营过程中会潜移默化植入企业家自己经营的管理方式、问题处理习惯等，企业经营风格、战略目标、市场策略等往往都是企业家意志在企业中的延伸或体现。企业家是创新的启动者、组织者，也是整合资源、创造企业新价值的领导者。从人力资本的角度看，企业家的思维模式和处理有效信息的能力在嵌入企业之后会给企业带来更多的竞争优势，企业家能充分认识和把握科技进步带来的潜在市场机会，通过整合专业人力资本和一般人力资本，推动企业成长。可以说，企业家是企业竞争优势的主要源泉。

著名企业往往与其杰出的企业家是同义语。一个企业有一位杰出的企业家是幸运的，有两位，那一定是受到了幸运之神的眷顾。格力无疑是受垂爱的：朱江洪和董明珠都是中国制造业少见的杰出企业家。“跟着朱江洪，格力不会穷；跟着董明珠，格力不会输。”以今天的目光回头梳理，格力的幸运，首当归功于企业家。没有执着、实干的掌舵人，就没有跨越商海泥潭的格力，也没有那些精彩传奇的格力故事。可以说，格力成功的首要因素就是有这两位杰出企业家先后掌舵。

朱江洪、董明珠两位杰出企业家都有强烈的实业报国情怀，敏锐的战略眼光，强大的执行力，以身作则、敢于担当的作风，更重要的是他们都善于决策，敢于决策，具有超人的决策能力。决策能力是企业成败的关键。企业的核心是经营，经营的核心是决策。格力一路走来，有几次重大的决策对公司的生存和发展起到十分关键的作用：一是 1995 年格力在内部掀起了一场"质量革命"，大力推广"零缺陷"工程。在董明珠的提议下，格力建立了行业内独一无二的筛选分厂，对进厂的每一个零配件进行严格检测，杜绝了零配件的质量隐患，大大降低了格力空调的售后返修率。二是 1996 年格力进行了一系列销售变革，先后实行"先付款，后发货"、"淡季返利"等销售政策，并开始自建渠道，组建区域销售公司，格力的渠道模式被学术界称为"21 世纪经济领域的全新营销模式"。三是 2001 年 11 月格力进行干部队伍整顿，加强人才建设，开始加强内部管理，完善各种制度，向管理的现代化、科学化与规范化迈进。四是 2004 年 10 月格力拥有了自己的压缩机、电容、漆包线生产厂及生活电器公司，使格力空调的核心元器件掌握在自己手中，为企业拥有核心技术奠定了坚实基础。五是 2005 年在格力面临出售给外资的关键时刻，董明珠危机公关保住了格力，避免了同新飞冰箱一样的命运。六是 2012 年推动"零缺陷管理模式"建设，创建 CTFP 质量技术创新循环及"让世界爱上中国造"完美质量管理模式。七是由于敏锐地认识到劳动力资源短缺趋势及国产智能装备核心技术创新发展的必要性，2013 年格力开始转型升级，进军高端装备领域，并先后进军精密铸造产业、通信设备产业及精密模具产业，使格力工业 4.0 走在了前面。

### （二）格力"全要素创新"治理模式

格力"全要素创新"包括技术要素创新、非技术要素创新以及二者协同机制创新。它以价值增值为目标，以技术创新为核心，以全价值链打造为路径，以各创新协同为手段，凭借有效的创新管理机制，做到人人创新，事事创新，时时创新，处处创新。其内涵可概括为"三全一协同"，即全要素创新、全员创新、全时空创新和创新之间的协同。其中，管理创新是基础，技术创新是核心，人才创新是根本，营销创新是关键，文化创新是灵魂。

"公严相济"的管理创新。管理创新是包括制度、组织和战略在内的一系列创新的总称。它是格力"全要素创新"的基础环节和前提，为技术创新、人才创新和销售创新提供保障与支撑。格力管理创新的精髓在于让每个员工都热爱自己的企业。格力的管理创新始终以质量管理为中心，把质量视为企业的生命。格力在全公司制定并推行"八严方针"，即：严格的制度、严谨的设计、严肃的工艺、严厉的标准、严密的服务、严明的教育、严正的考核、严重的处罚。格力从1995年开始就严格执行"总经理十二条禁令"，在质量上"大开杀戒"。"公平公正、公开透明、公私分明"是格力的十二字管理方针。"讲真话，干实事；讲原则，办好事；讲奉献，成大事"是格力的行为准则。企业管理的内涵，是管人与管事相结合。"三公"确立了格力人做事的标准，"三讲"则确立了做优秀格力人的准则。"讲真话、讲原则、讲奉献"的作风逐渐融入格力人的血液，成为格力强大竞争力的重要来源。

"自主原创"的技术创新。作为一家"技术主导型"企业，格力的生存和发展完全依赖原创自主的技术创新。技术创新包括产品创新和工艺创新。格力的产品创新一直走在行业前列，从单相的制冷到双相的冷热，从单频到变频，从一拖一到一拖多，从家用到商用，从常规领域到特殊领域……格力已经从家电制造商变为"气温环境供应商"。格力的产品创新源于自主，源于实践，源于市场，源于生活，源于广大消费者的需求。格力的发展史，就是一部立足市场、立足消费者的自主创新史。工艺创新是研究和采用新的或已有改进的生产方法，包括对生产装备的更新和对生产过程的重组。格力的工艺创新突出表现在智能装备上。格力从空调的优势出发，在智能装备领域卡位布局，深耕装备制造领域。经过5年的发展，格力再度成为行业破局者，不但实现了内部生产设备的自给自足，还面向市场实现了客户定制化的工业机器人集成应用、精密数控机床产销、大型自动化生产线解决方案以及精密模具供应等。

"立足草根"的人才创新。格力坚持"人本管理"的理念，注重人才的自我培养。格力有一整套"选、育、用、留"人才培养体系，"能者上、庸者下"，为各类人才提供施展才能的平台。领导干部不用"空降兵"，这在格力是一条不成文的规定。无论是一线工人、专业技术人才还是企业领导层，格力都注重自己培养。格力建立了完善的奖励机制，全方位激发员工荣誉感和激情。格力为一线员工提供了"机械师成长路线"，激发每个人的荣誉感。格力设立了科技进步奖、管理创新奖、合理化建议奖、年终奖，形成多样化的奖金体系，同时开展先进团队、先进个人、大学生格力希望之星、工人先锋号、金牌员工、杰出进城员工、技能标兵等荣誉评选活动，通过多种方式激励各岗位员工不断创新、发挥所长、提高工作效率。作为技术驱动型企业，格力重视"草根创新"，把员工视为企业发展的基础战略资源，从员工进入企业的第一天起，格力就提供各种平台帮助其向"技术型工人"转变。格力通过工程技术学院的"育人工程"、一人一居室和人才公寓的"安居工程"及设立智能装备技术研究院以提高人均产值的"创新工程"，不断完善人才创新体系。

"独树一帜"的销售创新。格力营销渠道一直在工业精神和商业精神的博弈中前行。格力遵循"先有市场，再有工厂"，独特的渠道建设在家电业独树一帜。格力独特的"格力模式"（股份制区域经销模式）、"先款后货"（先付款，后发货）、"淡季返利"（依据经销商淡季投入资金数量给予相应利益返还）策略，使格力的营销模式被学术界称为"21世纪经济领域的全新营销模式"。股份制区域经销模式的特点是：统一渠道、统一网络、统一市场、统一服务，开辟了独具一格的专业化销售道路，统一价格对外批货、共同开拓市场，共谋发展。这种模式不但使价格得到控制，原来花在内耗上的力量也全部用来开拓市场，这样厂商都会达成一致目标，最终实现利益的基本一致，格力品牌形象和市场占有率也随之迅速得到提高。格力"自建渠道"的营销模式使企业"诚信"贯穿于从生产到销售的每一个环节。

"报国情怀"的文化创新。企业文化是凝聚人心的内核。格力以"实、信、廉、新、礼"的"实"文化为核心价值观，以"忠诚、友善、勤奋、进取"为企业精神，以求真务实的工作态度，沿着专业化之路坚定前行。格力的"实"文化是一种具有实业报国情怀的文化，董明珠称之为"工业精神"。实业报国是一种情怀。近百年来，多少仁人志士投入满腔热情发展实业，从洋务运动到孙中山的实业救国，到新中国成立后的实业兴国，再到改革开放后的实业强国。今天，格力对实业的信念与追求，也即董明珠所谓的“工业精神”，是一种意喻专业执着、踏实肯干，昭示伟大与希望的精神，反映了格力坚持实业强国的决心和毅力。多年来，很多企业将业务范围扩展至高利润的房地产、金融、文化、互联网等行业，格力却从未将发展的枝桠伸出制造业的范围。董明珠对制造业的专注令人心生敬意，她缔造了“工业精神”时代的传奇，成就了大多数企业无法企及的高度。格力以其执着与坚守以及持续的成功，证明“工业精神”在中国也能实现。

## 四、好风凭借力，圆我中国梦

“改革开放带给中国巨大的变化，一个西方人活 400 年才能经历的两个天壤之别的时代，一个中国人只需 40 年就经历了。”[①]40 年间，中国经济发展取得了举世瞩目的成就。中国 GDP 从 1978 年的 3678.7 亿元增长到 2017 年的 82.7 万亿元；中国人均 GDP 从 1978 年的 385 元上升到 2017 年的 59660 元，成功跻身中等收入国家行列。40 年间，中国企业也开启了波澜壮阔的发展历程，一批世界级企业诞生。2017 年，中国企业在世界 500 强中的数量连续 14 年增长，达到 115 家，排在美国的 132 家之后，远高于日本的 51 家，中国企业成为展示国家形象的新名片。

格力与中国改革一路相伴成长。始于 1991 年的格力故事，跳动着中国发展的脉搏。格力 28 年的发展历史，恰逢中国改革开放的快速成长期。格力的起步始自邓小平南方谈话后市场经济的腾飞，格力的成长伴随着中国经济的突飞猛进，而格力全球化的步伐，恰恰与中国制造席卷世界的风潮紧密相联。格力幸会了中国入世的难得机遇，分享了 20 多年房地产黄金期的红利，也经历了金融危机的冲击，调结构的阵痛，更迎来了新时代深化改革的

① 余华：《我们生活在巨大的差距里》，北京：北京十月文艺出版社，2015。

巨大发展空间……时代成就了格力。格力从一个 200 人的小厂，变成 9 万人的世界级企业。可以说，格力成长的每一个步伐，都踩着中国改革发展的节拍；而格力故事本身，就是中国改革故事的缩影。28 年来，格力迎着新政策的浪潮，苦练内功、不断创新，从主抓产品到加强技术研发；在渠道建设中，开创了格力经营模式，建立起拥有铁律般的经销商体系；大胆而坚定的股权改制，让格力一度站在改革的潮头；2012 年之后自主创新质的飞跃，使格力成为全球技术领先的创新型企业。

（一）生逢其时（1991 年 11 月 18 日）

"一九九二年又是一个春天，有一位老人在中国的南海边写下诗篇"。1992 年，邓小平南方谈话，中国改革开放走上快车道："天地间荡起滚滚春潮，征途上扬起浩浩风帆……" 1992 年 10 月 12～18 日党的十四大在北京胜利召开，党的十四大明确提出建立社会主义市场经济体制。此时，中国大陆市场真正开放，为实体经济发展开启了广阔空间。1991 年 11 月 18 日刚刚诞生的格力真可谓生逢其时。

国家正式出台第一个空调规划。1984 年国家计划定点生产家电。从 1985 年开始，冰箱、洗衣机、空调的生产需要国家颁发的定点生产许可证。空调在当时是被严格控制发展的产业。究其原因，电力长期短缺，空调是耗电大户。从 1965 年上海空调机厂生产出中国第一台三相窗机空调，到 1978 年全国空调产量只有 223 台。1991 年，国家正式出台第一个空调规划。此后，尤其是取消定点生产之后，中国家电业进入全面快速增长期，家电产业高达 30% 以上的利润率成为众多厂家追逐的目标。

收入水平的提高为空调业发展提供了购买力。1978 年以前，我国的家电业发展十分缓慢，那时人们生活水平低而使用不起任何家电。1978 年改革开放，第一招便是全国 60% 的职工涨了工资。从 1979 年起，国家将农产品收购价格提升 30%，进一步调动了农民种地的积极性。1983 年，乡镇企业一举占据我国工业的半壁江山，职工数已达 1.02 亿人，超过国企。1985

年以后，家庭联产承包责任制已经在农村普遍实行，生产得到迅速发展，温饱问题解决了。随着收入水平不断提高，20 世纪 90 年代空调、电脑、录像机成为新的“三大件”。

电力工业的快速发展破解了空调业发展的瓶颈。从 1970 年到 1987 年，我国连续 18 年缺电。国务院于 1985 年 5 月颁布《关于鼓励集资办电和实行多种电价的暂行规定》，拉开了电力改革的帷幕。1987 年我国发电装机容量实现历史性突破，达到 1 亿千瓦时，此后，电力工业年均新投产发电机组都超过 1000 万千瓦时，从 1987 年开始，仅用 7 年时间全国发电装机容量就翻了一番，跨上 2 亿千瓦时台阶，随后仅用 5 年时间又跨上 3 亿千瓦时台阶，1996 年我国发电量位居世界第 2。到 20 世纪 90 年代后期，我国电力供过于求。

住房制度改革及房地产市场的形成为空调业发展提供了坚实基础。1981 年由深圳经济特区房地产公司开发的东湖丽苑开售，这是中国第一个商品房小区。1984 年国家计委等批准颁布了《国民经济行业分类标准和代码》，首次正式将房地产列为独立的行业。1987 年中国房地产史上出现了一件划时代的事情——土地拍卖。这标志着我国土地市场开始起步。1994 年 7 月 18 日国务院发布《国务院关于深化城镇住房制度改革的决定》，即 43 号文，提出了出售公房确定售价的操作办法，并正式在全国推行住房公积金制度。

春天的故事，火热的年代。刚刚诞生的格力面临难得的历史机遇，有着无限的发展空间。格力在初创时期的战略重点是“抓产品”。新成立的格力是一家默默无闻的小厂，只有一条简陋的、年产量不过 2 万台窗式空调的生产线，但格力开发了一系列适销对路的产品，抢占了市场先机，初步树立格力品牌形象，为公司后续发展打下了良好的基础。1992 年，格力华东片区业务经理董明珠审时度势率先打破“代销”这条僵硬的市场规则，确定“先付款，后发货”原则。格力打出“格力电器，创造良机”的广告语，让格力广为知晓。在品牌创立初期，格力重视质量，实现了名声与质量为广大消费者知晓的发展目标。

（二）脱颖而出（1992～2002年）

1992～2002年，中国经济改革进入了整体配套、重点突破和全面攻坚的新阶段。改革最核心的问题如产权、中央与地方的关系、国有企业改革、金融秩序等都取得了重大进展，保证了改革的继续和深入。与此同时，中央更加注重战略的细化和具体化，先后制定了科教兴国、西部开发、可持续发展、新型工业化战略等。正是这些具体的战略，保证了经济体制改革与经济发展战略的实现。由此，带动了经济社会转型和经济快速发展，消费领域不断拓展，彩电、冰箱、空调等耐用消费品逐步普及。

1992年之后，空调这一奢侈品在我国迎来了第一个大发展时期，各地空调市场呈现前所未有的热潮，企业纷纷开足马力生产，以抢占更多的市场。大批跨国家电企业涌入中国市场的同时，中国家电制造企业也开始广泛引进和吸收国外先进的制造技术、工艺设计和管理经验等，提高自身实力，一部分优秀企业和著名品牌发展壮大起来。然而，1996年之后，当产业资本投入过多、产能规模转化为实际产量、产量远远大于市场需求时，价格逐步走低，由于没有掌握核心技术且管理水平低下，价格血拼导致亏损，许多因超低价而闪亮一时的知名空调企业由于现金流断裂而销声匿迹。

格力"全要素创新"模式中的管理创新和销售创新在此阶段逐渐成熟。在这十年中，格力发展战略重点先由公司创立初期的"抓产品"，转变到1994～1996年的"抓质量"，再到1997～2002年的"抓市场、抓成本、抓规模"。1994～1996年，公司开始以抓质量为中心，提出了"出精品、创名牌、上规模、创世界一流水平"的质量方针，实施了"精品战略"，建立和完善质量管理体系，出台了"总经理十二条禁令"，推行"零缺陷工程"。几年的狠抓质量工作，使格力产品在质量上实现了质的飞跃，奠定了格力产品在质量上的竞争优势，创出了"格力"这一著名品牌。1994年，董明珠主管销售工作，凭借不断创新的营销模式，1995年格力空调的产销量一举跃居全国同行业第一。1997～2002年，公司狠抓市场开拓，董明珠独创了被誉为"21世纪经济领域的全新营销模式"的"区域性销售公司"，成为公司制胜市场的“法宝”。1998 年公司三期工程建设完毕，2001 年重庆公司投入建设，巴西生产基地投入生产，格力的生产能力不断提升，形成规模效益；同时，通过强化成本管理，为公司创造最大利润。自此产量、销量、销售收入、市场占有率一直稳居国内行业领头地位，公司效益连年稳步增长，在竞争激烈的家电业内一枝独秀。

### （三）行业龙头（2002～2012 年）

2002～2012 年，无论对中国还是对世界来说，都是一个不平凡的时期，因为这是一个中国不断超越发达国家的“超越秀”时期。自 2001 年中国经济总量超过意大利之后，2005 年超过法国，2006 年超过英国，2007 年超过德国，2010 年超过日本，成为世界第二大经济体。究其原因，可以归结为两个方面：一是 1998 年房改之后形成的以房地产投资为主的投资拉动；二是 2001 年入世之后形成的出口导向经济。这两大经济增长引擎带动中国经济一路突飞猛进，不断超越众多发达国家，使中国成为世界第二大经济体。

十年间，就中国空调行业而言，国内空调企业通过引进、学习、沉淀，再到消化、吸收、创新，自主进行制造生产已经不成问题，外资品牌被逐出中国市场，中国品牌挺进世界。而且，得益于价格竞争逐渐让位于价值竞争，中国力量能够按照企业自身的成长规律发展和经营。完全、自由、充分的市场竞争，让具有综合竞争优势的企业脱颖而出。进一步看，随着国民消费水平有了大幅提升，空调逐步由奢侈品转变为日用消费品，国内空调进入消费的黄金期，普及型消费市场已经形成。普及性需求的形成，为空调产业规模化奠定了基础。规模化的过程无形中促成了产业的集中，而行业的龙头企业也是在这一时期形成的。

2001～2005 年，格力提出了“争创世界第一”的发展目标，在管理上不断创新，引入六西格玛管理方法，推行卓越绩效管理模式，加大拓展国际市场的力度，向国际化发展。2005 年，格力家用空调销量突破 1000 万台 / 套，实现销售世界第一的目标，成为全球家用空调“单打冠军”。2005 年格力启动股权分置改革，为日后成为"中国最市场化的国有企业"奠定了基础。从2005年股权分置改革，到2012年在董事会人选一事上小股东"战胜"大股东，从而开创了机构投资者参与上市公司治理的先河，格力始终走在国企股权结构与治理结构改革的前列。借股权分置改革的东风，自2006年以来，格力通过实施股权激励、引入战略投资者、增发新股以及大股东减持等，渐进地实现了股权多元化；树立了中小股东由被动投资转为主动参与公司治理的典型；在相对开明的地方政府的主导下，格力成为资本市场国有股减持的样本。股改完成后，格力进入发展快车道。2006年后，格力业绩持续提升，营业总收入由2005年的182.65亿元，增至2012年的1000.84亿元，首次突破1000亿元；净利润则由2005年的5.07亿元，增至2012年的74.46亿元。

在2008年全球性金融危机背景下，受到"家电下乡"等政策因素的刺激，随后两年，国内家电产能以30%以上的增速加快扩张，远远超过了10%～15%的正常增速。继"家电下乡"之后，财政部又陆续推出了"以旧换新"、"节能惠民"、"能效领跑者"等一系列财政手段，以激进的姿态推动产品革新，以惊人的速度淘汰高能耗产品。多重的财政补贴大幅降低了工厂在提升产品能效水平上的成本，并使各种高能效产品迅速切入市场，形成大范围、大规模的销售。政策上的倾斜支持与制造企业的积极生产研发，大大缩短了空调在国内市场的普及进程。这一系列补贴政策，格力是最大的受益者，一方面是由于格力空调的产量最高，另一方面是由于格力纳入节能补贴范围的产品种类多，受补金额最大，这为格力日后加大研发力度提供了雄厚的财力支撑。

### （四）引领未来（2012年至今）

"历史性变革"五年标注新时代。中国改革开放40年，多次出现历史性大转折的关键时刻。其中，党的十八大以来的五年实现了"历史性变革"。这五年，是中华民族伟大复兴的关键历史时期，中国的改革开放迸发出了令人难以置信的奋进之势和前所未有的磅礴力量。中国作为最大发展中经济体的市场效应仍在。首先，城镇化进程尚未完成，市场仍有空间。2017年中国城镇化率为58.52%，距离70%的城镇化率仍有不小的空间。其次，消费信心旺盛，趋优消费将带动高端产品普及化。消费升级呈现旺盛的势头和活力，高端产品的增速超过了大众产品与廉价产品。趋优消费，将为空调企业的品牌高端化提供优质的用户土壤。与此同时，改革不断向纵深推进，2014年全国各地掀起新一轮国资改革，珠海市国资委以格力为切入点，将不超过格力49%的股权公开挂牌转让，引进战略投资者，打响了“地方国企改革第一枪”。这是十八届三中全会提出国企混合所有制改革后，第一家从集团层面践行这一改革的国有企业。

格力早期在空调生产的技术方面，也经历过向国外同行模仿学习的过程，压缩机等核心部件一度依赖进口。通过严把质量关和重视销售，格力空调迅速占领了全国市场份额第一的位置，数年后又拿下全球市场第一的位置。然而，这并没有改变技术追随者的角色。2012年之后，格力把技术研发、自主创新提高到前所未有的高度，对研发经费“按需分配”，上不封顶。自主培养了上万人的研发团队，大力发展包括精密制造、工业机器人、自动化生产线在内的智能装备业，包括压缩机、电机、装备、模具、电工等在内的工业制品进入外供市场，格力打通了整个产业链的上下游，形成了苹果公司式的“产业生态闭环”。

格力在实现“从中国制造转向中国创造，从中国速度转向中国质量，从中国产品转向中国品牌”之路上取得了一个又一个辉煌成绩。尽管起步较晚，但基于对制造业深耕多年的理解和对生产线多次自动化改造的经验积累，格力通过自主研发和技术攻关，在很短的时间内就实现了智能装备技术和产能的快速提升。从智能装备领域到机器人领域，从硬件到数控系统，格力已打通全部环节，实现百分之百的自主研发和自有知识产权，核心技术牢牢掌握在自己手中，命运也牢牢掌握在自己手中！这实际上也为中国制造业在全球装备制造领域尤其是智能装备领域打开了一个突破口，更为中国制造掌握核心技术和掌握自己命运树立了标杆。从2012年到2017年的5年间，格力在技术研发方面取得了爆发式增长。24 项关键技术达到世界领先水平，跻身世界一流品牌行列。格力通过不断激活"创新因子"，走出了一条创新驱动发展之路，堪称新技术、新业态、新模式赋能传统产业的企业样本。

## 五、"格力现象"说明了什么

好格力，时代造。中国 40 年改革开放的历程，就是市场化、工业化、城市化和国际化的过程，也就是现代化的过程，中国 40 年演绎的所有精彩故事无不与此息息相关。市场化既是中国改革开放成功的关键一招，也是成就格力的根本原因。格力的市场化之路是在改革开放背景下，通过市场竞争机制获得市场规模，通过市场规模，获得成本优势，通过成本优势，获得高额利润，进而通过高强度投入研发获得技术优势，成为全球领先的创新型企业。格力既贡献于快速工业化过程，也受益于快速工业化过程。格力做大做强所需要的产业链效应、集群效应、财富效应、消费升级效应等都来自快速工业化。城市化对格力而言更是至关重要，伴随城市化的不断推进，公共建筑、私人住宅对空调的庞大需求，为格力提供了巨大的市场。格力的发展壮大也离不开国际化，格力的发展过程就是引进、学习、模仿、创新和超越的过程，也就是从"引进来"到"走出去"的过程。2012 年之后的格力迎着新时代的朝阳，立足自主创新，紧紧围绕"供给侧结构性改革"发力，围绕"三个转变"发力，围绕"高质量发展"发力，使格力走上自主创新引领未来之路，"让世界爱上中国造"成为现实。

实业强，国家强。制造业是立国之本、兴国之器、强国之基。世界强国的兴衰史和中华民族的奋斗史一再证明，没有强大的制造业，就没有国家和民族的强盛。打造具有国际竞争力的制造业，是我国提升综合国力、保障国家安全、建设世界强国的必由之路。无论是从供给侧还是从需求侧来看，制造业的重要性不言而喻，制造业的劳动生产率增长高于其他经济部门，制造业竞争和创新的强度也远胜于其他经济部门。目前全球范围内的制造业转型升级不仅仅是争夺存量市场、行业集中度上升的历史延续，更是寄予通过制造模式的根本转变，重塑新的价值链位置，奠定新时代大国竞争格局。具体看，企业的发展也是一个城市发展的原动力，好的企业可以带动一个产业、一个城市的发展，一个好的企业代表一个城市的水平和实力。格力诞生于珠海，是与经济特区共同成长起来的龙头骨干企业。格力的成长历程就是珠海实体经济从无到有、由弱到强、不断发展壮大的历程。

规模，成就奇迹。市场规模是一国竞争力的核心要素之一。美国动辄制裁他国，根源在于美国有庞大的市场规模，世界上很多产品的最大消费市场就在美国。对企业或产品而言，当市场很大的时候，固定成本就会摊薄，利润就高；利润高的时候，就可以投入研发，这是技术进步最重要的驱动力。研发投入多，技术进步快，成本就会进一步降低，质量进一步提高，然后占领更大的市场，进入良性循环。格力成长的历程表明，中国庞大的市场规模为格力成为世界级企业提供了必要条件。今天，中国的市场规模已经是世界第一，也早已成为多数跨国公司最大的市场和利润来源地。而且，这次以互联网和大数据为基础的第四次科技革命有一个显著特点，就是“大”和有规模门槛。它与我国规模效应优势发生了重大应和，这种重大应和意味深长。大数据、云计算、物联网、人工智能都是建立在规模效应基础之上，没有庞大的移动终端用户、没有庞大的网民数量就难以积累起必要的数据量，就达不到“大”数据的门槛。这简直就是为中国“量身定制”的一次科技革命！因此，面对美国挑起的贸易战，我们应该重新审视自身的规模优势，善用我们的市场，成就新的奇迹。

自主，才有出路。创新是民族进步的灵魂，是引领发展的第一动力。创新要立足自主，绝不能幻想借助他力实现创新。对此，我们有太多的教训：合资失利的大飞机，被外资收购而消失的新飞等国产名牌，以市场换技术失败的汽车产业，关键时刻被卡脖子的芯片和操作系统……我们更有通过自主创新走在世界前列的量子通讯、热核聚变、超级稻、可燃冰开采……自主创新始终是格力发展的灵魂，格力成为引领性企业的根基也在于自主创新。格力"基于掌握核心科技的自主创新工程体系建设"获得了2014年国家科技进步奖；"格力自主创新发展模式的探索与实践"获得了中国企业改革发展优秀成果一等奖。格力打造全价值链的过程，也是通过自主创新掌握价值链各环节核心技术的过程，正是因为格力的创新建立在自主的根基上，格力才牢牢掌握了自己的命运，处处争取了主动。这为当下中国制造和中国实体经济提供了一个值得参考和借鉴的"格力样本"。

有备，才有机遇。同样身处改革开放的大环境，同样面对无限的发展机遇，但是有的成功，有的失败，根本原因还在于"机会总是留给有准备的人"。格力成立后不久，当时还是短缺经济时代，空调供不应求，但是为了使产品质量上台阶，在供货紧张的情况下，格力决定停产整顿，为日后的质量求生存打下了良好的思想和物质基础。1994年，为了改变销售人员收入过高已经影响科技人员稳定的情况下，果断降低了销售提成，促成了公司走科技创新的道路，为格力"科技救企业"打下了坚实的基础。格力通过2005年股权分置改革及之后不断降低国有股比重，有效扭转了国有股一股独大的局面，有力推动了公司向现代企业迈进的步伐。由于格力较早树立了绿色发展理念，注重节能技术的研发，使得格力在国家节能补贴中受益最大，有能力把资金投入技术研发中去。尤其是2012年之后，随着国家对自主创新支持力度的加大，格力不断享受到国家重点实验室和首台套奖补。又由于格力较早认识到劳动力资源的减少和用工成本的上升，及时布局机器人和智能制造，既提高了自动化程度，又有效控制了成本。可以说，格力的每一步都踩到了国家政策支持的节拍上，踩到了时代发展的节拍上，最终成就了格力。

专注，才能极致。专注是格力成功的秘诀。为了培育"技术创新"这一核心能力，格力选择了专业化经营战略，不受诱惑，专攻家用空调，千方百计成为这一狭小领域的巨人。专业化保证了产品的"精"和"高"，使格力能够集中精力、财力、物力和人力不断去抢占技术制高点。董明珠说："专业化是格力最突出的经营特色，也是格力实现技术创新、抢占市场制高点的关键，专是为了精，也只有专才能保障精和高。”日本有一家名叫哈德·洛克（Hard Lock）的专注于小小螺母的公司，只有45个人，但全世界很多科技水平非常发达的国家都要向这家公司订购号称“永不松动”的螺母，将一颗螺母做到了极致的哈德·洛克公司独占这种螺母的全球市场。德国是工匠精神的倡导者，只有8000万人口的德国，竟有2300多个世界品牌。如果我们每个企业都做自己最拿手、最成熟、最过硬的“招牌菜”，中国品牌走向世界就指日可待了。

# 华为：产权制度创新与科技企业发展

综合开发研究院（中国·深圳）

## 一、改革开放孕育了华为公司的不断发展壮大

华为技术有限公司（以下简称华为公司）是我国改革开放的产物，成立短短30多年时间，在国内外市场攻城拔寨、所向披靡，由“代理商”到“制造商”到“解决方案供应商”华丽蝶变，实现了从小到大、从弱到强的跨越发展，成为全球领先的信息与通信技术（ICT）解决方案供应商。

### （一）华为公司诞生于中国改革开放第一轮的“下海经商”浪潮

1984年初邓小平南方谈话后，同年10月中共十二届三中全会讨论通过《中共中央关于经济体制改革的决定》，阐明了加快以城市为重点的整个经济体制改革的必要性、紧迫性，强调了增强企业活力，发展社会主义商品经济以及政企分开等重大问题。此后，中国出现了第一次“下海经商”浪潮，无数满怀憧憬的青年“孔雀东南飞”，纷纷奔赴珠三角、长三角地区创业兴业。万科、联想、海尔等如今叱咤风云的国内知名企业正是诞生于这个时期，华为就是其中一员。

当年，任正非从部队转业至深圳南油集团旗下一家电子公司任副总经理，由于在一笔生意中被骗导致公司损失200万元，后被南油集团除名。

1987年，44岁的任正非集资2.1万元人民币创建华为公司，靠代理香港某公司的程控交换机获得了第一桶金。1990年华为公司开始了员工集体持股探索，自此每年均按照员工工作年限、级别、业绩表现、劳动态度等指标确定符合条件的员工购股权数，员工可以选择购买、套现或放弃。除了华为内部员工外，联合地方邮电系统组建的合资公司莫贝克（后改名华为电气）员工也可自愿入股。1992年前后，华为全部资金用于C&C08交换机的研发，因货款回收太慢，现金流出现严重问题，连续几个月没有发工资，员工只能领到白条，整体士气低落，部分员工甚至打起退堂鼓。关键时刻华为公司收到一笔救命资金，这笔资金正是来自莫贝克公司员工持股股金，高达8881万元。1993年初任正非在蛇口小礼堂召开1992年年终总结大会时泪流满面地说："我们活下来了。"

### （二）华为公司借助改革开放政策松绑、市场支持实现了快速成长

1993年华为公司成功推出自主研发的C&C08交换机，首次跻身国内电信设备制造领域，1994年销售收入为8亿元，1995年达到15亿元，1996年达到26亿，连续两年翻番。由于当时很多省市电信部门资金短缺，现金购买设备很困难，1994年成立于深圳的第一家企业法人持股的股份制商业银行——招商银行向华为公司推出买方信贷业务。1996年时任国务院副总理的朱镕基视察华为，要求政府各部门积极支持像华为这样的民营企业发展，"只要是中国的程控交换机打入国际市场，一定要提供买方信贷；在国内市场与外国公司竞争，一律给予支持，同样给予买方信贷"。金融机构买方信贷解决了华为公司资金流困难，极大支持了华为公司高科技研发的一路狂奔。

此外，1997年深圳市政府出台《深圳市国有企业内部员工持股试点暂行规定》，2001年又出台了《深圳市公司内部员工持股规定》，并依据以上规定为华为公司不同阶段的员工持股方案予以政府依规批复背书。2001年华为电气以65亿元卖给爱默生电气，同时处理兑现华为电气的员工持股。

2003 年，两位从华为公司离职的高管刘平和黄灿先后就所持有华为公司股权权益状告华为公司，法院依据员工股东未在工商部门记名登记，判决华为公司两位离职员工败诉，意味着华为员工所持股份仅为一种体现分红激励的特殊股。然而，股权纠纷案并没有减少华为员工持续购买期股的热情，同年华为公司面向 80% 的员工，超过 1.6 万人以 2.76 元 / 股配股 10 亿股，同时调整配股兑现方式，一般员工每年兑现的比例最大不超过个人总股本的 1/4，对于持股股份较多的核心员工每年可以兑现的比例则不超过 1/10。

### （三）华为公司依托国际化战略融入全球，攀上世界科技企业发展之巅

任正非早就意识到在全球化时代只有建立起全球性商业系统方能生生不息，他说：“市场经济的最高形式，就是经济的全球化，这是不可阻挡的历史必然。资本寻求在有优质基础的地方发展，它像候鸟一样，总在不断寻找丰美的水草。”①

1996 年，华为开启国际化战略布局，当年进入俄罗斯市场，1997 年进入拉丁美洲市场，1998 年进入非洲市场，2000 年进入亚洲市场。伴随着 2001 年中国加入 WTO 拉开中国改革开放新序幕，华为公司全球扩张步伐加快。2003 年思科在美国发起对华为侵犯其知识产权的法律诉讼案，华为公司依据国际通行的商业利益和竞争规则积极应诉，2004 年华为与思科达成协议，思科之诉平局收场，华为获得国际市场公平竞争的身份。2005 年华为公司市场已遍布世界各地。2013 年华为公司推出“时间单位计划”（Time Unit Plan，TUP），覆盖外籍员工持股安排。2014 年华为公司超越爱立信成为全球最大的通讯设备制造商。2017 年华为公司全球销售收入超过 6000 亿元人民币，海外收入约占一半。

建设全球研发网络是华为公司的重要发展战略。截至 2017 年，华为公

① 引自任正非文章《市场经济是最好的竞争方式，经济全球化是不可阻挡的潮流》（华为公司总裁办电邮文号〔2009〕005 号）。

司海内外已建立16个研发中心、28个合作研发中心以及200多个产学研合作项目，包括着力软件开发和项目管理的印度班加罗尔研发中心、服务算法解决方案的俄罗斯研发中心、关注无线开发技术领域的瑞典研发中心、伦敦全球设计中心、日本微型设计和质量控制中心、美国大数据运作系统和芯片中心、巴黎美学研发中心。

### 小结

40年前，中国的改革开放打开了国内长久禁锢的历史闸门，浩浩荡荡的时代潮流催生了华为公司平淡甚至有些悲壮的创立，政策松绑、市场发展、全球开放则孕育了华为公司史诗般的奇迹崛起。华为公司强悍发展的事实展现了中国民营科技企业锐意进取的时代力量，验证了深圳经济特区试验探索示范的作用，诠释了改革开放对社会生产力的极大解放和发展。新时代，中国改革开放的步伐更加铿锵有力、更加稳健豪迈，更多“华为故事”正在发生和上演。

## 二、产权制度创新是华为公司崛起根本性支撑力量

华为公司伴随着中国改革开放的历史洪流，在激烈的市场竞争和经营实践中，持续不断创新优化企业深层次的产权制度架构，最大限度调动员工的艰苦奋斗精神和服务客户的动力，创造了中国科技企业跨越式发展的奇迹。

### （一）中国企业制度改革为创办华为公司创造了条件

改革开放伊始，中国企业制度所有制结构以国有企业为主，组织形式特点表现为政企不分。企业制度改革作为中国经济体制改革的重要内容，贯穿了改革开放持续至今的整个过程。上世纪80年代国有企业“放权让利”、乡镇企业“异军突起”、三资企业“从无到有”，早期全国企业制度改革聚焦于经营组织形式领域，尚未涉足所有制的重大变革，仅广东、浙江、福建等改

革开放前沿地区的一些城市开展了不同形式的探索。例如，广东深圳以政府规章鼓励科技人员兴办民间科技企业，福建晋江以戴“红帽子”“洋帽子”方式孵化民营和个体经济。20 世纪 90 年代《中华人民共和国公司法》“横空出世”，为设立及发展多种经济成分企业提供了基本法律条件。十四届三中全会首次明确“以公有制为基础的现代企业制度是社会主义市场经济的基础”，非国有、非公有经济发展步伐加快。本世纪头十年，中国企业制度改革集中于改善治理结构和完善产权结构，开展了国资监管制度、独立董事制度、股权分置改革等系列重大制度建设。本世纪第二个十年，十八届三中全会明确“公有制为主体、多种所有制经济共同发展的基本经济制度，是中国特色社会主义制度的重要支柱，也是社会主义市场经济体制的根基”，要完善产权保护制度，积极发展混合所有制经济，推动国有企业完善现代企业制度，支持非公有制经济健康发展。

华为公司诞生正是在改革开放的历史洪流中，得益于中国企业制度改革探索，得益于深圳特区政府政策支持。深圳市于 1987 年颁布了《关于鼓励科技人员兴办民间科技企业的暂行规定》（深府〔1987〕18 号），成为当时深圳民营科技企业的“出生纸”和科技人员创业的法律文书，任正非在不同场合多次说到华为公司就是凭着这个红头文件设立和发展起来的。2016 年华为公司创始人任正非回答新华社专访时再次说道：“华为的发展得益于国家政治大环境和深圳经济小环境的改变，如果没有改革开放，就没有我们的发展。深圳 1987 年 18 号文件明晰了民营企业产权。没有这个文件，我们不会创建华为。”

特别需要关注的是，当时关于支持民营企业发展方式，深圳采取了在一定范围内“开口子”认可所有权的方式，而浙江、福建等一些地方则是在不定范围内“戴帽子”模糊所有权，短期内二者均释放了企业发展活力与动力。然而从长期看，清晰产权释放了更加长久的激励效果，推动了产权所有者不断顺时应势，以市场为导向持续创新发展；而模糊产权带来更多的机会主义和“搭便车”行为，以谋求身份保护的各种“帽子”，也可能给企业进一步做强做大带来种种限制，很多乡镇企业成为中国改革开放大潮中的“过眼云烟”。

### （二）员工共享持股制度创新为华为公司带来了高速发展

华为公司处于国内最早开放的通信制造行业，行业市场规模大但技术更新换代节奏快，企业技术选择风险大，市场竞争异常激烈，北电网络、UT斯达康等企业倒闭很大程度上均源于技术选择重大失误。通信制造企业实现可持续发展，不仅要有持续的大规模研发投入，而且要保持对行业发展的高度敏感性。任正非虽然多次宣称自己不懂技术，但实际上并非完全如此，他早在部队从军时就得过全军技术创新二等奖，被选为中共第十二次代表大会代表，对通信行业与技术发展有着最真实的长期实践和感悟。任正非创办华为公司之初即认识到了行业技术变革的风险和行业竞争的残酷，逐步清晰并确立了“以客户为中心，以奋斗者为本，长期坚持艰苦奋斗”的核心价值观，公司成立三年后就开始推行员工共享持股制度，并结合公司不同发展阶段不同实际，开展了实股配股、虚拟股配股、饱和股配股以及时间单位计划等创新，凝聚了一批高学历、高知识、高素质的员工队伍，解决了公司高速成长资金需求、风险分散等问题，实现了企业可持续高速发展。

华为公司成立时注册资本仅为2万元，与数万家中小民营创业初期一样，市场拓展和规模扩大需要大量资金投入，与此同时对行业技术的跟进与迭代急需大量研发投入，但对当时探索中的民营企业而言，银行信贷等正规渠道融资极度困难。从1990年开始华为公司推出了实股配股制度，华为公司及其合资公司员工以每股1元价格购入公司股票，由员工出资购股成为实际股东并享受分红，但无股票增值权，配股条件适用于所有员工。到1997年公司注册资本增加到7005万元，增量全部来自员工持股的股份，一定程度上解决了公司初期发展阶段内部融资需求，增加了员工归属感，稳定了创业团队。从2004年至2011年，华为公司新增持股63.74亿股、总计增资275.45亿元，仅2011年就增发17.35亿股、增资94.04亿元，远远超过了很多公司 IPO 上市融资（2004 年中兴通讯香港 IPO 上市融资 21 亿港元）。

然而，实股配股导致股权过度分散带来企业管理和经营风险，2001 年华为公司开始以虚拟股配股制替代实股配股制度，员工出资购买虚拟股，享受分红权和增值权，但无实际股权，配股条件针对不同员工做了相应区分；同时对实股配股的内部股票按照一定规则有条件地转为虚拟受限股。长期配股制度实施又使新问题浮现出来——很多员工在华为公司就职时间越长配股数量越多，即使岗位贡献没有变化，也可以获得持续不断增长报酬。对此华为公司按照员工的绩效、岗位、级别确定配股数量上限，达到上限后就不再参与新的配股。为了解决老员工“混日子”和外籍员工长效激励问题，2014 年华为公司开始推行“奖励期权计划”（Time unit plan），员工无须出资购股，且股票有时间限制，以 5 年为一个周期，5 年内按比例逐步兑现分红权，期满后结算股票增值收益、奖励期权计划清零，纠正了原有股权激励由于持续时间太长而导致的强化历史贡献的不合理性，缓解了新员工购股压力，激励了老员工持续奋斗，更有利于企业长久发展。

《华为基本法》关于利益的第五条：“华为主张在顾客、员工与合作者之间结成利益共同体。努力探索按生产要素分配的内部动力机制。我们决不让

图 1　华为公司奖励期权计划

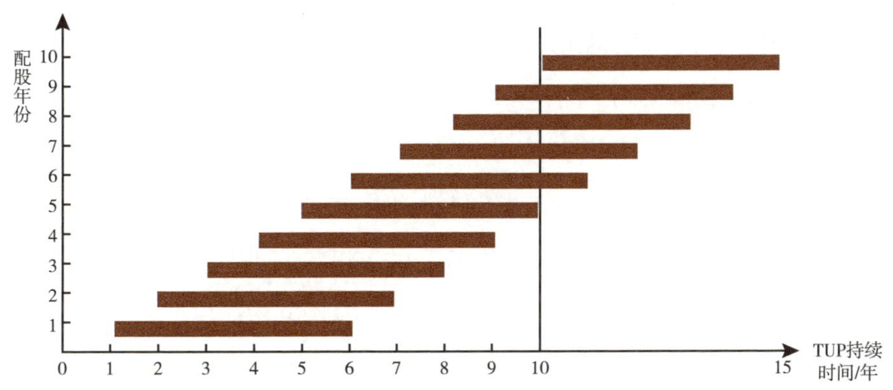


资料来源：齐宝鑫、武亚军《转型经济中民营企业成长的中长期激励机制研究——华为推行 TUP 的产权制度创新实践与理论启示》，《复旦学报》（社会科学版）2018 年第 3 期。

雷锋吃亏，奉献者定当得到合理的回报。”华为公司的员工持股制度不仅增加员工的归属感，降低了公司现金流风险，同时允许合资公司员工持股，强化了合作伙伴利益联结，加快各地销售回款，更重要的是不局限于成规的持续创新，保障了华为公司不同发展阶段持续高速增长。

### （三）知识产权战略布局为华为公司开拓了更大发展空间

知识产权制度最早出现于17世纪的工业革命创新浪潮下的欧洲，目的是给予创新主体一定期限保护，支持其获得经济利益，进而鼓励社会持续深度创新。如果说土地所有权是农业经济时代的核心财富，资本所有权是工业经济时代的核心财富，那么知识产权就是知识经济时代的核心财富。企业缺乏知识产权不仅意味着发展相关业务需要承担高额知识产权许可费，否则将面临高额惩罚性侵权赔偿金，更重要的知识产权障碍有可能会使企业国际市场的准入资格受到严峻挑战。跨国公司往往用5年左右时间完成作为知识产权核心的专利战略部署，然后就可能发起对占有或可能会取得较高市场份额、没有可抗衡专利或其他筹码的企业发动个体或群体的专利围剿战。一定程度上可以说，当今企业没有知识产权创造能力就没有未来。

华为公司成立之后十多年时间正是第一代、第二代移动通信迅猛发展时代，中国通信市场逐步成为全球最具活力的市场之一，通信领域跨国公司均将中国市场作为其全球战略的重要组成部分。知识产权作为跨国公司整体经营战略的重要组成部分，被用来维护其垄断地位、市场份额或限制竞争对手。华为公司销售市场从跨国公司无暇顾及的国内边远地区起步，逐步向核心城市发展、向国际业务拓展，在激烈的市场竞争中华为公司很快意识到知识产权的重要性。1995年成立知识产权部和首个研发中心（北京研发中心），到2000年前后华为公司开始全面进军国际市场，按照国际惯例主动向跨国公司缴费以获取知识产权许可，国际巨头要价高达华为销售比例的1% ~ 7%，华为深刻体会了知识产权就是国际竞争的核心资源。

对此，华为公司不惜“缴学费”，更不吝向竞争对手学习，把知识产权战略作为公司整体战略的重要组成部分，在尊重他人知识产权的基础上开发、利用和保护自己的自主知识产权，构建知识产权管理制度和流程，持续加大研发投入，积极融入国际性行业组织，深度开展知识产权的战略布局，在主要产品技术领域和主要经营的国家范围内保持一定数量的专利申请和授权专利积累，形成强大专利组合和标准必要专利，以专利交叉许可谈判和协议，规避不可承受高额许可费用，消除全球销售障碍，保障公司经营安全和快速成长。

截至 2017 年底，华为公司累计获得专利授权 7.43 万件，累计申请中国专利 6.41 万件，累计申请外国专利 4.88 万件，其中 90% 以上专利为发明专利。研发费用 896.9 亿元，占销售收入比重高达 14.9%[①]。根据世界知识产权组织（WIPO）2017 年全球各个国家和企业的 PCT 专利申请的相关数据，华为公司以 4024 件高居企业 PCT 专利申请数量排名榜首。

### （四）深圳产权制度改革探索营造了民营科技企业发展良好环境

深圳作为国家改革开放的窗口，市场经济发展早、国际化程度高，较早开展了一系列产权制度探索，为华为公司以民营科技企业身份成立，以及员工持股制度创新、知识产权创造与保护等营造了良好的制度环境。深圳市政府 1987 年颁布了《关于鼓励科技人员兴办民间科技企业的暂行规定》，为民营企业打开一个发展的通道，当年就有 300 多名科技人员兴办 85 家民营科技企业。[②] 随后，深圳市政府 1993 年出台了国内第一个无形资产评估的政府规章——《深圳经济特区无形资产评估管理办法》，1995 年出台了国内第一个企业知识产权技术秘密保护法规——《深圳经济特区企业技术秘密保护条例》，1998 年出台国内第一个规范技术入股行为的规章——《深圳经济特区技术成果入股管理办法》，2006 年发布实施了国内第一个由

① 数据源自《华为投资控股有限公司 2017 年年度报告》。

② 数据源自维栋、李国光、彭树堂《创新是民营科技企业的生命线——深圳民营科技企业发展情况调查》，《民营科技》2006 年第 3 期。

地方党委通过的地方性知识产权发展战略——《深圳市知识产权战略纲要（2006~2010 年）》。2008 年深圳海关以华为、中兴等品牌知名度高、专利技术拥有量多、进出口业务量大的深圳企业为重点辅导单位，开展全程跟踪服务，重点培育企业海关知识产权保护意识，提高其运用海关知识产权保护的能力。

以员工持股制度创新为例，华为公司员工持股制度遵循的就是深圳市政府关于“内部员工持股”的系列规定。1994 年，深圳市政府为规范各种形式的员工持股计划，出台了《深圳市国有企业内部员工持股试点暂行规定》。1997 年华为公司虽然为民营企业，但其参照深圳市国有企业内部员工持股试点规定，调整由华为技术和华为新技术两家公司员工共同持股的股权结构，并将员工持股方案上报深圳市政府当时的体改办，体改办对华为公司内部员工持股方案做出原则同意的批复。2001 年，深圳市政府颁布《深圳市公司内部员工持股规定》，适用范围扩大到了民营企业。当年，华为公司推

图 2　华为公司股权结构演变

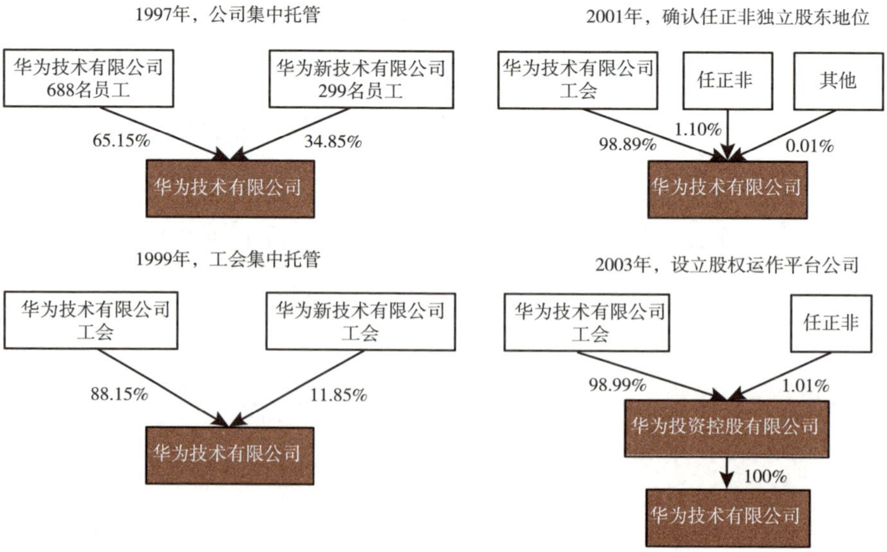

资料来源：根据有关华为公司文献资料和股权变更情况作图。

出《华为技术有限公司虚拟股票期权计划暂行管理办法》，进一步确认了工会持股架构，工会以社团法人登记为公司股东，同样上报深圳市体改办获得批复同意。在国家法律法规尚未全面覆盖产权制度领域之际，正是由于地方政府相关规章和条例，规范了华为公司员工持股形式，规避了非法集资法律风险，为其创新发展提供了有力支撑。

### 小结

华为公司诞生于中国改革开放前沿阵地——深圳经济特区，较早确立了清晰的民营企业产权，获得了改革开放政策的有力支持。“有恒产者有恒心”，作为创始人的任正非天然具备了追求公司长期有效增长的动力，以员工持股制度分享收益来凝聚队伍、融通资金和激励奋斗，以知识产权布局开放创新来突破封锁、扩大市场和快速成长。华为公司三十年史诗般的崛起已成为中国民营科技企业发展高新科技、征战全球市场的成功范例，员工持股制度实质是创始人不失企业控制权前提下赋予员工有效激励的二元股权结构有益探索，知识产权战略布局则意味着中国企业如何才能坚定而自信地走向世界舞台中央、引领创新发展方向。深圳作为中国经济特区改革开放先行先试的成功实践，最本质的不是所谓的产业规划和优惠政策，而是营造了孕育和成长“华为”们的制度环境。

## 三、华为公司科技成就的取得离不开产权制度的创新

三十年白驹过隙弹指一挥间，1987 年的“小作坊”华为公司依托产权制度创新，保持了战略定力，释放了巨大活力动力，使其仿佛一夜间崛起于大江南北、四海内外，其迅猛的科技创新势头更是令人们叹为观止。2013 年华为公司超越全球第一大电信设备商爱立信，在全球部署的 LTE 商用网络和 EPC 商用网络成为通讯设备公司世界第一；2015 年华为公司智能手机启用具有自主知识产权高性能海思麒麟芯片后跻身全球手机厂商市场占有率

第三位，突破欧美日等发达国家高端市场而畅销全球；2017 年华为公司名列全球企业研发投入排行榜前十名（研发投入总额是国内 BAT 三大互联网巨头总和的 3 倍），国际专利申请量高居全球企业排名榜的榜首。

### （一）民营企业产权属性使华为公司唯有创新才能生存发展

20 世纪 80 年代末，伴随着中国改革开放，国内电信行业蓬勃发展，对程控交换机需求巨大，与此同时，国内市场又被“七国八制”的国外产品长期垄断，代理交换机业务竞争异常激烈，1987 年华为公司成立后半年时间，深圳就涌现了大大小小上百家代理公司。任正非在代理销售程控交换机过程中，敏锐地意识到了自主研发的巨大市场机会。然而，华为公司作为刚刚政策解禁设立的民营企业，既没有技术的积累又缺乏融资支持，面临“搞自主研发找死，不搞自主研发等死”严峻形势。任正非而立之年事业不如意之际创办华为公司，寄托了其全部理想乃至生命希望。1992 年华为公司孤注一掷，前后投入 1 亿元研发自己的数字交换机。在当时的动员大会上，任正非对全体干部说：“这次研发如果失败了，我只有从楼上跳下去，你们还可以另谋出路。”[①] 这种民营企业产权属性把任正非们“置之死地”，激发了创业创新“而后生”的强大动力和磅礴激情。

在这次巨大转型冒险中，华为公司倾其所有投资、高息拆借贷款、员工持股融资、招兵买马聚才，1993 年推出了 2000 门网用大型交换机设备 C&C08 机，实现了从“代理商”到“制造商”的生死蜕变。事实上这就是如今国内乃至全球所瞩目的深圳排浪式创新最直观的微观表现。创新之于深圳数以万计的民营科技企业而言，不是华而不实的口号，不是可有可无的任务，不是不讲效益的投入，而是安身立命之本、发展动力之源。深圳执创新之牛耳的“任正非们”不是组织选拔任命的，不是政策资金堆叠的，不是自

① 引自程东升、刘丽丽《华为三十年——从土狼到狮子的生死蜕变》，贵阳：贵州人民出版社，2016。

吹自擂虚幻的，而是在残酷的市场竞争中优胜劣汰、自然成长的，他们是深圳创新的脊梁。

### （二）独特的员工持股制度使华为公司既调动了员工积极性又保护了企业家精神

华为公司的股东法律意义上仅有任正非和社团法人工会，社团法人组织财产不属于个人，华为员工虚拟股份就是华为工会授予的一种特殊股票，有收益权但没有所有权，不能转让和出售。任正非唯一实体股东身份和员工虚拟持股安排就是一种普遍出现在发达国家高科技企业的“同股不同权”现象，目的是既要构筑员工参加的“利益共同体”，又要确保企业不失去发展“主心骨”。华为公司能够坚持“压强原则”和实施“压强战术”，不被市场短期利益所诱惑，不为内部嘈杂声音所困扰，长期聚焦主航道、主战场，在正确方向上长期保持艰苦奋斗，集中力量打歼灭战，才有了其作为世界级科技企业巨擘异军突起。

如果没有任正非带领的核心管理团队固守坚持和战略耐心，华为也许早就消亡，迷失于机会主义的社会喧嚣中了。1998 年任正非在中国电信调研团的汇报以及在联通总部与处以上干部座谈会上的发言中说道：“大家知道，深圳经历了两个泡沫经济时代，一个是房地产，一个是股票。而华为公司在这两个领域中一点都没有卷进去，倒不是什么出淤泥而不染，而是我们始终认认真真地搞技术。房地产和股票起来的时候，我们也有机会，但我们认为未来的世界是知识的世界，不可能是这种泡沫的世界，所以我们不为所动。”[①]1998 年的《华为基本法》明确“我们保证按销售额的 10% 拨付研究经费，有必要且可能时还将加大拨付的比例”。2001 年国内众多通信设备企业纷纷豪赌日本已被淘汰的小灵通技术，把准政府主导竞争的机会窗口，分享豪赌所带来的市场和资本盛宴，一个名为 UT 斯达康的小企业一举成名，

① 源自任正非文章《华为的红旗到底能打多久》。

2003 年销售额已与华为相差无几。然而，短短几年后曾经发展势头迅猛的 UT 斯达康已淡出了人们视线，华为公司在聚焦主航道、选择大市场战略指导下，将大量资金和研发力量集中投入代表未来的 3G 技术，实现了其后爆发式增长。

事实上，企业股权过度分散容易掉入乌邦托式平均主义陷阱，名义上主人翁实质上是搭便车。华为公司就是在实践中，不断平衡企业“主心骨”和广大员工队伍关系，华为的“工者有其股”坚持“以奋斗者为本”取代普罗大众的“以人为本”，用独特持股制度精准传导市场客户需求的压强和市场竞争对手的压强，不谋求上市也保障了企业不被资本所绑架，从这个意义上看，华为公司让社会舆论评价不一的“床垫文化”和“狼性精神”具有内在逻辑自洽。

### （三）华为公司坚持开放创新带来高端技术领域“厚积薄发”

科学巨匠牛顿说：“如果说我看得比别人更远些，那是因为我站在巨人的肩膀上。”现代科技创新的领域更是如此，封闭式搞创新不仅意味着可能重复前人的既有探索，而且极易惹上知识产权的相关诉讼，更重要的是即使付出惨痛的代价也可能赶不上时代的变化。华为公司作为民营企业，创始之初无背景、无技术、无资本，主动开放创新、防止自大封闭成为其生存发展的强大基因，长期坚持向国际规则靠拢、向西方管理学习，汲取一切有益于自身发展的经验。1997 年华为公司全面引入 IBM–IPD 集成产品开发流程和方法，不惜“削足适履”推动大规模组织变革，形成基于 IPD 的高效研发管理体系。由涵盖研发、市场、财务、客户服务等部门产品开发团队（PDT）取代研发部门单一运作，以对接市场、评估效益、并行开发、部门协同、及时迭代等研发体系，确保了研发活动的效率和效益。早在 1995 年华为公司就在北京筹建了第一个研究所，截至目前已在国内及美国、日本、印度等国设立了 16 个研发中心。2014 年华为公司设立开放式创新平台，覆盖全球 20 多个国家的 300 多所高校，连接外部学术研发资源与产业需求，强化研发的深度与速度。

华为公司研发的可比肩世界一流水准的麒麟芯片就是华为开放创新深耕细作和前瞻布局“厚积薄发”的产物。高端芯片研发周期长、容错代价大、技术迭代快（遵循摩尔定律），唯快不破、赢者通吃，不仅要求高端芯片的研发者具有长期投资、持续容错的实力，而且要具备快速反应、快速迭代的能力。华为公司1991年起就介入了芯片研发，设立了集成电路设计中心(基础研究部的前身)，1993年底成功做出自己的第一款芯片——用于C&C08交换机的低成本ASIC芯片。2002年开始布局手机终端市场，但因高通公司3G基带芯片供应不稳定，华为公司按照IBM-IPD方法无法做到“双供应商”战略，倒逼其启动基带芯片的自主研发。2004年华为公司将负责芯片设计的基础研究部剥离成为控股的海思半导体公司。华为公司依托业已形成雄厚盈利能力持续投入连续9年亏损的海思半导体公司。2012年发布的当时全球最薄智能手机Ascend D1开始搭载海思K3V2芯片，性能上与当时主流的处理器相当，但存在一些发热和GPU兼容问题。随后伴随着4G时代到来，华为公司海思芯片经结合市场化应用场景海量反馈而不断迭代升级，从海思K3V2到麒麟920到麒麟930、麒麟950、麒麟960、麒麟970，一举完成从跟跑到并跑、领跑的历史跨越。

### （四）华为公司强大知识产权创造助力其在国内外市场“攻城略地”

华为公司高度重视当代知识世界中凝聚集体智慧的知识产权创造与保护。早在1995年华为公司就设立专门的知识产权部门，开展知识产权运营及维护，并联合法务部门全面参与了日后众多的国际专利诉讼案件。2003年华为公司应对思科之诉后，更加强化了知识产权前瞻性布局，国际专利（PCT）申请数量呈现井喷式发展，2007年PCT专利申请量跃升为1365件，成为当年全球PCT申请量排名第1位。此后，PCT专利申请量虽有起伏，但长期保持全球排名前5位。10多年前全球通信行业领头羊摩托罗拉、诺基亚在PCT专利申请榜中已不见其身影。

图 3　华为 2005～2017 年 PCT 专利申请情况及排名

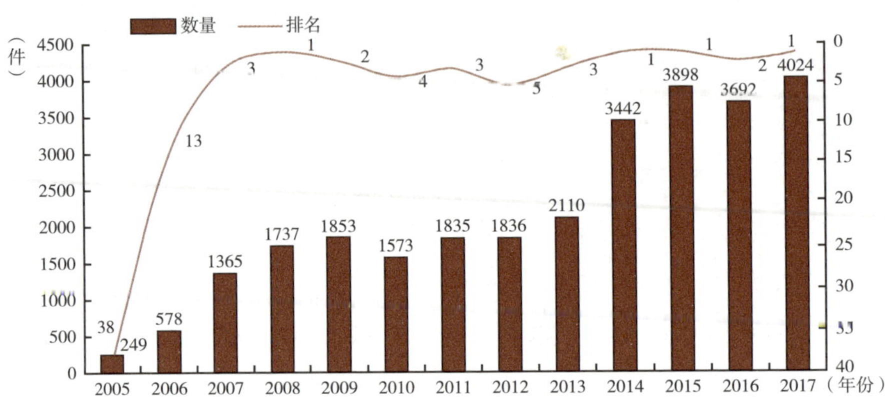


华为公司专利申请量剧增的另一面就是海量研发资金投入，2008~2017 年十年累计研发投入超过 3940 亿元，公司研发人员占员工总数的比重高达 45%。此外，华为公司积极参与世界知识产权组织（WIPO）等全球性知识产权组织，积极与国际公司建立战略合作伙伴关系，以更加开放姿态广泛开展世界范围的技术与市场合作。

图 4　2008～2017 年华为研发投入金额及占比情况

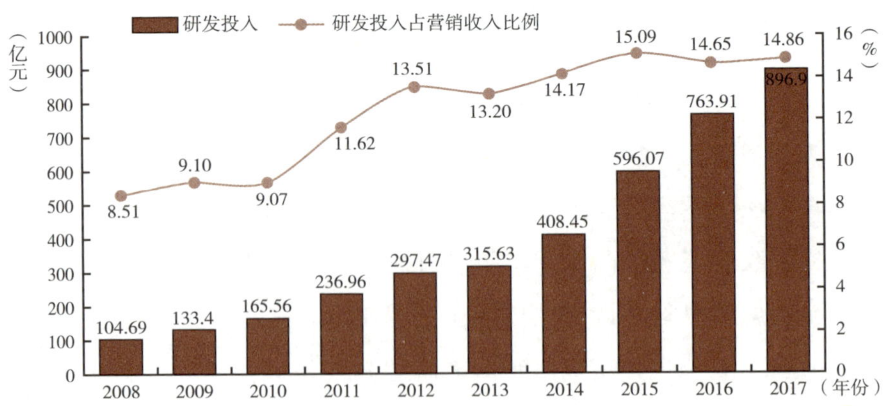


华为知识产权的前瞻布局使其有足够能力与思科、摩托罗拉、富士通等国际巨头开展各种各样的市场博弈，保障了华为公司产品全面进军国内外市

场。从 2003 年开始，华为公司产品突进西欧、北欧市场，打入日本、南美、北美市场。虽然华为公司进军美国市场仍受到强大的政治干扰，然而在知识产权保障下更加自信的开放交流，使美国市场接待华为已仅是时间问题。

小结

华为公司依靠“置之死地而后生”的大无畏精神和二元持股制度，释放了科技迭代、知识创造的强大动力，跋山涉水、攻城略地，走出了一条让世界瞩目、激荡人心的创新发展之路。值得我们学习的是华为公司科技研发骄人成绩背后的产权制度创新，这对我国创新制度建设、创新环境营造以及科技型企业发展等具有重要现实意义。

## 四、产权激励与保护是华为公司全球竞争力的保障

华为公司产权制度创新释放了巨大“核聚变效应”，极大地调动了员工的积极性和能动性，“床垫文化”“狼性精神”构成了华为公司独特文化现象和奋斗精神，形成了强大的凝聚力和战斗力。

### （一）华为公司用产权激励构筑了以客户为中心的“利益共同体”

华为公司员工持股制度和民营企业属性，铸成了华为企业和员工休戚与共、战斗力十足的利益共同体，从与客户设立合资公司，到不计成本市场营销，到击杀对手低价进攻，到“深淘滩、低作堰”服务创新，紧紧围绕主航道、主战场，形成了适应不同发展阶段的市场攻伐战术。《华为基本法》也显露了华为公司市场攻伐的“杀气腾腾”，在其经营模式第二十二条写道：“通过大规模的席卷式的市场营销，在最短的时间里形成正反馈的良性循环，充分获取‘机会窗’的超额利润。不断优化成熟产品，驾驭市场上的价格竞争，扩大和巩固在战略市场上的主导地位。”华为公司创业初期和成长阶段凭借敏锐的嗅觉和强烈的进攻能力，迅速占领竞争对手领地，获取大量的客

户资源，赢得可观的利润空间。“胜则举杯相庆，败则拼死相救”口号成为华为公司初创和成长阶段市场拓展的形象写照。

华为公司2000年全面进军国际市场后，在严格遵守行业惯例和国际规则基础上，持续强化全球专利布局和综合应对能力，构筑了全球竞争硬实力。获得成功之后，华为公司的市场策略又转为聚焦客户而不是对手的更加平和妥协共赢策略，与爱立信、诺基亚等企业开放合作，用“妥协”换取更大市场空间。任正非在2015年华为公司战略务虚会上说：“在这个英雄辈出的时代，一定要敢于领导世界，但是取得优势以后，不能处处与人为敌，要跟别人合作。”近年来，华为公司销售收入增长率扭转了2008年金融危机以来下滑颓势，2017年销售体量达到6000亿元高位，仍保持了15%以上增速。

当一个组织、企业持续繁荣发展时，非常容易形成组织疲劳症和内部腐败的“黑洞”，作为华为公司实质控制者任正非对此高度敏感。华为公司从2007年开始实施经营管理团队（EMT）自律宣誓大会制度，主动接受全体员工的监督。2012年12月31日任正非在新年献词中说：“我们坚持利出一孔的原则。EMT宣言，就是表明我们从最高层到所有的骨干层的全部收入，只能来源于华为的工资、奖励、分红及其他，不允许有其他额外的收入。从组织上、制度上，堵住了从最高层到执行层的个人谋私利，通过关联交易的

图5　2005~2017年华为公司销售收入及年增长率

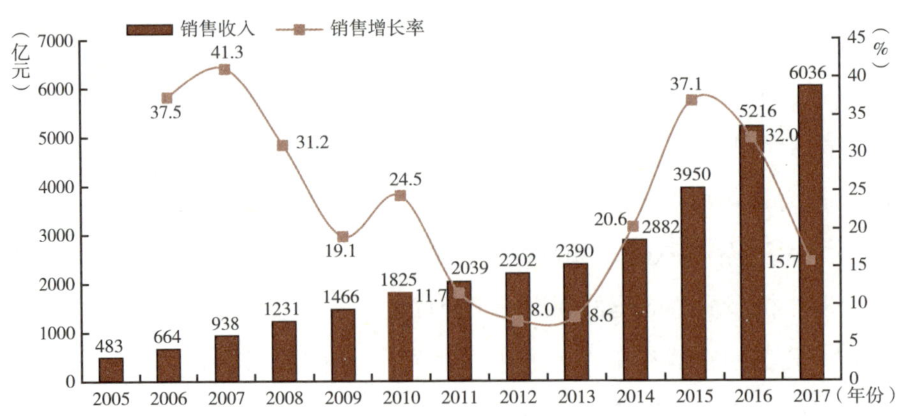

孔掏空集体利益的行为。”[①]

### （二）产权激励使华为公司具备了持续学习、融入世界的精神动力

任正非和华为高层管理团队具有天然保护和发展壮大华为自己“恒产”的不懈动力，具有实用主义强烈倾向。1997 年圣诞节前夕，任正非访问美国 IBM、休斯公司、惠普公司和贝尔实验室，美国的创新精神与创新机制、优良的企业管理制度和方法深深震撼了他。向先进学习、向美国学习，师夷长技以制夷，成为华为走向世界舞台、追赶世界同行的“华山独路”。任正非说：“拿来主义是好东西，西方已经成功了的管理思想、技术，我们为什么要拒绝呢？先僵化，后优化，再固化，这是华为必须要走的过程。”[②]1998 年华为公司引入 IBM 参与华为集成产品开发（IPD）和集中供应链管理（ISC）项目建设，5 年期间花费 4 亿美元升级管理流程，结束了自身摸索习得的粗放型管理之混乱和无序，并在日后的国际经营中融入东方智慧，坚持自我批评、避免教条主义，奠定了华为公司“比东方更东方”“比西方还西方”的组织基础和文化基础。

伴随着华为公司从产业跟随者向引领者转变，任正非更加坚定地领导华为遵纪守法、合规运营，做国际市场秩序的维护者和建设者。他曾告诫企业管理团队：“大家去读读安然的案例，不就是做了一点点假账吗？几千亿美元的公司就因为做了这么一点点假账，然后就把他的 CEO 判了 24 年的刑，最后这个公司全垮掉了。我们下决心花了这么大的代价让自己走向合规，就是在我们称霸世界的时候，不要让人家找到一个软肋，一击就垮。”[③]“要成为行业领袖，不能采取狭隘的在高速公路上丢小石子的方式形成自己的独特优势。这样只会卡住世界的脖子，不是我们要走的道路。我们要走的道路是

---

① 引自任正非文章《利出一孔，力出一孔》。

② 引自田涛、吴春波《下一个倒下的会不会是华为——故事、哲学与华为的兴衰逻辑》，北京：中信出版社，2015。

③ 引自任正非 2014 年在中子公司董事赋能研讨会上的讲话。

站在行业领袖的位置上，为世界做贡献。什么叫领袖？领袖就是为了世界强盛，对建立世界信息网络大构架做出贡献，舍得给周边人分享利益。”①

### （三）知识产权保护使华为公司可以勇敢地面对思科的诉讼

1999年到2002年，华为在中国市场的占有率直逼思科，成为思科中国市场上最大的竞争对手。1999年，长期专注于电信设备制造的华为第一次在中国推出了自己的数据产品——接入服务器。一年之内，华为就抢到了中国新增接入服务器市场的70%。随后，华为开始延伸到路由器、以太网等主流数据产品。2002年，华为在中国路由器、交换机市场的占有率直逼思科，华为与思科成为中国市场上最大的竞争对手。华为在国际市场也开始威胁到思科的增长。当时，美国市场占全球数据产品市场的30%，是全球最重要的市场。华为产品不仅在亚洲、非洲等新兴市场遍地开花，在欧洲、美洲市场也开始起步。2002年6月华为全系列数据通信产品在美国亚特兰大电信设备展首次正式亮相，并同步在美国媒体上刊出广告，称自己的数据产品性能与思科产品相当，但价格却比其低20%到50%。展览结束后，华为的数据产品在美国市场的销售迅速打开局面。到2002年底，华为在美国市场的销售比上年增长了将近70%。与此同时，华为美国公司FUTURE WEI成立，并与3COM商谈成立合资公司。同年，华为的数据产品在巴西也脱颖而出，通过招投标拿到了400万美元的订单。与此形成对照的是，2002年，思科虽然依然是全球网络设备市场的老大，但销售额和市场占有率却出现了首次下滑。

2003年美国思科公司在美国得克萨斯州东区联邦法庭对华为软件和专利侵权提起了诉讼，指控华为在多款路由器和交换机中盗用了其源代码，使得产品连瑕疵都存在雷同，以及路由器和交换机命令接口等软件侵犯了思科拥有的至少5项专利。华为应对思科诉讼之初，更多希望和解，主动示好，

① 引自任正非2015年在与法务部、董秘及无线员工座谈会上的讲话。

主动提出并事实上主动将有知识产权争议的产品撤出美国市场。思科和舆论由此认定华为懦弱和心虚，有侵权事实。此后，华为快速成立了由公司多位副总裁，知识产权、法律、数据产品研发、市场、公关等部门参与的“应讼团队”。美国几家最著名的财经媒体在官司一开始，就对华为侵权做出了肯定性报道，他们认为一个年收入数十亿美元的公司没有上市，一定有不可告人的股权安排。加之思科在中国国内强大的影响力，中国媒体和政府给予华为的舆论支持也非常少。从应诉开始，华为开始向外界开放自我，主动展示自我，邀请美国律所，美国最擅长危机公关的公司，与美国政府关系密切的 Lobby 公司，国际一流的会计师事务所普华永道，自己的客户和合作伙伴包括摩托罗拉、IBM 等公司参观华为，与美国媒体主动沟通，并继续参加 2003 年 3 月在美国和德国举行的两场电信设备展，向国际市场和客户展示自己正面、积极和自信的企业形象和姿态。

华为通过运用美国的法律、争取美国技术专家的支持、与美国公司合资、保持对媒体开放，取得了诉讼的主动权，并最终达成和解。首先华为请美国知识产权诉讼领域的顶级律师 Robert Haslam 做代理，控告思科在网络设备领域的不正当竞争和垄断行为；同时邀请第三方专家，斯坦福大学教授数据通讯专家 Dennis Allison，参观公司研发流程，对比分析思科 IOS 和华为 VRP 源代码，提出华为源代码健康，不存在侵权和抄袭，双方律师开始比对源代码；成功与 3COM 公司合资，并设计出全新的产品，完全消除与了与思科软件的相似之处；与美国媒体积极沟通，逐步消除负面报道。法庭于 2003 年 6 月判决驳回了思科申请下令禁售华为产品等请求，拒绝了思科提出的禁止华为使用与思科操作软件类似的命令行程序；但又颁布了有限禁令，即华为停止使用有争议的路由器软件源代码、操作界面及在线帮助文件等；同时 3COM 公司向法庭申请对合资公司的新产品不涉及侵权的法令；2003 年 7 月，华为生产的路由器和交换机等数据产品，通过 3COM 公司的销售渠道进入美国市场，曾经暂停的订单开始恢复执行。2004 年 7 月末，思科与华为达成最终和解协议。在这个过程中，华为公司没有大打民族企业、民族品牌之牌，而是依靠长期对别人知识产权尊重、对自己知识产权重视所带来的高度自信，按照国际规则和通行惯例，充分利用美国当地的法律资源、业界伙伴、客户关系等，以国际方式应对国际竞争对手，取得了良好效果。

### 小结

华为公司私有产权、知识产权和权益共享，使其远离形式主义坚持“利出一孔、力出一孔”，使其远离盲目自大坚持“敏而好学、先立后破”，使其远离故步自封坚持“师夷长技以制夷”，把“以客户为中心，以奋斗者为本，长期坚持艰苦奋斗”的核心价值观发挥得淋漓尽致，实现了从代理作坊到行业巨擘的逆袭之路。

## 五、华为公司崛起的启示

今年正值中国改革开放 40 周年，中国特色社会主义步入了新时代，党的十九大报告明确要求：“经济体制改革必须以完善产权制度和要素市场化配置为重点，实现产权有效激励、要素自由流动、价格反应灵活、竞争公平有序、企业优胜劣汰。”华为公司作为中国改革开放的产物，短短 30 多年时间实现了从小到大的迅猛跨越发展，成为全球排名第一的信息与通信解决方案供应商。华为在民营所有制改革、员工持股机制、知识产权资本化等产权领域的率先探索和成功实践，对新时代我国深化产权制度改革创新，有效激励更多创新创业活动，助力中华民族的伟大复兴等具有重要现实意义。

### （一）知识产权激励是科技不断创新发展的制度保障

知识产权已经成为知识经济时代国家和企业参与国际竞争与合作的核心支撑力量。华为公司尊重和保护知识产权的经营实践，不仅降低了对知识产权使用费用许可的经营成本，更重要的是确保了其在全球市场中经营安全，拓展了发展空间，带来了实实在在的经营效益，形成了科研投入、智力创造与经营绩效的良性循环。当前，我国知识产权侵权成本极低，平均每件侵权案件罚款仅为 8 万元，很多都不够聘请律师的费用，加之在相关法律条文中知识产权权属界定尚存模糊性，知识产权权益化、资本化程度不高，知识产权激励效应还未充分发挥。我国需要进一步加强知识产权保护，鼓励知识产权运营，支持更多探索创新无人区的“华为们”成长发展。只有这样才能使创新驱动发展真正实现从跟踪模仿到引领带动的升级，才能在参与全球治理中完成从被动接受到主动参与、深度参与的转变。

### （二）适应不同行业与企业的特点，发展多种形式产权制度

华为公司的产权制度具有显著的时代和企业特点。在国内资本市场还不发达、双层股权制度尚未建立的条件下，华为公司依托创始人任正非强大的企业家创新精神和企业凝聚力，以个人加工会持股的形式，较好地解决了包括知识产权在内的企业产权权益化、资本化问题，构筑了企业与员工的“利益共同体”，释放了创新创业的巨大动力活力。事实上，科技型企业发展以及知识产权资本化、权益化，更多意味着要以天使资金、风险资金、上市融资等权益融资方式，在更大范围、更高层次上配置和优化创新资源。当前阶段，我国应适应不同行业与企业的特点，积极发展涵盖普通股、特别股、黄金股、合伙制等多种形式的企业产权制度，建立起有效的风险分担与规范运作机制，加快更高水平的科技创新与产业化进程。

### （三）深化产权改革是市场经济与企业持续发展的制度保障

产权制度是社会主义市场经济的基石。清晰的产权、严格的保护和顺畅的流转不仅是市场公平交易、资源优化配置的前提，而且可以直接传导客户和市场的压力和动力，使企业创新创业和市场拓展不再是可有可无的事情，而是决定企业生死存亡和产权主体财富成就的关键因素。我国深化产权制度改革就是要把产权的激励约束机制最大限度发挥出来，国有企业、集体企业

的产权功能需要清晰界定、分类考核和顺畅流转，避免经营者“你和我谈盈利，我和你谈公益；你和我谈公益，我和你讲市场”行为；混合所有制改革的关键是引入具有强大盈利动机和亏损约束机制的产权主体，构建企业灵活高效的市场化经营机制。当前特别要规避国有企业盲目做大，以行政化经营机制取代市场化经营机制的“逆混改”行为；要探索创新员工持股计划，构筑员工与企业“利益共同体”和“命运共同体”，激发员工队伍创新创业热情，助力企业跨越发展。

### （四）鼓励地方政府改革创新

华为公司诞生于中国改革开放前沿阵地——经济特区深圳，这有其历史的必然性。深圳经济特区成立 38 年来，创造了国家改革开放先行先试的数百个第一，为众多“华为”的诞生和发展创造了相对良好的制度环境。很多人错误地认为深圳的发展是国家率先赋予的特区政策之结果，我们要反驳的问题是，为什么 1980 年同时设立的深圳、珠海、汕头、厦门四大经济特区只有深圳呈现了排浪式的创新发展，为什么华为、中兴、腾讯、平安、大疆、比亚迪等创新型企业涌现在了深圳？这是因为深圳特区的地方政府没有被动等靠要中央具体支持，没有盛行文件落实文件、规划落实规划的形式主义，穷则思变、大胆探索、改革创新、务实实干而带来的结果。中国特色社会主义新时代，在既有中央顶层设计基础上，当前更加需要反对“讲空话”“喊口号”的形式主义，大力鼓励地方政府的改革创新实践，为新一轮改革开放探路闯关。

# 比亚迪：改革开放成就造车梦想

中国国际经济交流中心

## 一、改革开放造就新能源汽车领军企业

中国的改革开放是过去半个世纪以来世界上最伟大的历史事件。改革开放为国家、企业、个人创造了巨大的发展机遇。无数事例证明，企业和个人只要紧紧抓住改革开放的重大机遇，做到自身发展与国家宏观政策的同频共振，就能分享改革红利，实现自身发展。比亚迪随着改革开放而生，伴着改革大潮而长，是改革开放给了它生命，给了它空间，给了它机遇。

### （一）改革开放政策催生了逐梦的比亚迪

改革开放的成功实践证明，只有将个人和企业的发展充分与国家改革开放的进程融为一体，才能创造举世瞩目的中国奇迹。比亚迪就是这样一个成功的案例。

1992 年，邓小平同志视察深圳发表南方谈话，为建设中国特色社会主义指明正确方向，提出发展是硬道理、科学技术是第一生产力、要抓住有利时机集中精力把经济建设搞上去等一系列重要观点。这次谈话带来了一个思想解放的春天，改革开放的活力让人们燃起对建造美好中国、美好未来的渴望。1993 年，党的十四届三中全会通过了《中共中央关于建立社会主义市场经济体制若干问题的决定》，明确提出了社会主义市场经济体制的基本框架和总体规划。受南方谈话及宏观政策的影响，大批政府机构、科研院所的青年人放弃体制内的工作，追随内心的召唤，到市场经济大潮中寻找新的梦想。创业成为那个时代的鲜明烙印，带来了民营经济的蓬勃发展，比亚迪正是这样一个时代的产儿。

比亚迪创始人王传福出生于一个贫寒家庭，他艰难地完成了学业，养成了勤奋执着、不怕吃苦的性格。1992 年硕士毕业后，他进入北京有色金属研究总院从事电池研究，主持过“碱性镍铬镍氢二次充电电池”等课题。受宏观形势的鼓舞，1995 年 2 月，王传福毅然辞掉北京有色金属研究总院的“铁饭碗”，到深圳下海创业，进军电池产业。他给企业取名“比亚迪”（BYD），寓意 Build your dream——成就你的梦想。这是时代精神的反映。作为改革开放的实验田，深圳春潮涌动，王传福在这片改革开放的热土上很快成就了自己的梦想。随着移动电话的出现和普及，电池产业迅速成为“贵族产业”：一部普通的“大哥大”动辄上万元人民币，一只充电电池可以卖到数百元人民币。这对中国电池行业来说，是一个前所未有、千载难逢的机遇。比亚迪抓住这个机遇，在市场上迅速站稳了脚跟。当时国内也有不少厂家在做充电电池，不过他们都是外购电芯来做组装，国内还未出现拥有二次充电电池独立知识产权的企业。作为电池行业的专业技术人员，王传福认为，企业如果不掌握核心技术，将永远处于被动地位，在低利润区徘徊，甚至被淘汰。

正是在这一年，中央做出《关于加速科学技术进步的决定》，正式提出科教兴国战略。党中央、国务院召开全国科学技术大会，首次提出要着力提高国家的自主研究开发能力，要推动科技成果产业化，促进科技与经济的紧密结合。宏观政策的利好给王传福吃了定心丸。他冒险借债 250 万元，开始自主研发，生产大哥大使用的镍镉电池，短短三年时间，比亚迪就成为电池行业的领导者。

### （二）改革开放政策给予了企业成长空间

比亚迪的持续快速发展，主要得益于国家连续出台的支持民营企业的改革政策。2005 年 2 月 19 日，国务院出台了《关于鼓励支持和引导个体私营等非公有制经济发展的若干意见》，这是新中国成立以来首个以促进非公有制经济发展为主题的中央政府文件，决定放宽民营经济的市场准入。2010 年 5 月 7 日中国政府再次颁布了“新 36 条”，进一步拓宽民间投资的领域和范围，明确了为非公有制经济创造公平竞争、平等准入的市场环境，中国政府大力发展非公有制经济，鼓励民营企业做大、做强、做活。

宏观经济政策的利好，为比亚迪为代表的民营经济创造了良好的外部环境，使比亚迪实现了自身的快速发展。2017 年，公司实现收入 1059 亿元，跻身千亿元企业行列，汽车、电子和新能源是其业务的三驾马车，占公司总收入的比例分别为 53.5%、38.2% 和 8.3%。其中，新能源汽车业务收入约 390 亿元，同比增长 12.8%，占公司收入比例提升至 36.9%。2017 年，比亚迪新能源汽车销量为 11.4 万辆，同比增长超过 15%；北汽和特斯拉排名紧随其后。2015~2017 年，比亚迪已连续三年斩获全球新能源车年度销量冠军，全球市场占有率约为 10%。截至 2018 年 10 月底，比亚迪已累计向全球合作伙伴交付超过 4.5 万辆纯电动巴士，占据美国 80% 以上的纯电动巴士市场份额和英国 50% 以上的纯电动巴士市场份额。比亚迪积极推动全球电动化进程，不仅接连拿下欧美日韩等汽车发达市场，更将产品销售到六大洲、50 多个国家和地区、200 多个城市，在全球范围内实现了“7 × 24”无间断运行，成为“永不停歇的电动车”。

### （三）紧跟消费转型升级步伐实现企业华丽转身

比亚迪的每个发展阶段，都表现为紧密结合国家宏观经济形势，回应不断转型升级的消费需求，实现企业自身持续转型升级。2003 年，随着广大消费者的消费升级，汽车消费逐渐进入家庭。拥有电池核心技术的比亚迪，准确判断消费升级的趋势，顶住公司一些股东的压力，果断收购西安秦川汽车公司，开始进军汽车行业。对于任何企业而言，选择踏入全新行业都是需要勇气的，尤其是比亚迪之前没有任何汽车制造方面的经验。此举受到许多投资者的反对，比亚迪的市值在短短几天内蒸发了30多亿港元。王传福回想起当年比亚迪汽车刚成立时说过："我们进来以后大家都质疑，因为传统汽车企业大部分都是合资的，当时合资公司都有一些偏见，认为你是从IT过来的，你肯定不行。"2005年，比亚迪推出经典车型F3，取得了巨大的市场成功。

作为汽车行业的新兵，比亚迪并没有为此陶醉，更没有跟在传统汽车企业后面亦步亦趋。王传福分析认为，随着全球石油价格的大幅上涨，新能源汽车将是未来发展方向。为此，比亚迪制定了新能源车发展战略，开始有意识地加大研发力度。2008年，比亚迪生产的全球首款量产插电式混动动力汽车F3DM正式发布，占据了市场先机。2010年，全球著名汽车品牌戴姆勒集团与比亚迪联姻，成立合资公司共同研发电动车，并建立电动车高端品牌"腾势"。从最初的插电混动车型F3DM，到纯电动e6，再到秦、唐、K9，以及后来的元、宋等车型，比亚迪新能源汽车品系日益完善。

## 二、比亚迪成功之路的经验和启示

比亚迪所处的时代，是改革的时代、开放的时代。改革开放释放出了巨大的制度红利，为每个市场主体提供了巨大的发展机遇。"海阔凭鱼跃，天高任鸟飞"，只要能抓住机遇分享改革红利，企业就能实现快速发展。比亚迪正是利用这一巨大机遇，通过"五个抓住"实现了自身快速发展。

### （一）抓住了改革开放的重大机遇

改革开放确立了市场经济体制，为比亚迪发展创造了历史性机遇。改革开放以来，改革创新成为时代最强音，市场经济成为社会发展的主旋律。我国经济社会持续快速发展，企业展现出从未有过的活力，比亚迪的持续快速发展，也得益于国家连续出台的支持民营企业的改革和政策。2005年的《国务院关于鼓励支持和引导个体私营等非公有制经济发展的若干意见》、2010年的“新36条”等政策，为民营经济的发展创造了良好的外部环境。30多年来，民营经济从公有制经济的“必要的有益的补充”，到社会主义市场经济的“重要组成部分”，从无到有、从小到大、从弱到强，经历了波澜壮阔的发展历程，见证了中国社会主义市场经济体制的建立完善，推动了中国市场化改革的不断深入。其间，涌现了一批具有自主创新能力、走在行业发展前列的民营企业，比亚迪正是其中的典型代表。

深圳是改革开放的试验田，为比亚迪创造了良好的发展环境。客观地说，深圳是20世纪90年代最适合创业的地方，一大批像比亚迪这样的民营企业从无到有、从弱到强，实现了跨越式发展。比亚迪的成功深深得益于深圳市当时提供的良好政策和发展环境。1995年2月，比亚迪刚刚成立。这一年，深圳出台了《深圳市“九五”及2010年工业主导产业发展规划纲要》，将计算机及其软件、通信等7个重点产业确定为主导产业。比亚迪作为高技术产业直接得到政府政策的扶持。这一年出台的《深圳经济特区私营企业发展暂行规定》，是全国第一部为私营企业的发展创造公平竞争环境的政府规章。这一年设立的深圳市高新技术工业村，为后来若干知名民营企业提供了一片发展沃土。王传福在回顾公司成长史时曾动情地说，“没有深圳就没有比亚迪。在深圳这片创新创业的土壤上，培养了很多优秀企业，也培养了比亚迪”。

鼓励自主创新的政策保证了比亚迪持续提升核心竞争力。改革开放以来，中央高度重视自主创新，出台了一系列支持政策。比亚迪所在的深圳，更是以创新立命。得益于中央和地方的支持政策，比亚迪一直坚持技术创新，始终将自主研发作为安身立命之本，并最终成为企业脱颖而出的利器。比如，比亚迪围绕电动大巴的心脏——电池进行技术突破，形成了自己的核心竞争力，设计出了“中国心”引擎，并以此为亮点参与国际招投标。在参与伦敦交通管理局纯电动大巴全球招标的投标时，对方一度怀疑中企的实力，认为发展中国家的汽车企业造不出他们需要的产品。但是，通过到比亚迪的总装厂、电池工厂考察、试乘、比对，比亚迪的产品性能彻底征服了招标方，比亚迪最终成功中标。2013 年 12 月，比亚迪为伦敦特别定制的红色纯电动单层公交大巴投入运营。到 2017 年 12 月，比亚迪在伦敦电动大巴市场占有率高达 80% 以上，组成了欧洲最大规模的纯电动巴士车队。

### （二）抓住了改革开放创造的巨大市场红利

改革开放提升了人们的生活水平，为比亚迪创造了巨大的国内市场。随着改革开放的深入，人们的生活水平显著提高，产生了对出行工具的市场需求，该需求不断扩大。同时，随着绿色发展理念不断深入人心，绿色发展、环保出行成为必然，这直接带动了中国新能源汽车市场需求的增长。2011 年，我国新能源汽车销量仅 0.8 万辆。经过 6 年发展，到 2017 年，新能源汽车产销分别达到 79.4 万辆和 77.7 万辆，同比增长 53.8% 和 53.3%。截至 2017 年底，全国新能源汽车保有量达 153 万辆，占汽车总量的 0.7%。根据国际能源署（IEA）的调查显示，电动车在中国的市场持续扩大。2016 年，中国纯电动车和插电式油电混合动力车型的一年销量便达到 65 万辆，远超过美国的 56 万辆，跃居世界第一。庞大的市场需求为比亚迪提供了广阔的市场空间。目前，比亚迪新能源汽车全国市场占有率达到 22%，在北上广深的市场占有率高达 80%。

对外开放政策推动企业“走出去”，鼓励支持企业拓展国际市场。改革开放以来，政策层面一直支持企业利用两种资源、两个市场。在应对 1998 年亚洲金融危机过程中，中央及时提出并实施了对外开放“引进来”与“走出去”相结合的战略，推动形成对外开放新格局。2000 年召开的十五届五中全会正式提出，以更加积极的姿态，抓住机遇，迎接挑战，趋利避害，推动全方位、多层次、宽领域的对外开放，发展开放型经济，实施“走出去”战略，努力在利用国内外两种资源、两个市场方面有新的突破。2013 年，习近平同志提出“一带一路”倡议构想，鼓励我国企业“走出去”开展国际产能合作。这些对外开放的宏观政策，为比亚迪这样的民营企业实施国际化发展战略创造了重要的政策环境。

作为新能源汽车行业的领军企业，比亚迪成功践行了这一要求。根据外部形势的变化，比亚迪抓紧时机进行产业结构调整和战略布局，率先在欧洲设立分公司。通过贴近市场就地设厂，比亚迪在若干国家设立了自己的研发中心和生产工厂，大幅降低了生产成本，增强了产品竞争力。经过十多年的努力，现在比亚迪新能源汽车已遍布全球六大洲、50 多个国家和地区、200 多个城市。有了广阔的国际市场，比亚迪的技术和产品迅速市场化，形成了国际性影响力。目前，摩托罗拉、三星等知名品牌都成为比亚迪的长期合作伙伴，比亚迪也成为中国制造“走出去”的代表。

### （三）抓住了结构调整的有利时机

通过紧密结合外部需求变化，比亚迪抓住了结构调整的有利时机实现了自身转型。公司创立之初，在从事电池生产时，就抓住了国内移动电话普及带来的充电电池市场机遇，站稳了脚跟。在第一次发展时，公司抓住国际二次充电电池市场发展机遇，不走国内其他厂家外购电芯做组装的老路，自主研发核心技术，占据市场主动。2003 年，随着国内居民收入水平的提高和消费升级，汽车消费逐渐进入家庭。比亚迪又抓住这一机会，通过收购西安秦川汽车公司，快速进军具有高准入门槛的汽车行业。之前，比亚迪没有任何汽车制造方面的经验。但通过学习和整合资源，快速推出经典车型 F3，取得了巨大的成功。随着全球石油价格的大幅上涨，新能源汽车成为未来发展方向。比亚迪又提前布局新能源汽车，抢占了产业结构升级的制高点。进入新能源汽车领域后，比亚迪进一步向行业领域的高端冲击，力求在新能源汽车行业的结构调整中占据主动。

### （四）抓住了创新发展这一关键环节

创新发展要求创业者有锐意改革、创新进取的精神。创新型企业要保持竞争优势，就需要具有国际水平的战略科技人才、科技领军人才，并且始终处于行业前沿，保持对技术动态的高度敏感性。王传福同志就是这样一位创业者。至今，在比亚迪要酝酿和确定新项目时，王传福都会集中 1~2 周时间，每天抽出四五个小时闭门苦读技术资料，以求对整个技术路线有比较深入的了解。同时，整个比亚迪决策层都有很深厚的技术功底。这有利于决策层保持对新技术的判断力、敏锐性和洞察力。

创新发展的根本资源在于有一支高水平的创新团队。比亚迪始终将技术人员作为公司最核心的资产和最宝贵的财富。比亚迪从 20 个技术人员起家，在 2005 年投入巨资成立比亚迪中央研究院、汽车工程研究院以及电力科学研究院。目前，在软件、硬件以及测试等方面已经拥有 2 万名高精尖人才的技术队伍，并在新材料、汽车、新能源等多个领域积累了丰富的自主开发的经验。截至 2017 年 12 月，公司全球累计申请专利超过 2.2 万项，其中已获授权专利约 1.4 万项。在 2017 年中国汽车类专利强度排行榜上，比亚迪以 22262 项专利总数、24.9 的专利强度指数高居榜首。2017 年，公司全部研发人员为 27488 人，占比约为 14%；研发投入总计 62.6 亿元人民币，占营业收入的比例为 5.92%。这两项指标都处于同行业前列水平。

### （五）抓住了能源革命的未来方向

由于环境污染等因素，发展新能源汽车是汽车行业的发展方向。目前，机动车尾气带来的城市污染日益严重。世界卫生组织的数据显示：在全球 103 个国家和地区的 3000 多个监测空气质量的城市中，80% 以上的城市污染超标。空气污染已经是全球性的“城市病”。而机动车尾气是导致城市空气污染的“元凶”之一。发展新能源汽车，降低对传统燃油车的依赖，是解决“城市病”的路径之一。同时，由于能源危机，一味发展传统燃油车的技术路线也不可持续。对于中国来说，还存在能源供给安全问题。随着我国汽车拥有量的增加，石油消费大幅增长，进口比例已超过 60%，且大部分通过南海通道运输，供应安全存在较大隐患，发展新能源汽车对于国家能源安全也意义重大。

同时，国家宏观政策也高度重视绿色发展。2012 年 11 月，党的十八大首次将生态文明建设作为“五位一体”总体布局的重要一环。十八届三中全会、四中全会先后提出“建立系统完整的生态文明制度体系”“用严格的法律制度保护生态环境”，将生态文明建设提升到制度层面。十八届五中全会提出“创新、协调、绿色、开放、共享”的新发展理念，生态文明建设的重要性愈加凸显。这些宏观形势，为新能源汽车在大城市发展创造了机遇。

比亚迪紧紧抓住这一历史机遇，主动布局新能源汽车，顺应了全球可持续发展的大趋势，实现了自身快速发展。同时，利用自己的技术积累和技术优势，积极参与解决环境污染、能源危机和能源安全等全球性问题，体现了全球领军企业应有的社会责任和使命担当。2015 年 9 月，联合国秘书长潘基文亲自为比亚迪颁发了联合国能源特别奖。

## 三、走向更加开放未来的挑战与障碍

借助改革开放提供的巨大机遇，比亚迪实现了快速发展。展望未来，比亚迪发展也面临着巨大挑战。要走向更加开放的未来，行业的快速发展还面临着“五大压力”。

### （一）核心技术差距造成技术压力

经过政府的扶持和自身的努力，以比亚迪为代表的我国电池产业已取得一定成绩，其中磷酸铁锂产业成熟度和规模已经处于国际领先地位。但由于近年来新能源汽车飞速发展，对动力电池需求旺盛，拉动电池产能急剧扩张，导致锂电池上游的正极和负极原材料价格持续非理性上涨。在产能结构分布上，行业整体出现了高端优质电池产能严重不足，而低端电池的产能结构性过剩的情况。电池的制造工艺、生产水平不高。日韩在电池生产自动化水平上能达到 80% 以上，而我国一线企业包括比亚迪，只能达到 50%。这就导致我国电芯一致性较差，直接影响了电池的品质和性能。总体来说，运用在新能源汽车里的动力电池能量密度有待提升，能量输出不稳定，续航里程不足等问题仍然突出。世界领先的电动车品牌特斯拉，其电池满电情况下能行驶 500 公里，配备其特制的充电设备能实现 20 分钟充满 80% 电量。相比之下，目前中国续航里程最持久的新款比亚迪 e6 能行驶 400 公里，但充电时间却要花 2 小时。此外，我国在动力电池回收再利用方面还存在较大的技术障碍，处理不恰当也会给环境造成不小的压力。

### （二）行业发展现状造成市场压力

从整个市场成熟度看，新能源汽车产业仍处于发展的初级阶段。虽然比亚迪部分车型的市场占有率较高，但新能源汽车市场的推广和应用还面临市场培育的问题，主要表现在以下几个方面。

一是充电服务网络不完善。充电设施短板严重制约新能源汽车推广应用。我国目前车桩比仅为 3.5∶1。随着新能源汽车数量的持续增长，充电设施整体规模仍显滞后，充电基础设施结构性供给不足的问题日益凸显。2020 年，我国规划建设公共充电桩数量约 50 万个，但与同期新能源汽车发展的规模仍然不匹配。充电设施的布局也不够合理，公共充电桩的使用率不到 15%，可持续的商业发展模式还没有形成，存在运营企业盈利困难和消费者充电价格偏高的双向矛盾。这些都对比亚迪新能源汽车的持续发展造成不利影响。

二是用户使用习惯培育不足。在完善的城市加油网络体系支持下，传统燃油汽车用户不用为车辆续航问题担心。但在充维网络尚不完善的情况下，消费者普遍顾虑新能源车辆的续航里程，即使对于比亚迪这样有影响力的企业，用户也会慎重选择是否购买新能源汽车。总体而言，消费者的消费习惯需要进一步培育。

三是购置成本高。前期，包括比亚迪在内的新能源汽车享受财政补贴，包括国家补贴和地方补贴。但是，即使去除补贴，新能源汽车售价仍较高。

与目前国内自主品牌燃油车相比，新能源汽车售价较高，缺乏整体竞争力。

四是售后服务不成熟。相对于传统燃油车已经成熟的售后服务，新能源车型的维修和保险成本都更高。虽然比亚迪在努力完善销后网络，但是网络的搭建、市场的认同需要较长时间。同时，新能源汽车二手车市场评估标准的缺失、流通体系不健全、车辆保值率低，也影响了新车市场的长远发展。

### （三）政府补贴退出造成行业压力

国内新能源汽车市场兴起的主要推动力来自政府的补贴，销量的增长也是得益于政府的大力补贴。包括比亚迪在内的新能源车企正是得益于政策的引导才快速崛起。2015 年，北京、上海对电动汽车的补贴占到汽车总价的 40% 左右，其他国家的补贴平均在 10%~15%。但是，按国家的政策，新能源汽车补贴会逐步退出。到 2020 年，现有的补贴政策将会完全退出市场。虽然目前补贴政策没有完全退出，但对比亚迪的销售影响逐步显现。比亚迪曾经一度占据国内最大新能源汽车销量份额，但在 2017 年初，比亚迪比较重要的几款车型如秦、唐系列，销量大幅下跌。比亚迪公告称，受新能源汽车补贴退坡影响，新能源汽车尤其是电动大巴部分盈利能力有较大幅度的下滑，2018 年第一季度净利润下滑 83.09%。

### （四）融资环境变化造成财务压力

长期以来，比亚迪以优秀的业绩带给投资人较高的回报，但公司 2017 年报和 2018 年一季报显示，净利率均同比大幅下滑。公司市值从最高点跌去了近一半。公司资产负债表上，其流动比率和速动比率均不到 100%，短期偿债能力不足。而当前我国正处于防范金融风险的关键阶段，商业银行出于风险控制和逐利的考虑，对于风险较高的新能源汽车产业采取谨慎和限制的授信政策。对包括比亚迪在内的新能源车企，授信少，利率高，条件苛刻。在资本市场上，由于面临严峻的外部环境，且美国加息预期明显，大量资金从资本市场流向美国，比亚迪在资本市场融资压力增大，企业融资面临巨大挑战。

### （五）行业竞争加剧造成经营压力

在世界能源与环境危机日渐严重的背景下，各国政府纷纷出台措施支持新能源汽车发展。各大传统车企也陆续加入到新能源汽车大战中。新能源汽车已成为各方争夺未来市场的战略主战场。如同燃油车中的柴油、汽油车各有所长，新能源汽车纯电动、插电式混动等多种技术路线也是选择众多。从技术路线看，新能源汽车可分为纯电动、插电式混动和燃料电池三大类。市场上各个新进场者，业务发展的侧重点不同，技术路线也不相同。

在国家政策推动下，国内各大车企基于不同的价值偏好，在新能源汽车领域选择了不同的技术路线。比如，比亚迪、奇瑞、上汽主张“纯电动 + 插电混动”的技术路线，北汽新能源坚持“一条纯电动”的技术路线，吉利则选择采用“三条腿同时走”的技术路线。不同的技术路线下实现的技术创新，都会挑战既有车企的市场地位，蚕食其市场占有份额。总体而言，全球新能源汽车仍处在一个群雄并起的“战国时代”，各个国家、各大企业，都在摸索某一技术路线，没有哪一家企业能做到技术绝对领先。比亚迪在起步之初，虽然已经走在技术变革的前沿，但面对竞争激烈的市场，面对众多的新进场者，对于如何选择技术路线，如何实现成功突围，也面临巨大压力。

## 四、构建支持企业参与新一轮改革开放的制度环境

比亚迪的成长离不开中国改革开放的伟大实践，更离不开深圳这片创业的热土。王传福作为比亚迪的核心，以一个企业家的敏锐触觉抓住了历史机遇，积极推动了我国汽车产业变革，引领中国新能源汽车行业走在世界前列。这样一个企业的成功实践，可为我国接下来的深化改革和扩大开放提供宝贵经验。

### （一）参与全球高水平竞争要支持企业自主创新

比亚迪能快速站在世界前沿，其核心竞争力来源于企业持续不断的创

新。电池是电动车制造的最关键部分，比亚迪的发展是从电池开始的，在电池研发制造、充电设施的普及和高速充电桩建设等方面，拥有核心技术。正因为比亚迪始终坚持“技术为王”的企业创新理念，才能在以电池为核心部件的新能源汽车产业，将核心技术扩展到电机和电控等关键领域，将中国新能源汽车推向世界市场的大舞台。比亚迪通过创新掌握核心技术，正在推动中国汽车产业“弯道超车”，有力地证明了“创新是经济发展的第一动力”“创新是实现企业高质量发展的必然要求”。比亚迪的成功崛起，说明原始创新能够推动新兴产业的崛起，能够引领经济结构的变革。对于现在已经有一定技术积累、资金积累、科技人才积累的创新型企业，国家应该给予适当扶持。通过企业自身努力，加上政府的适当扶持，力争在一些突出关键共性技术、前沿引领技术、颠覆性技术创新等方面取得更多的突破，培育形成一批具有全球竞争力的世界一流企业。

### （二）发展战略性新兴产业政府要及时调整完善相关产业政策

战略性新兴产业是引导未来经济社会发展的重要力量。加快战略性新兴产业发展，是解决我国产业可持续发展问题的关键。战略性新兴产业的发展，离不开政府的强有力支持。从新能源汽车产业实践看，比亚迪能快速成长起来，关键原因是政府在产业发展初期实施了补贴政策。政府支持公交、出租车行业大量购买新能源车，对消费者购买新能源汽车予以补贴，大量投入城市新能源汽车基础设施。这些措施，对于培育市场、吸引民营资本持续投入、构建完整的生态链起到了积极作用。当产业链条逐渐培育起来的时候，为了提振产业界信心，政府要明确设定退出燃油汽车的时间表，继续鼓励新能源汽车发展。与此同时，政府“看得见的手”要逐步退出，要稳妥、有缓冲地取消新能源汽车补贴，让市场在产业发展中起决定性作用。这种扶持模式，同样可以适用于中国的战略性新兴产业和未来产业。对于还处于发展初期的新业态、新模式，需要提供产业政策支持。要创新产业政策供给模式，更多从生态环境上给予支持。

### （三）要积极利用国际市场来提升企业的核心竞争力

经过40年的改革开放，我国企业与发达国家的绝对差距在慢慢拉近。在政府宏观政策的指引下，越来越多的企业开始走向国际市场。比亚迪在发展新能源汽车产业过程中，坚持高标准和高起点，一开始就选择门槛最高的欧美地区，与世界最高水平的企业同台竞技。待在国际市场站稳脚跟后，再开始大规模在国内市场推广。这样的市场策略使比亚迪具有较强的核心竞争力。比亚迪通过这种方式，成功地整合了两个市场、两种资源，成为国际知名的中国公司。这对于后来的成长型企业、“走出去”企业具有重要的借鉴意义。它们可以借鉴比亚迪的路径，通过深度参与国际竞争，提升企业的核心竞争力，实现企业高质量发展。

党的十九大提出，“推动形成全面开放新格局。开放带来进步，封闭必然落后。中国开放的大门不会关闭，只会越开越大”。这为“走出去”企业创造了巨大机遇，可以乘“一带一路”建设热潮，积极参与国际产能合作，开拓更多国际市场。同时，中国承诺“实行高水平的贸易和投资自由化便利化政策，全面实行准入前国民待遇加负面清单管理制度，大幅度放宽市场准入，扩大服务业对外开放，保护外商投资合法权益”。近期，相关部委宣布了汽车市场开放的具体措施，将放开对外资的股比限制。相信外国新能源汽车企业会迅速进入中国，特斯拉现已正式落户上海。新的市场竞争者会使比亚迪等车企产生巨大压力。应对市场压力，必须坚持自主创新，走创新驱动发展的市场策略。

### （四）企业家是我国进一步改革开放的宝贵和稀缺资源

改革开放以来，党中央、国务院和社会各界一直高度重视对企业家的培育和鼓励。习近平总书记指出：我们全面深化改革，就要激发市场蕴藏的活力。市场活力来自于人，特别是来自于企业家，来自于企业家精神。企业家的作用，在于创造性地引领企业打造出具有独特竞争优势的产品和服务，推动整个产业链的发育、完善。它的副产品之一，是激发了一代代年轻人的创业梦想，推动更多年轻人参与“大众创业、万众创新”的热潮。从比亚迪发展历程看，企业创始人王传福发挥了关键作用。正是他坚持自主创新，勇攀技术高峰，带领创业团队攻坚克难，把握住了企业前进的正确方面，才实现了比亚迪的创新发展。中国未来的改革开放，要将企业家作为社会宝贵和稀缺的生产资源。要营造一个让企业家安心创业的好氛围。一是要依法加强产权保护。党的十九大提出，“经济体制改革必须以完善产权制度和要素市场化配置为重点，实现产权有效激励、要素自由流动、价格反应灵活、竞争公平有序、企业优胜劣汰”。对于企业来说，产权必须明晰。对于企业家来说，财产权必须得到保证。“有恒产者有恒心”，唯有使广大人民、众多企业经营者有财产安全感，才能保证社会的稳定和经济的持续增长。二是形成促进企业家公平竞争的市场环境。市场经济是讲究公平竞争的，在公平竞争的前提下，企业家的才能、重组生产要素的能力以及冒险精神、市场开拓精神和拼搏精神都会迸发出来。三是健全企业家诚信经营激励约束机制。要从法律和道德两个层面加强企业家诚信经营激励机制建设。

### （五）创新金融供给是我国战略性新兴产业发展的重要保障

资金是企业未来持续发展的重要保障。比亚迪目前面临的资金压力，除了与企业经营有关外，也与金融行业对战略性新兴产业的金融创新供给不足有关。一是要加大商业银行的信贷支持力度。探索适合战略性新兴产业发展特点的金融产品和服务方式，进一步加大信贷支持力度。对汽车产业链中辐射拉动作用强，又需巨额资金支持的重点企业可重点支持。二是利用现有开发性政策性银行，强化对新兴产业的资金支持。探索建立中央、地方或跨地区的新兴产业投资基金，按政府、企业或民间参股的情况组建股份有限公司，委托专业投资机构管理。三是拓宽资本市场融资渠道。充分利用证券市场融资，优先支持符合条件的战略性新兴产业企业上市。积极吸引风投、创投等基金及各类民间资本参与新兴产业的发展。

# 大疆创新：香港与内地的融合创新

综合开发研究院（中国·深圳）

## 一、港深融合创新的成功典范：大疆创新

### （一）改革开放孕育了香港与内地融合创新的伟大实践

改革开放以来，国家支持香港融入祖国发展的一系列政策措施有力地推动了跨境人才流动、高等教育、科技创新、产业创新、科技企业融资、创新创业等方面的科创合作，为香港的知识与技术在内地转化提供了便利条件。香港与内地科技创新合作的成功实践持续涌现。40年前，中国开启了改革开放这场伟大历史进程，从此中国的面貌焕然一新。30多年前，历史选择了深圳，深圳无愧于历史。深圳经济特区获批建设，开启并创造了世界工业化、城市化、现代化建设的奇迹，为我国推进改革开放和社会主义现代化建设做出了“深圳贡献”。20多年前，香港回到祖国的怀抱，从此走上同祖国共同发展、永不分离的宽广道路。回到祖国怀抱的香港依托祖国、面向世界、益以新创，继续保持繁荣稳定。10多年前，一个典型的“中国制造”从“模仿者”“追随者”向“创新者”“引领者”彻底转变的生动实践，从几个人的仓库小团队发展到上万人的全球公司的创业逆袭故事，在南中国隔河相望的两个经济城市——香港和深圳奇迹般地发生，它就是深圳市大疆创新科技有限公司（以下简称大疆创新）。大疆创新成立于2006年，是一家注册

地址在深圳市南山区的民营制造企业，也是一家港资全资子公司，致力于为无人机工业、行业用户以及专业航拍应用提供性能最强、体验最佳的革命性智能飞控产品和解决方案，已成为全球领先的无人飞行器控制系统及无人机解决方案的研发和生产商。

### （二）香港为大疆创新发展提供了体制与知识支撑条件

香港的国际化创新型教育、国际化的开放环境、国际化的营商环境等培养了一大批具有创新精神、国际视野、国家情怀的高端人才，从而为香港与内地科技创新合作提供了广泛的人才支撑，为大疆奇迹奠定了思想孵化的基础条件。大疆创新孵化于香港，成长于深圳，是香港与内地科技创新合作的成功缩影。大疆创新的创始人汪滔 1980 年出生于中国杭州，后在华东师范大学电子系就读本科，大三退学，并开启了在香港科技大学的学习生涯。[①]在着手本科毕业设计的时候，他选择了“航模自由悬停”技术，并获得学校同意和资金支持。在毕业设计的大半年时间里，汪滔及其团队不分昼夜地投入到直升机自动控制系统的研发中，然而在毕业作品正式展示之前，机载计算机的悬停功能出了问题，毕业设计最终只拿到了“C”的成绩，因而失去了去国外名校继续深造的机会。[②]在同样的时点，一个重要的人物来到了“大疆创新奇迹”里，他就是香港科技大学机器人技术研究领域的李泽湘教授，在他的引荐下，汪滔继续读研，进一步探索机器人技术。李教授于 1961 年出生于湖南，1979 年成为我国改革开放后第一批赴美国的留学生，在加州大学伯克利分校获得硕士和博士学位，曾就职于麻省理工学院人工智慧实验室及纽约大学计算机系。[③]1992 年，李教授加入刚刚成立的香港科技大学任

---

① 甘开全：《大疆汪滔：让中国制造飞得更高》，北京：新世界出版社，2017。

② 甘开全：《大疆汪滔：让中国制造飞得更高》，北京：新世界出版社，2017。

③ 李立、曹晟源、陈雷：《大疆无人机：全球科技先锋的发展逻辑》，北京：中国友谊出版公司，2017。

教，在港科大创办了自动化技术研究中心。[①] 李教授横跨教育、学术、创业公司、行业伙伴、投资机构的整合能力，对大疆创新的孕育、孵化、发展等起到了极其重要的作用，他成了大疆创新最早的顾问及投资者之一，是大疆创新的现任董事会主席。

### （三）深圳为大疆创新“腾飞”提供了产业化配套能力

深圳得益于改革开放，其电子信息产业快速成长并逐步转型升级，深圳日益成为全球电子科技制造业中心。这为以大疆创新为代表的智能硬件产业发展提供了全球绝无仅有的，极为庞大、便利、高效和低成本的制造、贸易、金融、服务综合体系和极为优越的创新创业环境。制约无人机、机器人等产业发展的一个关键就是硬件成本。以深圳、东莞、广州为核心的珠三角地区在改革开放的政策指引下快速成长为全球知名的电子信息产业集聚基地，产业体系完备。无人机产业通过珠三角电子信息产业配套体系的资源共享，能够极为便利、高效和低成本地进行几乎所有电子零部件的采购。这极大地降低了无人机在研发、中试、制造、生产、销售等诸多环节的成本，最终形成低成本的商业化量产。在大疆创新创立的 2006 年，深圳制造业已经具备了规模和成本优势，而且整体发展能力和优势还在不断增强。深圳为汪滔创立大疆创新、为大疆创新向无人机巨头发起挑战并成为“无人机之王”创造了难得的天时、地利、人和的条件。

### （四）伴随改革开放，大疆创新逐步发展为全球创新企业

大疆创新无疑享受了改革开放的红利，改革开放为“草根逆袭”式成功创业提供了土壤。大疆创新在全球范围内布局研发、制造、销售网络，整合利用全球资源，实现了高质量、高速度发展，创造了一个又一个奇

---

① 李立、曹晟源、陈雷：《大疆无人机：全球科技先锋的发展逻辑》，北京：中国友谊出版公司，2017。

迹。大疆创新与深圳一系列智能硬件科技企业，积极响应国家关于“中国制造 2025”的规划，背靠深圳在硬件制造产业链上的优势，正开足马力攻占全球市场。大疆创新的制造基地和产业配套主要分布在深圳及周边地区。大疆在全球多个地点设立办公室，负责地区性市场营销、销售支持、客户服务、物流等事宜。目前，大疆创新已经从几个人的创业团队发展到超过 12000 人的全球性行业龙头企业，在全球 7 个国家设有 17 间办公室。目前，大疆创新除深圳总部外，在中国的北京、上海、香港以及东京、洛杉矶、旧金山、鹿特丹、法兰克福等地均有办事处，销售网络遍布全球 100 多个国家，2017 年销售额接近 180 亿元人民币。大疆创新已占据全球消费级无人机约 70% 的市场份额，无人机专利申请量全球排名第四。大疆创新目前的主要收入来自国际市场，其中北美和欧洲是最重要的两个地区。2015 年，《快公司》将大疆创新评为 2015 年消费电子行业全球十大最具创新力企业之一，居谷歌、特斯拉之后，位列第三。2016 年，美国《时代周刊》将大疆精灵系列无人机列入“有史以来最具影响力的 50 件科技产品”榜单，这也是唯一上榜的由中国企业发明制造的产品。目前，大疆创新荣膺 2019 IEEE 机器人与自动化大奖，创始人汪滔成为中国内地首位

图 1　大疆创新 2013～2017 年营业收入情况

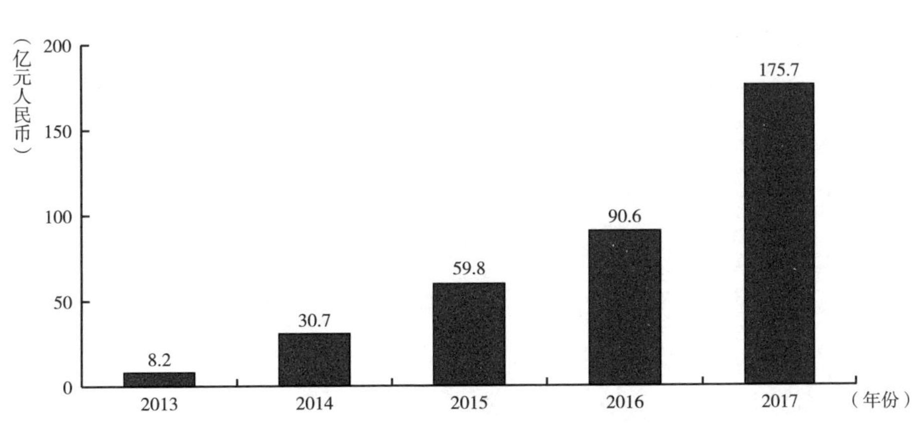


资料来源：公开资讯及公司提交资料，数据为约数。

荣获该奖项的学者、企业家。

经过十多年的奋斗，理工科技术宅男最终逆袭为“80后”明星工程师、新时代最耀眼的创客。在此期间，大疆创新也获得了飞速发展，公司规模呈现指数级扩张，营业收入不断翻倍，2017年营业收入约是2016年的2倍、2015年的3倍、2014年的6倍、2013年的21倍。

## 二、香港与内地融合创新中的大疆经验

### （一）香港科创优势和开放教育制度打造大疆创新技术“内核”

改革开放催生深港合作教育项目落户深圳。两地创新的内地招生模式，使内地学子可以通过面试的方式奔赴香港科技大学攻读本科学位，拓宽了科创人才的上升通道，也为大疆创新创始人汪滔走出国门、奔赴香港创造了机会。香港得天独厚的科创基础优势以及浓厚的科创氛围，为大疆创新核心科创技术的培育打下了坚实的基础。而以“求进、求新、创未来”为校训的香港科技大学（以下简称港科大），则为大疆创新“大脑”的形成提供了平台。

专业培训，特别是集成电路等工科专业技术培训，是大疆创新无人机技术积累的最重要理论支持。大疆创新的创立和组建，发生于创始人汪滔在港科大研学过程中，港科大实际上是大疆创新的第一“孵化”地。作为亚洲顶尖、国际知名的研究型大学，港科大科研实力获得全球认可。2018年，港科大被英国《泰晤士报高等教育特刊》评为全球年轻大学第1名，被QS评为亚洲大学第3名、全球大学第37名。同时，港科大在人才培养上也有傲人成绩。2017年，全球大学就业能力调查及排名显示，港科大毕业生就业能力在大中华区排名第1位，世界排名第12位。其中，包括计算机科学及咨询系统（2018年全球排名第14位）、会计及金融学（2018年全球排名第16位）、商业及管理（2018年全球排名第16位）、材料科学（2018年全球排名第22位）、化学（2018年全球排名第23位）、电机及电子工程（2018

年全球排名第 23 位）和机械航空及制造工程（2018 年全球排名第 24 位）等七大专业在全球排名靠前。

项目资金支持对推动大疆创新无人机飞行技术开发起着支撑作用。大疆创新无人机核心技术问题[①]的解决，得益于港科大对学生项目的大力支持。2005 年，汪滔在港科大准备毕业课题时，与两位同学合作并就研究方向与导师沟通，港科大同意了项目申请并拨款 1.8 万港元作为研究资金。港科大项目和资金支持，开启了创始人汪滔对无人机核心技术深入研发的历程。2010 年，港科大再次向汪滔团队投资 200 万元，使大疆创新具备了争夺更大市场的底气。大学给予学生科研项目经费支持使科研成果走向实业、走向市场值得内地大学学习借鉴。

“教授”与“学生”的有机结合，是港科大独特人才培养机制在科创企业的重要体现。港科大工学院前院长高秉强教授及港科大自动化技术研究中心李泽湘教授，在推动大疆创新注册落地、运作运营乃至日后发展中都扮演着关键角色。作为工科顶尖人才，高秉强注意到无人机技术发展切合国家发展战略和国外消费需求旺盛两个关键点，于是他把脉大疆创新发展方向，提出大疆创新重点发展消费级无人机发展战略，并引入国外资金资助大疆创新。作为创始人汪滔的导师，李泽湘在大疆创新起步阶段带资进驻并推荐技术研发团队，在运作过程中参与组建团队、培养团队以及承担企业发展的顾问指导工作。大疆创新是“教授”与“学生”有机结合优势充分发挥的成果：第一，“教授”的经验和资金优势为企业提供资金和技术支持；第二，“学生”研发热情和技术发展支撑企业可持续发展；第三，两者有机组合完成了“通过教学激发学生研究、通过创业使研究成果得以检验、通过企业运作深化研究成果并利用研究成果丰富教学内容”的完整循环。该循环充分体现了“教”“学”“研”三者有机互动。

---

① 让航模自由悬停是汪滔首先要解决的核心问题。

### （二）深圳强大制造业网络和政府支持助力大疆创新快速发展

大疆创新“落户”粤港澳大湾区，并非偶然。作为粤港澳大湾区的核心城市之一，深圳市 1979 年建市后就已经发展成为全球科技创新中心之一、中国三大金融中心之一、先进制造业基地之一。深圳“电子信息产业集聚地”优势与香港“科创研发资源高地”优势的互补互配，是大疆创新迅速成长的关键因素。

利用深圳强大制造业网络降低制作成本，是大疆创新“走出去”的制胜法宝。深圳的优势，在于毗邻香港，具备香港缺失的工业加工制造基础，快速、低成本地把科技创新成果进行产业化转化，是深圳具有而香港无法比拟的优势。深圳政府对科技创新及创业者一系列的扶持政策，加快了深圳科创产业链形成。产业链上游知名芯片厂商、元器件电商平台等迁移深圳的部署，最大化地降低了元器件开发和制造成本，加速了零部件供应链整合过程。以深圳为基地发展的大疆创新，可以以低成本采购几乎所有的电子零部件，极大地降低了无人机在研发、制造、生产等诸多环节的成本，最终实现了低成本商业化量产。可以说，深圳垂直资源整合的制造业基础决定了大疆创新无人机制造成本低于国际其他企业，是大疆无人机最终能够击败美国市场主要对手的关键。例如，美国无人机市场具有先发优势的 3D Robotics 企业，拥有万向节和 GoPro 摄像头的 Solo 无人机产品价格超过 1700 美元，而大疆创新同类产品只需 1000 美元。受制于高制造成本，3D Robotics 企业已宣布退出无人机市场。

制度创新推动科技创新，是粤港澳大湾区科技创新转型的重要推手，也是大疆创新技术发展的重要支柱。深圳为大疆创新提供“硬件”和“软件”支持，是大疆创新“走回来”的重要推手，也是大疆创新争霸国际的重要支撑。“硬件”支持体现在国家和政府在土地、重点项目等方面给予的资金及土地支持。国务院发布的《中国制造 2025》明确表示将无人机作为重点领域突破，无人机发展迎来重大机遇。2017 年，深圳市战略性新兴产业发展专项资金 2018 年第一批扶持计划，直接资助 1500 万元用于支持大疆创新的多频谱多传感器一体化感知系统国家地方联合工程研究中心，直接资助4056万元用于支持大疆创新高可靠无人机驾驶航空器产业化项目。

深港两地政府重视创新合作，优化科创“软环境”，成功孕育孵化出了大疆创新。2009年，深圳市人民政府印发《深圳高新技术产业园区发展专项规划（2009～2015年）》，根据高科技产业发展规律，为推动深圳高新区转型升级进行统筹规划。深圳高新区深圳湾园区是国家“建设一流高科技园区”的六家试点园区之一，是“国家知识产权试点园区”、“国家高新技术产业标准化示范区”、“国家海外高层次人才创新创业基地”和“国家新型工业化产业示范基地”。大疆创新所在的深圳虚拟大学园就是其中一个重点工程。深圳虚拟大学园成立于1999年，是深圳市委市政府为大力发展高新技术产业而实施的具有战略意义的创新举措，是我国第一个集成国内外院校资源、按照一园多校、市校共建模式建设的创新型产学研结合示范基地。深圳虚拟大学园解决了深圳科教资源先天不足的劣势，联合60所知名科技院校（其中6所来自香港）开展科学培训研究，形成以技术需求为起点，利用学校科研力量攻破技术难题最终实现成果转换的模式。深港产学研基地也是深圳政府为孵化科创企业而发展的创新载体，由深圳市政府、北京大学、香港科技大学三方携手于1999年8月创建。深港产学研基地以创新服务为核心，探索和实践官、产、学、研相结合的新路子，形成以市场为导向、以产业为龙头、以研发为支撑、以效益为目标、与现代市场经济相符的技术创新机制。大疆创新在深港产学研基地起步，目前在深圳虚拟大学园继续发展。可以说，大疆创新就是深圳产学研基地和深圳虚拟大学园共同扶持和作用的成果。

深圳政府在发掘储备人才方面给予的帮助进一步推动了大疆创新的发展。2015年，大疆创新在深圳市政府相关部门的支持下，打造了首届“RoboMaster大学生机器人大赛”。作为全球第一个激战类机器人赛事，没有任何先例可以参照。管理部门为赛事的场地、宣传和组织提供了大量支持。在政府和志愿者的帮助下，大疆创新已经成功将 RoboMaster 举办为全球最具影响力的机器人赛事，吸引了数万名来自全球各国的青年工程师参赛。赛事为大疆创新搭建了发掘人才的平台。2017 年，RoboMaster 与清华大学、电子科技大学、东北大学、哈尔滨工业大学、西南科技大学、燕山大学、北京航空航天大学等高校开展教学合作，开设多旋翼飞行器原理、多旋翼飞行器应用开发及地面机器人应用开发等三门课程，促进人才教育与实践。

深圳给予大疆创新重点高新技术企业的待遇，为其员工提供人才保障房等方面的帮助，对打造一支稳定科研队伍起到了不可估量的作用。可见，大疆创新的成长壮大与深圳密不可分。深圳成就了大疆创新，大疆创新耀亮了深圳。

### （三）专注创新和打造平台生态圈帮助大疆创新突破发展瓶颈

企业发展理念决定企业发展方向。在“追逐资本”的大环境下，大疆创新始终专注创新，不以商业为导向一直是创始人团队的发展理念。资金对科创企业至关重要，但为了保证发展的独立性和稳定性，大疆创新暂时没有上市融资或国内发行 CDR 的计划。大疆创新的公司类型是台港澳法人独资的有限责任公司，唯一股东智翔科技有限公司（香港）是港资企业。外资企业身份使大疆创新获得税收优惠，有利于降低经营成本。若不计算 2006 年在大疆创新最艰难时刻好友陆迪向大疆创新投资的 9 万美元，当前大疆创新已完成 5 次融资，且正进行第 6 次融资。在 2018 的融资中，大疆创新以竞价融资的方式进行，并明确表示会以组织回购和旧股转让方式实现资本退出，这是大疆创新第一次允许股权转让（见表 1）。

从打造技术创新链条到搭建平台生态圈，是大疆创新跳出科创企业发展瓶颈的重要一步。大疆创新将自己定位为平台提供者，主要为各个行业提供无人机飞行平台。平台提供者而非单个技术提供者的定位，使无人机系统不仅适用于航拍、电影等消费领域，还可适用于农业、消费、能源等多领

表 1 大疆创新融资历程

| 序号 | 时间 | 轮次 | 金额 | 投资方 |
|---|---|---|---|---|
| 1 | 2018-04-06 | 战略融资 | 10 亿美元 | 未披露 |
| 2 | 2015-05-31 | 股权转让 | 3000 万美元 | 新天域资本 |
| 3 | 2015-05-06 | C 轮 | 7500 万美元 | Accel Partners |
| 4 | 2015-01-23 | B 轮 | 未披露 | 红杉资本中国基金<br>远瞻资本<br>麦星投资 |
| 5 | 2015-01-01 | 未披露 | 未披露 | 中恒星光 |
| 6 | 2013-01-01 | A 轮 | 约 3000 万美元 | 红杉资本中国基金 |

域，从而为大疆创新谋取更大发展空间。在单项技术革新基础上，大疆创新根据消费者需求和当前消费格局打造了无人机产业生态圈。第一，开放软硬件套件，致力于增强用户体验感，科学引导初始客户。第二，投资天空之城全方位分享平台，打造从线上航拍热点分享到线下门店服务的完整航拍生态链，通过热点分享让客户可及时上传图片。第三，细分社交市场，设置“社区”板块，建立无人机爱好者与航拍爱好者的生态体系。第四，突破线下实体店购物限制，延伸购物渠道至互联网，整合大疆创新线上和线下资源。第五，与投资机构 Accel 建立无人机基金，成为全球首个向无人机开发者提供资金、技术和其他资源的其金，延伸技术研发链条。

### （四）坚持技术引领和专利护航提升大疆创新核心竞争力

技术创新能力是企业发展壮大的核心竞争力。以科技创新为手段，建立包括控制模块、机体、高清无线图像传输、专业级摄像机电子稳定器 Ronin 等完整的产业技术链条，是大疆创新垒砌“高技术壁垒”、保持整体优势、取得领先地位的基础。根据企业发展阶段特征进行合理的专利战略布局，以法律手段为核心技术“保驾护航”，是大疆创新继续保持市场地位的关键。

专利申请数量是企业创新能力的重要表现。自创立以来，大疆创新在创新和专利技术开发方面均优胜于其他企业。2014～2017 年，大疆创新的专利申请数一直位居行业首位，2016 年大疆创新专利申请数量为 874 项，而当年的专利公开数量达到 605 项。2017 年公司的专利申请数虽有一定的下降，但是在 2016 年专利申请的积累下，公司的专利公开数量达到 916 项。截至 2018 年 4 月中旬，大疆创新的专利公开数量也达到了 288 项。大疆创新如此高的专利申请和公开数，不仅仅体现了大疆创新作为新时期创新公司对专利的重视，更体现出公司研发实力的雄厚和对无人机技术高水平的创新能力。[①] 此外，从 2011 年起，大疆的专利续费比例达到 100%，证明大疆创新对其专利研发成果的市场价值的充分肯定。

分阶段进行专利战略布局，是大疆创新完胜国外竞争者、保持全球竞争力的重要推手。创立初期，大疆创新紧抓提供系统解决方案的发展思路，以控制系统和云台相关技术作为重点布局方向，首先立足于无人机结构、测控、B64C 等核心，围绕消费级无人机核心层层编织其专利技术外围布局，为自身产品和技术架构完整的专利保护网。发展阶段，大疆创新重视外围技术积累，采取进攻型专利竞争策略，通过大量研发获取专利，再利用专利技术进行市场化，进而快速占领市场份额，取得消费级无人机市场的垄断地位。成熟阶段，大疆创新选择组合型技术战略，重点转移到专利和市场的维护，侧重开展专利研发和市场开拓，保证无人机市场领先地位[②]。

先专利布局、后市场（产品）推进的专利全球布局，是大疆创新国际化运营的重要体现，也再次显现了香港科创理念和香港科创企业对大疆创新的影响作用。全球无人机行业爆发于 2013 年，大疆创新在同年完成了全球无

①《大疆科技 2017 年业绩看点：高研发和创新能力奠定全球无人机领导地位》，https://www.sohu.com/a/228846875_175233，最后访问日期：2018 年 10 月 8 日。

② 程丹、周勇涛：《大疆企业专利战略变化竞争力研究》，《科技风》2018 年第 16 期，第 7～9 页。

人机专利布局，并于2014年完成了“爆炸式”专利申请量，2014年申请量是2013年的7倍。截至2017年10月13日，从国际知识产权局可查询到大疆创新共申请专利1790项，其中在中国国家知识产权局申请专利1560项，在世界知识产权组织(WIPO)申请专利230项。在中国申请的发明专利662项、实用新型专利594项、外观专利304项、发明授权专利96项。

### （五）敏锐市场嗅觉和国际化运作推进大疆创新可持续发展

看穿市场空白，看透市场所需，是大疆创新的起点。2006年，国内民用无人机市场处于空白状态，大疆创新创始人汪滔团队已经初步完成了无人机自主悬停技术的研发。

当前大疆创新再次展现敏锐的市场嗅觉，大张旗鼓进入商用植保无人机研发及市场开拓阶段。军用、工业和消费是我国无人机市场的三大领域。与消费级市场的火热程度不同，目前国内工业级无人机市场尚未出现爆发性增长。据三胜咨询报告，中国工业级无人机市场到2022年将达到500多亿元，是现有市场的近20倍，市场潜力十分可观。[①] 在我国耕地面积有限、农机市场商业模式陆续成熟的背景下，商用植保无人机自2014年开始获得市场关注。据调查，2020年植保无人机市场需求突破4.5万台，但如何实现盈利困扰企业和市场。随着中国农业供给侧结构性改革的推进，植保飞防行业正迎来跨越式发展。无人机在农业领域的运用，将打破传统的人工打药所面临的劳动力缺乏、成本高、效率低、防治效果不理想等瓶颈。2017年9月，世界500强农业公司陶氏益农与大疆创新在上海签署谅解备忘录，宣布双方建立长期全面的战略合作伙伴关系，共同推动农业植保飞防技术的研发和应用，助力中国农业机械化、精准化发展。[②]2017年12月，大疆创新宣布长

① 周英芬、徐明：《大疆无人机突破式创新的启示》，《中国战略新兴产业》2017年第40期，第42～43页。

②《陶氏益农与大疆创新联手开创中国智慧农业新时代》，《中国植保导刊》2017年第9期，第73页。

期投资于农业领域，发展中心放在帮助植保队实现盈利。

作为落户深圳的香港独资企业，大疆创新在企业运营中充分发挥香港国际化运作优势。在产品设计和制造方面，大疆创新依附德国技术，利用德国工业制造、设计和特殊工艺在完善无人机外观、观感和手感方面优胜于当时市场上的其他无人机产品的优势。在销售方面，与其他高科技企业不同，大疆创新一开始就把眼光投向全球市场，大疆创新主要的营销战场是北美，其次是欧洲，大洋洲增长也十分迅速。目前，除深圳总部外，大疆创新在全球多座城市设有办事机构，与海外顶级电子连锁零售大卖场（如 BestBuy 等）也有合作关系。海外销售为国内销售市场“预热”，并进一步激活大疆创新无人机国内市场需求，为大疆创新走回国门创造市场优势。“先在外发展，再走回来”，这是大疆创新与大多数先占领国内市场、再实施“走出去”战略的企业所不同的独特发展之路。

## 三、香港与内地融合创新的启示

### （一）创新两地科教新模式，共同推动产学研一体化

十九大报告中，创新位列“五大发展理念”之首，“科教兴国战略”以及“人才强国战略”是关键词。只有拥有一流创新人才、拥有一流科学家，才能在科技创新中占据优势。正如企业需要孵化，科创人才也需要筛选和培育。尽管内地近年来致力于优化和完善人才选拔机制，但教育机制改革不可能一蹴而就。大疆创新的典型案例充分说明了香港创新型和开放式的教育制度可以是内地教育机制的“补强剂”，两地合作有利于“学研在港、产于深、用于全球”的合作系统工程成果在珠三角遍地开花，共同推动产学研一体化。

创新科教模式，首先需要创新录取模式，拓宽内地科创人才的上升通道。在此，深港教育合作是标兵。1999 年，改革开放刚刚过去 20 多个年头，深圳虚拟大学园在深圳市南山区科技园成立，这是深圳市政府吸引国

内外名校和科研院所、促进科技成果转化和产业化的产学研创新园区。随后的几年里，深圳虚拟大学园聚集了50余所国内外知名院校，在高层次人才培养、科技成果转化与产业化、深港科教合作等方面开展了卓有成效的工作。在深圳虚拟大学园等产学研基地的推动下，香港中文大学、香港科技大学等香港高校开始探索在深圳通过“推荐 + 面试 + 考试”等形式录取一定名额的学生到香港就读。这种独立自主的招生模式更有利于学生找到适合自己的专业，也更有利于教授找到适合自己专业的学生。从华东师范大学退学的汪滔，便是在2003年以深圳外籍生源的身份通过深港产学研基地进入了香港科技大学，并邂逅了学业导师、人生导师、创业启蒙人——李泽湘教授。儿时就有的飞行器自动控制的梦想，在港科大经历了几年专业知识的学习与浸润，慢慢生根发芽，为后来大疆创新的创立奠定了基础。

从固高到大疆创新，多家科技企业诞生于珠三角，充分证明了产学研相结合模式对推动科创企业起步的重要作用。香港科技大学自动化技术中心（Automation Technology Center，ATC）由大疆创新董事长、创始人汪滔的导师李泽湘教授于1992年加入香港科技大学从事教学工作时创办，主要开展机器人、灵巧机器手、工件定位和运动控制等方面的研究。从那时起，李教授就致力于探索“产学研结合”的道路，26年来，从香港科技大学自动化技术中心走出了多家高科技企业，固高科技就是第一家（见表2）。

固高科技有限公司(简称“固高”）于1999年10月29日在深圳注册成立，发起人同样是李泽湘教授。当时深圳市政府、北京大学、香港科技大学三方携手在深圳市高新技术开发区共同创建深港产学研基地，在此契机下，固高应运而生。

固高创办初期，珠三角制造业模式基本上是“三来一补”。企业从国外拿订单、买设备，然后利用中国较低的人工、原材料成本生产。那时，业界懂得应用运动控制技术的人才非常少，产品推广一度陷于停顿。但李泽湘团队并没有因此而放弃，他们举办了多期运动控制培训班，为企业培训了大批运动控制技术人才，他们称之为“广东农民运动控制讲习所”。这个举措促进了深圳乃至全国制造业的转型升级。在此之前深圳并没有像样的高端装备产业，但现在已有许多装备产业处于全国领先水平，诸如深圳激光设备产业、半导体设备产业、LED设备产业、电子加工设备产业和检测设备产业等。可以说，提供自动控制器件和解决方案的固高为珠三角高端装备制造业的发展做出了重大贡献，在推动制造业转型升级的同时，也为大疆创新的孵化和发展创造了条件。

表2　从ATC走出来的高科技企业及产业基地列举

| 序号 | 企业 | 注册地 | 成立时间 |
| --- | --- | --- | --- |
| 1 | 固高科技（深圳） | 深圳 | 1999年 |
| 2 | 固高科技（香港） | 香港 | 1999年 |
| 3 | 大疆创新 | 深圳 | 2006年 |
| 4 | 云洲智能 | 珠海 | 2010年 |
| 5 | 李群自动化 | 东莞 | 2011年 |
| 6 | 逸动科技 | 香港 | 2012年 |
| 7 | 松山湖国际机器人产业基地 | 东莞 | 2014年 |

学以致用的启发式教育理念是培养高科技创新创业人才的基础。李泽湘教授注重培养学生动手、团队合作和交流沟通能力，学以致用的启发式教育理念，也正是在创办固高期间逐步形成的。通过创办固高，李教授对于产业发展需要什么样的人才、学生具备什么样的能力才能在实际应用中大显身手有了比较深刻的认识和体会，对学校的研究与企业的应用相互之间的关系和定位有了较深的理解。他痛心地看到许多高校研究跟产业发展脱节，企业需要花很多额外的精力去做高校应该做的事情，无形中增加了很多时间和经济上的成本，减缓了企业的发展进程。

李教授在学校开设了两门新的课程：第一门是“智能机器人设计入门”，现已成为港科大工学院大学一年级指定课程；第二门是最受学生欢迎的

Robocon 课程，该课程聚集了各种不同专业、不同年级、不同背景的学生。在短短 8 个月的课程里，学生们需要经历从概念学习到做出机器人原型机并去参赛的过程。第二门课程培养了一批优秀的学生，汪滔就是其中的典型代表。

在香港高等院校的人工智能领域，除香港科技大学李泽湘团队之外，香港大学、香港中文大学、香港城市大学等均有类似的研究机构和领衔的导师团队（见表 3）。

**表 3　香港人工智能领域各高校机器人研究团队**

| 研究机构 | 领衔导师 |
| --- | --- |
| 香港科技大学自动化技术中心 | 李泽湘教授 |
| 香港大学高端机械人实验室 | 田之楠教授 |
| 香港中文大学天石机械人研究所 | 刘云辉教授 |
| 香港城市大学机器人与自动化研究中心 | 孙东教授 |
| 香港科技大学机械人研究院 | 王煜教授 |

当前，除深圳外，香港在内地多个城市陆续开展自主招生项目，香港各高校与内地企业共同合作的产学研项目也逐渐增多，大疆创新在此发挥着示范作用，而产学研一体化模式也一直支撑大疆创新的发展。可以说，以深港合作为开端的创新科教模式，为国家培养优秀科创人才做出了重大贡献。以大疆创新为典型的成功案例，证明了坚持产学研一体化道路是科创企业的最佳发展路径。

### （二）发挥粤港澳大湾区资源互补优势，升级粤港澳创新合作

在粤港澳大湾区发展中，统筹布局、协同发展是主旋律。城市间合作，特别是深港合作，无疑是粤港澳大湾区科创企业最大的驱动引擎。以深港为据点，是实现粤港澳合作新突破的破局之道。这是由深港的资源互补性所决定的，也是深港地缘关系及政府过往的亲密关系所决定的。

总体上看，香港发达的国际网络、完善的法律制度、优质的国际化高等教育资源为创新创业型人才的培养奠定了基础，但由于产业结构单一、制造业严重缺乏而使得科技创新没有扎根的土壤和用武之地；恰恰相反，深圳有完备且低成本的制造业体系、高额的研发投入、极强的研发能力和鼓励创新、宽容失败的社会氛围，但由于严重缺乏高水平大学教育资源而使得科技创新往往缺乏源头性和基础性。因此，在科技创新与产业合作方面，香港与深圳有很大的空间可以发挥，他们的要素资源禀赋高度互补，双方对彼此需求各异，提供了诸多合作的接口。香港需要联手深圳，以巩固自己在区域、国家和国际上的地位；深圳也需要联手香港，破解发展瓶颈，拓展发展领域，强化创新驱动战略的实施。

深港两地在科技创新领域的优势与劣势如表 4 所示。

**表 4　香港与深圳在科技创新领域的优势与劣势**

| | | 内容 |
|---|---|---|
| 深圳 | 优势 | 极强的应用技术研发能力 |
| | | 研发投入可对标世界发达国家和地区 |
| | | 鼓励创新、宽容失败的氛围 |
| | | 金融市场健全、VC/PE 市场发达 |
| | | 强大的产业配套 |
| | 劣势 | 缺乏高等教育资源 |
| | | 基础研究能力相对弱 |
| | | 国际化环境缺失 |
| 香港 | 优势 | 高等教育资源丰富 |
| | | 法治、金融、法律和会计等专业领域具有明显的优势，国际化营商环境优良 |
| | 劣势 | 产业空心化、研发投入低 |
| | | 土地资源不足 |
| | | 金融业面临创新不足的窘境 |

大疆创新的孵化与成长恰恰说明粤了粤港澳大湾区这种科创资源互补优势、城市分工合作对企业的积极作用。大疆创新的产业链布局遵循了珠三角高科技企业惯有的“前店后厂”模式，将总部以及研发环节置于深圳，生产环节则布局在东莞等地。这充分体现了广深科技走廊、粤港澳大湾区各城市资源禀赋的互补与分工，也揭示出，充分发挥粤港澳大湾区各城市的互补优势是升级粤港澳创新合作的必然选择。

深港创新合作由来已久，当前正进入升级阶段。深、港其实早就认识到了双方在创新合作上的重要性和必要性。从 1999 年深圳市政府、北京大学、香港科技大学三方携手共建深港产学研基地，到 2007 年深、港签署《深港创新圈合作协议》，再到 2017 年 1 月两地共同签署《港深推进落马洲河套地区共同发展的合作备忘录》，以及 2018 年 6 月 15 日深圳市《“深港创新圈”计划项目管理办法（试行）》出台等一系列重大事件都表明，深港创新合作一直在向纵深发展。

深港创新圈的基本目标定位，是以科技合作为核心，以政府为主导、民间为基础、市场为准则，以边界地区为纽带，以港北教育研发集群及深南产业集群为主轴，全面推进和加强深港科技、经济、教育、商贸等领域的广泛合作，并加快建设在国际上有较大影响、在国家战略中有重要地位、对区域发展有突出贡献、创新资源最为集中、创新活动最为活跃的“半小时深港创新圈”。深、港就科技合作及与之有关的各个方面达成了 17 项共识。将香港现阶段的特殊优势与深圳创新驱动发展阶段的特点有效嫁接，是促进香港与内地创新合作、重建香港创新驱动系统的重要手段，也是深化粤港澳创新合作的重要突破口。

以广深科技走廊为平台，引领粤港澳大湾区创新合作升级。中共广东省委、省政府在 2017 年 12 月 25 日发布的《广深科技创新走廊规划》中有实行“一廊联动、十核驱动、多点支撑”的内容，范围涵盖广州、东莞、深圳全域，提出打造中国“硅谷”，形成全国创新发展的重要一极。广深科技创新走廊着力集聚创新人才、科技成果、创新型企业，抢占关键和核心技术制高点，构建多层次创新平台体系，营造国际一流创新生态，很好地契合了港澳发展战略，也为促进粤港澳大湾区资源互补、引领大湾区粤港澳产业升级、促进更深层次的创新合作奠定了基础。

### （三）联动推进知识产权保护，探索构建国际知识产权示范区

做好知识产权保护，更好地吸引海外资金以香港、澳门为中转站来内地投资设立高端制造的实体企业，尤其是高科技智能制造企业，对服务“一带一路”倡议和加快落实“中国制造 2025”战略具有重要意义。

近年来，我国不断推进知识产权保护和运营的顶层设计，但内地科创企业仍在知识产权问题上屡屡吃亏，知识产权制度体系建设任重道远。科创企业在发展过程中面临的最大问题和困境是：产品模仿技术较高，国内知识产权保护环境恶劣，诉讼费时费力、影响生产。这个问题放在粤港澳大湾区，或许更加复杂：大湾区有三种不同的法律制度，容易导致在粤港澳大湾区内对同一件商业纠纷出现完全不同的判决结果，这样就会阻碍粤港澳大湾区内商业融合，影响一体化发展。

多领域、多维度、多抓手地联动推进知识产权保护，是保障科技企业核心竞争力的必由之路。多领域，指对核心技术衍生的专利、发明或实用新型进行注册；多维度，指知识产权需要在国内和国外同时注册，且警惕在企业内部泄露商业秘密的潜在风险；多抓手，指无畏起诉知识产权侵权行为，通过诉讼、仲裁、调解或私力救济等多方式震慑知识产权侵权行为。

知识产权保护既是企业之事，也是国家之责。探索构建国际知识产权示范区，以制度创新推动科技创新，是国家对科创企业的直接支持。当前，要抓住第一国际商事法庭落户深圳的机遇，抓住香港具有普通法的法治传统、世界领先的仲裁规则、独立中立的司法系统、高效的仲裁执行率、语言多元化等优势，以深港为中心，引入香港先进知识产权规则至自贸区、第一国际商事法庭、仲裁院等，共同构建科创企业的知识产权生态圈，为科创企业

“走出去”出具国家“保函”。

### （四）“国家所需”耦合“港澳所能”，融合创新驱动全面开放新格局

在世界湾区经济崛起，中国经济进入新常态急需培育新动能，以及中国深化对外开放、接轨全球经济急需一个支点的时间节点上，国家需要香港充分发挥其独特作用，砥砺前行。

“香港所能”是“国家所需”。作为国际金融中心、国际航运中心、国际贸易中心，不久的将来会成为国际创新科技中心，也会是全球离岸人民币业务枢纽和国际资产管理中心、亚太国际法律及解决争议服务中心，香港在国家全面开放新格局被赋予新地位，要承担新任务、发挥新作用、贡献新力量。特别是在促进创新要素流动的过程中，香港起着举足轻重的作用，承担带动粤港澳大湾区发展、辐射泛珠三角建设、支撑“一带一路”倡议的任务。

香港是各类创新要素的聚集地。雄厚的科技基础、良好的科研氛围以及合理规划的科技创新园区等，是实施驱动创新发展的重要力量。香港是培养科创人才的基地。毫无疑问，香港筑起了科创人才培养的高地，吸引了来自全球的科创人才，进一步夯实了香港国际科技创新中心的地位。香港可以为国家培养优秀科研人才，培养科创“大脑”，大疆创始人汪滔先“走出去”到香港接受国际化教育，又“走回来”利用内地产业配套优势条件创立企业正是例证。香港是孵化科技企业的总部。香港以其特有的国际化窗口地位服务于不同创新阶段的企业，促进创新要素在香港与内地之间活跃流动。对于企业发展而言，初创阶段的企业往往带着技术从香港“走回来”到内地成长（例如固高、大疆、商汤科技等），而发展成熟阶段的企业又往往借助香港的国际化平台和完善的法律制度“走出去”拓展。近年来已有很多成功案例，这些案例如表 5 所示。

表 5　深圳成熟企业进入香港以及与香港企业、高校创新合作例举

| 企业 | 年份 | 合作项目 |
| --- | --- | --- |
| 华为 | 2003 | 与香港移动运营商合建香港 3G 网络 |
| | 2007 | 与 CenWIT 成立了华为 - 香港科技大学联合研发中心 |
| | 2012 | 诺亚方舟实验室 |
| | 2013 | 进军香港数据中心市场 |
| 中兴 | 2014 | 与香港移动通信合作开发 4G 业务 |
| 华大基因 | 2009 | 扩建深圳及香港分部，与香港中文大学成立基因联合研究中心 |
| | 2011 | 香港中文大学 - 华大基因跨组学创新研究院在港成立 |
| | 2014 | 成立香港华大基因科技服务有限公司 |
| 腾讯 | 2014 | 微信 - 香港科技大学人工智能联合实验室 |

国家需要香港发挥所长、支持香港成为国际创新科技中心，但仅靠香港一己之力可能难以撑起国际创新科技中心这一称号。香港需要粤港澳大湾区作为腹地，弥补工业缺乏之劣势。与内地融合是香港打造国际创新科技中心的基本条件。在“一国两制、三个独立关税区、四个核心城市”的现实背景下，如何把“一国两制”从掣肘转化为机遇，是科创产业在粤港澳大湾区乃至全国发展格局的核心命题。

解决创新要素跨境流动是当务之急。内地与香港之间不仅仅需要商品自由跨境流通，更需要各类创新要素(资金、技术、人才）更自由地跨境流动。纵观欧盟和东盟的发展历程，要素自由流动是没有止境的。[①] 发挥“一国两制”优势，由上而下推动完善科技要素跨境流动顶层设计，结合市场由下而上地推动资源互补互配，是进一步全面深化改革、推进更高层次开放的可行之路。

① 张玉阁：《十字路口的香港经济》，北京：中国经济出版社，2016。

## 四、深化融合创新，加快粤港澳大湾区打造中国“硅谷”

十九大报告指出：香港、澳门发展同内地发展紧密相连。要支持香港、澳门融入国家发展大局，以粤港澳大湾区建设、粤港澳合作、泛珠三角区域合作等为重点，全面推进内地同香港、澳门互利合作，制定完善便利香港、澳门居民在内地发展的政策措施。

有媒体和企业家表示，如果香港与内地能够继续携手，取长补短，下一个世界水平的科技创新中心很有可能就是粤港澳大湾区。国家也清楚地认识到香港与内地科技创新合作的基础条件十分优越，对于粤港澳大湾区建设国际科技创新中心寄予了很高期望。对以“大疆奇迹”及相关创新创业项目为代表的香港与内地科技创新的成功探索和实践表明，香港与内地合作是有基础、有条件、有需求、有动力的，也是能够复制的。但我们也要看到，粤港澳大湾区的“一国、两制、三种货币、四个主要城市”现状特征在全世界主要湾区中都是独一无二的，加之受三地之间创新发展的理念不同和深层次体制机制障碍制约，粤港澳大湾区创新要素流动仍有不便之处，创新资源开放共享还不充分，协同创新水平还有待进一步提高，打造成为中国“硅谷”的路还很长。

### （一）香港与内地科技创新合作的突出制约

#### 1．基础研究能力仍旧存在较大短板

与硅谷、纽约、东京等国际知名湾区和北京、上海科创中心相比，粤港澳大湾区的优势在集成创新和引进消化吸收再创新上，缺乏世界一流的重大科技基础设施集群，原始创新能力较薄弱，在重大科技基础设施建设、国际顶尖大学培育、新兴学科发展、前沿科学研究队伍集聚等方面还存在较大差距。

#### 2．国际一流人才集聚和培养能力不强

人才是创新驱动之源，谁拥有一流的创新人才，谁就拥有了科技创新的优势和主导权。没有人才优势，就不可能有创新优势、科技优势、产业优势，更不可能有竞争优势。虽然香港有较好的大学并培育了一批高层次人

才，但与硅谷相比，粤港澳大湾区创新创业人才队伍大而不强、多而不精的问题突出。教育资源分布不均，教育整体效应不强，创新人才队伍建设薄弱。香港拥有一流的教育资源，但与其他省市人才交流存在困难。广东科研、教育资源较为薄弱，创新人才队伍建设根基不稳。

#### 3．香港与内地协同创新发展水平不高

粤港澳大湾区的科创合作涉及三个独立关税区之间的跨境合作。为保证科创活动这一跨境公共品的供给，三地政府必须协商制定惠及各方的相关政策，紧密合作，共同推出涉及跨境研发合作的项目基金补贴，制定整个粤港澳大湾区科创发展的规划。然而，粤港澳大湾区目前在这些合作领域都存在不同程度的体制机制问题。特别是粤港澳三地在创新管理体制、决策机制、治理模式等方面存在较大差异，未来推进国际科创中心建设的统筹协调将面临很大挑战。

#### 4．人才、科研物资、信息、资金等创新要素跨境流动不便

香港、澳门作为我国独立关税区，享有独立口岸管辖权，加之三地的法律体系、税务制度、外汇管理制度存在较大差异，造成了大湾区创新要素流动存在较多障碍。一是进口管制造成货物流动障碍。二是出入境管理和就业执业限制造成人员流动障碍。三是外汇管制造成资金流动障碍。四是网络安全审查制度和电信服务差异造成信息流通障碍。五是法律经济体制差异造成融合发展障碍。在法律制度上，香港本质上属于英美法系，内地属于大陆法系，法律体制存在较大差别。在税务制度方面，香港拥有独立制税权，实行简单税制，征收税种较少且主要为直接税。

### （二）突破制约，建设粤港澳大湾区创新命运共同体

过去 40 年，改革开放带来一个个香港与内地科技创新合作的成功奇迹。下一个 10 年、20 年，乃至更长时间，香港与内地科技创新合作是主观发展要求，也是客观必然趋势。与此同时，随着改革开放深入推进，香港与内地科技创新合作面临的问题和挑战更为艰巨。越是困难的事情，越值得去做，

越是困难的时候，往往孕育着越大的机会。促进香港同内地加强科技合作，支持香港成为国际创新科技中心，发挥内地和香港各自的科技优势，为香港和内地经济发展、民生改善做出贡献，是“一国两制”的题中应有之义。直面挑战、攻坚克难，再续“大疆奇迹”，加快将粤港澳大湾区打造成为中国“硅谷”的步伐。

### 1．从全局和战略层面认识香港与内地科技创新合作，加强香港与内地科技创新协同发展，发挥比较优势，增强可持续合作的动力

香港拥有的较雄厚的科技基础和众多爱国爱港的高素质科技人才，是我国实施创新驱动发展战略、建设创新型国家的一支重要力量。与此同时，香港拥有国际化的营商环境、国际化大学、国际化咨询信息，成为许多跨国机构进入内地的前站。内地拥有庞大的市场需求，科技创新场景极其丰富，科技创新价值实现的成本低、效率高，是香港先进科学技术转化和应用的最佳地。面向未来，香港与内地必须提高认识，认清比较优势，强化比较优势，发挥比较优势，突出战略协同，深港与内地的大湾区其他城市要从国家创新驱动发展战略和粤港澳大湾区战略的高度，共同提出服务国家和地区创新发展的战略，加快推进科技创新合作，为香港经济与科技转型提供新动力，为内地科技创新跨越提升提供新动能。

### 2．围绕国家战略领域和区域科技产业比较优势领域，为粤港澳大湾区共同打造国际一流的科研环境

要促进香港同内地加强科技合作，支持香港成为国际创新科技中心，支持香港科技界为建设科技强国、为实现中华民族伟大复兴贡献力量，就要做好如下几点。一是要发挥香港高等教育优势，支持香港大学、香港中文大学、香港理工大学、香港科技大学等高校提升科研实力和国际影响力，建设世界顶级学府，成为引领和支撑香港与内地科技创新合作的领头羊。二是要支持香港围绕人工智能、智慧城市、生命健康、金融科技等优势领域或战略必争领域，建设一批高等级科研平台，攻克关键核心技术。三是要支持粤港澳大湾区内地主要城市围绕信息经济、智能经济、生命经济、海洋经济、绿

色经济等重点领域，前瞻布局国家重大科技基础设施、高等级创新平台、新型研发机构等，合力建设国家实验室，打造国家创新战略力量。四是要支持粤港澳大湾区围绕科技创新合作，建设一批金融、法律、交易、交流、创业、人才、知识产权、标准等服务平台体系，优化联合创新创业环境。

3. 围绕跨区域创新资源要素流动需要，优化一批制度设计，出台一批扶持政策，让未来香港与内地科技创新“奇迹”更容易发生，打造具有世界竞争力的区域创新共同体

一是促进粤港澳大湾区内人才流动便利化。利用先进技术为符合条件的科技创新人员流动提供通关便利服务，提升通关服务效率。加强统筹协调，逐步实现粤港澳三地医疗、养老等社会服务的跨境“钱随人走”，推动本地医保直接结算跨境医疗服务和本地社保直接购买养老服务。二是提供创新相关物资和数据跨境便利。提升科技创新相关货物跨境便利化程度，在湾区设立特殊物品（生物医药、电池、海外返修品）海关特殊监管区域，实现区域通关一体化，对生物样品相关进口企业进行整体风险评估。增加享有自用研发设备和进口研发耗材税收优惠的市场主体。建立高校科教设备统一进口中介平台，减少高校科教设备进口交易成本。允许粤港澳大湾区高校将科研经费用于跨境租用港澳科研设备。建设粤港澳大湾区内部分高校和科研机构连接港澳的科研专用网络。在前海、横琴、河套落马洲等地区建设互联网特区，建立服务粤港澳三地的跨境数据中心，开展境外科技人员实名认证下的互联网信息开放。三是完善粤港澳创新合作的体制机制。深化粤港澳执业资格互认，允许具有港澳职业资格的金融、规划、设计、建筑、会计、教育、医疗等专业人才在粤港澳大湾区应聘执业。增加粤港澳合作办学自主权。加强粤港澳在知识产权运用和保护综合改革试点、知识产权证券化业务试点、创新药物临床审批制度改革试点、药品上市许可持有人制度试点等方面的合作，推动相关改革举措落地和经验总结推广。支持粤港澳共同探索新兴技术和产业监管新模式，在无人驾驶、生物医药、细胞治疗等前沿技术试验以及基因测序、干细胞、无人机等新兴产业监管方式创新方面开展务实合作。

Tencent 腾讯

# 腾讯：开放共享发展理念的企业实践

综合开发研究院（中国·深圳）

## 一、改革开放大潮中成长的互联网巨头

改革开放40周年，我国经历40年的逐梦前行、砥砺奋进，开启了新的伟大历史征程，实现了从“赶上时代”到“引领时代”的伟大跨越。马化腾感叹：腾讯的发展是中国改革开放创造的奇迹。深圳市腾讯计算机系统有限公司（以下简称腾讯）正是紧紧把握改革开放的大潮，不断创新，愈加开放，成长为目前中国乃至世界的互联网巨头。

### （一）全球互联网企业的中国典范

改革开放极大拓宽了人们的视野，改变了人们的思维模式，让一切变得皆有可能。企业则在机遇喷发中高速成长，质量不断优化，规模也不断扩大。

自创建至今，腾讯从未停止过开拓创新的脚步。1998年11月1日，马化腾与他的同学张志东在深圳市注册成立了腾讯计算机系统有限公司。短短的20年时间，腾讯在改革开放的历史背景下，从当年的5人团队发展到今天拥有4万人的“企鹅帝国”，从创立之初财务难以为继的境地蜕变为世界市值500强排名第五的超级企业。

腾讯目前是中国最大的互联网综合服务提供商之一，也是中国服务用户

最多的互联网企业之一。腾讯一直秉承一切以用户价值为依归的经营理念，始终处于稳健、高速发展的状态，业务收入年均增长 70%。根据腾讯 2017 年年报显示，QQ 月活跃量为 7.83 亿人，微信月活跃量达 9.89 亿人。2017 年末，中国网民总量约 7.5 亿人，可以说腾讯的社交网络几乎涵盖了全中国所有的移动互联网用户。

图 1　腾讯用户情况

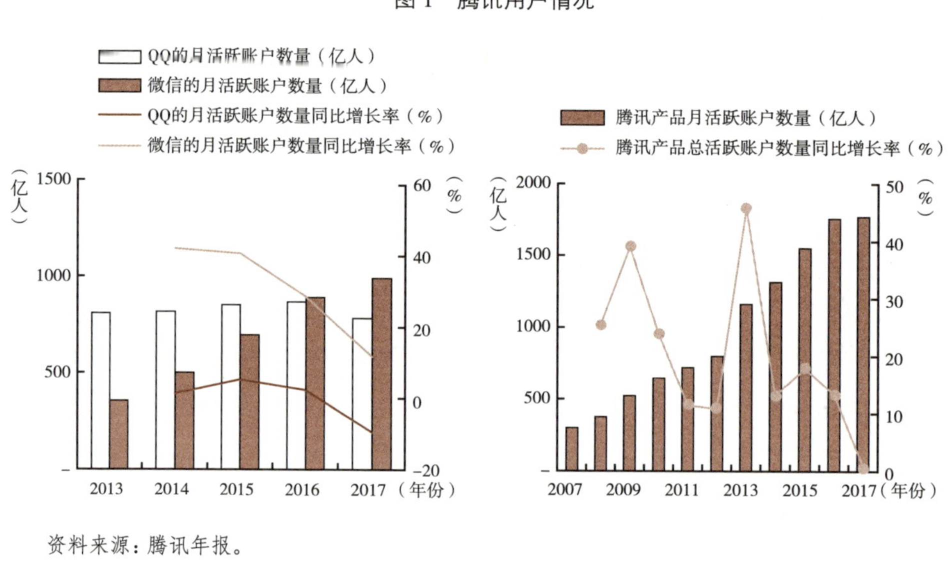


资料来源：腾讯年报。

图 2　互联网公司市值

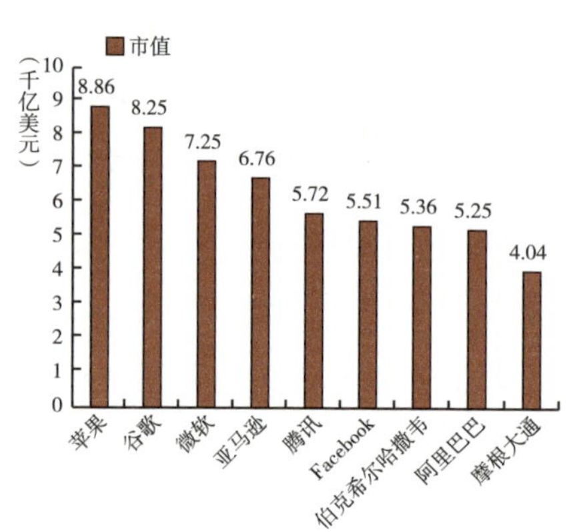


数据来源：维基百科。

图 3　腾讯收入情况

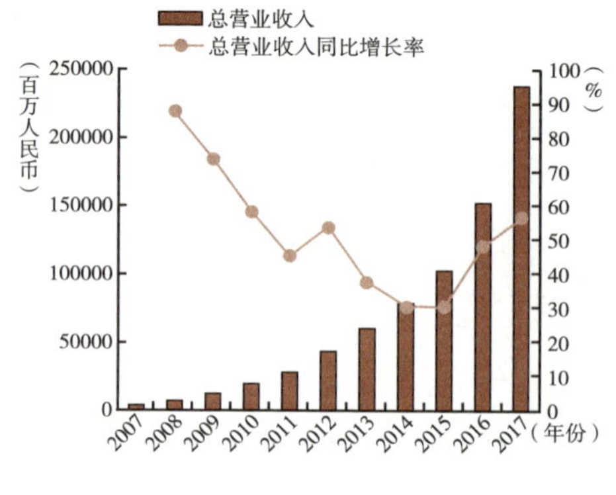


数据来源：腾讯年报。

根据腾讯年报，2017 年腾讯全年实现总收入 2378 亿元，比 2016 年增长 56%。截至 2018 年 1 月，腾讯市值达到 5720 亿美元，市值排名高达世界第五位，同时也成为中国市值最高的科技企业。

回顾过去，腾讯历经改革开放的洗礼，短短的 20 年时间，腾讯的发展道路并非一成不变，更不是一帆风顺。相反腾讯根据不同的形势，调整战略，开拓新业务，才有了今天的辉煌与成就。

### （二）腾讯的诞生：改革开放与电信改革孵化出成长种子

1984 年，改革开放已经走过 6 个年头，马化腾随家人从海南来到深圳。深圳作为改革开放的最前沿，新事物无处不在。马化腾说："腾讯的成功有很多因素，但改革开放的历史机遇是我们最大的财富。"也正是有了改革开放，才有了腾讯的诞生。此时，全球和我国的电信体制的垄断逐步被打破，政企分开、邮电分离、国有电信股份化、对外开放等一系列的改革措施促进了电信和互联网发展环境。1994 年的 4 月，我国通过一条 64K 的国际专线，全功能接入国际互联网，从此开启了互联网时代。1998 年，中国改革开放 20 年之际，马化腾、张志东等人在深圳创立腾讯，推出即时通讯软件 QQ，因免费开放，受到了网民的热烈欢迎，用户数量在短短数月突破了 100 万。

1998 年，中国进一步放宽了对风险投资的限制。1999 年，腾讯在用户急剧增长，但创始人投入的资金基本耗罄的关键时刻，正是从 IDG 和电讯盈科手里拿到 220 万美元的风险投资，此后风险资本 MIH 的进入，才使腾讯得以度过互联网泡沫破裂的严冬。经过一年多的发展，迅速达到近亿级的注册用户量。

2000 年，中国移动推出"移动梦网"业务，它通过短信推送的方式为手机用户提供各类信息增值服务。腾讯是当时"移动梦网"最大的合作伙伴，得益于此，在 2001 年 6 月，腾讯成为中国第一个实现盈利的互联网公司。

继承了开放自由、免费共享的互联网基因，腾讯从未向用户收费。在达到千万级用户规模的同时，腾讯依靠原始创业团队的不断投入，以及数笔外部融资，在互联网大潮中成为即时通讯软件的幸存者。

### （三）腾讯的崛起：电信业及资本市场的开放助推腾讯发展

随着改革开放的发展和深化，中国市场经济体制不断发育成长，市场体系逐步形成和发展，市场规则也逐步建立和完善，特别是电信业及资本市场的改革开放为互联网企业发展提供了丰沃的生长土壤，也为腾讯的生存、发展和扩张提供了坚实基础。

2004 年 6 月 16 日，是值得腾讯骄傲的时刻，腾讯成为第一家在香港上市的中国互联网企业。上市之后的腾讯以更加开放的姿态开启了崛起之路。

2005 年 7 月，工信部下发通知：除中国电信和中国网通能够在部分地区进行 PC-Phone 方式 IP 电话商用试验外，任何单位和个人都不得从事这项业务。2005 年，腾讯的互联网增值服务的收入首次超过了无线增值服务，未来的企鹅帝国迈出了建立独立生态的第一步。

腾讯的业务版图不断扩大，除了社交、网游、支付等，还继续向其他周边业务延伸。2008 年 9 月 16 日，搜狐、搜狗与腾讯共同达成战略合作。此时的腾讯让其他进入互联网新领域中的创业者又恨又怕。腾讯本身自带大流量，又擅长快速“复制”产品，在功能完备的基础上持续提升用户体验，这是当时体量小的新企业很难做到的。此时，相对“封闭”的腾讯走到了战略转型的关口。

### （四）腾讯的战略转变：开放共享创新出产业生态

2010 年，中国互联网发生被称为“3Q 大战”的网络战争，此后，腾讯的发展不再那么激进。2011 年之后的腾讯尝试学习“开放能力”，并逐步向开放共享战略转型。

**表 1　腾讯打造“开放 · 共享”生态圈历程**

| 年份 | 事项 |
| --- | --- |
| 2011 | 入股华谊兄弟传媒。<br>入股艺龙网。<br>购得金山软件 15.68% 的股份。 |
| 2012 | 对电商平台“易迅”控股。<br>同阿里巴巴、中国平安合资成立上海陆家嘴金融交易所。 |
| 2013 | 斥资控股“美团”，增持金山网络股份。<br>同搜狐、搜狗达成战略合作关系，并注资搜狗。 |
| 2014 | 战略投资“嘀嘀打车”。<br>认购华南城 9.9% 的股份。<br>认购京东 15% 的股份。<br>投资获得“58 同城”19.9% 的股份。<br>主导投资嘀嘀打车超过 7 亿美元投资。 |
| 2015 | 收购 GluMobile.Inc 14.6% 的股权。<br>投资美国移动游戏开发商 PocketGems。<br>成立腾讯影业。 |
| 2016 | 控股“海洋音乐”。<br>成为京东第一大股东。<br>投资“拼多多”。<br>投资真时科技。 |
| 2017 | 领投短视频领域头部公司“快手”。<br>投资知识问答平台“知乎”。<br>认购控股在线票务平台“猫眼电影”。<br>投资金山软件旗下游戏开发工作室“西山居”。<br>投资游戏公司“掌趣科技”。 |

2011 年，腾讯在合作伙伴大会上首次提出开放战略，希望打造一个没有疆界、开放共享的互联网新生态。加入开放平台后，腾讯海量的用户平台、完善的硬件支持、丰富的 SNS 运营经验等优质资源就能够在伙伴之间实现共享。腾讯开放平台帮助有能力有梦想的人实现创业的梦想，并且使整个网络获得长久而持续的发展。腾讯逐步建立起“开放 · 共享”为核心的生态圈建设。

根据 Wind 数据库的公开数据显示，腾讯正在进行和已经完成的企业投资、入股金额达 336 亿元，在 1998 ～ 2018 年，以每年约 20 亿元人民币的投资、入股方式打造腾讯生态圈。腾讯公司开放战略以共同发展、共享成果为根本，以助力互联网创业者发展，推进产业链合作共赢，繁荣互联网生态为目标，以“大众创业、万众创新”为契机，将自身核心资源开放给创业者。腾讯线下实体众创空间将继续在全国各地部署落地，实现地区高端人才聚集、优秀项目运转，推动产业转型升级，拉动区域经济增长。

## 二、开放共享，构建无疆界的互联网新生态

腾讯正在以开放包容的思维，推动我国前沿科技与国际对接，向世界展示了中国力量。顺应我国全面数字化进程，腾讯继续秉持“打造没有疆界、开放共享的互联网新生态”初衷，在开放平台上演绎着乘法效应，不断迭代创新衍生如微信、移动支付、内容产业等新的业务，形成新的产业集群，最终形成“自由、丰饶的数字生态共同体”。

### （一）全面开放共享，共建互联网开放生态森林

随着通信技术的迭代升级，社会进入以连接为特征的信息时代，行业间的可连接性大大增加，行业边界愈发模糊，合作的企业不再局限于同一领域。

腾讯由社交运营商逐步发展成为集社交、娱乐、金融、资讯、平台、工具、人工智能七大核心业务为一体的综合运营商。意识到经济社会发生的变化，腾讯开放战略从最初的入口、能力的共享，逐步升级至“去中心化”的全方位开放共享网络。发挥腾讯核心社交优势，以微信和 QQ 两大社交平台为导流端口，配套输出位置服务、安全、云计算和 AI 四大基础能力，并以流量和能力形成自身的核心业务。同时，业务和能力以开放共享方式滋养合作伙伴茁壮成长，逐步形成数字生态体系。

#### 1. 依托核心社交优势，赋能流量支持

腾讯的核心竞争力是形成了以 QQ 和微信为主要入口的社交生态。根据 CNNIC 的统计，QQ 和微信在个人即时通讯领域具有绝对优势，网民渗透率分别达 92.6% 和 87%；综合社交应用中，朋友圈和 QQ 空间作为即时社

交工具的衍生服务，用户使用率遥遥领先。在四大核心社交平台的支持下，腾讯基本可对接所有网络用户。

图 4　2016 年我国典型社交应用使用率

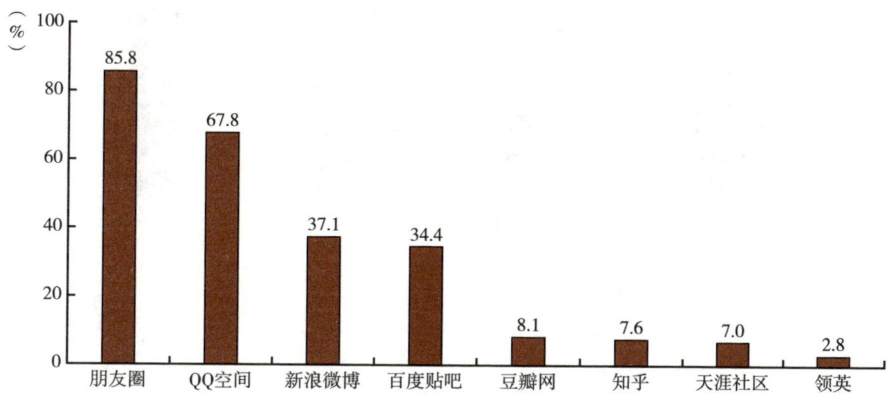


资料来源：CNNIC，《2016 年中国社交应用用户行为研究报告》。

基于庞大的社交网络，腾讯对外输出方式之一就是“流量开放”。产业森林中扮演水源角色的“流量”，几乎是腾讯所有合作伙伴（或潜在合作方）需求的资源。腾讯在开放中并未做过多限制，而是尽可能地提供连接的基础设施服务，尤其是在微信体系。微信的典型开放场景包括三种，分别是微信支付、公众平台和小程序。2016 年，微信生态中，公众号数量已超过 1200 万个，52.3% 的网民表示会通过公众号获取最新资讯。

在改变人们获取信息方式的同时，微信已深入渗透至日常生活和商业之中。2017 年由微信驱动的信息消费达到人民币 2097 亿元，拉动流量消费达 1911 亿元，拉动行业流量收入达 34%。

给人们生活方式带来巨大变化的另一产品则是微信支付。在打造微信支付生态体系过程中，腾讯秉持“极致开放”的原则，只提供最基础的解决方案，庞大的线下市场留给更了解行业的第三方服务商，由对方推动商家实现自主化、普及化，最终打造出适合各个行业的服务。2013 年支付平台在微

图 5　2014～2017 年腾讯微信公众号数量

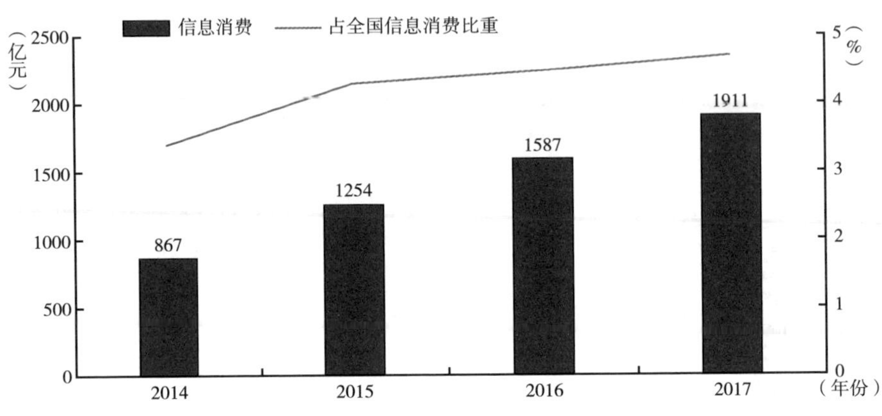


资料来源：艾瑞咨询。

信上线，经过 5 年的发展，全国现已有超过 5000 家第三方服务商入驻微信支付生态体系，数百万家门店支持微信支付，诸如连锁零售行业、旅游景点、餐饮等 30 多个行业都已加入“微信智慧生活行列”。

2. 互联网基础能力输出，共享成熟平台资源

在流量开放的同时，腾讯还向合作伙伴分享企业积累的互联网基础层能力，包括位置服务、安全、云计算和 AI（语音智能、语义智能和视觉智能）。这四大能力是腾讯与诸多第三方机构合作的基础。

位置服务下设五大解决方案，分别面向 O2O、物流、智能出行、警务安全和运动健康五大领域，代表合作企业包括新美大、京东、滴滴。腾讯通过与这些公司的合作，推动 LBS 能力逐步向全行业开放。目前腾讯 LBS 每天已有超过 550 亿次的定位调用量和 8 亿的用户量。

腾讯安全服务能力处行业首位。腾讯安全拥有 18 年的能力积累及 8 亿用户的海量大数据运营经验，包含面向用户的全方位网络安全应用、对企业与政府网络安全的系列解决方案，开发产品如腾讯鹰眼智能反电话诈骗系统、麒麟系统、手机管家和电脑管家等。现已发展成为保卫腾讯互联网业务发展及用户、企业、政府三方网络安全的重要支持力量。

云计算服务是与水、电相似的数字资源。腾讯基于云的连接打破信息孤岛，实现各行各业、虚拟世界和现实世界的万物相连。在与第三方对接时，腾讯云主要提供生态连接和IT基础架构服务，合作伙伴在此基础上开发更多的应用和服务，实现双方共赢。目前，腾讯云生态已形成了规范化的合作伙伴机制，分为开发、服务、代理和咨询四大类，涵盖游戏云、视频云、零售云、营销云等十大垂直领域。

腾讯的AI开放是作为"智慧连接"的另一基础。一是通过开放自身AI能力赋能医疗等传统行业，二是以AI生态计划全力扶持新兴AI创业者。前者现已推出"AI医学辅助诊疗开放平台"，并分别与智业软件、山东顺能等医疗信息化厂商及医疗机构合作，间接服务医疗机构近千家。在AI孵化中，腾讯AI加速器已于2017年启动，25个AI创业项目将开始为期6个月的加速期，有望作为腾讯在AI时代开放的探索和先锋军。

3. 六位一体众创空间，全方位培育和扶持创新生态

腾讯致力于扶持中小创业者的成长，希望通过自己的发展经验和行业资源为创新创业提供支持，为互联网行业输入更多的新鲜血液。2012年，腾讯开放平台上线，创业者可在该平台上获取从硬件接口到线上营销的全套服务。2015年，腾讯再次打开自身能力边界，积极引入社会资源和政府资源，共同开办"众创空间"，提供立体式孵化环境。

腾讯众创空间是在前期开放平台上的升级，在延续开放平台中为创业者提供各项服务的同时，社会资源和政府资源的加入带来创业环境全方位的提升。中小创业者在众创空间中，可以得到包含流量、平台、伙伴、导师、市场和资金六位一体的资源支持。以导师资源为例，腾讯众创空间为园区团队提供线上建立创业辅导平台，线下则提供创业专题服务和创业导师辅导。对已获得融资的企业，则可申请青腾大学定期推出的培训项目，享有全系列腾讯顶级的内容资源。

自2016年第一家众创空间落户北京中关村以来，腾讯已在全国28个城市布局了34个众创空间，总面积超过100万平方米，主题涵盖人工智能、电

商、消费和机器人等，覆盖创业者 20 万人。现已孵化出诸多优秀的创业项目，累计收益超 1 亿元的创业公司达 24 家，超 1000 万的达 108 家，融资额过 1 亿元的创业公司超过 100 家，超 20 家创业公司已经或正在上市进程中。

图 6 腾讯开放能力升级扶持创新创业

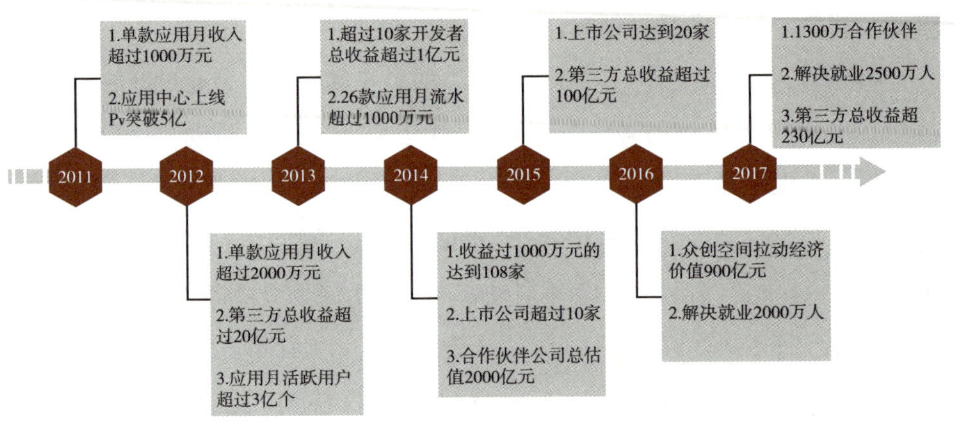


资料来源：腾讯公司内部资料。

腾讯于 2017 年发布精英式培育计划，通过青腾大学打造创业者乃至未来产业独角兽的“黄埔军校”。目前，青腾大学下设“清华 – 青腾未来科技学堂”、“青腾长江 – 未来商业学堂”、“北影 – 青腾未来文创学堂”。

青腾大学师资力量雄厚，学院导师均由相关行业顶级大咖、中国最高学府的知名学者和腾讯高层领导组成，为学员提供理论与实战相结合，文化与商业、科技相结合，本土与全球相结合的知识体系。开办至今，已诞生 22 家独角兽企业、12 家上市公司，超过 73 家公司估值过 10 亿元，188 家学员企业总估值超 3000 亿元。入学后，部分学员企业估值完成 10 ~ 60 倍的快速增长，学员企业平均估值增长率超过 150%。

由毕业生组成的青腾汇，依托青腾大学各个学堂，具有跨级、跨班、跨领域三大特色，可为会员提供独家资源对接和高端名企私访等特色服务。首批会员共计 105 人，企业总估值超过 3000 亿元，均是各行业的佼佼者。

### （二）自由灵活的人才培养新模式，保持企业创新活力

开放性人才战略是企业保持竞争优势的关键。企业要给予人才成长的空间，提供自我实现的平台，激发员工的潜能，从而实现共同进步的愿景。为此，腾讯提出了以“开源”和“活水”为代表的人才互通机制。

#### 1. 开源，打破内外技术障碍

“开源”启动于 2010 年，主要是面向技术层面的互动交流。最初由管理层自上而下进行推动，好的项目会跨团队、跨部门、跨业务得到广泛使用，避免在竞争中造成不必要的内耗，拉低企业运行效率。在开源平台上，诞生出了诸如 TARS 和 TStack 等经典工具，前者有效解决了不同团队在开发和运维过程中编程语言和习惯不一致的痛点，提供了一体化的微服务治理方案；后者则主要针对运营环节，可为腾讯内部提供成熟的 PaaS 和 SaaS 服务。

内部试水“开源”成功后，伴随着腾讯对外开放战略的逐渐成熟，开源平台也成为企业基础技术对外输出的重要端口。据统计，截至 2018 年 6 月，由腾讯发起的开源项目累计达 57 个，在 GitHub 获得了近 15 万 Star。在 LC3 中国 2018 大会上腾讯宣布将自研开源项目——高性能 RPC 开发框架 TARS，及轻量化名字服务方案 TSeer 贡献给 Linux 基金会，并正式成为 Linux 基金会白金会员。

#### 2. 问渠哪得清如许，为有源头“活水”来

2012 年推出的“活水”计划，适用范围则更为广泛，面向所有的腾讯员工。通过该计划，内部员工可自由申请感兴趣的空缺岗位，若面试合格则可随时转岗，原部门领导不得以任何理由阻止。腾讯希望借由“活水”建立起通畅的内部人才流动市场机制和积极的企业文化，既帮助员工在公司内自由地寻找发展机会，也能够为公司重点产品和业务提供充足的人才支持，实现共赢。

“活水”计划实施以来，已累计帮助 5400 多名员工实现个人意愿转岗，大部分都进入了腾讯的核心项目。例如，微信团队中有 300 多位员工都是通过活水计划进入，约占微信引进人才的 60%，为微信的产品升级和业务扩

张发挥了强有力的支持；腾讯云仅在2016年就吸纳了超过50名内部员工，为腾讯云的快速迭代贡献了重要力量。另外，腾讯内一些发展方向不合时宜的项目，则会在这种市场化的流动机制中，自然而然地被员工淘汰，加速冗余产品的清理过程，降低企业的试错成本。

未来，腾讯还将继续升级内部员工的流动机制。即将推出的“体验生”计划，允许员工在完成自己本职工作的基础上，可以有8周左右时间到心仪的部门岗位实习。通过跨部门当体验生，员工可以在实际工作中进一步明确兴趣目标，了解自身存在的不足，为下一步参与“活水”计划做充足的准备。

### （三）自我“去中心化”合作观，协同创新巩固产业生态

腾讯在实施开放共享战略过程中，多次强调要以“去中心化”的原则为合作伙伴赋能。马化腾对此解释是：“比如，我们不会把柜台出租给你做生意，而是你自己建房子，建完之后就是你的了，你的粉丝、你的客户就是你的，不需要再交月租，不用说每年涨价，这就是去中心化的赋能。”

腾讯早期的“去中心化”萌芽主要集中在业务结构演进和资本布局上，强调推动组织架构的分散合作模式，但本质还是一个“大腾讯”。随着对外开放规模不断扩大，腾讯合作伙伴名单已超千万，涉及行业从互联网到餐饮、金融、政务等。面对不熟悉的领域，若仍以原先发展思路进入，腾讯将面临“不专业的人做专业的事情”的尴尬困境。因此，腾讯决定彻底践行“去中心化”价值观，将“半条命”交给合作伙伴，不直接参与对方的日常运营，给予合作者最大的自由度。

同时，利用腾讯在互联网领域的突出优势，各行业合作伙伴正在加快去除本行业原有中心化模式，创造智能业态。典型案例就是美团点评的诞生。在餐饮界有一条经典的“3公里法则”①。美团点评的出现则打破了这一

① 以自己为原点，3公里范围内所有的人都有机会来自己的店里消费。3公里范围，既是机遇，也是桎梏，这是餐饮业天然基因所决定的。

限制，利用互联网技术，人们可在平台上自由获取各家餐饮店信息并进行选择，目标用户范围扩充至全市、全省乃至全国。美团点评的发展逻辑与腾讯“去中心化”理念完全一致。美团利用腾讯丰富的用户资源和社交网络进一步拓宽业务。对腾讯而言，与美团的合作也可以促进自身位置共享、支付、在线广告等业务的发展，巩固线上线下生态系统。

如今，腾讯已经明确自身在生态格局中的定位，即地基角色。为合作方提供必要的流量、资金、技术等支持，但不会掠夺被赋能方的资源和利润，以合作代替竞争，将自己的能力触角延伸到更广阔的领域。伴随着合作伙伴的成长，腾讯已基本实现了社交、娱乐、外卖等所有场景的覆盖，成为广义上的互联网超级平台。

腾讯未来将以在新经济领域积累的开放共享经验为依托，逐渐将数字生态圈向第一、第二产业渗透，继续借助自身的三大优势——用户触达能力、基础技术能力和资源整合能力，联动产业链的上下游，包括开发者、用户、合作伙伴、政府单位、社会力量等，更好地服务于新时代下的传统企业，加速产业结构升级，助力构建“互联网 +”生态经济，全面推动中国实体经济数字化进程。

### （四）对外开放、对内赛马，保障生态建设创新活力

随着腾讯对第三方的开放共享战略不断完善，企业已实现对各行业各阶段合作伙伴提供全方位的资源支持。为了保证开放战略的有序进行，腾讯形成了对外开放、对内竞争的弹性治理结构，为“亚马逊森林式”产业生态的健康发展提供有效的机制保障。

#### 1. 以不谋求控股权为原则提供资金，保持合作方经营独立性

腾讯对于合作伙伴的资金支持大致可分为三类：一是以“双百计划”为代表的对于早期项目的孵化基金；二是在众创空间中腾讯与引入的战略合作伙伴共同设立的专项基金；三是战略性入股，如与永辉、京东、滴滴等成熟企业的合作。

资金申请方式等方面虽有不同，但在下游供给时，腾讯始终遵循不以谋求控股权为原则。在入股第三方企业后，不忘初心，为合作伙伴提供必要的资源扶持并不干预对方的正常运营，腾讯只按照约定的利益分配方式获取应有的收益。

表 2　腾讯与合作伙伴的股权分配

| 公司 | 首次入股时间 | 首次投资金额 | 股权占比（排名） | 投票权 | 是否控股 |
|---|---|---|---|---|---|
| 京东 | 2014 年 | 2.15 亿美元 | 21.25%（1） | 4.4% | 否 |
| 唯品会 | 2017 年 | 6.04 亿美元 | 8.75%（2） | — | 否 |
| 美团点评 | 2015 年 | 10 亿美元 | 20.13%（1） | 不到 10% | 否 |
| 永辉超市 | 2017 年 | 42.15 亿元 | 5%（4） | — | 否 |

资料来源：课题组整理。

在构建与合作伙伴的盈利分配制度时，腾讯同样选择了优先成就伙伴，然后成就自己。2012 年，腾讯开放平台大幅提高与开发者的收益分配比例，尤其是对中小开发商。对于月度收入在 10 万元以内的中小开发者，收入 100% 归开发者；月度收入 10 万元至 100 万元的开发者，开发者的收益比例上限将提升至 70%；月度收入 100 万元至 1000 万元规模的开发者的收益比例为 50%。对于新上线的应用，腾讯还将提供为期三个月的免费服务器支持。

### 2. 弹性竞争的组织架构，“赛马机制”内部管理创新

腾讯内部组织结构充分授权，鼓励竞争。各事业群负责人在业务拓展上被授予了最大限度的权限，形成了“谁主管，谁提出，谁负责”的“赛马机制”。马化腾曾这样形容过“赛马机制”：在公司内部往往需要一些冗余度，容忍失败，允许适度浪费，鼓励内部竞争和试错。

“赛马机制”决定了腾讯历史的多个转折点。腾讯目前两大核心支柱之一的微信，先是由张小龙带领的广州邮箱团队与 QQ 所属的 MIG 移动互

联网事业群的另外几只团队进行内部竞争，优胜者再对外进行发布。腾讯2015年上线的现象级手游《王者荣耀》，也同样是在赢得了与内部同类产品《全民超神》的竞争后，逐渐获得了企业全力的宣发和渠道等各种资源支持。

对于公司而言，在可控的范围内采用“赛马机制”进行内部竞争，往往可以催生出许多优秀的产品，尤其是对以C端用户为主要目标群的行业。互联网生态瞬息万变，创新和竞争是产品或企业保持生命力的“终极法宝”，正所谓“千淘万漉虽辛苦，吹尽狂沙始到金”。

### 3．信息共享，培养合作伙伴世界级眼光和思维

如果说腾讯的流量、资金和技术是合作伙伴成长所需的土壤和水，自由的思想和开创的思考逻辑则是推动我国互联网发展达到世界级水平所需要的“精神养料”。为此，腾讯开放平台也为合作伙伴提供了“知识分享体系”，让智慧的思想在交流中不断碰撞，迸溅出最绚丽的火花，为行业发展源源不断地提供创新的思维和优秀的人才。

开放平台的“知识分享体系”，由腾讯公开课、开发者沙龙、开放平台白皮书、开放画报等组成，主要可满足日常交流需要。腾讯每年还会组织面向所有合作伙伴的“腾讯合作伙伴大会”，邀请世界各行各业精英作为与会嘉宾，与腾讯生态圈里的每一位成员分享知识和经验，探讨行业难点热点。2011年至今，在七届大会中，腾讯累计邀请了2000名全球演讲者，影响了近1300万合作伙伴。

## 三、把握“互联网＋”共享契机，探索数字经济新增长点

腾讯把握国家“互联网＋”战略所带来的智慧化、数字化转型市场机会，以全面共享的方式，将自身业务能力、资源和技术连接到政府服务、公众等领域，探索新的业务，也为社会带来了前所未有的科技福利。

### （一）以微信为依托，探索智能交通的新入口

互联网与交通的结合，为市民出行带来诸多便利的同时，也为城市交通问题的解决提供了新思路。以“乘车码”为载体，腾讯为用户提供更便捷的出行方式，构建公共交通领域合作共赢新局面。以微信为依托，为合作伙伴开放入口，助力合作伙伴提供公共交通新供给，推动绿色、高效出行。以位置共享服务为基础，腾讯为交通、公安、旅游、商业、规划等各个行业提供大数据支持，为越来越多用户的生活品质提升贡献价值。

#### 1. 以乘车码为载体，切入公共交通智慧化的合作

在公共交通领域，“乘车码”的开发是腾讯非常有价值的一次尝试。截至2018年5月，腾讯开发的小程序“乘车码”已陆续在全国50多个城市上线，覆盖BRT、公交、地铁、索道等多元交通体系。对用户来说，“乘车码”会为用户提供更便捷的出行方式，可解决用户乘车找零、忘带卡等困扰，还可提供查询以及智能客服服务。“乘车码”为传统公交行业企业提供管理决策依据，在运营管理方面，提供客流大数据分析、站点流量分析等，在交通管理方面，提供交通拥堵预测等服务。此外，在政府建设智慧城市上，助力科学治堵，打造低碳环保城市，优化城市公共交通体系建设。未来，“乘车码”还可用于实现乘客实名制等功能，这对治理城市交通拥堵、城市公共安全等问题都具有重大意义。

#### 2. 以微信为依托，助力合作伙伴提供智慧出行新供给

新型交通方式在中国的应用日趋成熟，腾讯先后投资了网约车行业的“滴滴出行”和共享单车领域的“摩拜单车”，并为两家公司在其社交平台微信上连接了引流入口。“滴滴出行”通过互联网平台将乘客和司机直接联系在一起，建立起基于移动互联网的新型出行方式。“滴滴打车”服务更是颠覆了传统打车市场格局，杜绝了长久以来乘客需要在路边招手拦车的危险和落后现象。同时最大限度地优化乘客的打车体验，改变了出租车司机传统的兜圈招揽乘客的低效率行为，不仅节约了沟通成本、降低了空驶率，还最大限度地节省了司乘双方的时间精力。值得一提的是，“滴滴出行”帮助更多

城市人口获得增收和重新就业的机会。2016 年至 2017 年一年时间里，先后共计 2107 万人通过滴滴平台获得收入。这其中共计 178 万名滴滴司机为复原、转业军人，帮助 133 万人摆脱了失业状态，209 万名女性实现了就业。作为当前共享单车行业最具影响力的企业，“摩拜单车”的问世则解决了城市交通“最后一公里”的问题。“摩拜单车”时尚简便的外形，简单方便的使用方式，为公众出行带来低碳绿色出行的新选择。不仅如此，共享单车的出现，在提升自行车使用率、缓解城市交通压力等方面也均具有显著的优势。

3. 位置共享服务为交通、公安、旅游、商业等各个行业提供大数据服务

腾讯的位置共享服务（以下简称 LBS 服务）每天有超过 600 亿的位置调用量和超过 8 亿的用户量。结合自身海量用户量，腾讯将资源与合作伙伴共享，从摩拜的便捷骑行、滴滴的快速打车，到京东的高效配送，城市的拥堵缓解，背后都有着位置服务的支撑与保障。腾讯位置服务正为越来越多用户的生活品质提升贡献价值。通过与腾讯云联合发布区域人流及人口热力服务，腾讯的 LBS 服务可用于高精确地查看并预测某个特定区域的实时人流状况，从而为交通、公安、旅游、商业、规划等各个行业提供大数据支持，辅助各部门提高决策力。2017 年 11 月，腾讯位置服务宣布成立“位置 + 联合开放实验室”。在“位置 + 联合开放实验室”框架下，腾讯位置服务推出数据合作计划，与合作伙伴探索更加深入的数据合作、能力定制和创新应用，倡导行业健康发展，并借此以更加开放的姿态向合作伙伴进行能力输出。在未来“万物互联”的时代，通过与城市大数据的结合，腾讯的 LBS 服务将实现更多服务于公共部门和市民的便捷功能。

## （二）以移动支付为支点，积极布局新金融

腾讯将移动支付的优势不断植入公众的日常生活、财富管理以及医疗等民生领域，以支付为支点，逐步构建新金融的业务体系。

1. 增加公众支付方式，扩宽理财道路

作为互联网巨头，腾讯为社会提供了多样化的金融服务。最具代表性的是微信支付。微信支付是以社交属性为出发点、集成于微信客户端的移动支付功能。用户可以通过手机扫描或出示二维码快速完成支付的流程。微信支付功能的开发使无纸化的交易得以真正实现，降低了交易成本，显著改善了使用者的支付体验。其中“微信红包”的功能已成为当下最受中国人青睐的社交方式之一。根据《2016微信春节大数据报告》，猴年除夕当日，微信红包的参与人数达到4.2亿人，收发总量达80.8亿个。腾讯旗下的理财平台“理财通”使用腾讯用户沉淀的大数据，全方位分析用户的个体行为，实现对其信用状况等方面的精确判断。在此基础上分析用户交易行为、预测用户的金融需求，从而创新金融产品。一个例子就是长期为传统银行部门忽视的中小用户，就可以借助互联网金融的平台轻松获取根据个人需求定制的理财服务。“理财通”官网数据显示，截至2016年底，该平台总用户数已超过1亿元，累计为用户赚取收益逾80亿元，总成交量逾20000亿元。

2. 挖掘民生支付场景，服务全面渗透社会生活

腾讯用户只需登录微信钱包界面，即可轻松完成五险一金、水电缴费、话费流量充值、信用卡还款等日常事项。还可通过第三方平台进行网购，预订酒店、车票等多种线上消费。腾讯提供的一站式服务平台，彻底颠覆了传统的服务方式，突破了传统渠道分散及流程烦琐的缺陷，有效简化了日常事项的办理，极大地提升了城市生活的便捷指数，也让大众享受到了互联网所带来的颠覆性改变。

3. 免费开放技术，尝试智慧医疗业务模式

为公众提供高质量的医疗服务也是腾讯致力于实现的目标之一。我国医疗改革有三大问题亟待解决：其一，医疗服务的供给难以满足公众对医疗服务总量的需求；其二，资源配置存在严重失衡；其三，社保基金增长难以缓和人口老龄化的压力。通过连接政府、医院、医生、医药、患者和医保这六大要素，使用医疗行业运作过程中所产生的医疗大数据，互联网可解决医疗

行业的信息不对称，对医疗资源进行优化配置。2018 年 6 月腾讯正式发布了首个 AI 医学辅助诊疗开放平台，宣布开放旗下首款 AI+ 医疗产品“腾讯觅影”的 AI 辅诊引擎。“腾讯觅影”通过模拟医生的成长学习、积累医学诊断能力，能辅助医生诊断、预测 700 多种疾病，可以为社会提供一站式的免费开放技术。

### （三）以云服务为基础，挖掘智慧城市的大数据业务

智慧政府、智慧城市的建设纳入“互联网 +”战略。当前已有几十个城市在“十三五”规划中明确提出建设智慧城市。腾讯以腾讯云为基础，在数字政府、智慧住房租赁等新兴领域加快推进智慧产业，挖掘智慧城市的大数据业务。

#### 1. 探索智慧政府业务，打造新兴的产业技术设施

2018 年 5 月，全国首个集成民生服务的微信小程序“粤省事”上线，是政府部门与企业合作，积极响应广东数字政府改革建设的成果。数字广东建设以腾讯与数字广东网络建设有限公司为主体，该公司是腾讯与移动、电信、联通三大运营商联合出资设立，定位在信息通信产业的公司。它可以面向公众用户与政企用户提供内容、应用与解决方案等方面的服务，可以提供产业基础设施，包括网络、IDC、云计算等。新公司依托腾讯的云技术、人工智能、大数据等基础能力，打造新兴的产业技术设施，包括跨运营商云网融合的通信基础设施、大数据与人工智能结合的应用基础设施。目前，“粤省事”已上线政务服务事项 142 项，涉及驾驶证、行驶证、出入境证件等十大证件服务及社保医保、住房公积金服务等。借助“粤省事”这个智慧政务的广东样本，可以不断提升广东省政务服务能力，反过来，以此为契机，形成大数据和相关服务能力，向全国推行相关服务。

#### 2. 企业应用接入政府服务入口，形成新的数据流量入口

立足于社交的腾讯，其目前的智慧城市或者说智慧政务业务更多地聚集在智慧城市整个体系的终端，也就是面向市民的智能应用。腾讯为政府和市

民打造了一个连接政府服务和应用的入口：打开微信的城市服务，人们就可以直接在微信上办理医疗、交通、公安户政、出入境、教育、公积金等服务，如挂号预约、机动车年审、港澳签注、婚姻咨询、教育信息查询，可以有效节省办事时间，提高政府服务效率。庞大的政府服务所积累的巨量用户在公共服务领域形成新的应用场景，并由此形成新的数据流量入口。

#### 3. 试水住房租赁市场，破局智慧民生新供给

2017 年 12 月 18 日，腾讯公司与深圳市住房和建设局举行发布会，宣布深圳市住房租赁交易服务平台（简称租赁平台）正式启动。腾讯将通过云计算、人工智能、大数据、征信、支付等核心技术能力的创新运用，携手生态合作伙伴，与深圳市住建局共同打造新型智慧租赁平台。通过核心高新技术能力的创新运用，新型智慧租赁平台将真正切中目前住房租赁市场痛点，着力化解目前租赁市场普遍存在的房源信息不真实、黑中介、毁约成本低、信息泄露等行业乱象，显著改善租赁体验，并将业务延伸到智慧住房租赁服务。

### （四）延伸位置服务，打造公共安全服务平台

随着大数据时代来临，用户个人信息的泄露风险与日俱增。同时，新型网络犯罪正在升级迭代，呈现产业化、智能化、国际化等新特点。在安全方面，互联网企业具有得天独厚的经验，腾讯也不例外。随着万物互联的时代来临，安全服务是未来互联网领域业务的新矿。

#### 1. 打造安全服务平台，连接公共部门安全服务

为更好地维护用户安全，腾讯安全服务团队推出了“腾讯安全服务平台”（110.qq.com）和“腾讯举报受理中心”小程序。自 2017 年上线以来，腾讯安全服务平台为用户提供便捷的 QQ、微信违法违规行为举报服务，在对抗黑色产业方面起到了举足轻重的作用。仅 2018 年第一季度，平台通过受理用户举报，打击违法违规账号数超过 29 万个，累计已逾 52 万个。平台有专门的诈骗手法研究小组，联合各地警方，协助对平台上涉嫌违法违规行为进行调查，揭秘社交诈骗背后灰色产业链。除此之外，平台还配合警方提供相

关线索，对犯罪团伙进行线下打击。目前 23 个案例处于跟进状态，3 个已实施了线下打击。通过各方协力，腾讯安全服务平台致力于应用互联网技术来净化网络环境，避免更多用户遭到诈骗信息侵害，维护用户网络安全。面对愈加复杂的网络环境，腾讯电脑管家也凭借其出色的病毒查杀和骚扰拦截功能，持续为网络环境的安全保驾护航。

#### 2. 延伸位置服务能力，为电信安全保驾护航

打击电信诈骗也是腾讯在保障社会安定上带来的贡献之一。2016 年，腾讯推出“麒麟伪基站实时发现系统”，该系统能够实现对正在发布欺诈信息的伪基站 50 米内的精准定位。使用“麒麟”系统的一个月时间内，国内某城市共打掉 13 个诈骗团伙，抓获犯罪嫌疑人 110 名，缴获伪基站 59 套，伪基站相关案件数量环比下降 74%，极大地提升了打击诈骗的精准度，维护了社会环境的安全。

### （五）开放共享办公益，推动形成人工智能的业务能力

腾讯以开放共享的方式办公益。在公益事业的基础上，通过互联网的勃兴为募捐活动和民间自发慈善资源整合，发挥腾讯用户优势、技术优势等提供新型公益解决方案。

#### 1. 汇集每一分力量，为公益添砖加瓦

在互联网公益方面，微信平台专门有一个腾讯公益的入口。借助互联网的力量，小小的公益行为借助巨大的用户群体，可以集中投放到最需要的地方去。入口中包括微信“运动捐步”，让人们走路就可以奉献爱心，帮助公益。微信月超 10 亿的活跃用户量，腾讯让每一个公益行为都有了一个便捷透明的渠道和入口。

#### 2. 互联网寻人，将技术变为业务能力

依托海量人脸识别技术在寻亲、追踪等领域的应用提升增强寻求可靠性。2017 年 4 月，腾讯正式对外推出优图天眼系统。该系统可以与城市走失人口库相结合，当人们在路边发现疑似的走失人员时，随手拍一张照片，

就可以快速地和城市的走失人口库进行比对，返回最相似的人脸识别结果，使更多的走失人员被找到，帮助更多的家庭实现团聚。优图天眼系统是由腾讯优图实验室所研发，该实验室已经在图像处理、模式识别、机器学习、数据挖掘、深度学习、音频语音分析等领域开展技术研发和业务落地。

腾讯结合我国的实际情况并利用自身成熟的区块链平台层模型，构建了“公益寻人链”。以往需要在各大公益平台上逐个发布消息的父母，现在只需使用这个链条上任何一个平台报案，整个“公益寻人链”上其他平台都将完整地获取报案记录的详细信息和状态，并且不管在任何一家平台上有更新的线索，其他平台也会实现同步更新。目前，腾讯志愿者旗下的“404寻亲广告”、“广点通寻人”、“电脑管家寻人”、“手机管家－小管寻人”、“优图寻人”、“微信小程序寻人”等公益寻人平台均已加入应用腾讯区块链技术的行列。

## 四、启示、挑战与展望

### （一）启示：互联网大数据时代，再用传统的封闭式思维，无法创造出新的增长点

开放共享的发展理念对一个企业非常重要，对整个国家也如此。腾讯以自我变革方式，成就了腾讯的今日，也造就了具有活力的中国互联网生态体系。而深化电信、金融、文化以及各领域的体制改革，为腾讯等互联网、新经济企业打开了市场，优化了发展环境，提供了创新创业的沃土。未来，我国新经济新动能应继续通过生态布局打破能力边界，构建开放共享等全新竞争格局。

#### 1. 以互联网为代表的新经济发展得益于经济体制改革

腾讯受益于改革开放大环境，直接得益于中国电信体制改革。随后的经济体制改革，为腾讯的大发展不断打开了市场，优化了环境。以文化产业为例，文化体制改革大大地促进了腾讯在体育、旅游、影视动漫等领域发展。但新经济中大多数行业依然存在着市场准入限制，新一代信息技术与信息服

务产业便处于较严格的管制之下，为互联网、新经济、智能制造等政策松绑，毕竟“老树下面难长新苗”。加快推进垄断性行业改革，放开自然垄断行业竞争性业务，建立鼓励创新的统一透明、有序规范的市场环境。改进互联网、金融、环保、医疗卫生、文化、教育等领域的监管和准入政策，支持和鼓励新业态、新商业模式发展。破除限制新技术新产品新商业模式发展的不合理准入障碍。

2. 开放共享迭代创新业务群实现生态共赢

腾讯与合作伙伴之间构建了开放共赢、合作赋能的关系，在技术、生态、产业三个方面赋能合作伙伴，构建“互联网命运共同体”。一是通过开放技术平台实现技术赋能。构建以安全、大数据、LBS等为基础的技术平台，以及QQ、微信等产品应用的技术赋能体系，以“智能 +”模式，助力开发者，以及合作伙伴与目标用户之间的营销连接，将基础技术能力移植传统制造业，让产业流程再造，效率提高。二是通过构建生态实现生态赋能。基于腾讯自身的能力，通过腾讯众创空间、“双创小镇”、青腾大学等，将产业链的上下游，包括开发者、用户、合作伙伴、政府单位、社会力量在内的各部分整合起来，更好地为初创企业和合作伙伴提供全产业链服务。三是以“互联网 +”实现产业赋能。通过构建智慧城市、智慧金融、智慧出行、智慧智造等全方位服务，推动产业与互联网的全面融合，实现产业转型升级。通过开放共享，腾讯不仅推动合作伙伴的快速成长，也使自身逐渐变成无边界的开放组织，实现“生态共赢”。

3. 开放共享推动协同创新实现从模仿到超越

开放协作是互联网时代下的一大显著特征。为了实现“主动快速响应市场需求，一切以用户价值为依归”，腾讯在内部机制上针对具有战略意义的项目允许采取多团队竞争的方式进行“内部试错”，通过开放协作推动创新进化。腾讯建立了一系列内部共享的网络平台和实体平台，如腾讯研发部面向公司开放了代码管理平台，并于之后推出了公共组件平台，用于腾讯内部的组件和代码模块共享，大大提高了协作共享的效率。此外，腾讯还建立了知识管理在线学习体系、乐问以及腾讯大讲堂等内部学习合作共享平台。

腾讯面向外部提供了开放平台，将用户及广大开发者纳入腾讯的开发体系。腾讯开放平台整合了腾讯多个子平台，为第三方开发者开放了 API 接口，使第三方开发者通过运用和组装平台接口产生新应用，并在该平台上运营，众多开发者的集合有效提高了知识与资源的流通，使该平台由单一的发布平台转为资源交流中心。此外，在此基础上，腾讯还搭建了线下交流平台开放体系，使开发者之间、开发者与投资者、开发者与用户、腾讯与开发者之间更好地展开协作。

在共享协作的基础上，腾讯通过坚持基于用户反馈的快速迭代、微创新的研发模式，即马化腾所提倡的“小步快跑，快速迭代”模式，不断重复着“用户反馈—改进—再反馈—再改进”的完善过程。基于已有的庞大用户，腾讯可获取潜在用户需求及相关反馈，针对需求痛点推出新产品，再通过积累用户反馈，快速针对出现的细微需求和问题进行微创新，逐步逼近用户期望的理想产品，微信的推出就是这样一种过程。QQ、邮箱、游戏等产品，无一不是坚持小步快跑的微创新、快速迭代，从最初的模仿，到局部创新和全面超越。

#### 4.“连接一切”拓展互联网功能推动更广维度业务创新

随着用户数量的急剧上升以及网络节点数的大幅提高，网络价值飙升。在这样的背景下，腾讯提出要做互联网的连接器“连接一切”，通过连接人与人、服务、设备，让网络中的个体获得更多的资源和能力，去实现更大的价值。为此，腾讯启动了“云 + 合作伙伴”计划，业务的发展重点不仅限于社交、游戏、视频、O2O 等领域，还着眼开拓智慧城市、金融、交通、医疗、教育、地产等一切可以涉及的产业领域。“连接一切”将带动更多传统企业共同进步，推动传统企业向互联网转型。更重要的是，“连接一切”也将彻底打破信息和地域的区隔，推动智慧城市、智慧政府、智慧生活的全面普及。而在此过程中，腾讯将成为传统产业互联网化必不可少的战略基石。新时代背景下，“分工”需与“连接”并肩而行，数字经济生态系统间的竞争将成为主流。

### （二）挑战：利益冲突、自我封闭、僵化体制是制约发展的堡垒

随着互联网深入发展，特别是在“互联网 +”的战略推动下，我国互联网已经深入到政府各个部门、每个环节。互联网对传统行业、政府等的冲击，给开放共享带来较大制约。

#### 1. 开放共享与传统行业利益相关者的冲突

互联网是一个无限开放的信息设施，也是与各行各业融合发展的助力。开放共享首先是开放。但在传统行业，长期习惯于在独自的行业体系内进行合作。在互联网技术和各互联网企业的推动下，我国很多行业发生了根本性的变化，从零售到出行，滴滴、摩拜单车等颠覆性的产品，永辉超市、美团等创新型的企业不断涌现。但在传统制造和公共服务如医疗、教育等传统行业依然相对落后。互联网还尚未对行业出现颠覆性的推动。这既有互联网行业、企业本身的不足，更多地受制于这些行业的封闭。传统的利益相关者对开放的恐惧，自我的封闭是当前最大的制约。

#### 2. 新经济发展面临政府、公共服务僵化体制的挑战

开发共享与新经济发展之间的矛盾和问题逐渐成为互联网发展和行政事业改革的焦点。当前，我国政府部门组织架构上的条块分割和各自为政，使数据分散在各部门，形成了一个数据烟囱或数据孤岛，阻碍了数据的开放和利用。这些都是中国开放数据的典型问题。首先，愿不愿开放和能不能开放的问题制约。愿不愿意开放？数据是权力和利益，各部门可能因此而不愿意开放。还有部门则认为没有必要开放，觉得自己是专家，“数据分析自己最强大，你们能玩出什么东西，你们不懂”。能不能开放？政府在开放数据的过程中会遇到的一个难题是，数据是否涉及国家秘密、商业秘密、个人隐私？这些原则都有，但没有明确界定。其次，目前，政府数据开放共享还存在很多问题。例如，缺乏统一的数据生产平台、缺乏统一的数据网络支撑、缺乏统一的数据信息标准、缺乏统一的数据开放共享标准。最后，在处理行

政审批数据的过程中也遇到了障碍。政府数据开放共享的主要障碍是权力的独占性、运行的封闭性和使用的敏感性，这三个问题造成了政府数据谁都需要、无法用等现状。

### 3. 信用与安全制约开放共享

网络安全的挑战也日益突出。在大数据洪流以及网络云化的背景下，互联网安全提出了更高的要求。网络安全建设的重心应从"以网络防护、传统DC保护为中心"向"以云平台安全、大数据防护为中心"进行转变。数据隐私保护待解。大数据时代，传统的隐私保护路径已经失效，如何兼顾隐私保护，是政府数据开放时不可回避的问题。我国尚未出台全国性的数据隐私保护法规。我国大数据征信发展仍然十分缓慢。信用体系不健全，而依托大数据技术的互联网征信体系则发挥重要"催化酶"作用，受限于我国征信法律法规不健全，央行对商业征信牌照严格管理，商业征信机构不能接入官方征信系统等多重制约。

隐私和征信不足容易引发并陷入泛安全化误区，倒逼政府过度监管。如社会治安、食品安全、交通拥堵等社会性问题更多是整个社会的问题，或其他产业链条环节的监管问题。在缺乏合理的监管机制、管理架构下，往往会被过度解读，夸大问题倒逼政府采取非理性的措施。

### 4. 缺乏颠覆性技术创新推动

科技类的公司到底有没有可能出现百年企业，这一直是新经济领域在验证的事情。日新月异的技术，让人们不禁怀疑，科技公司的命运更像是昙花一现，哪怕像微软、苹果这样改变世界的公司，都会被投以怀疑的眼光。任何公司都会被历史所淘汰，被技术所革命。科技公司的更新换代似乎比任何公司都来得更快，更早。如雅虎、思科等曾经闪亮的世界500强，正逐步消失在商业发展的浪潮中。究其原因，无外乎两个：一是传统业务的衰落，另一个是创新业务开拓不足。不能墨守成规，偏安一隅，人要学会打破生活的舒适圈，公司同样需要打破利润的舒适圈，不断延伸和扩展商业边界，要像亚马逊说的一样，战无边界。以腾讯为代表的我国互联网企业，更多的是以庞大市场和模仿创新中不断以市场快速复制、扩大规模，获取市场定位，相对全球科技公司依然缺乏可持续的、颠覆性技术创新。

### （三）展望：开创开放共享的创新新局面，引领中国新经济阔步前行

#### 1. 加强平台型生态企业信息基础设施提供者的作用，构建开放共享的新经济生态共同体

引导和支持开放共享的平台企业发挥好互联网和新经济的信息基础设施提供者的作用。以坚持共生共赢的“宽平台”，破除零和博弈的“窄平台”，鼓励协作创新。平台企业不但为各个产业的革新提供原动力，而且逐渐构成新型社会管理的主平台，并为前沿科技的发展与应用打造强载体。正如马化腾所期望的，“对于腾讯来说，我们过去做生意，现在做生态，这是自身成长自然的使命转变。如果说我们过去的梦想是希望建立一个一站式的在线生活平台，那么今天，我想把这个梦想往前推进一步，那就是一起打造一个没有疆界、开放共享的数字生态共同体”。随着整个实体经济社会的全面数字化，我们不但要通过更多的连接减少“信息孤岛”，更需要通过更好的连接来实现沟通协作的持续优化。

#### 2. 加速新经济和传统产业的深度融合创新，助力新旧动能转换

以互联网为基础的数字平台，正在从“多用户”平台变成“全用户”平台，它像水电设施一样，成为今天人类社会所有个人和组织的基本需求。以互联网为代表的数字信息技术，开始由表及里地融入各行各业的全流程，线上线下开始打通成为一体。无论是商业零售，还是物流交通，甚至是制造业、农业等传统行业，都希望借助数字化实现产业迭代。加速新旧动能融合，改善产品及赋能合作伙伴的服务，通过互联网服务智慧连接不同的行业，匹配不同的解决方案，推动传统行业、政府、公众在生态合作基础上创新和发展。

#### 3. 调整对创新的政策导向，培育科技创新的平台企业

过去，中国企业主要扮演技术跟随者与借鉴者，但今天我们在全球范围内可供借鉴和参考的经验已经不多。我们需要逐渐成为技术的驱动者和贡献

者，通过持续创新来开辟前路。无论是互联网企业还是传统企业，今天都在强调自己的科技属性。未来“科技企业”的称谓不再是互联网公司专享，因为颠覆性技术的出现将可能改变现有的行业格局。各行各业的传统企业都需要借助数字化升级成为科技企业，每一家企业都希望掌握新技术这个战略制高点，因为其科技属性的强弱，决定着未来竞争力的大小。

#### 4. 深化政府和公共服务领域的改革，推动开放共享的政企关系建设

深入推进“互联网 +”，着力构建客观、规范、独立、平等、协同的非人格化新型政企关系，推动政企在全面共建共享中促进经济发展。推动公共服务部门、教育科研机构、公益机构以及文化创意组织等数字化转型升级。充分挖掘政企大数据重要功能，构建透明有序、合作共赢的新型政企关系。加快推动政企大数据开放汇集，建立多元共治、共建共享的数据交换平台。在政企科技应用和新型政企关系构建中树立合作、互通、开放、共享理念，建设人人有责、人人尽责、人人分享、人人受益的命运共同体，建立政府、企业和社会共建共享的治理机制。

# 海南农垦：勇蹚深水区

新华社国家高端智库

## 一、勇蹚改革深水区，破除体制痼疾利益藩篱

破碎的玻璃窗、因灼烧而破损斑驳的墙壁……在海南儋州原西培农场老场部，12 年前“退场风波”的痕迹清晰可见。2006 年，农场机关、派出所遭到职工群众多次围堵，警车、办公楼被打砸烧毁，公安干警和维稳人员被殴打，形势最严重的三个农场场队基层组织陷入瘫痪，局面几近失控。

要退场的，正是 20 世纪 80 年代“削尖脑袋”挤进国营农场的职工。并场后，职工还没过上几年好日子，农场就迈入场老、人老、树老的“三老”年代，加上“政企社不分”的体制弊病，农场颓势愈显。海南农垦对全省 GDP 贡献率从建省时的 33% 一度降到最低时的 7%。苦讨工资、纷纷下岗、生活水平与外界有着天壤之别的群众用脚投票，高喊“坚决退场、要回祖宗地”，用手里的石头和燃烧瓶宣泄着对垦区改革发展滞后的满腔怒火。

海南农垦领导层时刻感知着危机，多次尝试摆脱困境，新世纪以来甚至实现盈利创历史新高。然而，在形势看似大好的背后，风险隐患暗流涌动，对计划经济、发展滞后的不满持续发酵。“退场风波”规模之大、参加人员之多、造成后果之严重，全国少有。垦区 10 多万亩橡胶遭到掠夺性抢割，相关经济损失高达 3 亿多元。为平息“风波”，海南省在农垦管理权限下放后，于2008年启动农垦管理体制改革。12.33万亩农场土地随退场职工划出，还投入上百亿资金解决垦区民生历史欠账。

然而，历经多年的改革仍是一盘“未下完的棋”，体制不活、机制不顺、产业不大、人才不强、管理不严、分配不公等深层次矛盾不断积压，垦区民生建设依然滞后，甚至可能引发“二次退场”。“农垦不彻底改革死路一条！”呼唤彻底改革的声音一浪高过一浪。

在海南农垦面临兴衰存亡的关键节点，党中央、国务院果断吹响涉及海南五分之一土地、百万农垦职工群众的改革号角，以坚决攻克“计划经济最后堡垒”为核心的新一轮海南农垦改革向顽瘴痼疾开刀，如同一场“热带风暴”，席卷了整个海南岛。

### （一）机构干部去行政化，打破“铁交椅”“大锅饭”

一个割胶工人身上背负着几个管理人员的开支，收入只及地方胶农的一半，“大家都想退出去当农民”……海南农垦多次对“政企不分”的改革尝试只是扬汤止沸，企业“等靠要”思想依然严重。部分干部有位不为、身份定位迷茫、权力缺乏监管。农垦上下在深化改革前夜挣扎、徘徊、失落，屡屡痛失发展机遇。

改革的第一道考验摆在面前：农垦人是否有勇气壮士断腕、直刺病灶？

#### 1. 终结延续半个多世纪的“政企合一”历史

长期以来，海南农垦“政企不分”，农垦总局下属场处级单位一度多达150多个。2008年，海南农垦迈出实质性改革步伐，但实现农垦总局和农垦集团“两块牌子、两套人马”目标后，行政管理体制反而“由简变繁”，总局和集团“两张皮”相互掣肘，农场自主经营权被总局“收得紧紧的、捂得死死的”，发展依然力不从心。新一轮改革中，海南农垦总局整体撤销，不再作为实体机构存在。下属农场国土科、组织科、计生办等政府职能科室全部撤销，长达60多年的“政企合一”历史宣告结束。

海南省用强硬手腕分流农垦干部，总局机关和事业单位668名干部职工分流到地方，下属农场和企业压缩分流行政人员，着力去行政化，海胶集团减少非生产人员 6687 人；海垦实业集团管理人员由 365 人压缩至 87 人，每年直接节约管理成本 1500 万元以上，公车从 100 多辆压缩到 20 多辆，仅此一项每年就省下六七百万元。

### 2. 处长、科长“摘帽”，权力被关进制度的笼子

改革缓慢的农场一直走不出发展困境，“争议地”“欠缴社保”等历史遗留问题导致职工上访不断，农场干部 70% 的精力用来“防乱子”“守摊子”，不知道自己究竟是公务员还是企业人员，工作没奔头、没希望。农场领导长期手握特权，缺少监督，小到土地发包、大到工程招标，场长“一人说了算”。

新一轮改革取消海南农垦下属二级机构 4000 多名“处长”“科长”的行政级别，用现代企业制度将权力“关进笼子”。农场公司大小事项都有了严格的制度和流程。过去用钱场长做主，钱批下来还能挪作他用，改革后每一分钱开支都有严格规定，农场领导用权再也不能“任性”。

### 3. 效益论英雄“干好干坏不一样”，绩效最高相差 50 万元

改革前，垦区干部职工工资普遍存在“看工龄不看业绩”“干多干少一个样”。新一轮改革建立起以盈利为导向的激励约束机制。25 大项、数百小项考核指标全部紧紧围绕盈利目标，肩扛指标的经营人员有了“等不起”的紧迫感，担子重了，方向明了，天天盯着考核指标干。

农场场长变身二级企业董事长，凭业绩领薪酬，年度绩效从零元到 50 万元不等。改革后，海垦红明农场公司董事长王波月收入翻了一番，突破 1 万元，2017 年因实现扭亏为盈还拿到 6 万元绩效。干部们反映，虽然“官帽”没了，但“腰包”鼓了。旧的分配格局被打破，干事创业热情高涨，大家见面不再比谁官大，比的是谁家经营效益好。

### 4. 搬走“铁交椅”腾出管理岗，带目标、带措施公开竞聘

作为曾经封闭的“独立王国”，海南农垦过去选人用人清一色是“垦二代”“垦三代”。改革搬走“铁交椅”，能者上庸者下，腾出数百个管理岗位；人才选拔不再论资排辈，二级企业除党委书记兼董事长由集团任命外，全体

高管竞聘上岗。

2016年以来，海南农垦前所未有地在全国范围内开展了3次大规模公开招聘，聘用包括二级企业总裁、中层管理人员在内的170人。通过公开竞聘，海垦东昌农场公司选拔出全垦区最年轻的“80后”总经理麦全法。他凭着“脑子活、点子多、敢想敢干”赢得职工信任，就任当年力推改革，使农场减亏743万元。海南农垦还将对340个岗位进行公开招聘，其中包括12个高端人才岗位、61个中层管理岗位。

### （二）从“什么都管”到“轻装上阵”，卸下社会包袱

走进原西联农场场部，就像回到一个上世纪80年代的小城镇，昔日“农场办社会”印记处处可寻：水厂、电厂、幼儿园、医院、派出所等“五脏俱全”，全都围在大围墙里。

这是海南农垦长期背负沉重社会负担的一个缩影：大大小小一百多项社会管理和公共服务职能“一肩挑”，公安、医疗、教育、城管、环卫等机构一应俱全，相关农场管理人员3万多人，每年人员经费支出达数亿元。“什么都管却什么都管不好”，垦区基础设施建设和居住条件严重滞后于周边乡镇，干部劳心费力，群众满心怨气。

随着社会职能属地化改革的推进，海南农垦办社会职能开始大力度向地方转移。海南省夯实资金、政策保障，解决民生欠账，缩小垦地收入差距，职工群众获得感不断提升。

#### 1. 创新社会治理方式，提升公共服务水平

海南省因地制宜，创造性地设立“居”。每个“居”集党组织、居委会、居民服务中心于一体，政府通过委托授权或购买服务方式承接原农场上百项社会职能。过去职工办理业务，多要经过机关层层报批，过程堪比“马拉松”；现在“居”通过清单化管理办法提供一站式服务，提高办事效率，大大方便了职工群众。屯昌县设立5个“居”后，农场受理事项、办结事项增幅较此前同期分别超过100%、200%，办结率从60%提高至99.4%。

依托改革，海南省全垦区共设立 82 个“居”。海垦八一总场公司设立 9 个“居”，成功移交曾经承担的 60 多种 163 项社会职能，管理费用当年即减少 1778 万元，同比下降 49%。设“居”还使近 3000 名农场社会管理人员“再就业”。原东昌农场职工吴祝兰到东昌居工作后，每月到手工资从 1100 元涨到 2300 元。

2. 地方政府承接办社会职能，职工待遇与地方基本持平

海南省增强改革的系统性，努力克服财政压力，将医院、公安、水利、公积金和学前教育等机构连人带事移交地方政府管理，并确保地方“愿意接”“接得住”“办得好”。近 3 万名在职和退休人员移交后，人员工资、养老金等大幅增长，与地方基本持平。改革前，南滨农场退休干部郑有干，因原先农场未足额缴纳社保甚至断保，退休后每月退休金到手只有 300 多元。移交后，他的退休金上涨 10 倍达到 3000 多元。仅在南滨农场，像他这样的退休干部就有 200 多人。

1.9 万名教师在改革中得到实惠，工资收入提高一倍以上。垦区纳入属地医疗保险，住院医疗费报销从原农场统筹的额度封顶 1.2 万元提高到 25 万元。

3. 民生项目纳入全省规划，垦区民生建设加速

2008 年以前，整个海南垦区基础设施建设落后，民生建设欠账累累。全垦区只有 52 公里水泥路，地方政府修路“修到农场就断了”“绕着农场走”。

在改革推进中，垦区危房改造、小城镇建设、道路建设及养护和涉水项目建设等被纳入全省统一规划。多年来，海南农垦筹措 166 亿元用于解决垦区民生欠账。近十年新修建和硬化道路 4150 公里，是过去垦区修建道路的近 80 倍。农场职工用电价格从每度 1.28 元降到 0.6 元，42 万人的安全饮用水问题得到解决。

### （三）规范清理垦地争夺的“唐僧肉”，激活土地价值

1041 万亩土地是海南农垦最宝贵的生产资料，也是农场、干部职工、

地方政府、场外农民及企业利益争夺的焦点。为此，海南农垦在改革中摸清土地家底，收回大部分被侵占土地，调整承包租赁关系，土地经营迈向市场化资本化，土地价值被激发，逐渐走出“捧金饭碗过穷日子”困境。

### 1. 摸清“家底”守住“家业”，清理回收“账外地”

过去，垦区各农场分散在海南全省 18 个市县，与地方农村犬牙交错。长期以来，未确权地、争议地、被占地等“三类地”问题突出，纠纷多发调处难。上轮农村土地确权后，垦区仍有 150 万亩土地未确权。仅原红明农场就与周边 168 个村存在 8000 多亩土地的权属纠纷。

通过积极推进土地确权改革，海南农垦基本完成“三类地”确权和调处。截至 2018 年 6 月，共完成土地确权发证 990.54 万亩，发证率 95.12%，位居全国前列。通过规范清理，海南农垦收回私垦私占土地 59.61 万亩，其中 30 万亩农业用地将作为生活保障田，优先用于安置约 4.4 万名无地少地困难职工。

### 2. 解决土地“三过”顽疾，半数农场扭亏为盈

垦区土地资源占有不均，管理粗放，租金过低、租期过长、面积过大的“三过”现象曾长期普遍存在，农场土地增值收益得不到保障，严重损害国家、农场和职工利益。部分农场土地租金每年每亩最低只有一二十元，租期长的达到 70 年，甚至无限期。职工承包土地多寡不均，原红明农场有的职工能承包 1800 亩土地，有的职工只能租到两三亩。

土地清理后，海南农垦实行阶梯地价、重新换补签合同，土地收入大幅提升。2016 年，半数以上农场仅凭租金收益就扭亏为盈。2018 年全垦区预计可实现土地租金收入近 2.2 亿元，较前三年平均收入增加 1.46 亿元，增幅达 213%。

### 3. 土地资源资产化、资本化，沉睡的土地价值被盘活

摸清“家底”后土地有了“身份证”，海南省通过土地作价出资（入股）方式向海南农垦控股集团转增国有资本金，推动农垦土地资源逐步走向资产化、资本化，一举改变以往单纯“收租子”的低效经营方式。围绕土地招商

引资上项目，土地释放出更高价值，真正成为年收益较高的国有优质资产，农场资本运营能力得到提升。

2017 年 10 月，第一批 14 家农场公司及海胶集团共计 295 万亩土地已全部提交土地资本化申请。海垦东昌农场公司 3555 亩农用地资本化方案获批后，公司立即由资不抵债变成正资产，具备了融资发展产业的能力。

### （四）橡胶主业做强，农场产业“实心”

长期以来，海南农垦一直是中国最大的天然橡胶生产基地，橡胶产业营收占总营收约 90%。多年来一直未走出“改来改去还是抱着橡胶不撒手”“砍了再种，种了再砍”的怪圈。天然橡胶价格连年低迷，一度到了“一瓶胶水不如一瓶矿泉水”的程度，胶工大量流失。海南农垦橡胶生产成本长期倒挂，每生产 1 吨干胶还要倒赔五六千元，“一胶独大”独木难撑。

因胶而生，因胶而兴，因胶而困，因胶而变。海南农垦成立海胶集团并成功上市，主业不断精干；同时结合农场实际，培育茶业、果业、胡椒、草畜、育种等一批特色产业，为垦区下一步发展绘就多元化发展的蓝图。

#### 1. 主业做大，“内稳外拓”兼顾保供给与谋发展

作为海南农垦的“长子”，海胶集团积极推进“内稳外拓”，业务领域贯穿全产业链，有效保障了国家战略物资供应，市场话语权不断增强。近年来海胶集团淘汰落后胶园，高标准推进 200 万亩核心胶园建设。调整橡胶加工布局，将 87 家橡胶加工厂整合为 13 家加工分公司实现集约化、规模化生产，目前加工年产能已超 32 万吨，橡胶加工成本同比下降 7.96%。

海胶集团还在云南成立子公司和加工厂，实现对 12 万吨橡胶资源的控制；将橡胶产业重心向橡胶高产区转移，到自然条件更好、产量更高、土地和劳动力更便宜的老挝、缅甸等国家种植橡胶，转移产能。同时，海胶集团以资本、技术为纽带，进行橡胶园、加工厂及乳胶企业合作并购，目前已通过全资、控股、参股等形式参与 10 余家境外公司经营，未来每年将直接或间接获取 300 万吨橡胶资源。

### 2. 整合做强，因地制宜布局特色产业

为了让海胶集团上市，农场碗里曾经“最好吃的肉”——橡胶，在胶价最高的几年被逐步剥离。加之农场因经营困难，把地承包给职工，鼓励发展自营经济，导致产业空心化、土地资源碎片化。农场失业、失地，干部失落、失志，认为改革“把农场产业的根改没了”。

农场全面转企改制后，在招商引资、项目推进等方面有了更多“经营话语权”。各农场围绕资源禀赋和产业特点，谋划热带特色种养项目、共享农庄、生态旅游等特色项目，整合资源，做专做强。2017 年，27 家农场公司首次全部盈利，2016 年亏损严重的八一、南金、乌石农场公司净利润分别增长 190%、120%、120%，成为海南省乡村振兴战略的先行军。

随着改革大刀阔斧地推进，涣散的民心逐渐重新凝聚。“艰苦奋斗、勇于开拓”的农垦精神被唤醒，改革的自觉、信心和斗志被激发，海南农垦在“二次创业、再创辉煌”的新征程上汇聚起攻坚拔寨的合力，切实肩负起打造“国家队、示范区、排头兵、稳定器”的历史使命，正走上凤凰涅槃、浴火重生之路。

2017 年，海南农垦集团实现总营收 225 亿元，总利润 4.62 亿元，较改革前的 2015 年大幅增盈约 17 亿元。来自国家部委的问卷调查结果显示，改

图 1 海垦控股集团 2017 年扭亏为盈“成绩单”

革启动至今，已赢得海南农垦80%职工群众的拥护。

## 二、用“绝招、硬招、狠招”直刺顽瘴痼疾

新一轮海南农垦改革，紧紧对标中央顶层设计谋篇布局，贯彻落实改革措施。“一把手”“亲自上手”，层层压实责任，形成“全省一盘棋”的改革合力；向群众最关切的难点、热点问题开刀，让广大群众分享改革红利；初步打破体制机制藩篱，实现市场化转型。

### （一）“高位推进”：破解垦地“各算各的账”，层层压实责任形成改革合力

海南省紧紧围绕党中央关于农垦改革的顶层设计，制定改革时间表、路线图、责任状，将新一轮农垦改革作为“一把手”工程高位推动，确保改革“全省一盘棋”，措施层层落实，动员广大农垦干部职工投身改革攻坚。

#### 1. 对标顶层设计谋划改革

新一轮海南农垦改革前，海南省已成立深化海南农垦改革领导小组，将改革工作上升为省委、省政府直接指挥的重大改革攻坚工程。2015年初，中央1号文件明确了“垦区集团化、农场企业化”的农垦改革主线后，海南省即在中央顶层设计引领下着手制定改革方案。为确保改革措施具体、可操作，海南省深化农垦改革领导小组用半年时间走遍垦区每个农场，并远赴宁夏、上海、广东等先进垦区调研“取经”，制定出系统性改革方案。

海南省对标《中共中央国务院关于进一步推进农垦改革发展的意见》，在全国率先出台省级层面的改革文件。文件内容紧扣垦区集团化、改革国有农场办社会职能等重点改革任务；自选动作、自我加码，如提出开展农用地使用清理规范专项工作、通过设“居”移交农场社会职能等。全省国土、人社、民政、教育、卫计委、国资委等职能部门协同推进，针对各项改革任务制定了70多个配套文件。海南省对各市县委书记、省直各部门有关负责人、海南农垦领导班子及下属单位负责人共400多人开展为期4天的专题培训，

统一思想，凝聚共识。

### 2. 高位推动形成改革合力

吸取以往的改革教训，海南省在新一轮改革中着重强调地方、企业形成合力，纳入改革“全省一盘棋”。作为“一把手”工程，省委、省政府领导一线督办，各市县成立改革领导小组，各级党委书记“一级带着一级干，一级做给一级看”，不允许各市县、各部门“各算各的账”“各说各的理”。每项具体改革措施都配有详细的任务清单，落实农垦改革任务被纳入各部门和市县考核制度。

针对社会职能移交、农用地规范清理等难啃的硬骨头，海南省探索建立垦地联席会议和现场联合办公机制，确保合作衔接顺畅。在海南省民政厅牵头下，各市县与辖区内农场密切配合，将农场承担的有关人社、民政、扶贫、卫计、综治等 20 多大项社会管理和公共服务职能列明清单，要求做到授权规范、程序合法、边界清晰、衔接顺畅。

在农用地规范清理中，每个农场确定一名包点领导，场长为第一责任人，任务向分场、连队层层分解。政府派驻工作组，与农场合力推进“三类地”确权和土地清理工作。

督查督导成为“抓落实”的重要手段。2016 年至 2017 年，海南省先后对 16 个市县的农垦改革进行了 15 轮次的督察、下放各类专题督察通知 10 余次，特别是针对社会职能属地化、农用地规范管理等难度大、任务重的工作进行反复督察，确保各项改革顺利推进。

## （二）“痛点突破”：力戒修补式“改而不革”，革除民生积弊赢得改革民心

新一轮海南农垦改革吸取过去“半截子”“修补式”改革的教训，力戒修修补补、反反复复的“改”而不“革”，将群众最关切的痛点、难点、热点作为突破口，直抵病灶，赢得支持改革的宝贵民心。

### 1. 理清群众的痛点

海南农垦组织专门调研组，就“新一轮改革如何破题”问题入户动员，

讲解政策，帮职工群众算清改革账、经济账，并开展广泛调研。如屯昌县在所辖垦区开了16次座谈会，走访238个连队，重点访谈660多户，发放5000多份问卷；海南省农业厅工作组在东昌农场对私自私垦私占土地问题进行清查，核测农业用地1.3万余宗，审核合同3076份，共查出8大类问题。通过调研，海南农垦围绕改革政策制定、改革目标确立、改革主要问题等共梳理出农场职工最关心、意见最大、改革呼声最高的干群待遇差异、资产不明、地权不清、分配不均等问题，并将其作为改革突破口。

清除改革阻力，必须刺刀见红。海南农垦从清理干部和干部亲属的土地资产查起。通过对土地的全面清理、确权，明确了海南农垦土地台账，理清了权属关系，对未确权地、争议地、被侵占地开展确权工作，对资源条件好、价值高、具有产业发展优势的规划用地，通过作价出资方式实行资本化有效盘活土地资源，建立起功能清晰、产权清楚、归属明确、流转顺畅的土地管理体系。

在改革中，海南省以法律形式将职工胶园长期承包制度确定下来并不断完善，将持续几十年的联产计酬的劳务承包“计件工资”改为“定量上缴，剩余归己”，确保职工收益与劳动付出挂钩，体现多劳多得原则。面对胶价持续低迷的不利局面，海胶集团通过整合胶工岗位增加职工收入，推进低效胶园产业结构调整，引导职工发展非胶产业。

2. 严厉问责抵触改革者

在中央和海南省委支持下，海南农垦制定严厉的改革问责机制，确保去行政化、干部分流等工作得到贯彻落实。海南农垦纪委部门对群众反映最强烈的农业用地规范工作开展巡查督导，对少报、瞒报人员进行处理；对合同补（换）及信息数据录入工作未能及时完成任务、承包租赁合同定价较低、完不成土地租金收入目标的7家农场（公司）进行通报批评，约谈主要领导，限期整改。2017年以来，海南农垦在改革中对57人35起案件进行问责，党纪政纪处分23人。原西达农场部分领导一度公开抵触改革，擅自违规提拔30多名科级干部，农场场长当即被免职，领导班子全部受到党纪处分。

### 3. 加大改革投入

海南省大规模、超常规地解决民生问题，加大改革投入，仅农场社会职能属地化改革一项，就在财力十分有限的情况下，每年新增 4.25 亿元财政资金补助各市县。加上前期垦区公安机关移交、9 个农场移交时省财政给予的支持，目前，海南省每年投入农垦办社会职能改革补助资金已达9.8亿元。近 20 万退休人员的医疗补偿费，拖欠多年的工资、养老金、社保费、医药费等都得到补缴和还清。5 年内，农垦上缴的所得税中，地方留存部分全部交还农垦用于壮大产业。

在改革发展中，海南农垦力争使全体职工共享改革红利，从 2018 年起到 2020 年，将通过自建或合作方式全面开展原 78 个场部、海胶基地分公司总部和 2521 个生产队等地集中和非集中的成片棚户区改造，计划改造 181920 户，切实改善职工群众的生产生活条件。此外，海南农垦采取精准化识别、针对性扶贫、科学化脱贫的方法，使 2240 户共 8339 人脱贫，多年来帮助 2.72 万名困难职工家庭子女圆了大学梦。

## （三）“实业兴垦”，摆脱“一胶独大”困局，谋划多元产业释放改革红利

为了专心闯市场，海南农垦建立现代企业制度，培育市场主体，围绕海南省提出的“把农垦打造成海南经济新的增长极”目标，绘制出详尽的改革发展蓝图。

### 1. 面向市场重塑企业主体

围绕“垦区集团化”改革主线，海南省组建海南省农垦投资控股集团有限公司，作为海南省政府直属国有独资企业，由海南省国资委经授权履行出资人职责，以管资本为主的农垦国有资产管理体制逐步建立。农场企业化改革紧随其后，垦区 38 家农场的经营性资产注入海南农垦控股集团，全部转企改制，成立 27 家农场公司和 4 家产业集团。改制并非从农场变为农场公司的简单“翻牌”，而是分类施策，将产业禀赋和基础较好的农场单独改制成公司；与园区建设相结合，将农场改制成园区建设主体运营公司；与产业

集团发展相结合，按产业集团需求推进农场改制并划归产业集团管理。

海南通过垦区集团化、农场企业化实现了“三个转变”：单位性质从政企混合实体向完全市场主体转变，管理体制从行政隶属向以资本为纽带的母子公司转变，运行机制从行政指令向法人治理转变。

2. 强化产业支撑

海南省提出海南农垦产业发展“八八”战略，重点发展八大产业、八大园区，用3年至5年时间发展成为热带农业王牌产业的主力军、热带特色农业的排头兵。

海南农垦根据市场和产业发展需求，大刀阔斧地进行资产重组，相继组建茶业、果业、胡椒、南繁、金融控股、实业、旅游、商贸物流等专业化公司，改变了垦区内部同类产业重复建设、低水平竞争的现状，推动优势资源“攥成拳头”闯市场；海南农垦不断加大招商引资力度，整合重组后的海垦实业集团效益从2015年亏损8800万元，2016年盈利1500万元，再到2017年盈利1.9亿元，实现跨越式增长。

3. 融入国家和海南建设自由贸易港发展大局

海南农垦控股集团积极主动融入改革开放大局，投身海南省乡村振兴战略，做强做优热带特色高效农业，打造国家热带现代农业基地。重点发展附加值高的芒果、山茶油、蜜柚、福橙等产业，结合非胶产业结构调整，引进“名优特”的热带水果品种，调优全省水果种植结构，布局农产品精深加工，打造一系列共享农庄，推动三产融合；在医疗健康、金融、会展、大宗商品交易、海洋牧场、碳排放权交易等方面谋求新的发展空间。

围绕中央支持海南全面深化改革开放的文件精神，鼓励社会资本通过设立农业产业投资基金、农垦产业发展股权投资基金等方式，参与农垦项目和国有农场改革。海南农垦围绕海南自贸区（港）建设和自身旅游消费、现代服务、高新技术、基础设施建设等战略方向，研究设立符合国家、海南自贸区（港）建设和集团发展需求的产业基金，为海南农垦改革发展规划“实业兴垦”新路径。

## 三、改革是一盘“未下完的棋”，需防范系统性风险

伴随中国改革开放历史进程，海南农垦新一轮改革既有对以往经验的总结和践行，更有改革攻坚的求索创新。海南农垦复杂曲折的改革进程，为全面深化改革如何纵深推进、巩固改革发展成果以及避免发生颠覆性错误、系统性风险提供了有益启示。

### （一）敢动“权”“钱”利益的“硬骨头”，破解主要矛盾才能最大程度凝聚改革共识，坚定改革信心

凝聚全面深化的改革共识，其难度不亚于40年前。只有敢于破除固化的体制机制和利益藩篱，才能赢得支持和拥护。海南农垦改革得以全面深化，不仅因为有顶层的设计指导，也得益于各级党委政府、广大职工群众的广泛认同和积极参与。改革中，思想形成最大共识、民心得到最大凝聚，是因为农垦员工真正看到了改革的决心和力度：干部摘掉“官帽”扛指标，“土地猫腻”得到清查，“任性用权”得到遏制，国家、政府、企业、职工间的利益边界划分明确。全垦区发展局面焕然一新，广大群众有了改革“获得感”，坚定了改革信心。

从上世纪80年代中期开始，海南农垦进行了多次改革尝试，但基本都属于内部的修修补补，但没有真正触及“权”“钱”等深层次利益问题，尤其是员工对橡胶产业这块“肥肉”的利益分配没有达成一致，导致这些改革效果并不明显。反观，修补式改革的成本也不低，仅为改善42万职工的饮水设施，海南农垦一度投入1亿元。一份针对农场干部职工进行的问卷调查报告再次验证了调整利益格局对于凝聚思想共识的重要性，几乎所有受访者都认为中央关注、海南省委省政府主导、员工在利益调整中受益是支持此轮改革的最根本原因。

改革的深入必将继续触动某些人的“奶酪”。当前，垦区农用地规范清理还存在不少“钉子户”，剩余土地确权调处任务依然艰巨，一些已确权登

记的农垦土地仍被非法占用。垦地土地规划掣肘仍存，农场用地指标稀缺发展受限。亟待通过深化改革化解垦地利益矛盾，促进垦地融合发展。

此外，改革打破了形式上的“大锅饭”，思想观念的转变却非朝夕之功。农场通过改革成为企业主体，但符合现代企业管理要求的激励约束机制仍待完善，鞭打“慢牛”的惩戒制度和震慑力还未形成。一些干部仍然留恋“一张报纸一包烟，悠哉悠哉过一天”的舒坦日子，还有人因为在竞聘中丢了“位子”抵触改革。有的人不想为、不敢为、不能为，存在严重的“守庙”心理。在推进改革的进程中，还需继续完善企业内部管理机制，将正向激励和反向问责贯穿各项工作全过程，大刀阔斧调整利益分配格局。

海南农垦的改革经验表明，改革再出发，一定会遇到不想改革的故步自封、不会改革的迷茫惶恐、不敢改革的患得患失，只有解决主要矛盾，下决心统一思想、背水一战调整利益格局，高位推动改革，敢于刀刃向内、自我革命，统筹协调推进各项改革措施，才能营造良好的思想舆论环境，赢得机遇、赢得民心、赢得支持。

### （二）处理好改革发展稳定关系，是改革再出发的必要保障，是避免发生重大风险和颠覆性错误的关键性因素

改革之路，犹如大海航行，表面有风有浪，水下有涌有流。海南农垦“危机四伏、濒临绝境”的现实，早在 12 年前的“退场风波”中就充分暴露。改革的必要性、发展的紧迫性、稳定的风险性成为摆在管理者面前最坚硬的“骨头”，“不改革，就是死路一条，错误改革，也会断送生存希望”。

海南农垦新一轮改革，坚持市场经济改革取向，着眼于建立现代企业制度，重新调整利益分配，敢于从农垦机关、农垦干部改起，大力实施民生工程，明确土地权属，大幅提高一线职工的收入，稳定了民心，培育了推行改革必备的社会氛围；在改革力度上，循序渐进，从易到难、从外围到核心、从增量到存量不断推进，分阶段、分步骤完成了“政企分开”、“社企分离”、公司重组上市、干部新陈代谢、企业多元发展等重大工程，最大限度地减小

改革阻力、减轻改革振幅和阵痛，并通过法治和制度将改革措施和成果固定下来，形成深化改革的系统性制度措施。

当前，改革应继续从群众关心的问题上寻找突破口，通过改善民生建设为改革营造稳定的社会环境。新一轮海南农垦改革中，垦区一批民生痛点得以化解，但仍有不少遗留的民生欠账不容小觑。近年来，随着美丽乡村建设、扶贫开发整村推进等工作深入开展，毗邻农场的农村、退场队村容村貌焕然一新，家家户户住进新房。相较之下，部分农场基层连队基础设施建设滞后、环境破败，职工还住在年久失修的老营房里。有的乡镇修水厂铺设管道时，绕开连队直接接入农村和退场队。“政府出钱把退场队建得漂漂亮亮，留下来的连队还和几十年前一个样”，职工心理落差巨大。

此外，由于过去农场断缴保费等历史原因，部分基层退休职工每月领取的社保退休金为900元到1500元，仅能维持基本生活。只有妥善解决一系列民生欠账，才能将改革向纵深推进。

民生的保障和改善离不开企业的发展。然而，当前垦区“一胶独大”的格局未根本扭转，天然橡胶价格长期在低位徘徊，价格和成本倒挂，胶工大量流失，严重制约了核心产业的发展壮大；其他产业处于培育期，多数产业的全产业链尚未形成，短期内难以释放显著效益。需要继续深化改革，破除制约产业发展的体制机制束缚，加快产业结构优化调整和产业资源整合步伐，通过发展进一步改善民生，以发展红利反哺改革。

海南农垦的改革经验表明，所有的改革，归根结底是以发展为目的的利益重新分配。发展是目的，改革是动力，稳定是前提。解决问题靠发展、增强实力靠发展、推进改革同样靠发展。稳定是前提，没有稳定的环境难以推动改革，也无法实现发展，改革力度、发展速度和社会稳定度有机统一是深化改革的关键。

### （三）把握好“顶层”和“基层”的关系，用完善的制度推动改革在基层落地，用严格的监督把改革推向纵深

海南农垦的经验表明，要把改革不断推向前进，顶层设计至关重要，尤其对那些制约中国未来改革发展的全局性、关键性问题，必须用顶层设计“一锤定音”。

海南农垦改革，事关一个拥有66年历史企业的新生、百万职工群众的利益，事关国有企业可持续发展和国家战略性资源的安全供给，牵一发动全身。党中央、国务院明确了海南农垦改革的战略定位，发展的思路、目标、任务与政策安排，为新一轮农垦改革指明了方向。海南省在落实中央改革任务书、时间表和路线图时，把农垦改革纳入海南省改革开放总盘子中考虑，规划了打造海南经济新的增长极和国家热带特色农业示范区的垦区发展蓝图，落实了改革顶层制度设计。

海南农垦历史上也曾做过“单打独斗”的“基层实践”，如2000年起，海南农垦在西联农场等6个农场开展建立现代企业制度试点，探索内部分设机构实现“社企分开”。由于缺乏顶层设计支持，改革虽然在一定程度上提升了企业效率，但社会职能包袱最终仍由农场承担，甚至引发机构间互相掣肘，试点运行到2004年就被叫停。直到中央明确了国有农场办社会职能改革的路线图、时间表，海南在顶层设计的引领下探索设“居”，基本完成了社会职能属地化。

然而，海南省整体财力薄弱，涉及上百万职工群众的社会职能移交后，各市县“小马拉大车”财政压力凸显。环境卫生、道路养护、安全饮水等社会职能移交不彻底，有的农场仍需支出相关费用。在深化改革中，仍需建立中央、地方财政长效保障机制，也需要各部门合力攻坚，探索完善社会治理格局。

改革实践表明，“顶层”和“基层”是辩证统一的，推进局部的阶段性改革开放要在加强顶层设计的前提下进行，加强顶层设计要在推进局部阶段性改革实践的基础上来谋划。在未来的改革中，加强宏观思考和顶层设计保

障的同时，要鼓励基层大胆探索，这样才能不断将改革引向深入。

在落实顶层设计时，还需要建立一套完整、有效的检查督促机制，确保地方党委政府一把手“亲自上手”，各相关部门“及时出手”；需要坚持用“带牙齿”的制度监督约束不作为、“选择性改革”和“念歪经”行为，推动改革措施落地生根。

课题组调研中，海南农垦广大干部职工表示，全面深化改革是新时代党中央领导下进行的伟大工程。在新的改革起点上，改革的环境、任务、难度和要求都发生了深刻变化。农垦人必须深入贯彻落实习近平总书记改革思想，牢记以人民为中心，站在更高起点谋划和推进改革，以更大决心和力度冲破思想观念的束缚和体制机制弊端，爬坡过坎，推动新一轮改革向更高的层次再出发。

# 重庆力帆：追随改革开放 深耕实体经济 践行创新发展

新华社国家高端智库

改革开放40年来，我国产业发展由小到大、由弱到强，成为全球唯一全部工业门类齐备的制造业大国。在此过程中，一大批民营企业坚持与改革开放同频共振，深耕实体经济不动摇，不断以技术创新、模式创新推动产业快速发展、转型发展，成长为中国经济增长、产业繁荣的重要基石，重庆力帆集团便是其中之一。

1992年初春，中国改革开放总设计师邓小平视察南方并发表谈话，在深刻总结改革开放十多年经验教训的同时，重申了深化改革、加速发展的必要性和重要性，标志着改革开放进入新的阶段。迎着改革开放“再出发”的春风，时年54岁的尹明善秉承实业报国的初心、怀揣造出独一无二的发动机的梦想，以20万元为启动资金，以9人团队为班底，在重庆郊区一间不足40平方米的旧农舍里创立了重庆轰达车辆配件研究所；2001年尹明善将企业改名为重庆力帆，意寓他虽历经坎坷、年过花甲，仍能“奋力扬帆”实现更大作为。

26年来，重庆力帆坚定追随改革开放、深度耕耘实体经济、不断探索创新发展，在滚滚向前的时代浪潮中，抓住了经济全球化、产业高端化和新技术、新业态、新模式兴起的机遇，通过持续的技术创新、模式创新引领了行业的变革，成为民营企业中的“明星”、实体经济中的“标杆”，也为新时代民营企业如何转型发展、创新发展提供了借鉴。

## 一、以国家战略为指引、创新发展为路径，在实体经济领域不断“开花结果”

重庆力帆集团因改革开放而生，因改革开放而兴。在26年发展历程中，重庆力帆始终跟随改革开放节拍而作为、围绕国家战略调整做文章、坚持深耕实体经济不动摇，一步步成长为重庆“摩帮”企业的“领头羊”和中国首家A股上市的民营乘用车企业。

### （一）跟随改革开放节拍，“知天命”时毅然“下海”

重庆力帆是一家典型的草根创业企业，创始人尹明善的人生经历与改革开放进程息息相关。他20岁时被打成“右派”、劳动改造20年；改革开放初期获摘帽平反，41岁的尹明善乘着改革开放的春风开始与时间赛跑，希冀能有所作为；1985年尹明善毅然舍弃国企的“铁饭碗”开始创业，54岁时涉足实业，成为新中国民营企业家中最年长的创业者之一。

据尹明善回忆，20世纪90年代初重庆的嘉陵、建设等中国摩托车“开山鼻祖”只生产整车，发动机要么从日本进口，要么从外地采购。尹明善看到了这个巨大商机，决定以发动机研制为突破口介入摩托车行业，但当他揣着20万元去注册企业时，当地工商部门却要求“注册资金200万元以上，并且先划到指定账户滞留三个月”。几经周折，他只能先以“研究所”的名义进行注册，直到2001年才实现了从“轰达”到“力帆”的转变。

凭借东拼西凑的零部件，尹明善在创业1个月后便带领团队生产出第一批发动机，3个月后订单雪片般飞来，1年后又陆续开发出独一无二的四冲程100型电启动发动机和排量110CC的立式发动机，迅速成长为摩托车发动机和整车领域的“领头羊”。

随着全国出口热潮兴起、全球产业交互增强，力帆紧跟国家开放发展大势，将目光投向了海外。1998 年底，力帆成为全国首批 61 家获得自营进出口权的民营企业之一，随后的两年里尹明善带领企业骨干团队奔波于 20 多个国家和地区，1/3 的时间在海外度过。同期人民币大幅贬值、中国加入世贸组织，力帆出口利润率一度高达 50%。

2001 年，力帆出口创汇 2.02 亿美元，成为全国首家出口突破 1 亿美元的摩托车企业；同年 9 月，力帆摩托车首销日本，改写了中日摩托车贸易有来无往的历史；2003 年，力帆摩托车、发动机通过欧盟 e-Mark 认证，标志着力帆的产品可以自由进入欧盟国家。

力帆集团董事长牟刚 20 世纪 90 年代末加入力帆后，正赶上中国加入世贸组织的红利释放。“我的出口业绩总是位居前列，当时还以为是自己个人能力强；现在回想起来，那其实是国家发展潮流在推着我们向前走，我们跟上了国家的步伐，分享到了发展红利。”

### （二）洞察摩托车市场“天花板”，果断转型追寻“造车梦”

在摩托车领域成功的“光芒”没有让尹明善迷茫了双眼。随着经济社会持续快速发展、中国制造业能力大幅增强、百姓消费能力和出行需求日益提升，2000 年前后民营企业造车势头涌现。尹明善敏锐洞察到摩托车产业早晚会遇到“天花板”，发展汽车将是大势所趋。2003 年，力帆毅然投身到造车行列中，同年 5 月，其第一座汽车工厂在重庆开工建设。

力帆进入汽车行业，面临的首要问题是如何办理“准生证”。由于当时的产业政策限制，力帆不仅需要在 3 年内实现投资 20 亿元以上，还必须建立自己的研发机构并实现 5 亿元以上的研发投入，才能进入国家汽车生产目录，彼时的力帆显然心有余而力不足。在多次寻求其他车企帮助未果的困境中，尹明善甚至萌生了到香港去做汽车总装的想法。

2005 年 9 月，力帆的“造车梦”迎来转机——党的十六届五中全会提出“要重视自主品牌和自主知识产权”。一向以自主品牌和自主知识产权来争取资源、占领市场的力帆，最终获得国家发改委将其列入轿车生产目录的批文。

但是从“两轮”变“四轮”，绝非加两个轮胎、两排“沙发”这般容易，而是从技术研发、生产组织、品牌塑造到供应链管理等方面的全面创新。“我们的研发队伍不像大厂商那么齐全，在开发新车型过程中，技术问题让我们寝食难安。”尹明善说，力帆造车之初确实闹了不少笑话，如后排沙发非标准化设计导致乘客上下车不方便、仪表灯光倒映在挡风玻璃上造成安全隐患，甚至因设计误差导致连方向盘和驾驶座椅都没对齐，从而导致驾驶员斜着身子开车。

最为惨痛的教训，要数力帆第一款车型因存在很多技术缺陷被迫推迟 3 个月上市，企业每天直接损失超过 30 万元。为攻坚克难，上至企业高管、下至基层员工，工作时间都变成了每周 7 天、每天 10 多个小时。据力帆轿车生产项目的相关负责人介绍，当时仅车门可靠性测试，力帆就做了 20 万次，相当于以每天开门 30 次的频率持续了 18 年，为此前后摔坏了 4 台车，摔坏的门锁更是不计其数。“一般新车试验只需要六七辆车，但我们一下子就拿出 100 辆车来测试，目的就是要造出经得起市场考验的产品。”尹明善说。

通过不断研发和技术突破，力帆终于攻克层层技术壁垒，第一款车型力帆 520 于 2006 年 1 月成功上市并迅速获得市场认可，先后荣膺 2006 年中国国民最喜爱的自主品牌车型、2006 年中高级轿车最佳动力奖等荣誉。

凭借汽车、摩托车“双线发力”，从 2007 年开始力帆连续 11 年入选“中国企业 500 强”；2009 年被中国品牌研究院评定为 100 张“国家名片”之一；2010 年 11 月 25 日，力帆在上海证券交易所上市，成为中国首家在 A 股上市的民营乘用车企业。

### （三）发力新能源、探路智能化，从提供整车产品转向为智慧出行服务

随着国家和社会对生态环保的重视程度逐步提升，汽车产业“绿色发展”成为行业共识，新能源汽车便是转型的突破口。在传统汽车厂商纷纷试水、

数百家造车“新势力”强势加入的情形下，2006 年力帆生产出第一款车型不久，就投入到新能源汽车的研发中。他们与中国科学院电动汽车研发中心成立中科力帆电动汽车有限公司，专门从事电动汽车整车及其零部件研发、生产和销售，从新材料、新工艺到关键零部件、整车集成全面发力。2010 年初，上海世博会期间，力帆 620 纯电动轿车作为警务用车闪耀登场。

事非经过不知难。从燃油车到新能源汽车，也绝不是简单地将燃油发动机替换为电池和电机，而是涉及外观设计、材料运用、动力总成、底盘匹配等关键技术的全面变革。瞄准行业的诸多“痛点”，力帆在“充电”主流技术应用中逆势而为，投入巨额资金打造“移峰能源”，不仅实现了“3 分钟换电”的新商业模式，还有效消除了严重制约新能源汽车发展的“里程忧虑”“电池恐慌”难题。在“移峰能源”支撑下，用户以租代购使用电池，有效降低了购买成本；车辆可在白天电荷高峰期运营、利用夜间价格更低廉的“谷电”来充电，不仅降低了使用成本，还能促进昼夜电荷“移峰”。

随着人工智能、共享经济、智能汽车的兴起，力帆在 2015 年底创新推出了“盼达用车”这一新能源共享汽车平台，目前已在重庆、杭州、成都、广州和武汉等城市投放 17000 多辆运营车辆。截至 2018 年 5 月，“盼达”注册用户数超过 310 万个，出行总人次接近 5500 万人次，经营规模和质效均位居全国前三强。

2018 年 5 月，力帆联合百度公司推出首批搭载无人驾驶技术的“盼达”车辆，在全球率先实现了无人驾驶技术的商业化应用；在已经进入俄罗斯市场的基础上，“盼达用车”2018 年还将打入阿根廷市场。根据计划，到 2020 年“盼达用车”将实现 30 万辆新能源汽车的运营规模。

“未来的汽车将如同现在的智能手机一样，成为车与车相连、车与人相连、车与交通环境相连、车与互联网相连的开放式智慧出行工具，而力帆将以‘盼达用车’为平台载体，通过提供综合性的智慧出行解决方案，打造万物相连的全新‘车生活’。”力帆集团总裁马可说。

## 二、以强烈的危机意识、创新意识、开放意识把握发展大势、抢抓发展机遇

在国内，消费者可以随意购买心仪的汽车，但在一些欠发达国家，由于市场主体欠缺、商品供给短缺，汽车也成了抢手货；在东非某国，一位政府部长为了买到力帆的轿车，甚至找到力帆集团董事长“开后门”。瞄准这些海外市场的“空白点”，力帆奋力而为，其在埃塞俄比亚的市场占有率已高达65%，连续7年成为俄罗斯市场的中国品牌汽车销量冠军……

重庆力帆因改革开放而生、因改革开放而兴、因改革开放而强。乘着改革开放的“春风”，力帆与国家战略同频共振，准确把握国际、国内发展大势和产业发展趋势，充分发挥规模小、转型快、办法多的优势，以强烈的危机意识、创新意识、开放意识不断推动企业转型发展、创新发展。

### （一）生存之道：打得赢就打，打不赢就转

力帆在创立初期，同样面临技术、人才、资金等发展要素欠缺问题，以及如何形成比较优势以抢占市场、赢得竞争等难题。为此，力帆从关键产品和细分市场着手，独辟蹊径走差异化发展路径，迅速突破了创业初期的各个难点，成为国内外市场的“宠儿”。

独辟蹊径，抢占农村市场。力帆创业初期，靠着东拼西凑的零部件生产出行业紧缺的摩托车发动机，迅速赢得市场青睐，也为力帆生产摩托车整车打下了基础。凭借过硬的质量和突出的性价比，力帆很快在摩托车整车领域崭露头角，其技术进步、规模扩张速度之快，让同行业的大国企也相形见拙。

但20世纪90年代末期，隆鑫、宗申、鑫源、银翔等摩托车企业快速崛起，形成了占据全国摩托车产业半壁江山的重庆“摩帮”，这些企业在城市市场激烈的“厮杀”让彼此都狼狈不堪。如何既能避免继续发生正面冲突、又能杀出一条血路？

力帆将目光投向了农村市场——研制更有针对性的产品、走乡串寨推销，力帆很快就打开了广阔的农村市场，形成了一批名副其实的“力帆村”，如衡水市河沿镇新立庄村，力帆摩托车超过一半……

拓宽视野，转战海外市场。市场经济的浪潮席卷而来，包括农村地区在内的摩托车市场很快又是一片“刀光剑影”。力帆的目光再次转移，投向了海外市场——以获得自营进出口权为契机，通过严密的分析研判，力帆锁定越南并以此为突破口。

越南相对庞大的人口基数蕴含着巨大的市场潜力，但彼时的越南市场被日本品牌“一手遮天”，并占据了98%的市场份额。力帆进入越南市场后，凭借与日本企业极小的品质差距和极大的价格优势，“攻城拔寨”，与其他迅速跟进的重庆“摩帮”企业一起，将日本企业基本赶出了越南市场。

但随后重庆“摩帮”的无序竞争在海外再次上演，部分企业节节败退甚至被迫撤离。在中国摩托车企业出口最低潮时，力帆毅然再次转变思路，通过与越南、伊拉克、泰国等国的本土企业建立合资公司、分享发展机遇，当其他企业被出口配额限制的时候，力帆的产品仍能在海外市场保持不错的销量，力帆越南公司的投资回报率一度超过60%。

应势造车，“老办法”解决“新问题”。当摩托车市场出现“天花板”时，如何转型成为力帆面临的生死抉择问题。这一次，力帆将目光转向了汽车行业。但2005年力帆介入汽车行业之时，国内前十大企业已经占据了90%以上的市场份额；产业规模、技术水平、品牌认知度等关键要素中，力帆无一占优。与创业之初面临的问题相似，力帆必须再次确立自己的比较优势。

沿袭当年摩托车的发展思路，力帆在国内市场主动放弃了省会城市一级市场，主攻地市和县级二、三级市场，再“迂回包抄”一级市场，从而在涉足汽车行业初期找到了赖以生存的“甘蔗林”“青纱帐”，实现了从打“游击战”“运动战”再到打“阵地战”的转变。

在海外市场，力帆借助早期在摩托车市场积累的经营经验和销售网络，将市场重心确定在东南亚、中东、非洲、南美的发展中国家。如今，力帆已经成为埃塞俄比亚等多个非洲国家的“街车”；在俄罗斯多个城市，力帆汽车作为出租车和共享汽车（Lifcar）穿行在大街小巷；在阿根廷，力帆推出的共享汽车即将投入运营……

近年来，随着经济社会快速发展、百姓生活水平不断提升，摩托车作为交通工具的功能逐渐衰退，但力帆抓住摩托车大排量、娱乐化发展机遇，顺势推出多款技术含量更高、附加值更大的高端产品，在摩托车新兴消费领域占据了一席之地。

### （二）发展之要：创新、出口、信誉“三件宝”形成企业发展动力源泉

民营企业的发展史，往往就是一部奋斗史。能经受住市场竞争的“洗礼”，每家企业都会有自己的“独门绝技”。在力帆的各个工厂，外墙上都贴有尹明善的“金句”：“为国家挣点技术，为民族挣点品牌”“到处是丰田，遍地桑塔纳；问问力帆人，要我们干啥？”……

“这些‘金句’也是‘警句’，既接地气又提士气，不仅能激发员工的干劲，也提醒我们要时时自省。”尹明善说力帆人最为得意的是那句“力帆‘三件宝’——创新、出口、信誉好”。“力帆 26 年一路走来，靠的就是对‘三件宝’的执着；力帆未来的发展，还得靠这‘三件宝’。”

“垄断我无权，投机我没胆，创新求发展”。在尹明善看来，力帆作为民营企业无法在任何行业获取垄断经营的特权，也没有“投机”的勇气，只有牢牢把创新抓在手里、把创新搞上去，才能在市场竞争中生存和发展。

力帆创业之初，就对摩托车发动机“集中火力”搞创新，生产出四冲程 100 型电启动发动机、110CC 立式发动机、水冷发动机等创新产品，引领了摩托车启动方式、发动机构置和冷却方式的革新，受到市场的追捧。力帆一度贡献了重庆江北机场 90% 以上的航空货运量，各地的客户都是提前几个月排队付款来买力帆的发动机，再不计成本空运到工厂；只要装上力帆的发动机，一台摩托车的价格就要高 1000 元以上。

力帆在进入汽车领域后，虽然通过产品和市场的差异化定位维系了发

展，但随着传统厂商纷纷向电动化、智能化方向迈进，同时涌现出蔚来、奇点等数百家造车“新势力”，已有不少车企不堪重压退出市场。在前有“阻拦”、后有“追兵”的情势下，力帆凭借路径创新和模式创新，在行业竞争一片“红海”中寻得了自己的“蓝海”。

“在以特斯拉为引领的充电模式潮流中，力帆大胆地逆势而为，累计投资数十亿元发展换电模式。”牟刚介绍说，通过建立“移峰能源”公司为新能源汽车提供换电的能源站，不仅可以让用户以租代购使用电池、降低购车成本，还能实现3分钟快速换电并提供上门服务，从而有效消除了严重制约新能源汽车发展的“里程忧虑”和“电池恐慌”两大难题。

“国内赚钱，市场好汉；海外获利，民族英雄。”“在我小时候，火柴叫‘洋火’，铁铲叫‘洋铲’，自行车叫‘洋马儿’，到处都是‘洋货’；我创业的初衷很简单，就是不仅要把‘洋货’赶出中国，还要把中国人的东西卖给‘洋人’！”尹明善说。

2011年1月28日，中欧班列（重庆）国际铁路货运测试专列从重庆出发驶向莫斯科，揭开了中国内陆与欧洲互通铁路的序幕，而这趟列车搭载的货物全部是力帆的汽车零部件。时至今日，力帆仍是这条中欧国际货运大通道的主力货源提供者之一。

为开拓海外市场，力帆陆续在10多个国家投资建厂、在100多个国家和地区设有500多个营销和服务网点；虽然在有的国家和地区因为战乱、市场等原因进进出出，但目前仍在俄罗斯、伊朗、伊拉克、阿塞拜疆、乌拉圭、埃塞俄比亚、缅甸设有汽车工厂，在越南、土耳其、泰国设有摩托车生产基地，数百员工长年驻扎海外。

据统计，2017年力帆出口收入63.3亿元、内销收入57亿元，汽车和摩托车分别销售至70多个国家和110多个地区。“改革为我们提供了创业的机会，开放助推了我们走出国门；加入世贸组织为我们进一步抢占海外市场提供了有利条件，‘一带一路’倡议又为我们插上了海外腾飞的‘翅膀’。”牟刚说。在国内汽摩行业竞争白热化的情形下，国家“一带一路”倡议的提出为力帆进一步“走出去”提供了前所未有的历史性机遇。“力帆是中国唯一实现海外市场收入、利润超过国内的汽车厂商，未来也必将在践行‘一带一路’倡议中行稳致远！”牟刚说。

“宁愿亏了老本，也不能砸了招牌”。在尹明善看来，“力帆”两个字蕴含着奋力扬帆之意，是企业发展的金字招牌。“做品牌如同跑马拉松，必须咬牙坚持；名号一旦打响，也是发展‘利器’。”

2003 年“非典”肆虐时，各行各业都受到了冲击，力帆也不例外，各地销量一路下滑，经销商眼看着库房的产品积上厚厚的灰尘而无可奈何。为了维持经销商的信心，力帆派出大量管理人员深入一线市场为经销商出谋划策，并在其没有完成销量的情况下仍按年初签订的合约如数兑现年终返利，极大鼓舞并坚定了经销商与力帆合作的信心。

2014 年，受西方国家制裁和油价下跌影响，俄罗斯经济运行出现严重困难，卢布大幅贬值。“当时一些欧美车企纷纷大幅提价应对，或者干脆撤退。”力帆集团海外事业部常务副总经理孙泽军说。对俄罗斯民众而言，卢布虽然贬值但在国内的购买力并没有变化，欧美车企提价或者退出反而是力帆塑品牌、促销售的机遇。基于这样的判断，力帆顶着巨额亏损的压力积极拓展经销网络和售后服务网点，进一步提升了力帆在当地的市场占有率、服务能力和品牌美誉度。

### （三）顺势而为：抢抓新能源、智能网联、发展共享经济

当前中国经济正处于新旧动能转换的关键时期，但改革开放 40 年积累的雄厚的技术、人才、资本沉淀为转型发展提供了基础性支撑；互联网与产业发展深度融合及新技术、新业态、新模式不断涌现，也为转型发展提供了新动能。在汽车行业，重庆力帆紧跟传统燃油汽车向新能源汽车、智能汽车演进的发展潮流，以创新的技术、路径和模式，抢抓新能源、移动互联、共享经济机遇，再次在行业转型中实现了先声夺人。

——探索新能源汽车换电模式商业运营途径。力帆推出的“移峰能源”

不仅能有效破解新能源汽车发展面临的“里程忧虑”和“电池恐惧”两大难题，还为电能高效利用、电荷“削峰填谷”及电池后续利用探索出有效解决方案，即白天车辆投入运营，在夜间利用价格更为低廉的“谷电”为电池充电；新能源汽车的电池容量衰减至70%左右就会被淘汰，但通过集中回收组建集中式电能储存站，可通过夜间充电、白天放电辅助电网电荷“削峰填谷”，或用于通信铁塔、户外照明等分布式能源供应。

“针对大型能源站建设成本高、回报周期长等难题，我们还大量尝试了规模更小、利用率更高的箱式能源站，在增加布局密度、便利用户换电的同时，也显著提升了运营效率。”牟刚说。未来“移峰能源”还将通过增配风力发电、太阳能发电装置实现清洁能源自我供给。

——发力新能源共享汽车实现规模、质效领先。以自主研制的新能源汽车为基础，力帆于2015年底推出“盼达用车”这一新能源共享汽车平台，并以其绿色低碳、智能便捷、价格低廉的特性迅速受到年轻群体的追捧。

在“盼达用车”大厅，一块大尺寸显示屏动态展示着重庆地区约7000辆车辆的运营状态；每一道白色线条划过大屏，即表示一次用户出行的圆满完成。截至2018年5月底，用户超过310万人、累计行驶里程超过8亿公里，相当于绕地球行驶了2万多圈；减少二氧化碳排放接近15万吨，相当于植树485万棵；车辆日均运营时长超过10小时，相当于减少了5万多辆私家车……

“盼达用车”运营总监王鹏介绍说，“盼达”目前正处于大量投入期，但在全国所有共享汽车平台中最接近盈亏平衡点；车辆的设计运营寿命大约4年，但单车运营两年左右就能回收成本。“目前力帆自产车辆已经满足不了‘盼达’的用车需求，我们还引进了长安、奇瑞等厂商的车辆作为补充；多家投资者排着队要来‘盼达’投资，我们对2020年实现投运车辆30万辆的目标充满信心！”

——“开门造车”打造全新智慧出行解决方案。手机从功能机转向智能机，其进展速度之快、变革程度之深刻，超出了很多人的想象。“我们基于对人工智能、无人驾驶、智能网联、5G通信等技术快速兴起的趋势判断，汽车从单一的出行工具转变为开放式的、融合式的智慧出行工具，其速度可能会比较慢但引发的变革将是颠覆式的。”马可说。

虽然力帆介入新能源汽车已有10多年，但核心技术和产品较竞争对手并无突出优势；作为传统汽车厂商，亦无力独立开展智能汽车研制生产。为此，力帆确定了“开门造车”的发展理念，以“盼达用车”平台为突破口，与百度公司共同开展无人驾驶技术研发和高精地图测绘，与阿里巴巴共同开发开放式的车载系统并探索人工智能技术在需求分析、车辆调度、车位管理等方面的“后台”支撑，与德国博世共同推动无人驾驶软硬件研发应用，与科大讯飞合作开发车辆语音识别技术，与宁德时代合作开发高密度电池……

“我们与百度合作开发的无人驾驶车辆已经投入商业化试运营，与阿里巴巴合作的智能调度系统和车辆损伤智能鉴别系统即将上线，还有一系列合作项目正在推进中。”马可说。未来力帆的盈利重点将不再是车辆产品，而是通过对用户出行数据的深度挖掘提供有针对性的车辆管理维护、车载系统及应用、汽车金融等服务，从而实现由汽车产品提供商向智慧出行解决方案运营商的转变。

## 三、秉承初心、顺应潮流、创新发展，诠释新时代民营企业的责任与担当

回顾重庆力帆26年发展历程，其创立、转型和发展壮大，无不与国家战略调整、经济社会发展、产业迭代升级息息相关，可谓既是改革开放的参与者，也是改革开放的受益者。同时，与大多数民营企业家不同，重庆力帆创始人尹明善受过良好教育，其文人气质、家国情怀都体现在经商办企业的方方面面，尤其在20多年时间里不忘初心深耕实体经济，坚决走创新发展、开放发展的道路不动摇，深刻诠释了新时代民营企业应有的责任与担当。

## （一）跟随改革开放步伐，把握国家战略机遇

党的十一届三中全会做出改革开放的重大决策部署，中国经济社会发展由此步入“快车道”；邓小平南方谈话为进一步改革开放指明了方向，也从理论、政策和实践上为民营经济发展扫清了障碍。包括重庆力帆在内的数以千万计的民营企业通过紧跟改革开放步伐、把握国家战略机遇，在实现自身发展壮大的同时，也有力助推了国家经济社会的快速发展。

民营经济的发展得益于改革开放，也助推了改革开放。改革开放为民营经济发展培植了“土壤”，“枝繁叶茂”的民营经济又助推了“土壤”质量的改善。从“不允许”到“允许”，从社会主义市场经济的“有益补充”到“重要组成部分”，再从“非公有制经济也是社会主义市场经济的重要组成部分”到“公有制经济和非公有制经济都是社会主义市场经济的重要组成部分”，不仅彰显了民营经济身份、地位的变化，也折射出民营经济从“东方风来”到“东风浩荡”的历史性发展成就。

重庆力帆之于产业发展乃至中国经济变迁的借鉴意义，在于跟随改革开放步伐，靠不懈的努力在国有经济占支配地位的行业分得了“一杯羹”；抓住中国加入世贸组织、提出“一带一路”倡议等机遇，凭借过硬的产品和服务在国际市场大放异彩；顺应产业发展潮流，以开放的思维、创新的理念引领了行业变革，实现了有速度、有质量、有效益的发展。

民营企业要把握新趋势、抓住新机遇、争取新作为。兵无常势，水无常形。经济新常态下，民营企业要准确把握我国经济发展大势，提振发展信心，提升自身综合素质，完善企业经营管理制度，激发企业家精神，发挥企业家才能，增强企业内在活力和创造力，推动企业不断取得更高质量的发展。

同时，随着改革开放持续推进，长江经济带、京津冀协同发展等国家战略深入实施，我国提出“一带一路”倡议，以及新技术、新业态、新模式不断兴起，也将为民营经济发展提供新机遇、注入新动能。民营企业要以“四个全面”战略布局为指引，坚持“五大发展理念”，继续跟随改革开放步伐、把握国家战略机遇，为实现中华民族伟大复兴做出更多、更大的贡献。

### （二）跟随时代发展潮流，以创新的理念和办法，破解前进中的问题和困难

从一定程度上看，改革开放 40 年历程，几乎就是民营经济发展环境不断完善的过程。从姓“资”姓“社”争论休止，到两个“毫不动摇”深入人心，是国家和人民对民营企业成就和地位的肯定；贡献全国 50% 以上的税收、60% 以上的国内生产总值、70% 以上的新技术和新产品、80% 以上的就业，是 2700 多万家民营企业对国家和社会的回馈。40 年来民营企业紧跟时代发展潮流，以创新的理念和方法，不断破解前进中的问题和困难，成长为国家经济社会发展的重要基石。

民营经济今天的成就，靠的是创新的理念和方法。重庆力帆创业之初只有 20 万元资金、9 人团队，却凭借一股韧劲和狠劲，研发出独一无二的摩托车发动机；面对同行的强力竞争，却“胆大妄为”钻技术、“迂回包抄”搞经营、“走出国门”抢市场，从而实现了企业快速发展。

虽然民营经济发展面临的“玻璃门”“弹簧门”“旋转门”无法彻底打破，“市场的冰山”“融资的高山”“转型的火山”难以从容逾越，但没技术没资本作支撑的民营企业仍凭借创新的理念和办法“各显神通”，实现了各美其美、美美与共。

民营经济未来的发展，还要靠创新的理念和方法。面对汽车行业“电动化”“智能化”发展潮流，规模、技术、资本等发展要素均不占优势的重庆力帆既无力抗拒潮流，也无法凭借一己之力做大做强，但却以“开门造车”的创新理念吸引行业“巨头”与之合作，共同打造了“盼达用车”这一全国领先的新能源共享汽车平台，在新经济潮流中实现了“先声夺人”。

尽管民营经济发展面临的“三重门”仍似有似无、“三座山”仍若隐若现，但发展的潮流只会滚滚向前。随着国家鼓励民营经济发展的政策逐步落实，互联网、大数据、人工智能与产业发展深度融合，以及数字经济、共享经济等新经济业态蓬勃兴起，将有力助推民营企业破除转型发展所面临的时空阻隔、政策障碍、资金短缺、技术壁垒等问题。只要顺应时代发展潮流、创新

发展思路和方法，就能抓住转型升级的机遇、破解前进中的难题、步入高质量发展的通道。

（三）深耕实体经济，有所为有所不为

实体经济是立国之本。改革开放 40 年来，我国产业发展由小到大、由弱到强，成为全球唯一全部工业门类齐备的制造业大国，“中国制造”遍及全球。在此过程中，一大批民营企业坚持与改革开放同频共振，深耕实体经济不动摇，撑起了中国经济发展的“脊梁”。

当前中国经济已由高速增长转为中高速增长，正处于新旧动能转换的关键期。面对实体经济挣钱越来越难、下行压力和转型压力越来越大等现实问题，一些企业难免会心猿意马甚至心灰意冷。还有极个别企业出于对实业的迷茫、对金钱的渴望，铤而走险堕入深渊。

唯其艰难，才更显勇毅；唯其笃行，才弥足珍贵。力帆曾在规模和质效上遥遥领先于其他重庆“摩帮”企业，近 10 年来一些同行企业纷纷大举“进攻”金融和房地产并在体量和利润上超越了力帆，但力帆不仅不为所动，反而在获准成立财务公司并可借此向金融领域延伸之时，毅然放弃了“挣大钱”“挣快钱”的机会。

秉承实业报国的初心，坚持金融为实体经济服务，26 年来力帆以平均不到两年就投建一座新工厂的节奏步步为营壮大实业，不仅彰显了尹明善的文人傲骨和家国情怀，更诠释了新时代民营企业家应有的责任与担当。

新时代孕育新机遇，新征程要有新作为，但也要坚持有所不为。站在改革开放 40 周年新起点上，民营企业特别是实体企业要不忘初心、砥砺前行，以高度的责任意识、担当意识、创新意识，不断通过加大投入、加强研发、加快转型推动有速度、有质量、有效益的发展，让中国经济的“脊梁”更加坚实，让中华民族伟大复兴的步伐更加沉稳。

# 新希望：大有希望

中国国际经济交流中心

新希望集团（以下简称“新希望”）是中国最大的民营农牧企业之一，业务遍布全国以及全球30多个国家和地区，2017年销售额达1400亿元，其饲料产量全国第一、世界第三，禽屠宰量世界第一。新希望创始于1982年，是伴随着改革开放的春风成长起来的国家名片式企业之一。中宣部在为庆祝改革开放40周年而开展的“百企”调研活动中选择新希望这一典型，对总结我国40年改革开放经验具有重要意义。根据任务要求，中国国际经济交流中心与新希望进行了全面沟通，并派课题组专家赴企业进行了为期6天的调研。通过实地考察、高管座谈、基层访谈和查阅资料，课题组深切感受到，30多年来，新希望始终秉承“为耕者谋利，为食者造福”的初心深耕农牧产业，凭借创新精神、和合精神、家国精神以及务实精神，推动企业攻坚克难、发展壮大，带动农村数以百万计的农户脱贫致富，让数以亿计的城镇居民吃上安全优质的食品。当前，我国经济正由高速增长转向高质量增长，农业产业升级、消费升级都为企业运营提出更高要求，新希望的成功经验可为我国深化改革、扩大开放和民营企业发展提供借鉴。

## 一、在希望中奋斗、在改革中前进

### （一）从无到有：农村创业，从养殖场起步

1978 年 12 月，中共中央十一届三中全会在北京召开，全会确立了“解放思想，实事求是”的指导思想，明确了把党和国家的工作重点转移到社会主义现代化建设上来，提出“社员自留地、家庭副业和集市贸易是社会主义经济的必要补充部分”。中国改革开放的序幕就此拉开，农村家庭副业、集贸市场等得到恢复。此时，新希望集团董事长刘永好兄弟四人大学和大专毕业后，被分配在学校、政府机关等单位工作，捧上了“铁饭碗”。改革开放的春风扑面而来，父亲刘大墉 1979 年临终前反复叮嘱要好好把握机会，这让兄弟四人时刻想着“如何自己做点事情”，创业激情与日俱增。

刘氏兄弟的第一次尝试是与之前下乡插队时待过的顺江公社七大队三中队合作开办电子厂，生产无线电设备和音响。但由于公社书记认为这是走资本主义道路，第一次创业计划被迫终止。1981 年 3 月底，中共中央、国务院转发国家农委《关于积极发展农村多种经营的报告》的通知指出，“积极鼓励和支持社会个人或合伙经营服务业、手工业、养殖业、运销业等”。这对发展农村个体经济在政策上开了口子，刘氏兄弟毫不犹豫地开始了第二次尝试。他们找到当时的新津县委书记钟光林，提出“到农村去做专业户”。这次创业得到了钟书记的支持，钟书记还要求他们不仅自己发展，每年还要带出十个农村专业户。1982 年，刘氏兄弟以 1000 元作为启动资金，老三陈育新率先辞去公职，开办育新良种场，这是新希望 30 多年创业历程的开端。到 1983 年底，育新良种场的孵化规模已经达到 5 万只。

与繁育良种鸡相比，鹌鹑养殖在当时是一个被多数人忽视但经济价值极高的行业，利润率 50% 以上，而且可利用家庭阳台或其他小空间养殖。发现这一商机后，刘氏兄弟不仅自行研发鹌鹑的饲料配方、电孵化和养殖技术，还将养殖技术进行推广，带动了全县成千上万的农户养殖鹌鹑致富。这样做不仅完成了县委书记的嘱托，也摸索出了最早的“公司 + 农户”雏形。

随着养殖规模的扩大，新津成了全国闻名的鹌鹑养殖基地，鹌鹑蛋销往全国各地，最远销售到俄罗斯。刘氏兄弟建立起了从培育鹌鹑良种、研制饲料配方、养殖技术、孵化保温、鹌鹑蛋采集、包装、运输等一整套鹌鹑产业链。其中，每箱1350个鹌鹑蛋的包装规格成为全国统一标准，沿用至今。1986年，育新良种场已经拥有一个鹌鹑养殖场和一个饲料厂，存栏量5万只，饲料年销量100吨，年产值40万元。

值得一提的是，随着新津县的鹌鹑养殖量达到3000万只，养殖利润出现明显下滑，如果养殖规模继续扩大，市场很可能因严重过剩而崩盘。1986年底，刘氏兄弟以企业家的社会责任感发出“告全县人民书”，倡导大家适度控制养殖规模，并率先将自己价值几百万的鹌鹑全部处理掉，县政府也要求机关人员带头停止养鹌鹑，养殖规模得到了控制。经历一番波动之后，鹌鹑养殖步入正轨。

同年，时任国务委员的宋健同志到育新良种场视察，为其题词“中国的经济振兴寄希望于社会主义企业家”。这就是后来企业名字中“希望”一词的来源。1987年，刘氏兄弟的资产已经达到1000万元，是1982年启动资金的一万倍。

### （二）从小到大：从四川走向全国，探索多元化发展

1986年9月，刘永好去广东采购鱼粉时偶然发现了“正大康地”猪饲料。正大康地（深圳）有限公司是由泰国正大集团和美国康地集团1981年成立的中国第一家外商投资企业，也是最早的饲料工业化企业。邓小平同志在1983年1月对国家计委、国家经委和农业部门负责同志的谈话指出：农业翻番主要靠多种经营，最直接的措施有两条，一是饲养业，二是林果业……全国都要注意搞饲料加工，要搞几百个现代化饲料加工厂。同年7月，国家经委成立饲料工业领导小组。1985年2月，国务院正式批准在国家经委成立饲料工业办公室、中国饲料工业协会和中国饲料工业技术开发总公司三个全国饲料工业机构。

了解到这些，刘氏兄弟认定中国饲料业正处于起步阶段，国家支持饲料行业发展，特别是猪饲料行业大有可为。随即，“育新良种场”更名为“新津希望饲料厂”。1988 年，他们投资 200 多万元与四川农业大学合作建立了希望饲料研究所。1989 年，希望饲料研究所自主研发出“希望一号”乳猪配方饲料。但是，乳猪配方饲料要想打开市场还须改变农民的观念和养殖习惯。刘永好通过农村墙体广告、广播电台、电视台向养殖户宣传科学养猪理念和希望牌饲料，如“养猪希望富，希望来帮助”就是当时家喻户晓的广告词。川西地区的养殖户逐渐发现用了希望饲料，生猪出栏周期从过去的一年多缩短到半年左右，取得了良好的经济效益。新津希望饲料厂门口等待提货的卡车车队越排越长，有的甚至要等上一两个星期才能提到货。

1992 年邓小平南方谈话和党的十四大确立了“社会主义市场经济体制的改革目标”，进一步解放了思想，让改革开放的“胆子”更大了一点。此时，刘氏兄弟的饲料厂也遇到了家族式企业发展的瓶颈——因兄弟们占据关键岗位而管理人才储备不足。企业不改革，就难以破除发展瓶颈，就难以大发展。因此，刘氏兄弟两次明晰企业产权。1992 年，刘氏兄弟第一次明晰产权，均分原有资产，然后按各自兴趣分头第二次创业。此后三年里，希望集团开始在全国布点，兴建与收购饲料企业。1995 年，新希望成为中国 500 家私营企业排名第一位的企业。这一年，刘氏兄弟第二次明晰产权，分设 4 个公司，其中成立的南方希望公司就是后来新希望集团的前身。1997 年，刘永好以南方希望下辖的部分企业为基础组建四川新希望集团公司。1998 年，四川新希望农业股份有限公司在深圳证券交易所成功上市。

在明晰产权之后，新希望加快了规模扩张步伐，资金问题成为企业发展的瓶颈。当时，国有银行只向国有企业贷款，民营企业从银行得到贷款非常困难。1993 年，国务院发布了《关于金融体制改革的决定》，提出“建立以国有商业银行为主体、多种金融机构并存的金融组织体系”，明确了商业化、市场化改革方向，银行业在向民营资本开放方面取得突破性进展。把握时机，刘永好等 41 名当时的政协委员提出组建一家由民营企业投资的商业银行，全国工商联也积极推动。经过 3 年的努力，1996 年 1 月，民生银行正式挂牌运作。这是中国内地第一家主要由民营企业发起设立的全国性股份制商业银行。刘永好被选为民生银行的副董事长，后来成为第一大股东。新希望进军金融业，不仅为其带来丰厚的回报，也保障了主业发展。

1997 年，国际金融公司邀请新希望一起重组成都化工有限公司，刘永好经过对国内外市场一年的调研和座谈商讨，决定正式进军化工行业。此后，新希望在化工领域开始了扩展步伐。1998 年，国内房地产行业处于大调整的低迷期，新希望投资 12 亿元与成都统建办公室联手开发成都市最大的房地产项目——锦官新城，标志着新希望正式进入房地产行业。2001 年下半年，新希望下属的四川新希望农业股份有限公司完成了对四川阳平乳业公司的并购重组，开始涉足乳业产业。经过多年的规模扩张，新希望已经形成了以农牧业为核心产业，以化工、房地产和金融业为辅助产业的多元化产业集团。适度多元化发展使得新希望的财务状况相对更加安全，也让新希望跻身中国 800 余家 3A 级企业之一。

在党的十四大报告明确指出“积极扩大我国企业的对外投资和跨国经营”之后，中国农业企业“走出去”的大幕渐渐拉开，新希望也开始了自己的国际化道路。1996 年，新希望派员到越南考察，1997 年派员到缅甸考察，探寻在当地投资建设饲料厂的可能性。1997 年，党的十五大确定“更好地利用国内国外两个市场、两种资源，积极参与区域经济合作和全球多边贸易体系，鼓励能够发挥我国比较优势的对外投资”，企业“走出去”的环境更加宽松。1998 年，东南亚金融危机也为中国企业带来了参与危机后经济重建的机会，越南政府欢迎外国投资并在租地、税费等方面给予了较大优惠。综合考虑国内政策和国外投资环境，海外创业条件基本成熟，新希望于 1999 年在越南胡志明市投资建设了第一家境外企业——胡志明市新希望饲料公司，标志着新希望开始实施国际化战略。2000 年 4 月，新希望又在越南河内市建了一家工厂。越南的这两个公司最初连续亏损近三年，于 2003 年才迎来全面盈利。

### （三）从大到强：打造现代跨国农牧集团

2004 年 1 月和 2005 年 1 月，中央连续发布一号文件，这是中国改革开放以来关于“三农”问题的第六个和第七个一号文件；2005 年，中央又提出了建设社会主义新农村的要求并在全国实施。2005 年，国务院发布了《关于鼓励支持和引导个体私营等非公有制经济发展的若干意见》（简称“非公经济 36 条”），鼓励非公有制经济参与国有企业重组以及给予更多财税金融支持。在此背景下，新希望决策层及时做出重大战略调整，把农业和食品定为核心业务，决定实施业务“归核化”发展。2005 年，新希望提出打造“规范、环保、领先的世界级农牧业企业”的战略发展目标。为了实现目标，新希望集团加大农牧行业战略整合，2005 年收购山东六和集团 45% 的股份。与山东六和联盟后，年屠宰和加工鸡鸭能力超过 2 亿只，饲料合计产量达 600 万吨，家禽养殖和饲料产量均居同行业第一，新希望的全国市场份额一年间从近 4% 提高到 6% ；2006 年，新希望收购北京千喜鹤集团，打通猪产业链，实现了从养殖到餐桌的全产业链运营。除了在农牧业方面做出战略整合外，新希望在 2006 年将新龙和华融两家化工公司剥离出股份有限公司，从而将股份有限公司打造成真正意义上的农牧企业。2011 年，新希望原农牧板块与山东六和集团实现整体上市，并正式更名为新希望六和股份有限公司。此时，它的销售收入已达 600 亿元，饲料销量已超过 1200 万吨，成为全国最大的民营农牧企业之一。

在国际化方面，新希望自 1999 年“出海”以后，坚守主业，稳扎稳打，2011 年之前都没有急于扩大规模。2011 年之后，新希望的海外扩展提速。特别是 2015 年，新希望连续实施多起收购和合资经营，如新希望乳业与 Moxey 家族牧场、Perich 集团及澳大利亚自由食品集团合资成立了澳大利亚鲜奶控股有限公司；与新西兰皇家农科院签署战略合作协议；新希望六和收购美国蓝星 20% 的股份，与法国科普利信集团签署战略合作协议等。经过近 20 年的努力，目前新希望已经建立起了以亚洲和非洲为中心，遍及欧洲、北美洲、大洋洲的产业与投资布局，在海外 30 多个国家和地区进行投产、筹建、投资的公司已经超过 50 家，总投资超过 100 亿元，全球员工 7 万余人。

经过 30 余年的规模扩张和发展，新希望农牧和食品业已经形成较为完整的猪、禽、奶三大产业链，在集团的销售收入中一直保持 80% 以上的份额。新希望在坚持主业的同时，还以房地产、化工、金融为辅助产业，拥有遍布全球的产业网络。至此，新希望倾力打造的现代跨国农牧产业集团轮廓初步形成。

## 二、贯穿 30 多年创业、奋斗、改革历程的新希望精神

30 多年来，新希望的发展脉络可总结为“五个转变”，一是从数量增长向质量发展转变；二是从农牧业向一、二、三产业融合转变；三是从基本的食品安全进一步向安全优质的产品升级转变；四是从省内向省外、从国内向国外转变；五是从传统生产方式向现代化、规模化、集约化、智能化转变。寻根觅源，这“五大转变”的动力源泉来自“四大精神”，即创新精神、和合精神、家国精神和务实精神。

### （一）创新精神

创新是企业发展的第一动力，是增强自身核心竞争力的关键。踏着改革开放的浪潮，新希望自创业之初就不断创新，创新与变革意识早已融入新希望的基因。新希望的创新精神可具体体现在理念、机制、技术和产品四个方面。

#### 1. 理念创新

创新始于理念，没有理念创新，就不能在真正意义上迈出创新的脚步。纵观新希望的发展历史，它一直是走在时代前列的企业。这源于“掌门人”刘永好“紧跟潮流快半步”的指导思想。“半步”体现了“谨慎”，因为快走一步容易踏虚，半步不行可以退回来。但要做到“快半步”，并非易事，

要有“敏锐的嗅觉”辨方向和“快得起来”的能力。1979 年，刘氏兄弟在十一届三中全会召开不久就萌生了创业的想法。随着改革开放的深入，农村恢复了自留地、家庭副业、集体副业和集市贸易，刘氏兄弟方向更加明确，创办“育新良种场”，服务于即将繁荣起来的农村家庭副业。1987 年，中国第一家外商投资企业“正大康地”的猪饲料源源不断地涌上深圳码头，刘永好敏锐地捕捉到背后的信息，将企业全面转向饲料行业，并最终成为饲料行业的引领者。此后，参与创办民生银行、进军乳业、走出国门、收购六和……每一个脚印都贯穿着“紧跟潮流快半步”的创新理念。

2. 机制创新

没有机制创新，企业就无法扎根生长。在新希望的成长道路上，两次明晰产权、干部年轻化战略、海外企业人才本地化、参与国有企业重组等都是它不断寻求机制创新、保持活力的证明。以参与国企重组为例，中共十四大的召开和“非公经济 36 条”的颁布推动国有企业改革向纵深推进。大量过去计划经济时代统销统购的饲料厂、牛奶厂，难以承受市场经济的冲击与挑战，面临亏损、停产、倒闭的风险。这部分企业改革的方式是关停并转，推进企业投资主体多元化。对新希望来说，盘活这些劣势国有企业可以扩大生产以满足人民生活改善后对肉蛋奶等食品日益增长的需求，但要激发这些劣势企业的活力需要新希望自身的机制创新。

1992~1995 年，新希望合资、收购的企业就有 30 家之多，1996 年上半年，又一鼓作气合并、合作了 8 家公司。到今天为止，这些企业中大多数都在良好运营。其中，最具代表性的是对昆明雪兰牛奶股份有限公司的收购。2003 年 3 月，新希望成为昆明雪兰牛奶股份有限公司的战略伙伴，为其增资扩股后公司注册资金达 8250 万元。2005 年 5 月，雪兰已成为建筑面积达 10000 多平方米、生产能力为 300 吨的现代化乳制品加工厂。2009 年 10 月国有股权全部退出，雪兰公司成为新希望的全资子公司。2016 年 1 月，新希望乳业控股对雪兰又进行增资扩股，出资 3750 万元，公司注册资金达 1.2 亿元。重组以来，昆明雪兰公司由当初的年销售收入不到 6000 万元，发展为 2018 年的 11 亿元，企业利税成倍增长，员工收入大幅提升，该公司遂成为云南省和昆明市体制改革的典范，成为云南省最大的地方乳品企业。

新希望在国企改制中取得的成绩完全在于机制创新，很好地处理了合资、合作中的融合、激励等难题。新希望注入资金，导入民营企业的经营和管理机制，推行不同所有制企业的文化融合，加快企业的产业升级和技术进步，丰富产品线，提升营销和终端管理水平，逐步打开了市场，帮助合并、合作国企扭转了经营不善的被动局面。具体来看主要体表现在以下几个方面。

在战略管理上，新希望总结出“三变四不变”的创新融合发展思路。关于“三变”：一是战略方向改变，比如新希望奶业实行“聚低温、向高端、讲新鲜”的经营战略；二是机制改变，用民营企业更为灵活的方式改造管理机制，焕发企业生机；三是实行以结果为导向的目标考核，促成激励机制的变革，鼓励企业内部的良性竞争，激活团队能量。“四不变”是在混合所有制实践中保持原有团队成员基本不变、原有经营范围不变、原有企业品牌不变、原有税收关系不变。

在文化融合上，新希望花费了较长时间探索。比如，四川华西乳业并购前身为有 40 年历史的老牌国有企业，员工本地化且多为子承父业或双职工，管理体系虽然相对完整，但体制僵化，人浮于事，缺乏竞争意识。新希望乳业进入后，来自五湖四海的优秀人才现身说法，帮助更多的人认识到新机制、新管理、新制度给企业带来的好处，推动绝大多数员工从当初的思想抵触到自觉融入，团队面貌焕然一新。

在资源投入上，新希望帮助全方位升级软硬件设施。原有企业的产能相对落后，产品品质提升缺乏硬件保障。新希望乳业先后投入数十亿元对收购企业进行全方位升级，通过建设规模化牧场、内部技改、建设新厂、搬迁老厂以及在内部平衡产能、调剂设备等措施，使各企业的加工条件得到根本改善，生产能力显著提升，新产品开发有了更好的保障手段，为企业技术进步和产品升级提供了新动能。

在品牌建设上，新希望实施了跨区域发展的多品牌联合战略，赋予老品牌新的生机。被并购企业都有自己的品牌，有些品牌还是五六十年的老字号。虽然这些品牌在当地仍有一定影响，但由于对品牌的传播缺乏投入，作为载体的产品形象低端，它们的价值得不到更大的发挥。但是，如果选择多品牌运营，新希望将面临比单一品牌运行更大的难度。因此，新希望最终采用“新希望”与地方品牌结合的多品牌联合策略，如四川的“新希望·华西”、杭州的“新希望·双峰”、青岛的“新希望·琴牌”等，都取得了良好的效果。近几年，“城市记忆”系列酸奶的热销印证了这一点。另外，这种做法也受到了被并购企业和当地政府的高度认可，有效地减少了并购整合过程中的阻力和障碍。

3. 技术创新

新希望集团本着“科技创新是企业的核心竞争力”的理念，不断加大技术研发投入，逐渐形成了以饲料技术为基础，向养殖、屠宰、食品安全、营养健康等领域渗透发展的科技体系，取得了丰硕的科技成果。新希望集团已建立起国家认定企业技术中心、国家地方联合工程研究中心（工程实验室）、国际科技合作基地等近 10 个国家级的科技平台，以及农业部重点实验室、农业部国家饲料加工专业分中心、四川省重点实验室、山东省工程技术研究中心等近 30 个省部级科技平台；先后承担了国家级科研项目 20 余项，省市级科技项目近百项；获得国家级科技进步二等奖 5 项，省部级科技类奖项 30 余项；拥有有效专利千余件，其中发明专利超过 300 件；主持及参与国家、行业等各种标准制修订 40 余项，其中发布并执行的标准 20 项以上；近五年在国内外核心期刊发表科技类文章 120 余篇，其中 SCI 收录文章 10 篇以上；已与中国农业大学、中国农业科学院、新西兰皇家农业科学院、澳大利亚联邦科学与工业研究组织（CSIRO）等国内外诸多大学、科研单位建立了合作关系；建有多个动物研发基地和 2 个已通过 CNAS（中国合格评定国家认可委员会）认可的质量安全检测中心实验室。

科技创新给新希望带来的效益也是多方面的。一是科技创新有效助推了企业产品质量和生产效率的提升。例如，新希望乳业新建智能化乳品工厂，通过数字化新模式应用，生产线效率提升30%以上，降低企业运营成本约20%，生产车间的人均劳动效率提高了15%。二是通过科技创新，新希望提高了断奶仔猪成活率，PSY指数从不足19头提升至26头，最高可达30头，降低了仔猪繁育成本，为企业累计增加利润数亿元。三是新希望的科技创业也为推动行业发展和打造国家品牌做出了贡献。例如，新希望的研发团队已掌握筛查饲料中未知风险物质的技术，当筛查出原料供应商非法添加的人用药氯苯那敏、橡胶用抗氧化剂、大剂量激素时会向国家及时通报。再如，新希望六和与中国农科院联合育成的“中新”北京鸭配套系，多项指标优于市场主导品种，打破了我国白羽肉鸭依赖国外品种的局面。“中新”北京鸭配套系的国家专利正在申请中。

#### 4. 产品创新

作为农牧食品企业，新希望积极适应消费升级的市场环境，不断推出新产品和提升产品质量。从产品种类看，新希望在终端肉制品方面创新研发出一系列的美食新产品，旗下美好食品、六和美食、和香居、千喜鹤、本香等新品投入市场后，迅速成为消费者喜爱的食品；在传统休闲佐餐肉制品领域推出“小鲜肉”新品，在正餐食品领域推出小火锅、羊肉汤等自发热系列方便食品，均受到市场的青睐；四喜丸子、狮子头等预调理肉制品，大鸡排、川香骨肉相连、雪花系列、辣子蜀黍、铁板小鲜肉、千喜鹤分割冷鲜猪肉等新产品赢得多项大奖，并受到美食达人的交口称赞。在乳业方面，由于中国当前低温乳制品的消费占比不到30%，与欧美、日本等发达国家存在较大差距，新希望制定了“聚低温、讲新鲜、向高端”产品差异化创新发展战略，并推出一系列特色产品。如，在全球范围内率先推出以时间定义的24小时鲜奶，产品只卖当天，受到城市消费者喜爱。2016年，新希望又推出了零添加酸奶产品“初心”，以独特的口感和风味，受到消费者好评，上市两年来已经成为新希望乳业的低温酸奶大单品。

### （二）和合精神

和合精神是中华传统文化的精髓，一直体现在新希望的发展历程当中，具体表现在企业间的“和”以及国家间的“和”。

1. 企业间的“和”

自创业之初，刘氏兄弟就不断践行和合精神，与村集体合作，与农贸市场合作，与公司合作。随着走出四川、走向全国，新希望将和合精神发扬光大，目前与新希望合作的企业已达 130 家，遍布全国各地。

以新希望与山东六和融合发展为例，这两家本已很成功的企业又合作得如此成功，在于它们碰撞出了许多共同点。一是共创共享、共赢美好的追求一致。刘氏兄弟带动新津县成为全国最大的鹌鹑养殖大县，提高了当地农民的收入水平。此后，刘永好联合十位企业家发起“光彩事业”倡议，被联合国有关组织认定为世界上最好的扶贫模式之一。山东六和的创始人也有相似情结，提出了“鼎力”“六和”的概念以及“情系父老乡亲”“根植用户，融入行业，共同发展”等理念。二是双方都致力于做大做强，提高运营能力。他们都把重心放在强强联合上，一些技术上的障碍迎刃而解，整个合作从提议到落定不到五个月，包括董事会的形成、工商方面的一些变更。三是双方同样具有只争朝夕的使命感。当时，全球前 10 位甚至前 20 位的跨国公司都来中国投资了。外资企业在中国饲料市场的快速发展给予国内企业很强的紧迫感。新希望和山东六和都感到了压力，有强烈的愿望联合发展。在合作完成之后，新组建的新希望六和于 2009 年实现了饲料产销量过 1000 万吨，成为中国首个饲料产销量过千万吨的企业。目前，新希望六和拥有合同养殖户 8 万余户，直接服务产业链客户超过 25 万家，服务终端消费者数以亿计。

再以川商总会为例，2016 年 2 月，在四川省委、省政府的大力支持和直接倡导下，刘永好董事长与境内外川籍商会、川内大型企业共同发起成立四川省川商总会（简称“川商总会”）。目前，川商总会已初步建成一个具有代表性、引领性、标杆性的会员架构，基础会员近 30000 家，核心圈层理事 105 家，理事企业平均年营收约 150 亿元。两年多来，川商总会累计引导促成返乡投资项目 30 多个，签约投资金额近 2000 亿元。

### 2. 国家间的“和”

伴随着经济全球化、农业国际化的发展，新希望在 20 世纪 90 年代中期开始迈出国门，寻求国家间的“和”。1999 年，新希望在越南设立胡志明市新希望饲料公司。这时，中国产品质量通常与“价廉、低质”联系在一起，市场拓展困难重重。为了打开销路，新希望的两家工厂采取先赊后付的方式，让越南养殖户对新希望饲料建立信任。终于，在连续亏损约三年之后，公司终于在 2003 年实现全面赢利。新希望也找到了中国与越南之间企业、市场、消费者之间多层面的“和”。和合精神是磨出来的，不能一蹴而就。在成功开拓越南市场之后，新希望的国际化并没有急于快速推进，而是不断慎重地观察和探索。2011 年之后，新希望国际化步伐加快，2013 年将“国际化”正式确立为集团发展的重要战略之一，在此之后其国际化显著提速。先是新希望产业基金收购澳大利亚 Kilcoy 畜牧业公司和美国芝加哥 Ruprecht 食品公司，接着新希望联合中澳 30 余家知名企业发起“中澳农业及食品安全百年合作计划”（ASA100），旨在进一步促进两国在农业基础设施建设、农产品贸易、食品安全、农业产业链合作等方面的互利互补。特别是 2015 年，新希望通过合资新设、收购、订立协议等形式与澳大利亚、新西兰、美国、法国等国家的企业建立 5 项合作，在国际化方面迈出一大步。2016 年，新希望的草根知本全资收购澳大利亚保健品品牌 Australian Natural Care（ANC），同年新希望的澳大利亚及新西兰区域总部在悉尼成立，以提高该地区优质资源的整合效率。2017 年，联合国内产业基金收购澳大利亚本土第一大宠物食品企业“真诚爱宠”（Real Pet Food Company）。此外，新希望还与国际知名企业进行广泛合作，在原材料贸易领域与日本三井集团合作，在粮油加工领域与美国嘉吉合作，在种畜饲养领域与加拿大海波尔种猪公司合作，在零售与饲料领域与日本丸红株式会社合作，在猪产业链尤其是肉制品领域与法国科普利信合作。这些合作都是新希望和合精神的国际体现。

### （三）家国精神

家国精神是中国优秀传统文化的内涵之一，如《礼记 · 大学》中的“修身，齐家，治国，平天下”就是孟子教育学生爱国爱家的名言。刘氏兄弟出身知识分子家庭，也是改革开放后知识分子的杰出代表，饱受中国优秀文化熏陶，新希望的家国精神与生俱来，主要体现在带动农户致富、帮扶脱贫攻坚和严苛食品安全体系三个具体方面。

#### 1. 带动农户致富

20 世纪 80 年代初，刘氏兄弟带动新津千万农户养鹌鹑致富，是“公司 + 农户”的最早实践，是新希望家国精神的体现。随着公司的发展，新希望坚守农牧主业，一直用“公司 + 农户”的方式带动农户增收致富。多年来，新希望累计带动 500 多万农民靠养殖走上小康路。据新希望六和统计，合同养殖户每年每户收入可达 5 万 ~20 万元，一大批农民成为饲料经销商，年收入达到 50 万 ~100 万元。新希望的具体做法可概括为“微利经营、服务营销、密集开发”。一是微利经营。企业通过自主研发、科技创新、降低生产成本，进一步增加饲料价值，降低饲料售价，使养殖户实现利益最大化。比如，由山东六和集团最早大面积推广的散装料，可为养殖户节约包装费用 30 元 / 吨。二是服务营销。针对农村养殖技术、养殖水平较低的实际，新希望在国内率先成立养殖担保公司、农村希望金融及禽旺服务公司，坚持为养殖户提供保姆式服务，确保农户收益，也确保了基地稳定和食品安全。三是密集开发。新希望的山东厂区以 30 公里内不留死角、50 公里内重点服务为策略，建立了产、供、销一体化的信息网络，不仅促进了现代化养殖基地的建设，还为养殖户降低了运费。这些做法取得了较高的社会效益。以新希望冷藏公司和饲料公司为例，两家公司雇佣长期工人约 42000 人，人均工资、福利及社保每年 6 万元，一个产业群可为当地居民增收 25 亿多元。

#### 2. 帮扶脱贫攻坚

新希望注重输入“造血功能”的帮扶脱贫。1994 年 4 月 23 日，时任全国工商联副主席的刘永好联合十位非公有制经济代表人士发表了“让我们投身到扶贫的光彩事业中来”的倡议书，发起“光彩事业”。作为发起者，新希望集团在西部边远地区投资建厂，通过产业发展带动农民脱贫，1994 年就在四川凉山投资 1500 万元，建成了全国第一家“光彩事业”工厂——西昌希望饲料厂。23 年来，新希望在全国“老少边穷”地区投资已超过 50 亿元，在贵州、甘肃、四川、山东等全国 14 个省份的贫困地区建设了超过 150 家“光彩事业”扶贫工厂，累计带动当地 6 万多人就业。党的十八大以来，新希望于 2016 年先后在四川、西藏、陕西、山东、河北等省份开展精准扶贫项目，并结合实际创新扶贫模式，在四川凉山探索出“喜德模式”（政府 + 龙头企业 + 养殖大户 +N 个贫困户）和“昭觉模式”（昭觉县政府 + 人民银行成都分行 + 新希望六和 + 村集体 +64 户贫困农户），被农村农业部作为农业产业化龙头企业的产业扶贫榜样推广。其中，“昭觉模式”按年出栏生猪 5000 头、保底代养费 150 元 / 头计算，1 个养猪场年收入 75 万元，扣除土地租金、人员工资、猪场维修和煤电费用等，净利润约 60 万元，每个贫困户每年分红收入可达到 4000 元。2017 年 8 月，刘永好董事长为“光彩事业凉山行”捐款 110 万元，并与凉山州政府签署战略合作协议，在当地计划实施 60 万头生猪养殖精准扶贫项目。此外，新希望乳业至今已累计在全国 18 个省（自治区、直辖市）的 183 个县（区）范围内开展扶贫助教、公益行动、抗震救灾等爱心活动 226 场，包括在四川凉山州悬崖村、甘孜州色达县、陕西延安等地开展扶贫济困、关爱儿童少年等活动。

### 3. 严苛食品安全体系

新希望一直秉承“为食者造福”的理念，坚持以最严谨的标准、最严格的监管、最严厉的处罚、最严肃的问责，强化企业质量安全体系，不赚昧心钱。2008 年的三鹿集团“三聚氰胺”事件让人心有余悸，但新希望乳业旗下的工厂，没有一家出现问题。这源于新希望乳业对“质量三让步”原则的坚持：当产品质量与成本矛盾时，成本为质量让步；当产品质量与发展速度冲突时，放慢发展速度；当产品质量与规章制度发生矛盾时，调整规章制度。与此同时，新希望六和也是几十年如一日专注于食品安全，在畜禽养殖、食品加工、餐饮服务等业务板块的农牧食品全产业链的基础上，组建了以食品全产业链为主线的食品安全控制体系和食品安全追溯体系，以全产业链的食品安全，打造“新希望六和”制造品牌。他们从源头种禽入手，从全球范围遴选优质畜禽品种，从场房设施和管理技术，以严格的生物安全管控体系和科学的免疫程序保证畜禽种群健康；在商品禽养殖方面，采取自建标准化养殖场和“公司 + 肉鸡养殖农场”的方案，建立了可控的养殖基地，从资金筹集、棚舍升级改造、鸡舍设计、饲养管理培训、财务分析等方面全面助力农户向现代化养殖农场升级，并实行“五统一”，即统一供苗、统一供饲料、统一供药、统一技术指导、统一出栏宰杀，保证出栏肉鸡健康、安全、可追溯。在食品加工方面，建设自动化、智能化、现代化工厂，形成了科学、规范、严谨的现代化管理体系。公司通过了“ISO9001 质量管理体系认证”和“ISO22000 食品安全管理体系认证”等认证项目，并全面推广 GFSI（全球食品安全倡议）认可的认证项目，例如 China HACCP（中国危害分析与关键控制点）、Global Gap（全球良好农业规范认证）、BRC（英国零售商协会认证）等。同时，通过创新性建设工厂点检系统、物联网系统、三级食品安全检测控制体系等实时、准确、高效监控生产过程，其食品安全管理创新项目分别被评选为 2015~2017 年中国食品安全年会食品安全创新案例二十佳。2017 年，新希望六和成为国内首家全球食品安全倡议董事会成员民营企业、中国理事会副主席单位，与中粮集团一道作为中国仅有的两家 GFSI 董事会成员企业，引领中国食品安全发展。截至 2017 年，新希望已经连续三年荣获中国肉类行业食品安全建设诚信示范单位称号。

### （四）务实精神

古人云：“大人不华，君子务实”。务实就是讲究实际，崇尚实干，这也是新希望奋斗历程的真实写照。新希望的务实精神体现在方方面面，这里主要从衣食住行、项目决策和内部管理方面做一介绍。

从衣食住行看，创业至今，新希望作风勤俭、质朴，这得益于刘永好董事长的衣食住行简单朴素、不求奢华，为企业员工树立了务实的榜样。刘永好董事长常说“用小企业的节俭精神，办大企业的发展事业”，企业资本积累“一半是赚出来的，一半是省出来的”。我们在访谈中了解到，一次工作人员在刘永好董事长即将会见外宾前才发现他的鞋帮脱胶开线，他跟身边工作人员临时对调一下鞋子就去参加活动了。上行下效，新希望从上到下形成了崇尚节俭的风尚。今天，新希望已经拥有资产上千亿元、员工数万人的规模。“省出来”的资金对这个庞大的企业来说财务占比并不高，但节俭、务实的精神已经深深融入了“新希望人”的血液，并上升转化为管控到位、追求高效的工作作风。

从项目决策看，刘永好董事长不追求个人权威，鼓励员工充分发挥积极性和创造性，重大决策实行民主决策和科学决策。他常说：“重大的投资，我们批判三次，三次都批不倒的，就可以放手去做了。”

从内部管理看，新希望一直努力防止大企业病，杜绝来自内部的人事冗繁、虚荣浪费。作为一个拥有7万员工的大集团，新希望总部不超过150人。新希望倡导与政府官员和客户、内部同事之间建立“亲”“清”关系，坚决杜绝贪腐。在企业内部引入赛马机制，建立“红军”“蓝军”，引导员工不断超越自我。新希望的另一个务实表现是强制性干部年轻化，让新生代走上领导岗位。现在主持北京总部工作的常务副总裁41岁，负责四川总部的副总裁36岁，体现了绝不让“年轻人浪费青春”的务实精神。

## 三、启示与建议

通过全面了解，课题组认为新希望的“希望”，一方面源于国家改革开放40年来对于民营企业发展的支持，另一方面源于自身不忘初心，戮力前行，在市场大潮中练就出真本领，“紧随潮流快半步”，新希望的战略选择与国家支持方向高度契合。展望未来，中国改革将向纵深发展，对外开放的大门也会越开越大，新希望一定“大有希望”。但是，推进改革开放还存在诸多瓶颈。从国内看，民营企业成长环境还需进一步完善，“小农户”与“大市场”的矛盾依然存在，农民文化素质不高，组织化程度低，加大了企业经营成本；从国际看，逆全球化暗流涌动，产品和金融市场波动加剧，政治风险时有发生，可能会给企业带来猝不及防的损失。针对这些不利因素，新希望已经做了很多努力，但“一己之力”尚显薄弱。为了更好地推进改革开放，课题组在新希望案例的基础上总结得出如下几点启示，也可作为今后国家出台重大发展战略的建议。

### （一）推动民营企业创新发展

改革开放之前，我国实行计划经济，全民所有制和集体所有制这两种公有制占中国经济的百分之百。此时，国民经济总体上缺乏生机与活力，经济不景气，盈利效果较差，许多国营企业甚至连年亏损。十一届三中全会后，民营企业逐渐发展起来，打破了单一公有制的经济结构。随着改革开放的深入发展，民营企业已经成为我国市场经济的重要组成部分、经济增长的亮点。新希望就是民营经济的优秀代表，靠1000元的启动资金和“做点儿事情”的执着，从养殖场起步，克服重重困难，不畏激烈的市场竞争和高速的产品更新换代，靠敏锐的眼光和长期打拼积累的专业经验，不断开拓进取。成长起来的新希望又通过公益事业回馈国家与社会，主动加入扶贫攻坚、乡村振兴等国家战略，履行社会责任。整体看，改革开放以来，民营企业在我国市场经济的发展与完善过程中发挥着重要作用，是促进社会生产力发展的重要力量。

但是，民营企业不同于国有企业，大都起步于自有资金，运营中会存在资金周转困难、负债过重等问题。“融资难、融资贵”依然是限制民营企业发展的重要因素。刘永好在1996年参与倡导和发起创办民生银行，就是为了破解企业规模扩张所需的资金问题。今天，新希望在多年积累和多层面金融（民生银行、新网银行以及多支基金）的助力下突破了资金瓶颈。但是，许多民营企业的融资问题还是难点，除了银行等金融机构，某些行业对民营企业仍存在一定程度的歧视，甚至将其定位于国有企业的“打工者”。因此，建议政府为民营企业的创新发展保驾护航，减少地方保护主义和行业限制，使其公平参与竞争；鼓励和支持金融机构对重点民营企业给予贷款优惠和提供担保，以解决融资困难和提高贷款效率；鼓励具备条件的民营企业在境外发行股票、债券，在国际资本市场直接融资。

### （二）积极推进规模化经营

近年来，我国农业规模化经营发展进程较快，但是规模化经营存在起步难和配套服务不足等问题。新希望是带动农户规模化生产的典范。根据新希望的经验，规模化经营需要资金“扶上马”，需要技术、培训、信息等服务“送一程”。

首先，新希望为规模养殖户提供启动资金，帮助广大养殖户实现规模化、标准化养殖升级。2005~2007 年，新希望每年设立 2000 万元专项资金，支持标准化养殖，按一定饲养规模为养殖户提供 2 万 ~3 万元的无息贷款，帮助建设标准化棚舍，养殖户可分 3 年还清。目前，该项目支持农户建标准化鸡（鸭）舍 1.2 万栋，基地养殖量 5.4 亿只，基地养殖户 5.5 万户，标准化猪舍 1000 多栋。自 2008 年开始，新希望成立普惠担保公司，推出八位一体金融担保模式，即龙头企业、政府、金融机构、担保公司、保险公司、同行企业、合作社和养殖户等八方，组建养殖担保体系，提供保姆式服务，支持养殖户从事标准化养殖，专门为标准化和规模化养殖户提供担保与农村互联网金融服务。截至 2018 年，普惠担保公司累计担保贷款超过 500 亿元。2015 年又设立希望金融，利用信息技术创新手段，开展致力于农村市场的互联网金融业务。

其次，新希望为规模养殖户提供繁育技术、动保防疫、信息咨询、人才培养、投入品供应等一站式综合服务。自 2013 年开始，依托新希望六和集团产业链，公司与标杆养殖户共建养殖基地，打造了为消费者提供安全可靠肉制品的供应链。新希望六和还实施“福达计划”“云动保”体系服务、养殖托管、禽旺服务体系等项目，扮演起养殖综合服务提供者的角色。以禽旺服务体系为例，受国家“双创”精神鼓舞，新希望六和构建了禽旺养殖服务体系，专门支持规模化养殖场的发展。禽旺公司可为整个禽肉食品产业链提供全程解决方案，服务内容主要包括养殖场建设与改造设计咨询、经营管理与技术咨询、营养方案咨询、系统培训服务、市场信息服务、投入品供应服务、产品销售服务等，重点通过一揽子系统性服务提高养殖效率，确保养殖端稳定合理的收益及食品端原料的安全，实现农牧生态链的可持续发展。禽旺公司现在已有15家下属公司，服务于8亿只肉禽，涉及2万规模化养殖户，3万多栋禽舍。

规模化、集约化经营是农业领域的发展方向，新希望支持规模化经营方面的做法取得了良好成效。下一步，政府应找准着力点，支持优势企业发展普惠金融和农业产业链服务业务，给予相关业务以所得税减免；按照《财政部 国家税务总局关于中小企业融资（信用）担保机构有关准备金企业所得税税前扣除政策的通知》（财税〔2017〕22号）的相关要求，将普惠金融担保服务对象从中小企业扩展至养殖户；为增加客户违约成本和解决公司、客户信息不对称问题，建议允许合格的涉农普惠金融企业接入人民银行征信系统。

### （三）大力培育“两个新型”

农民是农村生产经营主体，农民素质和职业技能直接关系现代农业发展以及乡村振兴战略的实施。十九大报告和中央一号文件都提出，要培育新型职业农民和新型农业经营主体（以下简称“两个新型”）。“两个新型”是促进乡村振兴和农业农村现代化的生力军，既是当务之急，也是战略大计。新希望已深刻意识到培育“两个新型”的战略意义，提出并已开始实施培训十万新型职业农民的“绿领计划”，刘永好董事长亲任工作组组长，并联合一批优秀企业家和代表性企业，依托新希望国家双创示范基地和拟成立的全国农村一、二、三产业融合发展联盟，结合企业自身业务特点和正在实施的精准扶贫项目，积极发挥龙头企业在科技创新、金融支持、技术培训、市场对接等方面的优势，通过线上培训、线下课堂、实习实训三种具体方式，“培训10万名农村技术员和新农民、表彰1万名优秀农技员和新农民、发展1000名农村创业合伙人”，培训内容包括种养殖、农机操作、农村电商、互联网新型农技等多个方面，为乡村振兴战略贡献力量。2018年6月19日，在中央统战部、全国工商联的倡导下，刘永好董事长又与其他33位知名民营企业家一道，向全国广大民营企业家发起参与乡村振兴战略的倡议，号召全国民营企业家发挥产业优势，培育乡村发展新动能。从2017年11月宣布启动“绿领计划”到2018年6月，新希望已经分别在山东、江苏两省建立了以畜牧及农村电商为重点的新型职业农民培训基地，在包括山东、江苏、四川、贵州、云南、广西等十余个省份开展了种养殖、电商等多个领域、多种形式的培训，接受长期、中短期培训的农民累计已达11629人。

鉴于新希望的做法切合实际且效果良好，课题组建议政府部门应更多地引导和支持优秀企业家、涉农龙头企业、农业高校和科研单位共同培育新型职业农民。政府应事先对参与培训的企业资格进行确认，确保农村人才培养质量。在培训之后，政府应给予接受培训的农民相应的职业认证资格，以提升农民技能的市场认可度，满足其成为农技员、新农民和农村创业合伙人等若干职业的需要。此外，政府还应研究一系列与职业认证相配套的保障政策，鼓励农业类大中专毕业生返乡创业等。

### （四）推进“互联网＋品牌”战略

品牌是企业经过长年培育而得到的隐形资产。随着商品经济的发展，品牌在现代营销中的作用越来越大。品牌的出现，为农业产业化经营注入了新的活力，对推动各地农业生产和农村经济的发展起到了重要作用。新希望一直注重品牌战略，如“美好”、“滋生活”、“千喜鹤”、“六和美食”和“倍有滋”等品牌家喻户晓，而且集团旗下的多个品牌与互联网大数据互相融合，对于提高市场认可度和品牌效益起到重要作用。以“美好”食品为例，美好是新希望创建于 1993 年的猪肉深加工食品品牌，经过 20 多年的培育，已经拥有上百个品种；新希望充分利用各种体育赛事、公益活动、娱乐活动进行线上线下宣传，远销全国 20 多个省区市和香港、澳门等地区；如，在 2016 年巴西奥运会期间，新希望采取互动直播模式进行“巴西游记”活动，每日在线观众过万人，产生的购买次数有几千人次。每年“双十一”期间，美好食品都做淘宝直播，在线人数高达 13.7 万人，还经常在重大电商活动节点，开展主题直播、构建场景式营销。同时，美好食品营销团队还开展了圈层营销，美好人伽讲堂邀请各行各业的大伽来进行主题分享，为美好产品插上了互联网的翅膀。“美好”食品在西南地区的市场综合占有率超过 50%，已成为当地的第一肉制品品牌，也是中国肉制品领先品牌之一。

然而，从全国看，农产品品牌化仍处在起步发展阶段，名牌数量少、经营分散，“互联网 + 品牌”模式更是稀少。形成这种局面的原因，一是缺乏品牌和品牌经营意识；二是品牌宣传力度不够，宣传内容少，千篇一律，互联网优势未能充分发挥。因此，政府应引导企业挖掘品牌文化内涵，提升品牌附加值和软实力，提升品牌知名度，拓展全国市场；应将农产品品牌建设视为全球性战略，建立国家统一的认证标准，建立与品牌战略相适应的互联网大数据系统，制定完整的品牌扶持体系，在资金、公共设施方面予以适当支持。

### （五）充分利用国内国外两个市场、两种资源

充分利用国内国外两个市场、两种资源，一是有利于缓解我国农业资源和环境压力较大的问题；二是有利于提高我国企业技术和经营管理水平；三是有利于提升我国企业的国际竞争力。新希望是民营农业企业国际化发展的排头兵，能准确把握机遇“走出去”。近几年来，新希望又以“一带一路”倡议沿线国家为重点，面向全球，构建起了有区域重点的全球产业链网络，获得了良好经济和社会效益，实现了海外业务增速连续多年高于国内。但是，对于多数农业企业来讲，“走出去”利用国际市场和资源面临很多不

确定性。一是农业项目多是投入资金大、回收周期长的项目；二是农业投资面临着各种气候、市场、国际政治变化等多方面风险，企业容易因缺乏应对措施而遭到严重损失。另外，企业利用国际市场还存在国际化人才匮乏的问题。因此，建议政府设立民营企业专项引导基金，鼓励企业进行长期稳定投资；鉴于海外经营的多重风险，政府可针对民营企业设立“走出去”投资服务对接部门，为海外中资企业提供指导意见，如通报国家政治风险，组织企业交流，设置预警机制及红线管控等，引导民营企业“抱团出海”，减少试错成本；设立政府和企业双重培养基金，每年选派后备人才到境外定期学习，逐步培养更多企业所需的国际化人才。

# 老干妈：匠心是企业长盛不衰的源泉

新华社国家高端智库

## 一、“有华人的地方就有‘老干妈’”，民族品牌向世界传递中国匠心、传播中国文化

在贵阳市南明区云关村的一处山坡上，“老干妈”[①]的生产车间、员工宿舍、仓库、办公楼密布其中。沿着一条仅几米宽的道路行进，一辆辆大卡车、小汽车穿梭而过，两边厂区的大门上全部“围着”红绸带，工人们不断从中进进出出。站在高处望去，整个厂区看不到高楼大厦，甚至很难找到现代化企业的显著标志，倒是一个个装着菜籽油的油罐高耸其间，十分醒目。“外表”低调、朴素，但产品享誉世界，这就是“老干妈”。每年，数亿瓶产品“走”出山坡、走向全国、走向世界80多个国家和地区，年销售额超过44亿元。

“老干妈”，这个亲切的称呼源于一个温暖的故事。创业之初，有个叫欧阳梓刚的学生家庭困难，陶华碧[②]在生活和学业上给予他帮助，他就喊陶华碧“老干妈”，久而久之，“老干妈”的称号流传开来。20多年过去了，“老干妈”现已成为民族品牌、国家名片、文化符号。

---

①“老干妈”是贵阳南明老干妈风味食品有限责任公司的简称，也指代该公司生产的辣椒酱产品。

②“老干妈”企业创始人。

### （一）“老干妈”在改革开放中找到打开市场之门的“金钥匙”

辣椒，又名番椒、海椒等，原产于中南美洲亚热带地区，属茄科辣椒属，约于明朝末年传入中国沿海地区，而进入贵州则约始于清朝初年。据道光《遵义府志》记载，“番椒，丛生……园蔬要品，每味不离。盐酒渍之，可食终岁。”曾经，遵义市流传着“菜当三分粮，海椒当衣裳”“无辣不成菜，无酒不成席”的民谚。改革开放春风吹入黔北大地后，大量遵义农民种植、贩运辣椒，早在1992年就建成的虾子辣椒城，如今已成为全国最大的辣椒交易市场。

1996年，“老干妈”成立，靠40多个人、几口大灶，以遵义辣椒为原料打开市场，并迅速受到消费者青睐。如今，“老干妈”已成为拥有员工5000多人的现代化企业。成立之初，“老干妈”最忠实的消费者是改革开放大潮中涌向四面八方务工的四川、贵州等地农民工。他们“一袋行囊、一袋辣椒”走四方，带着一瓶瓶辣椒酱走南闯北，也把“老干妈”传遍中国。

柴、米、油、盐、酱、醋、茶、“老干妈”。发展至今，“老干妈”已形成日产300万瓶辣椒制品的生产能力，产品包括风味豆豉、油辣椒、水豆豉、腐乳、糟辣椒、火锅底料等20余个系列，是目前国内产量及销量最大的辣椒制品生产企业。2017年，实现销售收入44.47亿元，全年上缴各项税费6.17亿元。先后被授予“全国食品行业质量效益型先进企业”“国家级农业产业化经营重点龙头企业”等荣誉称号，并顺利通过ISO9001：2000质量体系、HACCP认证、“绿色食品”认证等。“陶华碧老干妈及图”注册商标和“老干妈”注册商标获评“中国驰名商标”，公司的油辣椒标准还成为“油制辣椒”国家标准。

“老干妈”还带动上下游产业发展和大量农村剩余劳动力就业。每年采购干辣椒4万多吨、菜油超过12万吨，占贵州全省的1/5左右，以及玻璃瓶7.7亿只、纸箱3400万套、商标标贴6亿张，总价约30亿元。20多年来，公司用于采购农副原材料的资金累计达150亿元。“老干妈”成立后，大量使用本地辣椒，遵义辣椒产业也随之快速发展起来，仅虾子辣椒城每年的交易额就达到20亿元。

图 1 “老干妈”的带动作用

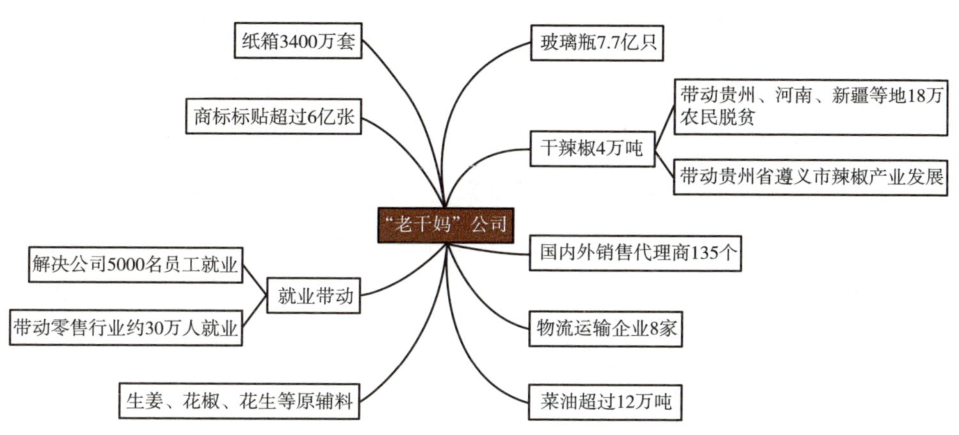


据统计，20 多年来，“老干妈”直接带动贵州、河南、新疆等地 18 万人脱贫。播州区新民镇龙丰村黄家湾组有村民 54 户 280 人，年轻人大都外出务工，村民们把全组 505 亩土地全部种上了辣椒。行走在村间道路上，两边种满了辣椒。遇到农技人员时，村民们马上会走上前来打招呼，并询问如何防病防虫、如何增产。建档立卡贫困户彭从杰家有 4 口人，他和老伴常年有病，2017 年种辣椒 4 亩多，每亩产干辣椒约 500 斤，每斤售价 9 元以上，扣除地膜、肥料、农药等费用，赚了 1.5 万多元。今年，他家种辣椒 12 亩，市场行情好的话，可以赚 4 万元以上。

陶华碧说：“没有改革开放政策，我哪会知道打开市场大门的金钥匙原来就在自己手中？”

### （二）“香菇用卡尺量，黄豆用筛子选”，“老干妈”独守匠人心

受自然环境、气候条件、习俗等影响，我国南北地区饮食习惯差异大，其中，吃不吃辣、能不能吃辣是南北饮食习惯的主要区别之一。而立志成为“辣椒王”的陶华碧却说：“我们的产品就是要打破饮食习惯的南北差异。”其中底气，正是源于 22 年始终不渝的匠心，以及大众化的产品和价格策略。

成立之初，“老干妈”就定下“辣酱不分地域”的产品理念，不管南北，

消费者吃到的都是一个标准的产品。为此，在采购原料时，“老干妈”特别注意南北辣椒的配比，使用的辣椒品种兼顾南北口味。为了保证产品品质，每道工序都有严格的标准和要求，每一个环节都要经过严格的检测，从菜地到每一瓶产品出厂，至少经过10道检测。走进“老干妈”仓库，干干净净的库房里整整齐齐地码放着一包包辣椒，工作人员定时用测温枪给辣椒“量温度”。车间里，工人们统一着装，熟练地将辣椒酱搅匀，然后一瓶接一瓶装入玻璃瓶内。

“老干妈”还坚守价格“阵地”，价格基本上维持在一个固定的区间。以风味豆豉和鸡油辣椒为例，其主要规格为210克和280克，其中210克规格锁定在8元左右价位，280克规格价格在9元左右。其他品牌的产品要么总价高，要么性价比低，都难与“老干妈”抗衡。

不管是过去全程人工操作的作坊式经营，还是已经实现80%生产环节自动化的今天，在“大众化”产品和价格策略下，坚守匠心的“老干妈”成功将食辣地域分界线向北推移，现在，辣椒已成为北方地区很多人的饮食必备。

“老干妈”贵州省销售总代理刘云说，贵州地区年销售额从2000年的200万元上涨到2017的近4亿元，其中最重要的原因就是质量。为了保证质量，“老干妈”选用香菇时用卡尺量，选用黄豆时用筛子筛。

### （三）“老干妈”成为中国匠心、中国文化符号

在改革开放和全球化浪潮中，越来越多的中国人、中国企业走向世界，他们在漂洋过海、远赴异国他乡的同时，也将“老干妈”带到了全世界。很多有过海外生活经历的人，记忆中总会有“老干妈”的身影。一瓶“老干妈”，一方狭小空间里承载着对家人的爱与思念。尤其是近年来随着电子商务兴起、物流更加便捷，很多国家和地区的超市里都能买到“老干妈”。不仅中国人，越来越多的外国人也成了“老干妈”的粉丝。在Facebook网站上，来自世界各地的2000多位网友自发成立“老干妈爱好者协会”(The Lao

Gan Ma Appreciation Society)。一瓶 280 克的“老干妈”辣酱，美国亚马逊卖 9 美元；在奢侈品折扣网站 Gilt，“老干妈”被誉为全球顶级辣酱，售价接近 12 美元。

董事长秘书刘涛介绍，“老干妈”是贵州首家通过美国 FDA 认证的出口食品生产企业。FDA 食品安全现场检查非常严格，每三年审一次，一审就是三个月，他们住在贵阳，不仅原材料要检，连炒辣椒的锅也要检。打开了北美与欧盟市场的“老干妈”国际化步伐加速，现在产品远销世界 80 多个国家和地区，实现了“有华人的地方就有‘老干妈’”。

早在上世纪 90 年代末“老干妈”就开始布局世界市场。国家“一带一路”倡议提出后，“老干妈”积极向“一带一路”沿线国家布局。打开“老干妈”大数据系统，哪个国家年销量多少一目了然。2018 年 5 月，“老干妈”品牌被国内机构估值 121.48 亿元。

提到“老干妈”，无须解释，指的就是辣椒酱，海内外华人都接受这一概念。对于外国人而言，如同提起可口可乐就会想到美国，提起“老干妈”，他们想到的就是中国。

## 二、质量寸土不让、经营从容不迫、诚信说一不二，“工匠精神”铸就民族品牌

公司总经理李妙行说，“老干妈”始终忠实于“真”：真材实料、真诚待人、真心做事。独特的“老干妈”长期坚守着“负面清单”：不欠账、不欠税、不欠薪。“三真”与“负面清单”是“老干妈”践行工匠精神的体现：质量寸土不让、经营从容不迫、诚信说一不二。

### （一）质量寸土不让：“没有咬牙切齿的经历，就没有‘老干妈’的今天”

“天下大事，必作于细。”20 多年来，“老干妈”不偷工减料，不以次充好，除了在包装物上出过点问题被迅速处理之外，产品质量本身从未出过什么大

问题。

1.“质量上，今天我让一寸，明天他们就会让一尺。”

在一次发酵豆豉的过程中，约500吨价值上百万元的产品质量有细微的差异。一些工作人员提出，可以将就用，因为一般消费者根本尝不出来。陶华碧坚决制止，要求把这批豆豉立即扔掉，绝不能流入市场。对于员工的不理解，陶华碧说：“产品就是自己的作品，要经过精雕细琢后送到消费者手中，因此损失再大也要丢掉。”时至今日，公司管理层仍有共识：如果不是那次“咬牙切齿”的经历，可能就没有“老干妈”的今天。

“产品质量不能讨价还价”是“老干妈”坚持的基本原则，无论是谁，概无例外。陶华碧的亲妹妹见收辣椒卖给“老干妈”有利可图，就从遵义收购一车辣椒运到贵阳，但由于水分偏高被公司拒收。她找到姐姐，希望公司把这车辣椒收下，但陶华碧只给运费，拒收辣椒。因为这件事，姊妹俩四年没说话。陶华碧说，质量不能讨价还价，“今天我让一寸，明天他们就会让一尺”。

“老干妈”对原材料要求极其苛刻，给她供货的商人普遍反映，卖给“老干妈”的辣椒，谁也不敢大意。如果质量不过关，就很难进公司的大门，只要出一次错，再想与她打交道就难了。公司选用的辣椒有严格要求：色泽鲜艳、油润红亮；个头、尺寸不能太大也不能太小；肉厚质细，辣椒籽和肉的比例要合适；辣度分五级，辣度适中，太辣不行，不辣也不行。

原材料进入仓库后，保管也非常严格。仓库保管员介绍，贵州空气湿度大，辣椒堆在一起容易受潮、“发烧”，甚至烂掉。为了保证辣椒质量，仓库有着严格的通风、保干燥标准，对存储期也有严格要求。夏季高温湿润，辣椒储存不能超过一个月；超过一个月，必须严密监控，定期翻晾。而要想成为仓库保管员，则必须由师傅带着学习、实践半年以上才能正式上岗。不仅辣椒，菜籽油、花生、黄豆、生姜等原材料的保管也非常严格。除了常温仓库外，“老干妈”还投资数千万元修建了技术先进的冷库，一次可储存7000吨生鲜原材料。

2.“国家标准是‘老干妈’质量的最低线。”

从菜地到工厂，从仓库到生产车间，从辣椒种植到产品出厂，“老干妈”每一瓶产品至少经过选种、种植、收割、烘干、收购、入库、筛选、半成品、产品、装箱10道检测。公司总经理李妙行说：“质量是生命，如履薄冰、战战兢兢、丝毫不敢懈怠。”

“老干妈”规定在生产过程中，如果员工因自己的失误造成产品出现瑕疵，只要及时报告，不但不受罚反而会得到奖励。之所以制定这个政策，是因为如果惩罚犯错者，他们可能发现问题不报告，进而影响产品质量。

金杯、银杯，不如消费者的口碑。“老干妈”起步、成功于消费者的口碑。消费者的认可是“老干妈”的根本，消费者的意见是“老干妈”产品改进的方向。2013 年，有消费者反映鸡辣椒产品中鸡肉偏少，了解情况后，公司一年内两次调整鸡肉配比。在推出新产品前，公司会组织经销商一起品尝、感受产品，经销商满意后再去做市场调查，从新品推出到推向市场至少需要半年时间。

“国家标准是‘老干妈’质量的最低线。”在产品检测方面，“老干妈”投入数百万元购买气相色谱仪、液相色谱仪等设备，可检测重金属等 70 多项指标，是贵州食品检测技术较为先进的企业。从感官检验到理化和微生物检测，形成了一个完整的检测系统，不仅可以满足公司的食品检测需求，还能协助其他企业检测食品质量。

（二）经营从容不迫，“有多少钱办多少事，鸡蛋放在同一个篮子里，用全部精力呵护好。”

20 多年来，面对种种诱惑与“多元化”“挣快钱”的建议，“老干妈”一心只做“辣椒”，从未涉足其他行业，“有多少钱办多少事”，“脚踏实地，一步一个脚印”。

1. 有多少钱办多少事，一步一个脚印

走进“老干妈”办公楼，大厅正中间“创民族品牌，立千秋大业”几个大字格外醒目。陶华碧有一个梦想：做世界的辣椒王。为了这个梦想，陶华碧给公司立了一条规矩：只做辣椒，不搞多元化，不搞跨业经营。几年前，一些高校课题组来到“老干妈”，他们发现公司把精力和资金全部集中在油制辣椒上面。于是，研究人员认为，“老干妈”的经营方式是违背现代经济理论的，那就是“不能把鸡蛋放在同一个篮子里”。对此，陶华碧说：“我就是要把所有的鸡蛋放在同一个篮子里，并且用所有的精力去呵护它、养护它，绝不容许有半点差错、冒半点风险。”

多年来，很多资本运营机构、企业投资咨询团队到“老干妈”走访，有些建议通过资本运作、跨业经营“赚快钱、赚大钱”。陶华碧说：“隔行如隔山，我只要做好我的辣椒就够了。”

不仅发展不搞多元化，产品也不搞“私人订制”。在兼顾南北口味、中西饮食习惯差异的基础上，“老干妈”长期坚持走产品、价格大众化路线，薄利多销。董事长助理刘涛说，个性化路线虽然在短时间、一定地域内有市场，但是对于日产能 300 万瓶的“老干妈”而言，难以支撑产品个性化带来的投入。因此，当有人建议开发针对某一特定人群、某一国口味的产品时，被公司拒绝了。

### 2. 用大数据加速自我革新，传统企业迈向现代企业

打开“老干妈”企业运营大数据监控系统，产品总体销量、产品出口总量、各区域销售数据排名，以及产品用户性别、年龄、职业等均一目了然。近年来，“老干妈”推动大数据与企业融合，建立大数据中心，“让数据说话、用数据决策”。“老干妈”大数据系统分为采购、生产、仓储、销售四个模块：采购模块能够自动抓取原材料产地的天气数据，预测农副产品产量和价格波动；生产模块能够收集生产过程中的各种参数，以便公司对生产环节进行优化；仓储模块可以实时监测原材料储备情况以及各地产品的存货，方便及时调运；销售模块通过分析各地销量、产品种类，为产品研发和销售提供参考。贵州省大数据发展管理局局长马宁宇说，“老干妈”大数据系统可以对全球销售实施精准分析、精细管理，知道哪一个产品销售最好，哪一个区域

的库存怎样变化，通过这样的精细化管理，能够大幅提升生产效率。

国内外公司在灌装技术上都没有实质性突破。尽管如此，“老干妈”没有气馁，屡败屡试，近期与一家意大利公司的合作可能会实现自动灌装技术的突破。

2014 年，“老干妈”平稳完成股权变更，陶华碧把自己的股份全部转给小儿子李妙行，他成为公司实际控制人。李妙行身兼研发中心主任，工艺程序熟记于心，说起每一道工序、每一个工种都是如数家珍。“老干妈”专注辣椒的匠心没变，技术得到传承。目前，李妙行负责企业生产，陶华碧的大儿子李贵山负责市场销售，没有其他亲戚在公司管理岗任职，公司高管都是按照现代企业用人标准聘请的专业管理人才和专业技术人员。公司的交接班没有改变“老干妈”的产品质量和经营理念，“三真”已经成为根深蒂固的公司文化，“负面清单”也已经成为不能跨越的红线。

3. 一辈子只做辣椒，“老干妈”画出一条“微笑曲线”

成立 22 年，“老干妈”坚持围绕辣椒做文章，已经拥有 19 个系列 20 多种规格的产品，平均每年新研发上线 1～2 个产品，涉及调味料、佐餐菜等。每个新产品均经过代理商调研、设计、调整、消费者调查等循环往复的过程。“老干妈”认为，人们对美味无止境的追求就是公司上下努力工作的无穷动力。随着人们快节奏生活方式和网购、电子商务的兴起，“老干妈”2018 年准备新推出“香辣鱼”“辣子鸡”两款速食菜，逐步向菜系拓展。

“一辈子只做辣椒”的陶华碧识字不多，但是提起辣椒，她却是如数家珍。“老干妈”有一支几百人组成的产品研发团队，每当研发出一种新产品，陶华碧都会品尝，三言两语、一两种佐料就能对新产品锦上添花。即便在外疗养，陶华碧看到有关辣椒、天气、行业政策等新闻时，都会提醒公司负责人或提供建议。

李妙行说，做食品的底线就是安全，如果安全不能保证，“老干妈”随时可能倒下去。“母亲对辣椒的敏感也告诉我，保证产品质量需要专注度、精准度，一刻也不能放松对质量的要求。”

“微笑曲线”理论认为，一条微笑嘴型的曲线，两端朝上，在产业链中，附加值更多体现在两端——设计和销售，处于中间环节的制造附加值最低。22 年时间里，“老干妈”在研发、创新中增强企业活力，坚持大众化产品和价格，在行业内遥遥领先。同时，改造、优化产品制造流程，不自觉地将“微笑曲线”理论用于实践。

### （三）诚信说一不二，“做企业和做人一个理”

不欠账、不欠税、不欠薪，22 年来，“老干妈”坚持诚信为本，从辣椒酱做起，脚踏实地，成为行业龙头和世界级“中国工匠”。

#### 1. 对上下游：不欠账

没有稳定而有效财务保障的民营企业，就如同高速行驶中没有安全带和安全气囊的轿车，越快越危险。“老干妈”公司财务的最大特点是：现款现货，不欠账。公司每年约采购 30 亿元原材料，只要原材料检验合格，就马上付款，今天要付的绝不拖到明天。陶华碧认为，“羊毛出在羊身上”，资金拖欠而产生的成本最终都会转嫁到消费者身上。陶华碧要求管理层钱要花得明明白白，在采购原材料时，利润要给得合理，防止供应商因为利润不足而以次充好，影响产品质量。

不欠别人的钱，经销商也不能欠公司的钱。无论钱多还是钱少，都坚持现款现货的原则，要与“老干妈”打交道，必须接受这个原则。由于“老干妈”拥有强大的品牌支撑和质量保障体系，产品不愁销路，即使条件苛刻，很多经销商也愿意与“老干妈”合作。因此，“老干妈”拥有数亿元的现金流，是财务稳固的基础。

#### 2. 对员工：不欠薪

在“老干妈”，员工包吃包住，已婚工人有二室一厅的夫妻房，未婚工人也有单身宿舍。所有员工的孩子上学也由公司解决，用陶华碧的话说，“不能让他们上着班还有后顾之忧”。

“老干妈”也从不拖欠员工工资。如果不按时发，陶华碧知道后就会打电话询问财务总监。遇到节假日可能延后时，财务总监需要提前报告，并说明原因及发放时间。陶华碧认为，员工一年到头辛辛苦苦，如果不按时发工资，会影响员工积极性，进而影响产品质量，甚至会因心不在焉而出现事故。

陶华碧还特别“护犊子”，遇到加班时，她给员工打电话问的不是工作，而是问“吃饭了没有”。陶华碧能够叫出很多人的名字，员工过生日都能收到她送的礼物和一碗长寿面、两个荷包蛋。一位在公司工作近20年的老工人表示，在“老干妈”很受尊重，他来自农村，来之前连肉都吃不起，上班第一天就吃了很多肉，现在他在贵阳买了房子，感觉很有成就感。一名保安身患重病住院，在医生已经下了病危通知书的情况下，陶华碧和儿子李妙行将自己的银行卡交到医院，嘱咐医生：“不管花多少钱，能治就一定要治。”如今，这名保安已康复回到工作岗位。在“老干妈”，几乎每个员工都能说出陶华碧的好，很多人喊她“老干妈”“阿姨”，很少有人称呼她“董事长”。

3. 对政府：不欠税

“该承担的义务绝不含糊，但该享受的政策也决不能打折扣。”20多年来，“老干妈”与当地政府相敬如宾。成立不久，“老干妈”遇到一次资金紧张，陶华碧思考再三，决定去找南明区政府申请贷款。当她来到区政府时，看到办公楼电梯门一会儿关不上，一会儿打不开，她说：“电梯破成这样也没修，政府也难，我们不能给政府添麻烦。”于是，陶华碧决定不贷款，想办法渡过了那次难关。至今，“老干妈”没有从银行贷过一分钱。

“老干妈”还从不欠税，是当地的纳税大户。除非是企业送人的辣酱，其他的只要收钱，全部要上税。贵阳市很多干部说，“老干妈”纳税从不弄虚作假，该缴多少就缴多少，也不拖延时间，有时甚至追着税务人员要求缴税。

“老干妈”的诚信赢得了政府的支持。例如，在打击假冒伪劣行动中，贵阳市、南明区政府每年给予“老干妈”300万元的打假经费，工商、公安、质监等部门还密切配合打假行动，维护公司的合法利益。

### （四）“老干妈”发展遇“痛点”

随着“老干妈”产品日益畅销和知名度不断提升，一些企业在经济利益诱惑下，或打擦边球，或“沾亲带故”，各种假冒侵权产品层出不穷。据“老干妈”公司打假部门统计，目前市场上侵害公司权力的方式和手段主要包括三种：一是生产、销售与“老干妈”名称近似的产品，如“老干爹”“老干娘”等，给消费者造成其产品与“老干妈”公司及其产品有某种特殊关系的误解；二是生产、销售与“老干妈”注册商标及特有名称、包装、装潢相同或近似的产品，导致消费者难分彼此、难辨真伪；三是号称是“老干妈”公司在当地投资所办的子公司或分公司，其包装、商标、商品名称往往同时模仿“老干妈”公司的产品。

其中，以湖南刘湘球“老干妈”与贵州陶华碧“老干妈”知识产权之争最为典型。贵州陶华碧“老干妈”的瓶贴由其子李贵山设计，瓶贴以红色为基本色调，图案的中部上方是置于白色椭圆形图案内的陶华碧肖像，她身着围裙、略显严肃，肖像下部书写着“老干妈”三个字。而湖南刘湘球“老干妈”则几乎照搬了这个图案，生产的产品也称“老干妈”。于是，陶华碧“老干妈”与刘湘球“老干妈”打了一场持续数年、在全国引起极大反响的官司，最后在有关部门的沟通协调下，以陶华碧“老干妈”胜诉而告终。

此后，“老干妈”成立了专门的打假团队，公司不惜重金打假，有效维护“老干妈”的品牌价值与合法利益。据统计，近年来，公司每年在打假维权方面投入近3000万元。但是，面对利益诱惑，假冒伪劣产品仍屡禁不止。

此外，近几年，“老干妈”油烟污染被群众举报，2017年，中央环保督察组实地督察老干妈油烟污染治理情况。按照督察组要求，贵州省、贵阳市相关部门及“老干妈”公司共同研究、落实整改工作。同时，“老干妈”决定将味道较为敏感的干煸肉丝、风味豆豉等4种产品的生产线予以搬迁。2017年11月，“老干妈”与贵州省黔南布依族苗族自治州贵定县签订合作协议，在贵定县昌明镇建设新厂。

## 三、以“老干妈”为望远镜，看中国民营企业未来：坚守匠心、诚信经营、科学发展，成就更多世界级“中国工匠”

翻开世界工业发展史，不论是象征精致、可靠的“德国制造”，还是拥有一批世界级企业的“日本制造”，以及长年保持在全球工业创意、产品和商业模式创新最前沿的“美国制造”，都离不开“工匠精神”。自古以来就具备“工匠基因”的中国发展至今，更应充分尊重和释放“工匠精神”。改革开放40年来，“没有最好，只有更好”的工匠精神成就了千千万万像“老干妈”一样的企业；未来深化改革开放中，工匠精神仍是企业立于不败之地的最朴素、最根本的品质。

当前，我国正从制造业大国向制造业强国转变，制造业升级，投射在产品上就是既要保证质量，也要产生高科技附加值。“中国制造”昂首挺胸立于世界制造之林，需要更多像“老干妈”这样经得起世界标准检验的民族品牌，也需要更多世界级“中国工匠”。课题组对“老干妈”进行充分调研后认为，在新的国际国内环境下，“老干妈”为市场经济条件下民营企业坚守匠心、诚信经营、科学发展带来如下启示。

### （一）坚守匠心，从选好每个辣椒、拧紧每颗螺丝钉做起

“工匠精神”意味着精益求精、精雕细琢，意味着专业与敬业，更意味着对规则、规矩的尊重与恪守，对高质量产品的责任感与自豪感。“老干妈”质量寸土不让、经营从容不迫、诚信说一不二，正是对工匠精神的坚持和坚守。正是这份坚持和坚守，让“老干妈”成为走向世界80多个国家和地区的行业“隐形冠军”。“老干妈”的成功证明，无论市场竞争如何激烈、无论经营环境如何变化、无论技术更新多么迅速，企业“工匠精神”必须始终如一。

“十里不同天，万企有万面。”当前，我国经济已经转向高质量发展阶段，作为市场微观细胞的企业，面对需求倒逼、转型瓶颈、环境压力，更需要厚

植工匠基因，将工匠精神融入企业经营管理的各个环节、融入企业文化，提升产品和服务质量，让工匠精神“深入骨髓、融入血脉”。

### （二）让“无信不兴”成为企业经营之本

改革开放以来，既有大批企业因诚而兴，也有大批企业因失信而亡。失信者吃香、守信者吃亏的“劣币驱逐良币”现象对现代市场经济具有极大的破坏作用。20 多年来，“老干妈”坚持诚信为本，从一瓶辣椒酱做起，成为行业龙头和世界知名企业。放眼世界，在互联网、大数据飞速发展的今天，一些企业缺少诚信基因，不仅自身成为无根之树、无源之水，还可能给群众生产生活带来麻烦。

诚信是企业家精神的基石，企业家诚信经营需要良好的制度环境，只有自觉加强诚信制度和法律建设，营造“守信者一路畅通，失信者寸步难行”的制度环境，并运用互联网、大数据等手段建立社会诚信体系，才能像“老干妈”一样赢得消费者信赖。对于企业而言，要把诚信作为建设事业大厦的根基，坚守服务和产品质量安全底线，建立诚信档案，确保质量可追溯、可追责。

### （三）积极适应新时代、新要求，以环境为刚性约束，不断完善企业治理结构

改革开放特别是党的十八大以来，我国生态文明建设取得显著成效，美丽中国建设迈出重要步伐。但是，总体而言，生态环境保护仍滞后于经济社会发展，仍是广大人民群众关注的焦点问题。近年来，“老干妈”为解决油烟问题，在国内外没有成熟可靠的工业企业油烟治理技术情况下，投入数千万元先后与十几家环保研究机构合作研究，已取得初步成果。“老干妈”环境治理之路说明，企业需要积极适应新时代、新要求，不断完善企业治理结构，增强环保守法意识，梳理环保风险，加快技术创新和升级改造。同时，自觉履行生态环境保护的主体责任，积极在政府企业公众共治体系中发挥主体作用，实现绿色发展。

### （四）有所为有所不为，政商之交“亲”且“清”

从“老干妈”的发展看，正是政府官员与企业家各自“有所为有所不为”，才使“老干妈”走出贵州、走向全国、走向世界。当前，与“老干妈”一样，千千万万企业发展面临着新的国际、国内发展环境，尤其是为数不多的民族企业、民族品牌更需要政府部门的呵护和企业家的洁身自好。“政商之交淡如水”，作为领导干部，要敢与民营企业“亲”，敢作敢为，坦荡真诚同民营企业打交道。尤其是在民营企业遇到困难和问题时更要变“开门服务”为“上门服务”，不以权谋私，不搞权钱交易，保证“清”正廉洁。作为民营企业家，要积极与各级党委和政府部门沟通交流，说实情、讲真话、建净言。同时，遵纪守法、坚守匠心，让企业始终保持在正确航向上前进。

一粒沙里见世界，一滴水里知海洋。回望改革开放40年，一些企业好大喜功、急功近利，热衷于玩概念、赚快钱，弄虚作假，一哄而上又一哄而下，害人害己，而独守匠心的“老干妈”志在成为“百年老店”。发出改革开放新声音的中国，如何培养更多像“老干妈”一样的世界级工匠型企业，让“中国制造”昂首挺胸立于世界制造之林，是摆在改革开放新征程上的一道难解的“必答题”。

# 藏缘科技：青稞的新生

新华社国家高端智库

依法治藏、富民兴藏、长期建藏、凝聚人心、夯实基础，是十八大以后党中央提出的西藏工作重要原则。其中，富民兴藏，就是要把增进各族群众福祉作为兴藏的基本出发点和落脚点，紧紧围绕民族团结和民生改善推动经济发展、促进社会全面进步，让各族群众更好共享改革发展成果。

西藏藏缘青稞科技有限公司（简称藏缘科技）是一家十四年如一日、专注研发生产藏族特色粮食作物青稞产品的本地企业。这家企业虽然体量、规模不大，但始终与党中央推动西藏发展的政策方略相适应，将内地中小企业改革开放经验与西藏发展环境相结合，开辟了传统青稞酒及青稞产品工业化、市场化的新路径。

藏缘科技坚守企业发展方向，以科技创新为突破口，以党建工作为着力点，把握好稳定与发展的关系，在推动产业扶贫、促进民族团结、坚持反分维稳等方面做出一定贡献。藏缘科技是西藏近年来经济快速增长的典型代表，为发展西藏非公经济、增强西藏自我造血功能，做出了有益探索。

## 一、科技创新助力藏缘科技，坚守雪域高原

藏缘科技于 2004 年 3 月在西藏自治区达孜工业园注册成立，是一家以

高原青稞为原料进行青稞酒及功能型食饮品研发生产的科技型企业，资产规模近 1.5 亿元。青稞文化在西藏地区深入人心，青稞酒、糌粑与藏民族生活密不可分。藏缘科技充分运用技术手段不断研发青稞系列产品，大幅提升青稞附加值，不仅培育和拓展了藏族传统饮品、食品市场，而且传承和保护了源远流长的青稞文化。

## （一）传统青稞酒第一次实现规模化生产

“人间有了青稞粮，日子过得真甜美。一日三餐不愁吃，顿顿还有青稞酒。”青稞，不只是藏族人民最主要的传统食粮，也是藏民族传统文化的重要组成元素，形成独特的青稞文化，深植于藏族群众的生活之中，孕育出独有的乡土文化气息。

藏区流传着许多有关青稞种子来历的神话、传说、歌谣等，内容多记载狗、鸟、鹤等动物带青稞种子到人间的过程。人们辛勤播种和耕耘青稞，吃上了用黄灿灿的青稞制成的香喷喷的糌粑，喝上了醇香的青稞酒。藏族群众用歌谣记载青稞赋予他们的美好生活，也沿用相传千年的民间制酒方法，亲手酿制色泽淡黄、味道酸甜、酒精度很低的青稞酒。

时针倒拨 20 年。当时年仅 28 岁的江苏启东青年管新飞，在 1997 年怀揣创业梦想来到拉萨。管新飞从经营干洗店起步，后来又搞起了电器销售，成为几个电器品牌的代理商。2000 年前后，通过市场调查发现，西藏地区酒市场具有一定规模，白酒、啤酒销量较大，而深受藏族群众喜欢的青稞酒还没有实现工业化生产，这让他看到了商机。

同时，青稞酒作为青稞文化的一种载体，正日益受到市场经济大潮的冲击。随着西藏改革开放步伐加快，品种丰富、口感多样的白酒、啤酒充斥西藏市场，青稞酒消费人群大幅萎缩。越来越多的藏族青年进城务工，具备酿造传统青稞酒工艺的人才正在不断流失，这一具有藏族特色的非物质遗产文化面临传承和保护的难题。

千年传承的青稞酒文化需要保护，而把青稞酒大规模产业化无疑是实现社会效益和经济效益的最佳选择。管新飞因此创办了藏缘科技，集中资金在拉萨北郊租赁了一间仓库试制青稞酒，并借助科技的力量突破了发展“瓶颈”，使青稞酒产业化成为现实，在历史上第一次使藏族传统佳酿大规模走进市场、走出高原。

藏缘科技是传统青稞酒规模化生产的最早探索者，为西藏传统青稞酒产业的兴起开拓了一条新路。目前，藏缘科技建成运行三条传统青稞酒生产线，日产青稞酒 7 万余罐，年产青稞酒五六千吨，年产值达 8000 余万元。公司产品除满足西藏市场需求，还销往对青稞酒需求较大的四川、青海、甘肃、云南等四省藏区，同时还与尼泊尔等地建立了购销渠道。

### （二）勇于担当攻坚克难，企业多次起死回生

创业艰难百战多。在藏缘科技发展过程中，多次濒临险境，差点关门歇业。但是管新飞没有消极畏难，无所作为，而是带领企业团队发扬筚路蓝缕、以启山林的精神，战胜前进道路上的困难和挑战，使藏缘科技从无到有、从弱到强。

#### 1. 科研攻关解决传统青稞酒保质期难题

一家企业，要突破发展瓶颈、解决深层次矛盾和问题，根本出路在于创新，关键要靠科技力量。藏缘科技坚持走科技创新之路，与内地高等院校加强合作，持续研究青稞的功能功效，结合市场需求推出青稞新产品，使企业能够在激烈的市场竞争中顽强生存下去。

传统青稞酒是由青稞加酒曲酿制而成。民间传统酿造的青稞酒近似于米酒，但极易变酸变质，保质期很短。管新飞创业之初，带领技术人员模仿江浙一带的米酒工艺酿造青稞酒，虽然刚出窖的青稞酒味道很好，色泽很鲜美，但是保质期非常短，不过一个星期就变味了。用传统方法酿造出来的青稞酒保质期极短，藏缘科技起步之初即被这一“拦路虎”挡住了去路。

2004 年，拉萨近郊达孜县（2018 年撤县设区）筹建工业园区，管新飞毅然投资百万元进驻达孜工业园区建设青稞酒厂。“不经历那个时代，你感

受不到西藏工业基础的薄弱，达孜工业园不通电不通水。我们是第一家入驻企业，没有电，我们就用拖拉机发电；没有水，我们就自己挖井取水。”管新飞带着他的创业团队，硬是在一块50亩的荒滩上建起了一座现代化工厂。

然而，更为艰难的是工业化酿造传统青稞酒始终没有突破。管新飞聘请西藏当地最优秀的酿酒专家集中攻关，但是数百次努力均告失败，数百万元研发费用付诸东流。只投入不产出，企业资金链濒临断裂，管新飞陷入绝境。

管新飞一度想过放弃，但他不是一个轻言放弃的人，青稞是他一生的事业，困难总是可以克服的。走了很多弯路，管新飞终于明白，科技是他的“软肋”，不在方法上创新，仅靠西藏本地之力难以突破青稞酒的质保问题。于是，他走出西藏，到内地高等院校和食品权威专家那里寻找答案。在与华中农业大学和江南大学的专家交流中，他逐渐找到了解决问题的“金钥匙”。

青稞酒之所以不能照搬米酒酿造工艺，是因为青稞和大米在淀粉结构上存在本质不同。大米淀粉结构是直链，而青稞淀粉结构是支链，因此在发酵工艺中，使用高温酵母和低温酵母的剂量要有所不同，而这是改变青稞酒变质的核心问题。此外，青稞酒变色问题也在研发过程中获得突破，米酒不易变色，而青稞酒放置几天颜色就会变深，影响观感。研发人员从色变上分析米酒和青稞酒的差异，改变酿造工艺，保证青稞酒能够长期不变色。

管新飞带领藏缘科技团队将传统青稞酒保质期延长至13个月以上，形成方便运输、储存的新工艺，并规模化生产，开发出四大青稞系列20多个产品，填补了西藏农牧实体经济产品的多项空白。企业不仅多次获得西藏自治区重奖和荣誉，他本人也被评为全国“五一劳动奖章”获得者。

2. 不惜卖掉房产，解决企业资金短缺难题

中小企业发展面临重重障碍，资金短缺是其中一个绕不过去的坎。创业之初需要资金，扩大生产需要资金，转型升级更需要资金，但由于自身根基薄弱及融资环境限制，融资难始终是困扰中小企业发展的重要因素之一。藏缘科技也不例外。

早在 1997 年，管新飞下定决心要在西藏干出一番事业，为此，他把自己在江苏的两套房子卖了，筹措到 60 多万元资金，这才打开了在西藏的创业之门。藏缘科技成立之后，突破了传统青稞酒的保质期难题，获得自治区科技厅 300 万元重奖，这笔资金为失血过多的藏缘科技注入新鲜血液，使企业得以涉险过关，并步入快车道。

2009 年，一场还款危机逼近藏缘科技。就在一年前，藏缘科技发展态势良好，销售规模不断扩大，扩大生产势在必行，为此向银行申请了一笔 1000 万元、为期一年的贷款。翌年，这笔贷款即将到期，而此时，管新飞却一筹莫展。

对于当年那场危机，管新飞记忆犹新。“2009 年底藏缘科技有 1000 万元的流动贷款到期。正常情况下，不会出现任何问题。当年六七月份的时候，我们做了一些准备工作，预留了 500 多万元，剩余的 400 多万元靠年底前的营销收入进账，足够偿还贷款。这样我们就把手头可用资金全部投入到扩大生产。”

2009 年下半年，藏缘科技营销收入进账达不到预期，剩余的 400 多万元还款迟迟没有着落。一旦贷款逾期，企业上了银行黑名单，就意味着发展之路被堵死了。管新飞无奈抵押变卖家当，找朋友借钱，请求政府、银行协调都没有结果。连续奔波 50 多天，管新飞疲惫不堪，却毫无进展，他一度做好了放弃的准备。“就在贷款逾期前一两天，偶遇一个朋友，说起工厂的难处，这位朋友当即表示可以借钱救急，并且马上兑现。此举救了我，也救了藏缘。”提起往事，管新飞激动不已。

藏缘科技在发展过程中，资金短缺问题始终如影随形，好在企业发展良性循环，现在更多的是依靠自有资金投入再生产。但是要做大做强，还是要依靠政府支持和银行贷款。

西藏自治区党委政府为促进中小企业发展出台很多优惠政策。管新飞说，藏缘科技的发展离不开政府扶持。“现在优惠政策很多，作为农业龙头企业，贷款有贴息，技改项目有补贴。2004～2017 年，藏缘累计拿到国家各项补贴700多万元。2018年，藏缘还能拿到科技奖励资金100万元、青稞深加工项目政府补贴150万元。这些资金对企业的发展至关重要。”

3. 力排众议厘清企业发展路线之争

藏缘科技一路跌跌撞撞地走来，曙光再现。正当全体员工对企业未来发展美好憧憬的时候，又一个民营企业发展过程中的通病问题不期而至。公司两位股东对企业发展方向出现争执，一度危及企业经营，甚至停产1年，濒临破产。

身为企业法人也是企业第一大股东的管新飞，负责企业市场开发和产品技术研发业务。本着对西藏青稞市场发展前景及政府逐年加大青稞产业扶持力度的判断，他提出要结合市场开发青稞多元化产品，以避免新起传统青稞酒企业“踩自己的脚后跟”。而另一位股东对企业发展理念有极大不同，坚持主营业务产品不变，甚至想抽调资金到内地开发房地产。

2009～2014年，市场同类产品蜂拥而上。藏缘科技在另一位股东的实际经营下，企业产品销售连年下滑，多家供应商追债上门，巨额银行贷款也即将到期而无法偿还，企业濒临破产边缘。

2014年7月，在企业停产近一年、经营难以为继的危难时刻，管新飞痛定思痛，以壮士断腕的勇气，与另一位股东历经多次谈判终于达成股权收购协议，管新飞出资4000万元收购另一位股东30%的股份，彻底解决了股权问题。“当时还有3000万元银行贷款到期，我像进藏创业时一样，再次变卖了所有财产，包括一套拉萨的别墅、成都的房产、江苏一家小厂。我爱人哭着对我说，你这么拼是为了什么，把公司让给他们，我们回家过日子吧。”

解决股权问题后，随之而来的是银行贷款到期偿还、原材料购置、职工工资拖欠、老旧生产设备更换、基础设施重新建设等一系列问题，藏缘科技可谓百废待兴。整整半年时间，管新飞通过各种关系四处筹款，先恢复生产，再通过政府帮助协调，在银行贷款到期之日如期偿还了贷款，避免了企业信用风险问题。企业又一次渡过了难关。

管新飞没有被困难打倒，他终于可以放手实施自己的经营理念，他招募高端人才，新建 1 万多平方米厂房，引进新生产线。藏缘科技重整旗鼓，轻装上阵，进入新的发展阶段。西藏工商联数据显示，截至 2017 年 12 月，西藏民间投资连续 33 个月下滑，而藏缘科技逆势而上，投资力度和规模不降反升。

### （三）加快转型升级谋划企业发展新途径

创新是引领发展的第一动力。抓创新就是抓发展，谋创新就是谋未来。2017 年，藏缘科技正式更改企业名称，从藏缘青稞酒业有限公司更名为藏缘青稞科技有限公司，一词之差，却代表着企业走上转型升级之路，不仅要把青稞酿成酒，还要从酿酒业向其他领域延伸拓展，满足人们对健康生活孜孜不倦的追求。

#### 1. 成立特色农产品深加工联合研究中心

藏缘科技在市场竞争中认识到技术创新的极端重要，大力实施科技兴企战略，成立西藏特色农产品深加工联合研究中心，加大产品研发转化力度，推动企业转型升级，不断延伸青稞产业链，提升青稞产业价值。

青稞具有丰富的营养价值和突出的医药保健作用，是世界上麦类作物中 β－葡聚糖含量最高的作物之一，β－葡聚糖含量是小麦平均含量的 50 倍。青稞还含有一种专门的胆固醇抑制因子，多种有益人体健康的元素钙、磷、铁、铜、锌和微量元素硒等。

“2010 年前后，藏缘科技青稞产品系列还很单一，技术研发力度不够，新产品难以突破，青稞的营养价值和保健作用无法转化为市场价值。”管新飞说，一亩地的青稞，转化成糌粑，市值仅为八九百元；转化成青稞酒，市值是糌粑的 10 倍；转化成降糖、降脂的青稞 β－葡聚糖产品，市值是糌粑的 50 倍。

西藏食品研发人员匮乏，无法满足藏缘科技的发展需求，藏缘科技决定加大与内地高校科研单位的合作。2016 年，藏缘科技与江南大学、复旦大学、南京中医药大学合作，挂牌成立西藏特色农产品深加工联合研究中心，标志着企业在科技研发方面迈向新阶段。

“江南大学主要负责开发功能食品，复旦大学主要研究农产品功效，南京中医药大学则主要负责农产品成分检测与分析。以前企业没有专门的研发机构，想要的产品研究不出来，现在可以依托三所大学，结合企业发展实际，打通产学研各个环节，联合开发新产品”，管新飞说。

藏缘科技借助与内地高校科研机构联姻，迅速提升科研实力。2017 年，公司与复旦大学以青稞为原料，联合研发针对预防中风、脑猝死的保健药物。目前，产品研发已经接近尾声，该产品使用领域广泛，未来市场价值预计在 10 亿元规模，将成为藏缘科技新的经济增长点，是企业转型升级的标志。

技术创新成为藏缘科技生命力的源泉。目前，藏缘科技每年的研发投入达 150 万元左右，占企业生产总值的 15%。通过自主创新，藏缘科技现拥有发明专利 4 项，先后承担国家级科研项目 5 项、省市级科研项目 8 项。

2. 不离不弃坚守高原，持续扩大新产能

管新飞坚守青稞事业，十四年如一日。他进藏创业十几年，一些和他同期进藏的创业者完成原始积累后，离开了西藏，“到内地享福了”。而他不但没有离开，还不断加大投入，推动藏缘科技迈向新台阶。

2017 年，藏缘科技自筹 5000 万元、申请精准扶贫贷款 5000 万元，全力实施 3.5 万吨青稞深加工项目，项目建设内容包括：青稞果味发酵汁生产线 1 条、青稞营养粉系列产品生产线 1 条、青稞麦片生产线 1 条、青稞米生产线 1 条等。

截至 2018 年 5 月，已完成 5000 多万元投资，青稞麦片、青稞营养粉、青稞米等新产品生产线已基本安装完毕，即将形成生产能力。青稞果味发酵饮料、青稞养生酒、青稞精酿啤酒等部分产品生产设备 2018 年 8 月建设完成。管新飞表示，精酿啤酒将作为企业开展“双创”工作、鼓励高校毕业生就业创业的重点项目进行打造。

3. 开发商业新模式，孵化创业新平台

西藏大学生就业市场体量偏小，承载力有限。原因之一是本应成为大学生就业主力的非公经济基础薄弱、规模不大，藏族大学生又倾向于进入公务员体系，导致就业途径狭窄。藏缘科技一方面从企业未来发展需要，积极探索新的商业运营模式，借助“互联网 +”概念，实现青稞系列产品的连锁经营；另一方面，为大学生就业创业提供崭新平台。

2017 年 12 月，藏缘科技成立西藏艺伦创业投资管理有限公司，聘请专人负责大学生双创工作。艺伦创投建立“我爱青稞”连锁经营模式，由其出资与大学生共同成立实体公司来运营“我爱青稞”，艺伦创投和大学生分别持股 75% 和 25%。创业大学生无须资金投入，在创业导师辅导下独立核算，自主负责“我爱青稞”的日常经营。艺伦创投负责提供“我爱青稞”经营场地、青稞精酿啤酒制作设备及制作原料，并通过连锁软件系统实现大数据集中管理。

“我爱青稞”将会提升藏缘科技青稞精酿啤酒、青稞奶茶等产品的市场消费能力，而且这一前店后厂模式为大学生自主就业创业探索出一条新路。目前，第一家样品店正在达孜建设，年内将正式开张。以每店至少需要 5 名大学生维护运营计算，如在藏区铺开将会带动数以百计的大学生就业创业。

## 二、与藏族群众共享发展成果增进民族感情

“只有积极承担社会责任的企业才是最有竞争力和生命力的企业。”藏缘科技的发展离不开社会各界的支持支援，在企业成长壮大之后，这家企业致力于回报社会，解决当地农牧民就业，帮助农牧民改进青稞种植和发展模式，使当地藏族群众不离乡不离土，就实现了脱贫增收。

同时，藏缘科技把党建工作放在重要地位，找到了企业党建与企业发展的结合点，积极培养藏族党员。一方面，党组织发挥政治核心作用，引导企业履行社会责任，培养人才队伍，加强企业文化建设；另一方面，党组织发挥政治引领作用，增强企业及员工对国家、民族的认同感、自豪感，自觉维护国家和民族利益。

### （一）进厂不离乡，藏区农牧民就地变工人

藏缘科技在达孜扎根，为这片土地带来现代产业文明，长年生活在这里的藏族群众，第一次接触到工业机器，切身感受到改革开放带来的春风，一些农牧民进厂上班，他们及家人的生活随之发生巨变。

#### 1. 当地农牧民培养转化成为企业员工

藏缘科技拥有员工 120 多名，汉族员工占 17%，藏族员工占 83%，平均年龄 31 岁。藏族员工大多是拉萨郊区的农牧民，他们一开始并不具备现代农牧加工业企业所需的意识、技能和文化，而藏缘科技通过现场培训、干中学、传帮带等方式，帮助这些农牧民不断成长，完成了由农牧民向产业工人的转变。

在 2004 年企业建厂之初，达孜还没有规模化工业企业，本地藏族员工大多是小学毕业甚至文盲，初中毕业的屈指可数，基本没有接触过现代工业文明。最先招进企业的十多名达孜员工，听不懂、看不懂汉语，语言沟通很困难，对于生产流程更是不熟悉。而且他们不懂也不愿遵守工作纪律，经常发生员工旷工、干活期间随时串岗、不按生产流程操作等问题。

从 2005 年起，企业基本走上正轨后，本着既尊重民族员工文化习俗，又解决企业发展管理问题，企业建立了基本的工作及日常生活管理制度，定期请藏汉双语老师教育培训，并重点培养有一定文化、有管理魄力的藏族员工。通过了解藏族员工的文化习俗、作息习惯等，在管理制度、作息时间、卫生管理方式、工作操作流程等方面做出相应调整，先让“重点培养”的藏族员工带头适应企业管理办法，再逐步影响其他员工。

#### 2. 稳定就业为当地贫困人口增收提供支撑

西藏大力发展农业特色产业，促进当地贫困人口就近就地就业，是精准扶贫、精准脱贫取得成效的关键抓手。藏缘科技成立后，进厂藏族员工实现稳定就业，很快分享到改革开放的红利。

拉琼是达孜区达孜乡一个普通藏族农户家庭的孩子，现在是藏缘科技的一名优秀的车间主任。用他的话来讲，“如果不是藏缘科技，或许我还在拉

萨打着零工”。2006 年，在拉萨打工的拉琼听说藏缘科技在家乡招工，于是回到家乡面试，幸运进入了藏缘科技。他的收入一路水涨船高，打零工时月收入仅有三四百元，经过多年努力，现在当了车间主任，月薪涨到了 8000 多元。而且由于政治素质过硬、业务表现突出，拉琼还成为拉萨市、西藏自治区的“五一劳动奖章”获得者。

来自日喀则的藏族女工普尺 2005 年到藏缘科技工作。此前，她在火锅店打工，月工资仅有 150 元，现在月收入 5000 多元。普尺之前从没有接触过机械设备，在藏缘科技被分配到包装车间工作，2007 年成长为包装组组长。2015 年，普尺一家首付 24 万元、贷款 55 万元，在拉萨城关区买了一套 123 平方米的住房。普尺感慨地说，“没有在藏缘的工作，很难想象能够这么大的改变我的生活”。

藏缘科技还有很多像拉琼、普尺这样的藏族员工，在他们身上出现的积极变化，见证了西藏改革开放的进步和脱贫攻坚的成效。像藏缘科技这样的企业出现的越多，其辐射带动作用越强，或将在雪域高原绘出更加壮美的实现全面小康的生动画卷。

### （二）增收不离土，传统农牧区走上脱贫路

青稞传统的转化方式以家庭作坊式生产为主，技术简易，但不能用于工业化生产，导致青稞产量逐年上升而其转化量并未提高，广大农牧民增产不增收，经济效益不明显。近年来，以藏缘科技为代表的西藏农业加工企业崛起，在促进农产品有效转化、增加农民收入、解决剩余劳动力等方面发挥积极作用，青稞的价格和转化量得到大幅提升。

藏缘科技将内地成熟的“公司 + 基地 + 农户”模式引进西藏，在达孜等地试点推广取得明显成效。藏缘科技作为农业龙头企业，利用品牌、市场等优势，打通上下游产业链，将企业发展、农户利益、特色产品开发连为一体，实现了企业与农户的双赢。

1. 以龙头带农，建立优质农产品生产基地

农产品加工企业依赖于原料基地农业的发展。藏缘科技按照“公司 + 基地 + 农户”的产业化经营模式，在拉萨市郊区曲水县等地建立了青稞原料生产基地，既保证了原料生产质量，又增加了农民收入，增强了企业的发展后劲，把农业产业链向前延伸。

唐噶乡唐噶村距离达孜工业园五六十公里，地势平坦，土地肥沃，村民大多以种植青稞为生。藏缘科技与唐噶村长年签订青稞收购合同，唐噶村有6000 多亩地种植青稞，每年向藏缘科技提供 2000 亩地的青稞。藏缘科技的收购价格是 2.5 元 / 斤，其他企业收购价格是 1.7~2.0 元 / 斤。藏缘科技收购区域覆盖达孜、曲水、林周、墨竹、山南、日喀则等区县，农民种植青稞的积极性得到提高。

在与农民签订合同时，藏缘科技提前支付预付款，解决农民在生产上资金短缺的困难。在生产季节中，藏缘科技聘请技术人员到基地现场指导，解决生产上的疑难问题，技术人员在每个种植协会搞一个高产示范点，以点带面，把技术实施规程落实到户到田。青稞生产出来后，由公司统一收购，同时负责产品开发、生产及销售，形成了龙头连带农户、风险共担、利益共享的共同体。

2. 以市场促农，提高优质农产品转化程度

市场是企业实现农业产业化经营的根本保证，产品销不出去，企业就步履维艰，农产品的转化就成了问题，促进农业增效、农民增收便成无水之源。因此藏缘科技通过内部加强管理、外部争夺市场，营造企业竞争优势，扩大产品市场份额。

藏缘科技把主攻目标放在实现产品初加工向精深加工转变、由区内销售向区外销售转变、由一般食品向安全绿色食品转变，努力打造品牌，开发产品，开拓市场，带动农户。

2017 年藏缘科技转化青稞近 5000 吨，是 2004 年建厂初期转化量的 20 倍；带动 800 余农户按绿色食品标准种植青稞，每户年均纯增收达到 1.1 万

元。不离开土地，农民也实现了脱贫增收。

### （三）党建聚民心，破解民族和睦相处密码

藏缘科技针对藏族员工占八成以上的现实，重视非公党建工作，着力发挥党组织在企业发展和员工政治引领中的作用，通过开展形式多样的党组织活动，增强员工对企业的归属感、对国家和民族的认同感、自豪感，有力地促进了民族团结。

#### 1. 针对民族地区特殊性开展非公党建工作

藏缘科技自 2006 年开始，在西藏自治区非公组织建设“两个覆盖”还未充分开展之即，就先后建立了党组织、团组织、工会和妇委会组织。藏缘科技党组织刚成立时仅仅有 3 名党员，经过十几年发展，企业党组织建设进步明显，已有两个党支部、24 名党员，占到企业在厂总人数的 23%以上。

29 岁的拉巴顿珠是达孜区邦堆乡邦堆村人，2007 年 8 月加入藏缘科技，此前一直在家乡务农，每年仅有八九千元收入。进厂当工人后，拉巴顿珠不仅收入翻番，月薪接连上调，涨到 5000 多元，而且思想境界也发生了很大的变化。他学历不高，初中尚未毕业，进厂后，跟着厂里的技术人员从零开始学习。有的技术人员是党员，技术精湛，为人谦和，拉巴顿珠与他们长期相处，感受到了榜样的力量，就主动提出加入党组织，2014 年成为一名党员。

藏缘科技党建工作与企业发展相辅相成，党建工作贯穿企业发展的各个领域。党支部帮助藏族员工解决思想、工作、生活上遇到的困难，让他们感受到党的关心关怀，鼓励他们积极加入党组织；请汉族党员手把手教藏族员工了解设备操作流程，提高他们的业务技能；又为藏族员工搭建文化活动平台，释放他们能歌善舞的文艺才能。以前藏汉员工因为文化和生活差异，有可能在吃饭时都吵起来；现在藏汉员工互相学习、互相尊重，逐步营造出民族和睦、积极向上的企业文化氛围。

2. 组织藏族员工赴内地参观学习增强爱党爱国意识

藏缘科技根据企业发展需要，将党组织活动与员工培训活动紧密结合起来，实施“请进来、送出去”工程，让员工开阔眼界，培养技能，潜移默化地增强爱党爱国意识。

2010 年以来，随着企业和社会进步，藏缘科技员工的工作技能、思想意识都得到了提升和发展，原先的纪律松散、自身卫生脏乱差等现象有较大改观。但新问题也随之而来，达孜及拉萨工业企业逐步增多、薪资水平大幅度提高，导致藏缘科技员工流失率提升，企业人力成本逐年加大。

藏缘科技党支部调研发现，员工除了对薪资有要求，还强烈希望到内地参观学习。企业于是从 2010 年开始，实施“请进来、送出去”工程，送本地藏族员工到北京、上海、江苏、浙江、陕西、四川等地参观学习。截至 2018 年，赴内地参观学习的藏族员工占企业员工总人数的 80% 以上。这一培训做法深受员工欢迎。2014 年，藏族员工旺久第一次乘坐飞机到四川五粮液酒厂参观学习，内地的发展程度令他吃惊。开阔了眼界，也了解到内地企业先进的管理经验，他深感以在“藏缘”工作为荣，增强了对企业、对党的感恩之情。

3. 带领藏汉员工旗帜鲜明开展反分裂斗争

藏缘科技党支部重视加强民族团结、反对分裂言行的宣讲工作，组织员工学习十九大和第六次西藏工作会议相关文件精神，宣讲民族发展和宗教演变的历史，引导员工认清分裂危害，理解党的民族宗教政策，增强反分裂意识。

2008 年，拉萨“3 · 14”事件爆发。面对这一突发事件，藏缘科技的管理层和党组织立即行动起来，同步采取内保和外保措施。内保方面，由企业管理层和藏汉职工代表组成思想辅导团队，每天掌握员工思想动态，引导大家相信党和政府能够处理好问题。外保方面，配合地方政府抽调企业十几名藏汉员工组建联防队，每天 24 小时不间断巡防。在拉萨“3·14”事件期间，藏缘科技没有一名员工参与分裂活动，企业正常生产秩序得以保证。

## 三、把握边疆民族地区发展特征，积极构建兴边富民新格局

近年来，边疆民族地区社会经济快速发展，但相对于东部及中部，边疆民族地区的经济发展还是相对缓慢。因而如何更好地发挥边疆民族地区企业特别是民营企业的作用，不仅关系到全国经济社会整体发展和全面小康社会的建设，也关系到边疆民族地区社会稳定和国家安全。

新时代，需要更多像藏缘科技这样的企业，长期扎根边疆民族地区，发挥好经济发展“催化剂”、民族团结“黏合剂”、反分维稳“稳定剂”作用。课题组经过对藏缘科技及相关政府部门、专家学者的充分调研后认为，藏缘科技为企业兴边富民，促进民生改善和民族团结带来如下启示。

### （一）引入先进理念和技术创新，释放企业推动经济发展“催化剂”作用

西藏地区市场发育程度低，市场化进程缓慢。西藏企业生产多为粗放式经营，创新力量薄弱，竞争力不强，企业发展的规模经济效益低下，人员素质不高，自主自立意识薄弱。藏缘科技坚守雪域高原 14 年，将东南沿海的先进食品加工技术、企业经营管理方法引入西藏，促进企业和谐高效健康发展，一定程度上带动了西藏食品行业核心竞争力的提升；同时，藏缘科技多途径培养西藏本土技术人才和管理人才，在一定程度上破除了西藏企业普遍缺乏专业人才的“瓶颈”，成为名副其实的社会经济发展“催化剂”。

边疆民族地区农业人口多，鼓励企业发展是边疆民族地区现代化、城镇化的重要抓手。大批企业在边疆民族地区扎根成长，对沟通少数民族与汉族、聚居民族与散居民族、农牧业区与工业区、边疆与内地的经济交流、文化传播及社会发展都将起到非常重要的枢纽作用，为边疆民族地区各项事业的兴旺发达提供了充足的条件。

随着大批现代企业扎根边疆民族地区，其带来的现代工业文明深深冲击并影响了许多少数民族的古老传统。移风易俗、观念更新、追求新生活，已成为许多少数民族群众新的时尚。越来越多的少数民族群众将驾着现代工业

的“风火轮”，大步投身新时代中国特色社会主义事业中。

（二）与少数民族群众共享发展成果，释放企业促进民族团结“黏合剂”作用

西藏处于国家“两屏五地一通道”的战略地位，大规模发展产业是不可行的，只能选择符合西藏环境承载能力、符合资源禀赋特征、符合社会发育程度、符合经济发展水平的特色产业。

藏缘科技从公司成立伊始，选择以青稞为产业发展重点，将原料基地、生产基地、销售市场都牢牢地锚定在西藏。企业将藏族农牧民培养成现代产业工人，并提供稳定收入；同时通过产业扶贫，带动农牧民脱贫增收，犹如星星之火，将党中央富民兴藏政策落到实处，让藏族群众分享到改革开放的红利。藏缘科技逐步成为促进当地汉藏民族团结的“黏合剂”。

改革开放以来，大多数民族地区已经摆脱了落后的仅靠农牧业来推动经济增长的发展模式，企业以不可争辩的事实证明了自己成为边疆民族地区经济发展的重要力量，在整个社会经济发展的舞台上扮演着极其重要的角色，不断显示出无可替代的重要作用。边疆民族地区人民为国家国防安全、生态安全、资源保护和文化保护做出了贡献和牺牲，让当地人民共享企业改革发展成果，是边疆民族地区企业增产提效、成果惠及民生的现实需求。

企业作为吸纳边疆民族地区社会就业的主力军，要成为农牧区富余劳动力转移的重要阵地，积极推动产业扶贫，就要着力解决好各族群众最关心、最直接和最现实的利益问题，只有不断提高各族群众在边疆民族地区企业发展中的参与度和获得感，共享企业发展成果，才能加快推动边境民族地区全面建成小康社会的步伐。

（三）发挥民族员工党员先锋示范影响力，释放企业反分维稳“稳定剂”作用

在边疆民族地区，宗教意识和一些宗教礼仪渗透到社会生活各个方面，

与各民族的传统风俗习惯紧密交织，在政治生活中很难把民族传统习惯和宗教活动分开，导致民族地区的一些基层党组织和基层政府的核心作用、领导作用发挥不够。藏缘科技高度重视企业党建，积极在藏族员工中发展党员。在重大突发事件如拉萨“3·14”事件期间，企业党支部能够发挥战斗堡垒作用，成为当地反对民族分裂、维护国家统一的“稳定剂”。

创新民族地区党建工作，提高党组织保障社会稳定的能力，关键是畅通民族地区民族党员培养途径。加强把优秀民族企业家、优秀员工培养成发展对象、入党积极分子、党员，把民族企业中的少数民族党员培养成党组织负责人，把民族党员工商户培养成党员创业示范户，从而进一步提升民族党员带头发展能力、带头创先争优能力、带头维护稳定能力、带领身边党员群众维护民族团结能力。

同时，要找准边境民族地区企业党组织服务生产经营、凝聚党员职工的着力点和结合点，着力发挥党组织在企业发展和员工政治引领中的作用，通过开展形式多样的党组织活动，用好微信、微博、“互联网 +”等现代技术手段，推进党建工作理念创新、机制创新、手段创新，让企业党支部成为团结民族群众的核心、教育民族党员的学校、攻坚克难的堡垒。

藏族传统文化经典《萨迦格言》中有一句名言“只要大家同心同德，小民也能办成大事；许多蚂蚁聚在一起，连狮子都会被咬伤。”边疆民族地区的企业力量虽然普遍薄弱，但只要在改革发展、实现自身经济效益的同时，重视与其他社会成员的和谐相处，在完成企业自身经济发展的同时，将可持续发展作为企业的社会责任核心理念，将企业社会责任作为企业改革发展的重要内容，就会更好地履行企业社会责任，服务于国家安全和社会稳定。

# 读者出版集团：坚守人文关怀，做大做强文化品牌

中共中央党校文史教研部

改革开放40年来，读者出版集团有限公司（以下简称读者出版集团），居西北一隅，却以深沉的文化使命与早萌的市场意识，克服区位劣势，走改革创新之路，从一本杂志开始，慢慢培育出了“中国人的心灵读本”，成功打造出“读者”品牌，并有效实施品牌战略，发展为国内第一家以品牌冠名的出版集团，在品牌竞争时代占据文化产业发展高地。

读者出版集团的核心产品《读者》杂志，是甘肃乃至西北的一张文化名片，5次荣获“中国出版政府奖期刊奖”（其中三届连续获奖），是以社会效益优先为原则的中国“双效”代表期刊，发行量连续15年领跑中国期刊界，月发行量排名亚洲第一、世界第三，截至2017年累计发行超过19亿册。2006年8月，商务部在“商务新长征、品牌万里行”活动中，将“读者”作为全国唯一知名文化品牌，设立品牌地标。自2004年起，“读者”品牌连续14年被世界品牌实验室评为“中国500最具价值品牌”，2016年品牌价值201.62亿元，首次突破200亿元；2017年达到233.59亿元；2018年再度入选，品牌总价值高达302.23亿元，较2017年增加29.4%，总排名第176位，在平面媒体中位列前八。

读者出版集团利用《读者》品牌效应适时进行文化体制改革，于2006年在原甘肃人民出版社基础上实现转企改制，挂牌“读者出版集团有限公司”，实施品牌驱动战略。2009 年完成股份制改造，开启了上市之路。2015 年读者出版集团旗下控股子公司——读者出版传媒股份有限公司实现了上市，是西北地区首家在国内主板上市的出版传媒类企业。2017 年读者出版集团与甘肃飞天传媒股份有限公司（以下简称飞天传媒）（全省新华书店、三家印刷厂）实现战略重组，资产规模达到 60.33 亿元，构建了“编、印、发”一体化产业体系。现已从相对单一的纸媒出版企业，成长为主业突出、产业多元，业务涵盖出版印刷发行、文化旅游、文化创意、文化地产、教育装备、阅读服务、金融资本、物业物流等在内的综合性文化集团。2015～2018 年读者出版集团和读者出版传媒股份有限公司连续入选“全国文化企业 30 强”提名企业。

读者出版集团是中国改革开放的历史见证者、参与者，她动人的文化创新故事，是改革开放 40 年的历史缩影。一本薄薄的杂志，成长为一个知名文化品牌，创造了“读者现象”，带动了一系列产业，发展为一个上市公司与出版集团。她在中国社会大变革时代、在全球化文化浪潮与激烈的市场竞争中，不断推动与深化文化体制改革，坚持以人民为中心的文化导向，坚守真、善、美的人文关怀，将社会主义核心价值观大众化，打造出平民色彩的文化品牌，实施品牌驱动发展战略，走出了一条以社会效益优先为原则、“双效”统一的文化产业发展道路。她身处西北大地——一个经济相对落后地区，却在文化上“演奏了第一小提琴”（恩格斯）。这一改革开放的生动实践与文化成果值得我们深入研究和总结。

## 一、社会变革时代的价值坚守——《读者》杂志的人文关怀

读者出版集团的核心竞争力就是“读者”品牌。“读者”品牌的基石就是《读者》杂志，“读者”品牌的主要文化内涵就是杂志所坚守的人文关怀。《读者》杂志被称为“中国人的心灵读本”，具有广泛的社会与文化影响力；“读者”品牌及其文化效果，充分体现了习近平总书记提出的“以人民为中心”

的文化导向，是具有鲜明社会主义人文价值取向的文化成果。

改革开放以来，中国特色社会主义文化建设遇到两大文化难题：一是文化体制改革的双效统一问题，二是社会主义核心价值观的大众化问题。“读者”品牌值得大书特书的一大亮点，就是《读者》杂志37年一以贯之的价值坚守与文化实践给我们提供了解决这两大文化难题的鲜活案例。

在市场经济与全球化时代的文化竞争中，没有任何一本杂志可以像《读者》杂志这样快速崛起，而同时坚守着文化价值高地。她不但做到了经济效益与社会效益的“双效统一”，解决文化体制改革中的“老大难”问题，而且贯彻了习近平总书记强调的社会效益优先原则。有意思的是，《读者》杂志的社会效益，又恰恰体现在她的价值坚守与人文关怀上。长期以来，如何培育与践行社会主义核心价值观，解决大众化、落地生根、内化于心的问题，也是我党苦苦探索的文化难题。《读者》杂志在社会变革时代坚守真善美的人文价值，以文化人，润物细无声，将社会主义核心价值观大众化，内化于心，构筑起广大受众眷恋的精神家园与“大众意识形态”，形成了以“人文关怀”为特征的文化品牌。

从杂志基本定位、选编内容和受众特点与社会效益三个方面，我们可以清晰地看出《读者》杂志在37年中所经历的变革时代那种“变”与“不变”的价值坚守与人文关怀，“变”的是社会文化的话题与传播方式，“不变”的是人性对真善美的价值追求。

### （一）《读者》杂志的基本定位

《读者》杂志是一本综合性文摘类杂志，却是有思想、有灵魂、有担当的杂志，有清晰的编辑思路与价值坚守。杂志创刊人胡亚权深刻诠释了这种灵魂担当。他说：“编辑部从来没有把《读者》当作48页印刷纸去看待，而是把《读者》当作一个活生生的人去培养。我们把《读者》人格化，努力使她有思想、有追求、有风骨、有情致、有志趣、有格调、有性格、有风韵。”一本有灵魂的杂志，必然就有自己灵魂成长的历史记忆。这种历史记忆，刻写着改革开放的时代意识，虽然有阶段性，却又保持了自我的同一，关注人生意义，打造“中国人的心灵读本”，形成《读者》鲜明的人文关怀办刊风格。这种定位的形成，可以分为三个重要时期。

### 1. 初创期与成长期（1981～1989 年）

这个时期正值拨乱反正、文化反思与价值重建的“文化热”时代，需要拓宽文化视野，重新思考人生价值，定位社会主义文化建设方向，所以《读者》（时名《读者文摘》）偏居中国西北一隅，却具有世界视野和时代的眼光，提出了“博采中外，荟萃精华，启迪思想，开阔眼界”的十六字办刊方针。在初创期（1981～1984 年），杂志选登了许多西方优秀思想文化、科技知识，以及生动而深刻的文学故事、人物趣事，同时为回应伤痕文学、人道主义与启蒙思潮时代主题，刊登了一些关注人性与情感问题的作品。在成长期（1985～1989 年）则增加了很多弘扬中华文明与爱国主义的文章。这些作品奠定了《读者》杂志的知识、人性、爱与爱国的基调，很快受到了广大读者特别是青年读者的关注，发行量大增。

### 2. 发展期（1990～1999 年）

20 世纪 90 年代，随着邓小平南方谈话与社会主义商品经济观念深入人心，改革开放步伐加快，社会变革剧烈，“单位人”向“社会人”转变，社会各阶层都要经历前所未有的心理调适与文化调适，社会底层的普通人尤其需要精神安慰与文化救助。面对现代化、市场化、世俗化、个体化、两极化等发展态势，媒体针对人文精神与弱势群体问题展开了大讨论。于是，《读者》一改 80 年代“文化热”时期的象牙塔文风，提出了“贴近时代，贴近生活，贴近读者”、“选择《读者》，就选择了一种优秀的文化”的办刊口号，更加关注社会、时代和文化的内容，使杂志的价值关怀与现代社会普通人的生活相合拍。

### 3. 拓展期（2000 年及之后）

20 世纪末，一位读者的短文《人文关怀：报刊的跨世纪“卖点”》概括了《读者》的人文关怀，“为读者提供的人性意义上的同情和关切，温暖了无数个孤独的心灵"，"让现代都市的人们找到了一个灵魂的避风港和休憩地"。杂志创刊人胡亚权在新世纪元旦之夜写道："《读者》体现了一种看似超然、实质亲近的人文关怀。"随着中国加入 WTO，全球化、市场化与新媒体带来的文化竞争更加激烈，《读者》必须不断开拓进取，在市场角逐中谋求快速发展，然而杂志主编彭长城仍然向广大读者做了如此承诺："《读者》将一如既往地保持对生命的热爱和尊重、对人类文明的传承和追求，用事实印证生活中的美、智慧、优雅和崇高，在喧嚣市井中保持一方精神的净土。"于是，《读者》提出了"始终如一的关怀"、"与读者一起成长"、"中国人的心灵读本"等办刊理念，《读者》人文关怀的理念基本成熟。

从《读者》一以贯之的办刊思路与风格来看，她诞生于"后文革"时代拨乱反正的文化反思与价值重建思潮，既有知识人的使命担当，又有平实的社会关怀，善于从平凡的人性故事出发，不断探索、自觉与增强社会主义的人文关怀——真善美的文化价值。习近平总书记指出，"追求真善美是文艺的永恒价值"。《读者》杂志选文的基本定位，就是在社会变革时代，在市场化、世俗化、多元化的文化浪潮中，既不断回应社会关切，走大众化办刊之路，又坚守高雅文化的价值高地，弘扬正能量，一以贯之地打造"中国人的心灵读本"，给快速变革时代可能自我迷失的中国人提供全方位的人生指南。她用真善美打败热点、时尚与媚俗，充分展示了在价值坚守与人文关怀方面，"越保守越有力量"。

### （二）《读者》主要栏目、话题与文本分析

杂志的人文关怀是一以贯之的，杂志的栏目与话题则有变与不变之不同，可谓"形变神不变。"

一份杂志，栏目的设置是其骨架，高度折射出编辑的思想、关注的话题与刊物的风格。多年来，《读者》的栏目框架一直在与时俱进、调整优化，越来越注重结构的系统性。2000 年以后，《读者》实行二级栏目制，框架稳定下来。以 2018 年第 13 期为例，目前有十个一级栏目，其下有若干二级栏

目，下面仅列举几个经过历史洗练比较知名的二级栏目。

**表 1　栏目举例**

| 《文苑》 | 《人物》 | 《社会》 | 《人生》 | 《生活》 | 《文明》 | 《悦读》 | 《点滴》 | 《互动》 | 《艺术》 |
|---|---|---|---|---|---|---|---|---|---|
| 《卷首语》 | | 《杂谈随感》 | 《人世间》 | 《心理人生》 | 《在海外》 | 《言论》 | 《艺林》 | 《读书会》 | |
| 《文苑》 | | 《社会之窗》 | 《人生之旅》 | 《经营之道》 | 《历史一页》 | 《幽默与漫画》 | 《点滴》 | | |
| | | | 《婚姻家庭》 | | | | | | |
| | | | 《两代之间》 | | | | | | |
| | | | 《青年一代》 | | | | | | |

这些二级栏目在 2000 年之前就已设置，是《读者》的经典栏目，深受读者欢迎。

《文苑》栏目一直被安排在杂志之首，成为《读者》标志性的“见面礼”。它涵盖短篇小说、散文、诗歌等文学体裁，所选文本大多具有经典、隽永、短小、洗练的特点，讲述富有人生哲理与人情味的价值观故事，贯彻“文以载道”的理念，有效发挥温润的诗教功能。该栏目在 20 世纪 80 年代发挥了重要的文学启蒙作用，成为一代人的记忆。1987 年，编辑部进行问卷调查，收回调查问卷 54386 份，统计结果显示，读者最喜爱的栏目是《文苑》。有读者回忆说：“要问我为何喜爱《文苑》的文章，是因为那些文章既能揭示深刻的人生哲理，又温馨上口，如潺潺流水自然注入心田。”

《人物》栏目注重介绍现在相关领域取得重要成就的当代文学家、艺术家、科学家、历史名人等，具有励志作用。从表 2 的数据可以看出，这些出现在《人物》及其他栏目中的人物主要体现一种社会价值导向，即使报道企业家与明星，也不是商业宣传或八卦新闻，而是弘扬社会责任。

表 2　人物与发表数量（截至 2013 年）

| 关键词 | 毛泽东 | 邓小平 | 感动中国年度人物（37 人） | 林语堂 | 海明威 | 成龙（公益报道） | 李连杰（公益报道） | 王菲、李亚鹏（公益报道） |
|---|---|---|---|---|---|---|---|---|
| 篇目（篇） | 343 | 140 | 51 | 92 | 112 | 50 | 21 | 30 |

表 3　类型与代表人物（截至 2013 年）

| 类型 | 院士 | 具有家国情怀的企业家 |
|---|---|---|
| 人物 | 钱学森、邓稼先、李政道、杨振宁、袁隆平、钱三强、李四光、华罗庚、陈省身等近百人 | 张謇、卢作孚、陈嘉庚、李嘉诚、柳传志、张瑞敏、俞敏洪、黄鸣、马云、王石等 |

《人生》栏目则典型地体现情感关怀、成长关怀，深受广大读者特别是青年学生喜爱。对手机短信投票结果的分析显示，《读者》2004 年的文章排前 10 名的有 140 篇，其中 60 篇出自《人生》栏目，2005 年则有 65 篇出自该栏目。该栏目下的二级栏目各有特色，如：《人世间》讲述平凡、真实、感人的人生故事，多角度传达积极奋发的人生力量，表现人性的真、善、美；《人生之旅》则更多的是个体生命的阅历、哲理、感悟；《青年一代》讲述青年人生故事，既有知名人物，也有很多普通的年轻人，具有强烈的时代感，借助这些人和事，对青年人进行价值引导。在《人生》及相关栏目中，有几个关键词出现频率较高（见表 4），一定程度上反映了《读者》的关注点。

表 4　《人生》关键词统计（截至 2013 年）

| 关键词 | 理想 | 道德 | 诚信 | 婚姻 | 情绪 |
|---|---|---|---|---|---|
| 篇目（篇） | 2156 | 1257 | 200 | 1478 | 1875 |

《读者》关注人生问题，特别是普通人的情感伦理。“后文革”时代，中国人的情感世界不断受到市场经济与世俗化的冲击，苦于爱情、婚姻、代沟

问题的人越来越多，如何进入普通人灵魂深处，帮助他们走出彷徨、苦恼，确立健康、理性、负责的爱情观、婚姻观、代际观，是《读者》关注的。为此，《读者》刊登了大量纯真动人的情感故事，如《灵与肉》、《君生我未生，我生君已老》、《一对月收入 300 元的夫妻》、《母爱无言》、《良心如枕》、《母亲的账单》、《两代人》等。当然，人生没有理想与道德关怀，就不可能成就自我。20 世纪 80 年代，邓小平提出“四有新人”时，《读者》就开始倡导人生理想，刊登了《落榜以后》、《假如给我三天光明》、《我的世界观》、《理想篇》、《巴金谈理想》、《对理想的思索》等名作。90 年代之后，面对社会道德、诚信缺失，《读者》就针对现实生活中的公德问题不断发言，推动社会大众进行理性反思，如《公交车上看公德》、《走出国门，你的举止文明吗?》、《良心还会沉睡多久》、《守住人类最后屏障——底线伦理》、《九不可为》等。

《生活》栏目下的《心理人生》与《经营之道》，以及其他相关栏目，非常重视现代生活中个体的心理健康与情绪管理，帮助人们特别是年轻人正确面对痛苦、羞涩、自卑、焦虑等心理问题，帮助他们提高交往能力，学会礼仪与拒绝，引导读书、交友、择业与创业。《读者》差不多就是一本具体而微的“人生指南”、一位“生活导师”，可以说是通过人文关怀把官方思想政治工作做到“家”了。

《社会》栏目表明《读者》不是一般所谓的“小资情调”或“心灵鸡汤”，而是充分展现了她的知识分子情怀、人民立场与社会担当，只是她不同于《南方周末》等新闻风格，更有温良的理性气质。如表 5 所示，《读者》持续关注中国社会的改革及其后果——社会分化、民生、教育、环保、“三农”、公益问题以及与此相关的公平、正义、民主、自由等核心价值观的践行问题。

表 5　关注的社会问题和文章发表数量（截至 2013 年）

| 关键词 | 改革 | 阶层 | 教育 | 环保 | 生态 | 农民 | 农村 | 农业 | 艾滋病 |
|---|---|---|---|---|---|---|---|---|---|
| 篇目（篇） | 930 | 454 | 3064 | 358 | 471 | 1891 | 1750 | 637 | 170 |

表 6　关注的核心价值观与文章发表数量（截至 2013 年）

| 关键词 | 公平 | 正义 | 民主 | 自由 |
| --- | --- | --- | --- | --- |
| 篇目（篇） | 885 | 460 | 625 | 2953 |

关于社会阶层分化问题，《读者》发表了《当代中国十大社会阶层报告》、《中产阶层的诞生与危机》、《城市贫民阶层是一个信号》、《利益的冲突——倾听不同的声音》、《警惕：乡村权势阶层的崛起》等文。

关于教育问题，《读者》介绍了大量国外先进教育理念，发表了《剑桥的书香》、《物理学的开场白》、《我们不需要天才》、《德国的善良教育》、《话说德国的义务教育》、《我所看到的美国小学教育》、《日本的小学毕业式》、《危险的教育实验——“狼爸”和他的孩子们》、《夏令营中的较量》、《追问中国》、《农村教育的田野调查》等。

关于生态文明，《读者》介绍了西方发达国家的环保理念和做法，如《英国公园》、《东京的天空为什么那么蓝》、《莱茵河为何总是清的》、《维也纳森林的故事》、《各国的禁烟》等文。针对国内的生态问题与环保理念，《读者》发表了大量反思性文章，并倡导“乐活”的绿色生活方式，刊发了《敬畏自然》、《人能学会敬畏自然吗?》等文。

关于公平、正义、民主、自由这些社会主义核心价值观，《读者》往往从现实生活出发，如关注弱势群体、“三农”、户籍制度等，通过“杂谈随感”、“言论”等方式发声，引导社会远离冷漠、怨恨或暴戾，形成健康的心态，辩证、理性的态度，发表了《生活是公平的吗?》、《我们为什么感到社会不公平》、《你为什么是穷人》、《穷人的声音》、《新世纪谁当农民》、《对土地与农民的牵挂》、《给农民以宪法关怀》、《农民的苦痛与城市的胸怀》、《“城市之光”下的流浪者——城市流动人口中的弱势群体》、《纪律与自由》、《那边的世界静悄悄》等。

《读者》选文中被称为最有影响的 10 篇文章，有《蠢人的天堂》、《假如生活欺骗了你》、《如能再活一辈子》、《母亲的账单》、《一个人一生只能做一件事》、《一碗清汤荞麦面》、《手表》、《向中国人脱帽致敬》、《夏令营中的较量》、《把信带给加西亚》，多为短小精悍的小故事、文章或诗歌，或智慧，或感人，给人价值观方面的启示。其中，《蠢人的天堂》一文（1981年第1期），是美国著名犹太籍作家、诺贝尔奖获得者艾·辛格的作品。故事主人公阿特塞生性懒惰，渴望早日死去进入天堂，在“病死”之后进入天堂，却发现天堂并不完美。故事生动有趣，充满智慧，道理很简单，即安逸和享乐的天堂并不存在，不劳而获的幸福是非常乏味的。《读者》刊发的那篇著名的日本小说《一碗清汤荞麦面》（1989年第11期），主要讲述了母子三人在突然遭受厄运之后相依为命、顽强不屈、奋发上进的故事。为了攒钱帮助因孩子父亲交通肇事造成的受害人，一家人省吃俭用、勤奋工作，每年除夕夜共吃一碗清汤面，受到善良店家热情接待与默默的帮助，正是这碗清汤面的精神激励，母子三人携手努力生活过来。这个故事再现了人间的温情与小人物的道德力量，质朴细腻，感人至深。该故事在日本、韩国都流传甚广，90年代初期被收入中国初中语文教材。《向中国人脱帽致敬》（1992年第12期）则讲述了一名大陆记者在巴黎大学课堂上，充满智慧地回答了一位带着西方有色眼镜审视中国的教授的一连串“刁钻”问题，得到了来自台湾地区的学生呼应，捍卫了“一个中国”的立场，最后赢得了教授的尊重，故事充满戏剧性的张力与震撼效果。《夏令营中的较量》（1993年第11期），通过中日两国儿童在夏令营中所表现出来的意志力、体力与教育理念等方面的巨大差距，给中国家长和社会敲响了警钟，激发了我们的文化忧患与反思意识。这些文章都极富感染力与启发性，对于塑造一个社会基本的人文价值发挥了积极作用。

通过对以上栏目、话题的介绍与文本分析，我们看到，《读者》是一本关于生命、友爱、欲望、幸福、痛苦、自卑、信仰、做人、交际、学习、工作、正义与社会责任的“人生指南”，这似乎可以印证《读者》主编彭长城对《读者》人文关怀的解读，他说：“在我看来，《读者》的人文关怀应该具有三个立场：一是西方人文主义的人性立场，二是传统中华文明的人文精神，三是马克思主义哲学维度的以人为本。它不仅是对个体心灵的慰藉，是一份‘心灵鸡汤’，也不仅是一本帮助个人建立正确价值观、道德观的读物，还是一本关注将个人、社会与国家命运紧紧联系在一起的刊物，是从个人到社会到国家的整体模式。”从《读者》大量文本的价值传播模式来看，这个“由个人而社会而国家”的文化模式，实际上是中国文明中“修身、齐家、治国、平天下”文化模式的现代版本。《读者》历经37年的探索，不知不觉中已将西方优秀的人文精神融合进来，剔除了其原子个体主义，从而将马克思主义关于个人与社会的关系中国化了，对中国人道德生命的重建进行了广泛而有效的文化动员，为构建新型的“大众意识形态”进行了有益探索。

### （三）受众特点与社会效益

作家李书磊说：“人们在日常的现实生活中常常会使灵魂蒙上灰尘，而就在这个时候，《读者》向人们提供了一种精神沐浴。”37年来，《读者》杂志发行量巨大，受众影响面广，知名度高。长期积淀的良好口碑与情感记忆，使杂志相互传阅度高，推荐订阅者多，已经形成了一种《读者》文化市场，产生了良好的社会效益，自然而然地起到了一种“精神布道”作用。

从图1中我们可以窥见一本具有广泛影响力的大众期刊受众的三个特点，即青年性、平民性、雅俗性（教育层次与文化品位），这与《读者》杂志的基本定位与办刊风格相适应。这种受众特点，使《读者》的受众面大、影响广、效果好，其人文关怀的正能量得到有效发挥。

#### 1. 青年性

从图1中我们可以看出15～34岁的读者占比为59.9%，35岁以上按10岁一个阶梯比例递减。这一特点，使杂志的影响力具有放大效应。青年人是一个活跃的社会群体，其价值观在代际传播中起关键作用。在这个群体中，中学生与大学生是《读者》的核心层，在家庭、学校、社会传播中具有带动作用。一项调查显示，75%的读者都是身边人推荐阅读该杂志的。从网络社交平台“知乎”上关于《读者》的大量讨论看，年轻人对杂志的情感记忆

图 1 《读者》受众比例

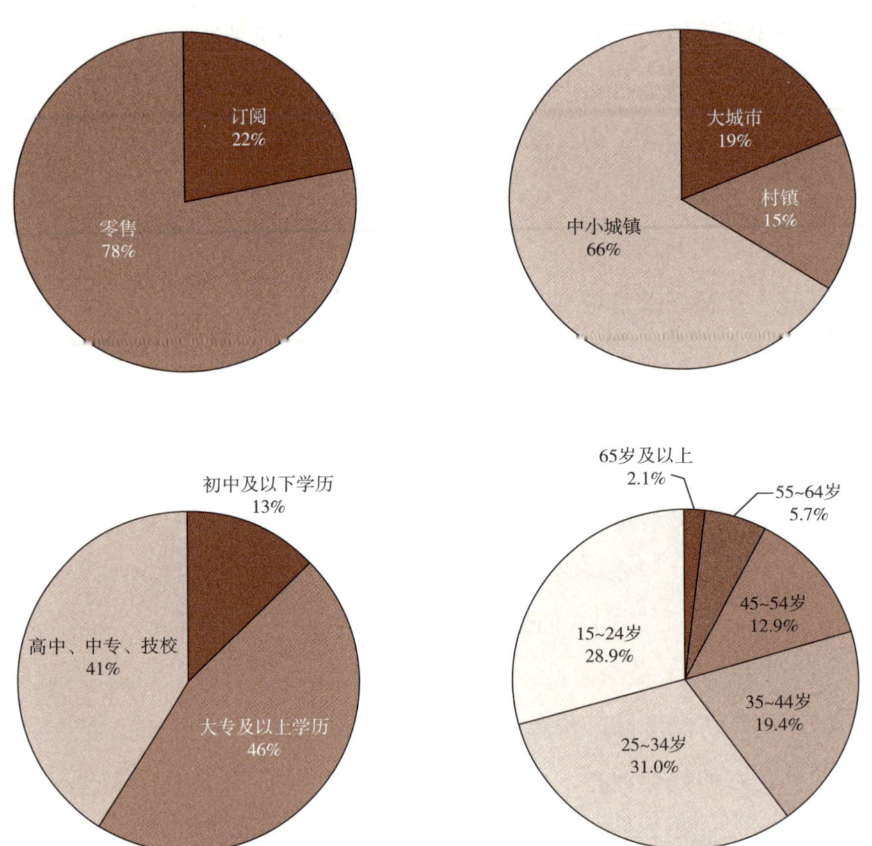


很深，影响久远。应该说，《读者》从人性与心理出发讲故事的价值传播方式，非常适合这个群体，做到了许多中学与大学公共课想做而做不到或做不好的事。2005 年编辑部收到一位学生家长的来信，结尾写道："《读者》给予我们的不仅仅是温馨、淡雅，更重要的是信仰、奉献、仁爱、感恩与宽容。"北京一著名大学的一位研究生在出国前夕给《读者》发来一张明信片："学校传授我谋生的知识，《读者》教给我做人的道理。谢谢编辑们！"

在许多中学，《读者》是被推荐的课外读物，其中的许多美文被中学老师推荐为范文，甚至被选为高考作文题。很多教师和学生既是《读者》的读者，也是《读者》的作者。唐山市开滦一中校长张丽钧就是《读者》的签约作家，为《读者》写了 20 年。她在接受我们采访时说："我也是一名语文老师，这些年给学生推荐的读物变了很多，只有《读者》未变。我经常说一句话，就是读着《读者》长大的孩子轻易不会变坏。"忻然，清华大学一名在读学生在接受采访时说："《读者》在中学时代曾经伴随我度过艰难的时光。那时刚刚考入重点高中，在初中时是尖子生，但到了高中成绩并不理想，当时有种很大的挫败感，压力也很大。《读者》的很多文章伴随着我，鼓励着我，让我感到自己是有价值的，后来也试着给《读者》投稿，竟然发表了，让自己更加自信，后来成绩也慢慢好了起来。"

《读者》的美文在大学校园成了教材，而且在社会上流传。江西新余学院文学院教师黄谦是《读者》的铁杆粉丝，从 1981 年第 1 期开始订，一直订阅，有时等不及就到报刊摊上去买。他从 2011 年起就开设"美文赏析"课程，这门课唯一的教材就是《读者》。他每次课会从中挑选 1～2 篇文章，和同学们一起阅读，讨论如何看待责任、成功、爱情。2016 年，他开始以个人之力办"《读者》分享会"，每月一期，现在已经办了 31 期。他不仅在新余办，还被请到中山、深圳去办。他让所有参与者每人读一段，然后让他再读一遍，之后大家分享自己的观点，很多读者被感动得热泪盈眶。他在接受我们采访时充满激情，他说："《读者》的基调是积极、阳光、健康、正能量。现在的很多刊物没有自己的固定面貌，对读者迎合而非引领。而《读者》一直坚持自己的高度，不会迎合。她像一位值得信赖的智者，不仅可读，而且有自己的价值观。现在有很多人说，心灵鸡汤要不得，我很想反驳他们：不要鸡汤，难道要毒药？很多人严重低估了《读者》的价值。至于《读者》对我的影响，我是一个被《读者》塑造的人，接受她的影响，摒弃一些不好的习惯，坚持一些好的习惯，《读者》告诉我什么是应该坚持的。我现在用很多精力做公益，带领很多乡村小学的孩子诵读唐诗宋词。"

《读者》与教育界的互动非常成功。她视教育为自己的企业社会责任。1997 年教师节前夕，《读者》向全国 1 万名特级教师赠送了一年的杂志。2008 年教师节又向全国特级教师赠送 20 万册《读者 · 教师节特刊》。截至

2008 年，《读者》上与教育相关的文章占比为 10%，在教育界引起了很大反响。之后，《读者 · 校园版》公开发行，发行量急剧攀升。

图 2 《读者 · 校园版》月发行量

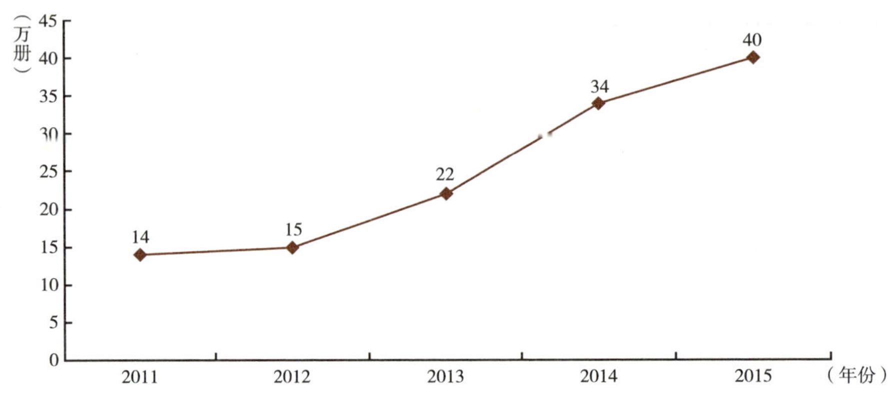


此外，从 2009 年开始还推出了《〈读者〉高考作文素材增刊》，目前正在投入建设“读者 · 新语文中小学语文阅读写作教育平台”，加上原有少儿读物《故事作文》，形成了小学、中学、大学的读者链，使《读者》的价值观对中小学的教育产生系统、连续、广泛的影响。

《读者》不仅对在校青年学生产生了深刻影响，对社会青年的吸引力与教育作用也不可低估。一次偶然的机会，某地民警发现两名死刑犯人十分喜欢读三本《读者》，就回家拿出订阅了 6 年的《读者》给死囚室。两名犯人在生命最后的 39 个小时里，除了提审复核外都在阅读杂志，在验明正身后十分恭敬地送回《读者》，并跪下叩头说：“谢谢许教官和你的《读者》，如果早几年像这两天这样看这些好书，我们也不会有今天。”还有位企业家数年前与人结怨，准备与仇家同归于尽。行凶前到洗手间恰巧捡到一本别人失落的《读者》，有篇关于母爱的文章深深吸引了他，想起自己的行为将导致母亲无尽的痛苦与孤独，瞬间放弃了复仇的念头，到深圳创业，成了一名老总。这些现实生活中的案例，多少都在印证张丽钧校长的那句名言：“读着

《读者》长大的孩子轻易不会变坏。”同时，也印证了关于《读者》的另一种广为流传的评论：“这是一本没有痛苦的杂志，她所宣扬的只是人生最美好的一面，而不是坏的一面。她主要给人希望与启迪。”

这种希望与启迪，正是《读者》倡导的情感关怀、成长关怀，它对抚慰今天某种暴戾的社会心态，对于缓解社会急剧转型带来的压力、缓解大众的精神饥渴，其作用难以估量。

### 2. 平民性

《读者》的平民性，可以从读者的受众面、销售价格、市井风格与互动阅读模式看出来。

从图 1 可以看出，零售占 78%、订阅占 22%，说明杂志发行的社会化程度很高，而且 66% 在中小城镇，15% 在村镇。《读者》创刊时每本 0.3 元，现在一直维持在每本 6 元。她质高价低的销售策略，使得街头巷尾的打工族、没有收入的青年学生都免去了经济负担而享受到较高的精神文化生活。

图 3 《读者》定价变化

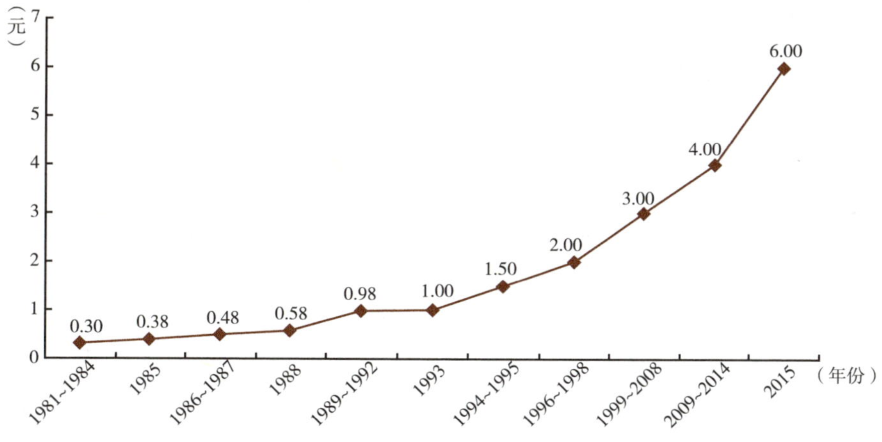


《读者》广泛的受众面与质高价廉，是与她的人文关怀理念与平民化的定位密切相关的。《读者》创刊人胡亚权在新世纪元旦之夜总结《读者》时说：“读者是平民性的。她只是一介平民，和老百姓一样生活和呼吸。”因此

《读者》关注市井人物立场、情感与话题，挖掘生活中小人物的故事，肯定安身立命、知足常乐的心态。《读者》的文风不是说教，而是交流，不是垂训，而是交朋友。读者参与选文推荐，参与《读者》改名，参与新媒体平台与大众阅读行动。差不多《读者》的每个重要发展节点，读者的感受、需求都受到尊重。过去有个栏目叫《编往读来》，现在叫《互动》，就是体现"《读者》在你身边"的亲近性。

这种亲近互动模式今天已经进一步拓展为走上街头、大众在场的互动阅读模式。为响应《全民阅读"十三五"时期发展规划》，自觉探索出版业供给侧改革、出版生产模式转型，提升阅读服务、文化消费服务水平，读者出版集团制定并实施了《读者·中国阅读行动》方案，开展了一系列活动。2017 年"世界读书日"前后，读者出版集团所属的 86 家新华书店及多家企事业单位、中小学共同举办了 130 余场阅读活动，系列阅读活动以兰州西北书城为主会场，全省联动，多方参与。这个方案包括常设项目（"中国读者大会"和"读者大讲堂"）、循环项目、特色项目、校园项目、公益项目。特别值得关注的是"读者小站·金城书房"公共文化空间项目。该项目由兰州市西固区人民政府与集团合作，共同建设运营西固区 8 处街区公共文化空间，建成以"读者"品牌、《读者》文化元素和阅读服务为核心，融公共借阅、分享体验、阅读讲座、知识服务、文化产品销售、咖啡茶语为一体的街区公共文化空间和体验式文化沙龙。通过"读者小站·金城书房"这一人文化的公共文化空间的打造，旨在激活一个社区、一条街道的文化情怀，增强人们的社区归属感。这一项目是继全国许多农家书屋、文化站模式失败后的新探索，如果运营成功，或可为国家公共文化服务体系有效运作提供示范。

由上可见，尽管《读者》采取的是市场营销模式，但实际上弥补了政府提供的城乡公共文化服务的不足。在这里，"两效"统一原则，实际上是以社会效益为优先的。

### 3. 雅俗性

《读者》是一本雅俗共赏的杂志，初中以上文化程度的人都可以阅读。

从图 1 可以看出，大专及以上学历的读者最多，占 46%，高中、中专、技校学历的读者占 41%，初中及以下学历的读者占 13%。《读者》虽是大众读物，但品位不低。在大众读物中，能将不同文化程度的读者聚拢在一起，将知识性、思想性、趣味性融合得如此之好，将通俗与品位的比例调适得如此恰当的，的确不多。这是《读者》长期探索、洗练的结果，是编辑们走近大众却不媚俗的美学风骨的体现。

判断大众刊物媚俗与否，除了看内容是否猎奇外，还要看它的审美趣味是否追求感官刺激。《读者》的封面设计一直保持知性传统，干净、简单，不跟风、不追求眼球效应。主题图片如果选择女性，也多突出女性的温柔、妩媚、典雅，而拒绝“面带桃花”、“丰乳肥臀”或“骨感”的商业元素。《读者》的插画也非常讲究，形成了自己的特色与品位。李晓林，中国美院版画系教授、插图作家，为《读者》插画 20 年。他在接受我们采访时说：“《读者》的插画风格并不一样，有写实、写意、漫画等，但要求很高，都是邀请国内著名的画家，所以它的品位这么多年来一直未丢。这些插画本身都是独立的艺术作品，具有独立的艺术性和品格。”

实际上，《读者》除了刊登美文、重视语言文字外，还有意识地做了大量艺术普及工作，刊登了大量诗歌、歌曲、绘画，介绍国内外艺术大师与不同画派，不但给人以美的享受，也提高了长期订阅者的审美修养。王继宏，一位坚持订阅《读者》30 年并坚持做读书笔记的普通公务员，在笔记中写道：“《读者》从创刊一直倡导美学的普及与教育，使万千读者受到了美的陶冶。因我从小对美术感兴趣，特别留意杂志的封面、封底和插页，以及介绍美术家的文章。可以这样说，在二十年的《读者》的谆谆教导下，我知道了许多美术大师，对于美术的认识与欣赏水平也有了很大的飞跃。”

## 二、从一本杂志、一个品牌到一个集团——读者出版集团的品牌创建与品牌强企之路

读者出版集团的核心竞争力就是“读者”品牌。“读者”品牌的形成，当然要归功于她的人文关怀所产生的社会效益，是“内容为王”的编辑优势带来的结果。但是“酒好也怕巷子深”。没有市场营销创新，这种编辑优势也就不可能转化为市场优势，没有市场优势也就不可能产生广泛的社会影响。

品牌内涵都是历史积淀起来的，尤其是文化品牌，更需要历史的沉淀。“读者”品牌的形成，非一日之功，而是伴随着中国社会改革开放的历史进程，以早萌的市场意识，通过发行与印刷体制改革创新，通过国际化的品牌竞争与市场营销，通过深化文化体制改革与集团化发展，通过人文关怀的传递与工匠精神的坚持等一系列文化体制改革与文化创意活动逐渐塑造出来的。她先后经历了品牌内涵积淀、品牌意识觉醒与打造、品牌驱动发展三个阶段。从这三个阶段的发展中我们可以看出，读者出版集团从一本杂志，到一个品牌，再到一个集团的发展轨迹，是一条文化品牌的创建、扩张与驱动发展的道路。这条道路是改革开放 40 年来文化体制变革的成果，是全球化时代市场营销与文化创意的结果。

### （一）品牌内涵积淀期（1981～1993 年）：推动发行体制改革，创新市场营销方式

曾任读者出版集团副董事长的彭长城总结“读者”品牌时说，“读者”品牌的形成，经历了一个从无意识到有意识，从被动到主动，从侧重内容到注重营销、到内容与营销并重这样一个认识过程。甘肃人民出版社在 1981 年创刊初期就胡亚权、郑元绪、彭长城等人在做一本杂志时，虽然没有品牌意识，但他们无意中就在期刊品牌市场上占了先机。这个先机就是她的准确定位。如果从今天“读者”品牌的文化内涵来看，她的雅俗共赏的风格，一

部分来自20世纪80年代在文化反思与文化重建的“文化热”中形成的文化使命与人文关怀。办刊人身上有明显的80年代知识分子烙印，这种时代烙印伴随着一代人的成长，成为今天的历史记忆与文化情结，使她具有坚守人文价值的文化性格，不媚俗、不低俗、不流俗，形成了自己独特的人文色彩、深刻的人文关怀、平和内敛的文人气质与温润读者心灵的话语风格。另一部分则来自她服务高中以上文化程度的中青年读者这一大众化办刊定位，使她在中国很多刊物还在吃体制饭、政策饭的时候，早萌市场意识，走市场营销之路，在市场竞争中逐渐打磨出自己的品牌形象。

可以说，这个品牌形象，恰恰是在改革开放初期的局部市场中“慢热”起来的。从新华书店代售、邮局订阅到书摊零售，都是一个不断克服发行体制弊端的市场营销过程。在月发行量成功攀升到180万册之后，好几年都徘徊在150万册。这个时候，计划经济体制下的印刷与发行体制已经不能满足市场对《读者文摘》（时名）的需求，供需矛盾突出。1988年，《读者文摘》通过多次努力与博弈，终于冲破体制束缚，争取到在武汉设立分印点，引发了邮局发行体制内部一场不可避免的激烈竞争，当年月发行量即上升到190万册。这场竞争进一步推动了分印规模的扩大。随后6年间，杂志在全国布设分印点，有兰州、南京、贵州、成都、济南、重庆、福州、深圳、上海、南宁、天津、沈阳等15个分印点（截至目前在全国共设19个分印点、27个发行点）。1991年杂志月发行量突破200万册，发行量居当年度中国期刊第四，1992年突破300万册，1994年突破400万册，为中国期刊月发行量第一大刊。应该说，《读者文摘》有效利用了中国现有的发行机制，同时推动了现有发行体制的改革，走出了一条独具特色的发行之路，在全国铺设销售网络，既节约了发行成本，又很好地促进了销售。通过多年的运营，杂志社和印厂、邮局、纸厂等形成了密切的合作伙伴关系和多赢局面，为后来打造“读者”品牌、“让《读者》成为您身边的杂志”，打下了坚实的市场基础。

### （二）品牌意识觉醒与打造期（1993～2000年）：加大宣传力度，打造品牌形象，提高品牌美誉度

尽管杂志的发行量急剧攀升，但对《读者》杂志来说，1993年前品牌几乎没有受到应有的重视。当然，杂志负责人郑元绪关于办刊的“四不哲学”（意见不全听、经验不全学、潮流不全跟、批评不慌神）以及他在《名牌期刊的基本特征》中提出的“名牌创造历史”、“名牌期刊不以成败论英雄”等论点，表明当时的《读者文摘》具有独立的思想、稳定的形象意识与创建名刊的抱负，但是国际市场品牌意识还没有建立起来。

#### 1. 改名公关

1992年，中国加入《伯尔尼保护文学和艺术作品公约》和《世界版权条约》，在这个背景下，长期以来中美之间关于《读者文摘》的刊名与商标纠纷已经到了必须解决的时候。此时，编辑部的知识产权与商标保护意识、国际品牌意识在国际竞争中已经觉醒，终于决定于1993年7月改名为《读者》。有意思的是，编辑部在改名工作中表现出了高超的危机公关能力。为了保持尊重读者的传统，杂志发出了征名启事，结果在广大读者中引起了震动，雪片似的读者来信有118972件，大量来信表达了对《读者文摘》的忠诚意识与眷恋之情，有的读者激动地称：“誓与《读者文摘》共存亡！”在中央电视台《观察与思路》就《读者文摘》更名的背景、社会反应与法律思考讨论节目播出后，《中国青年报》、《人民日报》等30多家报纸有评论或报道，新华社也有电讯，这大大提高了《读者》的知名度。从实际效果来看，编辑部充分利用了这次改名机会，甩掉了包袱获得新生，不但将征名活动变成了对《读者》形象的宣传，而且大大刺激了发行，不但化解了国际纠纷与危机，而且打响了品牌塑造的第一枪。

#### 2. LOGO征集

胡亚权谈到，过去在他们眼里，一个杂志的品牌仅仅是刊名而已，不曾意识到杂志的品牌与一本杂志的整体形象、标识等元素相关，也不知道刊名、标识、形象等是受到保护的无形资产。现在，《读者》编辑部完全觉醒

了，决定公开征集刊徽设计，结果有6万多件来稿，进一步提升了《读者》的品牌认同度。1995年7月，《读者》正式宣布将小蜜蜂作为刊徽，以此象征《读者》博采众家之长的精神，并以赵朴初题的“读者”二字，一同注册商标，进一步提升了品牌形象。

3. 广告选择

刊登广告是一家杂志走向市场化的必由之路，报刊的发展趋势是产业化经营。但是，《读者》对广告也是有选择的，与低价策略一样，反映了她的平民性的价值观。从创刊开始，《读者》一直保持清新、质朴、雅致的美学风格，从1994年刊登广告以来，《读者》拒绝做高档奢侈品、美容、医药、游戏类广告，她更多地选择日常生活用品与学习用品类广告，以回应受众的基本需要并与大众消费能力相适应。例如德生牌收音机广告、卓越对阵贝塔斯曼的读书广告大战等，都与《读者》的价值观相符。刊发广告的第三年，广告的利润就超过了发行，并逐年递增，广告收入占杂志全部收入的比例，由最初的20%，发展到2000年的60%还多，还实施了广告经营的招标代理制，2000年9月“标王”由北京一家公司以八位数的高标中标。由此可见，《读者》的广告策略坚持了社会效益与经济效益相统一的原则，提高了《读者》的社会美誉度。

4. 公益事业

《读者》不仅通过文字宣传与倡导人文关怀，而且身体力行，一贯热衷于公益，主动承担社会责任。1993年，《读者》还处于发展初期，就免费授权新疆人民出版社出版维语版的《读者》，不但不要版税，而且承担该版的稿费支出。1997年，支持中国盲文出版社出版盲文版的《读者》，从第二年开始每年资助盲文社4万元用于维持出版。同年教师节前夕，向全国1万名特级教师赠送了一年的杂志。1994年，从国内第一个“希望工程”公益广告开始，《读者》常年刊登公益广告，践行自身所倡导的价值观，并将其理念向社会和公众广泛传播。《读者》利用自身品牌巨大的影响力和号召力，积极投身于教育、环保、禁毒、卫生等社会公益事业，每年都拿出相当的版面刊登各类公益广告。2000 年以来，《读者》杂志社与中国青基会联合开展了“保护母亲河，共建读者林”活动，已在黄河上游的三个地方营造“读者林”17500 亩。这些公益行动，进一步增添了“读者”品牌的人文关怀色彩。可以说，从《读者》杂志到读者出版集团，不仅在培育而且在践行她所倡导的核心价值观，这大大提升了品牌的人气。

### （三）品牌驱动发展期（2000 年之后）：推动品牌扩张，走集团化发展之路，实施品牌强企战略

早在 20 世纪 80 年代末 90 年代初，彭长城在开拓发行渠道的过程中就认识到集约化经营的重要性，思考如何将内容编辑优势转化为市场营销优势。编辑部根据读者需求，推出了《读者文摘》合订本、精华本和丛书三个副产品。合订本在 1988 年当年就征订 30 多万套。从 1989 年开始大规模编辑“读者文摘”丛书，连续印刷 3 次，发行十几万册。此外，还出版了《读者文摘题图集萃》，特别是插图画集先后两次再版，成为许多读者与美院学生珍藏的学习范本，1992 年 3 月《读者文摘》十人插图展在兰州举办，更是开了一本杂志举办插图展的先河。1993 年、1997 年又分别推出了维语版、盲文版。

2000 年以后，随着读者品牌影响力的进一步扩大与潜在市场的出现，尤其在 2001 年中国成功加入世贸组织之后，重视品牌效应、品牌经营、品牌扩张的呼声在行业内外出现，但由于体制改革时机不成熟，《读者》只能在杂志运营的可能范围内进行品牌扩张。2006 年在更名为“读者出版集团”之后，品牌效应持续放大，走向了品牌驱动的集团化发展道路。随着体制改革向纵深化发展，品牌驱动发展效应明显。

#### 1. 品牌扩张及其效应

2000 年以后，《读者》利用自己的品牌效应，细分市场，不断创意策划品牌延伸产品，形成期刊群，开始往集团化经营方向发展，简述如下。

2000 年《读者》改为半月刊，并增加了印张。

2000 年 1 月，创办《读者》（乡村版）。

2001 年 10 月，创办《读者欣赏》。

2004 年 8 月，创办《读者》（原创版）；同年，出版《读者人文读本》；另外，杂志社对“读者”、“DUZHE”、“小蜜蜂”三件核心商标进行了涵盖全部 45 个类别共计 135 件商标的注册工作，其中包括文化用品、不动产事务等，为《读者》发挥品牌优势、进行多元化经营打下了扎实的基础。

2005 年，《读者》（繁体字版、北美版）创刊。

2010 年 5 月，《读者》电子书发布。

2011 年 1 月，《读者》（台湾版）发行。

2012 年 1 月，创办《读者·校园版》。

2012 年 11 月，创办《读者》（藏文版）。

2013 年 1 月，创办《读者·月刊》，从 2014 年第 7 期起更名为《读者·海外版》。

2015 年 1 月，《读者》改为彩色印刷。

这一系列版本扩张行动，使《读者》由一棵树变成了一片林，《读者》的品牌效应大大提升，发行量也急剧攀升，2006 年 4 月单期发行量突破千万，创下了中国期刊发行史上的“神话”。2012 年，《读者》月发行量为亚洲第一、世界第三。

**表 7　世界消费类期刊月发行量 TOP5**

（单位：万册）

| | | | | | |
|---|---|---|---|---|---|
| 1 | *Time* | 《时代周刊》 | 1312 | 周刊 | 美国 |
| 2 | *Better Homes and Gardens* | 《美好家园》 | 761 | 月刊 | 美国 |
| 3 | *Readers* | 《读者》 | 750 | 半月刊 | 中国 |
| 4 | *Reader's Digest* | 《读者文摘》 | 552 | 月刊 | 美国 |
| 5 | *Good Housekeeping* | 《好管家》 | 435 | 月刊 | 美国 |

图 4 《读者》的发展历程

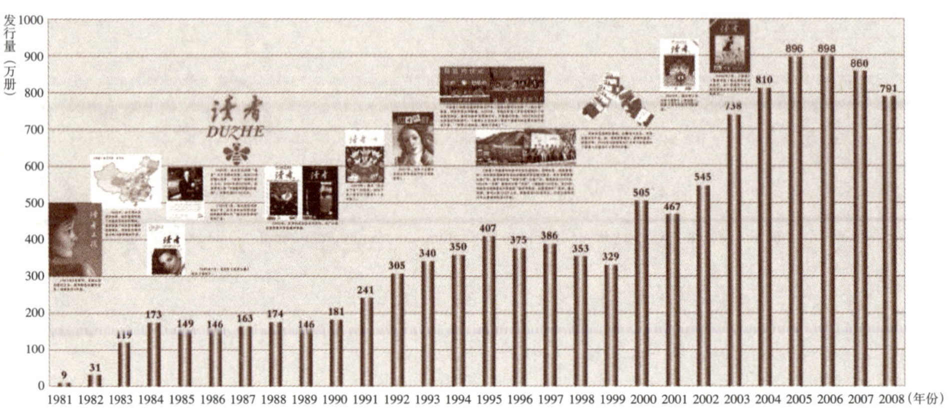


随着“读者”品牌产品的延伸与发行扩张，《读者》成为中国名副其实的以社会效益优先为原则的“双效”期刊代表。分别于 2001 年、2003 年、2005 年、2010 年、2017 年，5 次荣获“中国出版政府奖期刊奖”（其中三届连续获奖）。2006 年 8 月，商务部在“商务新长征、品牌万里行”活动中，将“读者”作为全国唯一知名文化品牌，设立品牌地标。发行量连续 15 年领跑中国期刊界，截至 2017 年累计发行超过 19 亿册，销售收入 3 亿元，利润 1 亿元，人均创效居行业前列，品牌价值达 233.59 亿元。2018 年再度入选“双效”期刊，品牌总价值高达 302.23 亿元，较 2017 年增加 29.4%，总排名第 176 位，在平面媒体中位列前八。

### 2. 走集团化发展之路，深化体制改革，实施品牌强企战略

“读者”品牌后期的扩张与效应的放大，与 2006 年以来文化体制改革的不断深化是密不可分的，同时，品牌的扩张与效应的放大也驱动《读者》朝集团化的方向发展。

从主要经济指标的增速来看，体制改革、品牌驱动、集团化发展成效较为明显。2006 年底，集团成立，当年总资产 6.26 亿元，净资产 5.58 亿元；2009 年底，集团合并口径总资产 16.78 亿元，净资产 14.34 亿元；2017 年底，集团合并口径总资产 60.33 亿元，净资产 37.37 亿元。其中 2017 年，《读

图 5 “读者”品牌价值的变化

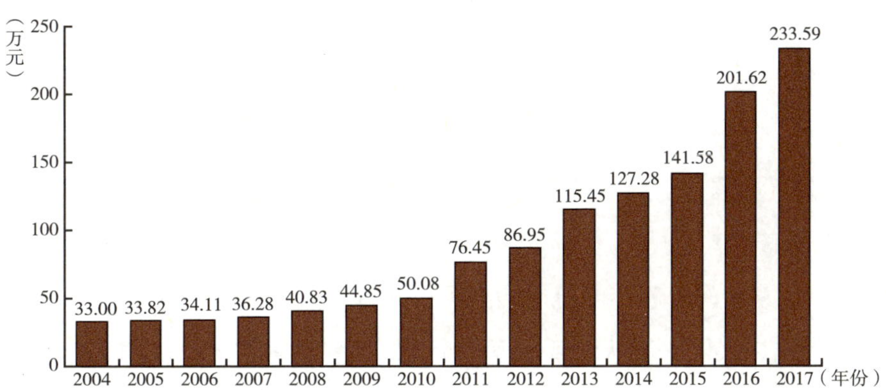


者》月平均发行量 529 万册，杂志社全年实现营收 25992.59 万元，实现利润 7946.02 万元。飞天传媒完成销售 16.4 亿元，比上年增长 2.8%，实现利润 4531 万元，比上年增长 23.51%。

### 3. 出版主业长足发展

近年来，集团深化改革，不断固本强基，出版主业突出，出版质量不断提高，正向出版专业化、精品化方向迈进。同时，“读者”品牌在市场竞争中的影响力不断扩大，其溢出效应明显，并向出版主业的各个环节渗透。

出版规模逐步扩大。改制前，甘肃人民出版社图书出版品种有 1000 种左右，2006 年读者出版集团成立当年为 1091 种，到 2016 年为 3185 种，出版品种不断增加，规模不断扩大，出版结构明显改善，市场书比例逐步提高。20 世纪 90 年代，出版刊物 7 种，2012 年以来出版期刊（报）13 种，初步形成了综合类、青年类、少儿类、老年类、文学类、科普类等期刊群。

精品出版成绩喜人。十八大以来，集团按照导向正确、质量上乘、形式多样要求，发扬工匠精神，全力打造精品出版。2013～2016 年，2 种图书获得中华优秀出版物奖、4 种图书获得提名奖，5 种图书入选国家出版基金资助项目，7 种图书、音像出版物入选“十三五”国家重点出版物规划，13 种图书获民族文字出版专项资金资助，2 种图书入选古籍整理项目，59 种图书入选教育部“中小学图书馆推荐书目”，54 种图书获得甘肃省优秀图书奖。

2016 年，112 种图书入选《甘肃省“十三五”精品图书出版规划》，占比为 63.64%。2017 年，4 种图书入选 2017 年国家出版基金资助项目，12 种图书入选国家“十三五”重点出版规划和少数民族语言文字出版规划增补项目，1 种图书入选 2017 年丝路书香工程重点翻译资助项目，1 种图书（《读者丛书 · 社会主义核心价值观读本》）入选 2017 年中宣部主题出版重点选题。1 种期刊（《读者》杂志）获得第四届中国出版政府奖期刊奖，4 种期刊入选“2017 年国家新闻出版广电总局向全国少儿推荐百种优秀报刊”名单。

读者出版集团深刻认识到，下一步要打响“读者”图书品牌，带动图书朝出版精品化、品牌化发展。目前读者出版集团打造面向世界的藏学出版战略，以甘肃民族出版社现有藏学出版资源和藏文编辑部为基础，设立了“读者藏学出版中心”，该中心在 2018 年国家民委重大出版项目招标中顺利中标，获得项目资金 750 万余元。中心的文化功能将辐射藏区，推动藏区内外的文化交流。此外，集团将发挥地区优势，探索“一带一路”相关的西北史地学术文化出版中心建设。2018 年将重点抓好文溯阁四库全书影印和数字出版工程、“读者丛书中国梦读本”、《中国改革开放全景录 · 甘肃卷》、《中国百部秦腔大系》、《西夏学文库》等。

#### 4. 媒体融合与数字转型

为积极应对移动互联网时代的挑战，延伸“读者”品牌在新媒体领域的优势，进一步开发《读者》的品牌价值链，寻求新的业务发展模式，2014 年 10 月，由读者出版传媒股份有限公司注资 1000 万元，成立了全资子公司北京读者天元文化传播有限公司（以下简称天元公司），由《读者》杂志社全面管理经营。天元公司前身就是《读者》杂志社新媒体部，除了承接《读者》杂志内容数字化的业务外，还承担着业务转型和新的体制机制的探索任务。天元公司在北京市朝阳区望京 SOHO，希望充分利用北京优越的地理位置、最新的行业信息、优势媒体资源以及浓厚的文化氛围等因素，从机制、体制、模式、文化等多方面进行全新开拓，建立和壮大新媒体队伍，实现战略转型升级。现有的业务主要有以下几个方面：微《读者》平台、《读者》

微信、《读者》网站、《读者》微博、《读者 · 书房》微电商、《读者》APP、《读者》数字刊以及新媒体参与的课题项目等。天元公司紧紧围绕“以优秀文化服务用户”的核心，主要从“优质内容—读者 · 书房微电商—《读者》线上订阅—品牌广告”展开，积极打造“线上内容—线上店—线上广告”的闭环粉丝经济运营模式。

《读者》在战略转型上，主要依托“读者”品牌，运用新媒体技术和互联网平台，打造《读者》数字化品牌新媒体产品。在《读者》新媒体业务开展初期，主要开展传统手机报 WAP 业务，以优质的内容服务广大手机用户。随着移动互联网时代的到来，《读者》积极开发阅读 APP，《读者》iPad 版、《读者》iPhone 版迅速占领应用商店，得到广大用户好评。此后，应广大用户的要求，《读者》安卓版迅速上线。在阅读类 APP 中，《读者》处于领先地位。

2012 年，移动社交应用微信开启了移动互联网社交新模式。《读者》抓住这一时机，注册认证《读者》微信。依托微信，打造平台，辐射《读者》移动应用，丰富《读者》新媒体阅读服务，促进“读者”品牌电子商务的优质开展。2016 年期刊中心运行微信公众号、微博达到 14 个，2015 年《读者原创版》公众号用户为 15 万人、2017 年为 30.6 万人，品牌推广和线上销售效果明显。《读者》微信发展至今，已成为新媒体战略转型中的核心产品之一，微信粉丝 2015 年为 108 万，2016 年为 200 万，2017 年为 350 万，目前突破 400 万；阅读量持续增长，2017 年单篇文章阅读量破 300 万，阅读量 10 万 + 文章 425 篇，平均阅读量 6 万 +。2016 年“微读者”入选“全国报刊媒体融合创新案例 30 佳”，两次入选“大众喜爱的 50 个阅读微信公众号”。在新榜出品的《2017 年中国微信 500 强年榜》中，《读者》微信位居全行业微信第 83 位，文化阅读类前 10 名。目前，《读者》微信在权威排行榜里位居文化阅读综合类公众号第 5 位，在全行业排名第 52 位，在传统媒体转型中的创新驱动、融合发展方面具有一定的示范意义。

《读者》数字版发展迅猛，2014 年月均发行 44.5 万册，2015 年月均发行 77.5 万册，2016 年月均发行 137.7 万册。此外，还创立了读者读书会，寻求纸媒与数字阅读的最佳结合点。2017 年，《读者》杂志社推出了“读者读书会”微信公众号，以“24 本书主义”和“阅读即生活”为基本理念，每半个月荐书一本，每天推文数篇，每两周举办一次线下活动。

为加快数字转型，读者出版集团成立了读者甘肃数码科技有限公司。该公司是集团旗下读者出版传媒股份有限公司控股子公司，于 2010 年 5 月注册成立，注册资金 1200 万元。公司自成立以来，一直坚持“推进数字出版、做强读者品牌”的发展目标，将最新的电子信息技术和互联网技术等应用到文化出版领域，逐渐形成了以“读者云图书馆”为主体、以“数据加工业务”和“读者智能终端”为两翼的“一体两翼”发展格局。公司积极关注终端产品的传播环境，在国家大力倡导“互联网 +”和“大数据”建设的背景下，开拓了“互联网 + 移动终端”的全民阅读模式，开发建设的数字平台“读者云图书馆”项目是国家新闻出版总署“十二五”规划中的重点项目。公司联合甘肃省财政厅、甘肃省新闻出版广电局共同承建“甘肃省数字农家书屋项目”。公司主要经营产品为“读者”手持系列智能终端产品。截至目前，共研发 10 代电纸书和平板电脑，5 种型号的通讯类产品。2015 年相继推出“亚洲首款双屏手机——读者阅尚智能双屏手机 DZS2”、“读者 DZ108 高级商务办公平板电脑”，并成功入选 2015 年甘肃省政府采购目录。2014 年下半年，开始从事对外出口业务，主要出口产品为读者智能手机、电纸书、平板电脑及后续推出的电子产品，主要经香港转口至阿尔及利亚、南非、俄罗斯等国。截至 2015 年 12 月，出口金额合计 1212.58 万美元，约 7518 万元人民币。

公司由最初注册资金 100 万元发展为现在的 1200 万元，销售收入由最初的 55 万元增长到现在的 6429 万元，总资产也由最初的 100 万元增长到现在的 5012 万元，以大于 100% 的增长率逐年递增。

### 5. 多元跨界发展

多元化产业运营蓄势待发，主业瓶颈的突破需要多元产业的支撑。《读者》人认识到，要突破出版产业瓶颈，就要紧紧依托《读者》的品牌优势，强化品牌主导战略，构建多元化产业体系，巩固主业的产业之基，围绕主业完善产业链，并发展相关产业，以产业的强大反哺主业，使品牌不断增值。

“编印发”一体化产业园。2017 年读者出版集团与飞天传媒（全省新华书店、三家印刷厂）实现战略重组后，为加强集团内部融合与资源整合，构建“编印发”一体化产业体系，集团正在建设飞天文化产业园，园区由飞天文化物流园、飞天高新绿色印刷园、飞天数字出版及文化创意园三部分组成，投资 10 亿元，2020 年初具规模。

飞天文化物流园将打造集图书批发零售、贸易流通为一体的大型文化类商贸龙头企业，目前甘肃新华书店飞天传媒股份有限公司已经入驻园内，负责全省 86 家市县新华书店的经营管理与出版物物流配送业务，2017 年实现经营收入 16.4 亿元，利润 0.45 亿元，2018 年 1～5 月经营收入 6.2 亿元。目前新华书店正在进行门店改造，逐渐成为时尚性文化休闲阅读体验的公共空间与传播社会主义先进文化的主阵地，特别是政治理论和主题出版物的热销点。如坐落于兰州市中心地段的西北书城是西北地区经营规模最大、经营品种最全的图书卖场之一。天水、武威、白银、张掖等市的新华书店也正在以其文化 MALL 的升级改造成为所在市的文化名片。

飞天高新绿色印刷园以打造西北地区一流的高科技绿色环保印刷业为目标，实现传统印刷业态的转型升级，在原承印中小学教材教辅与时政报刊的基础上进一步拓展业务；飞天数字出版及文化创意园将打造西北地区数字出版高地，采取“校企”、“政企”合作模式，开展数字出版物、学生电子书包、网络教育出版物及动漫产品研发生产等业务。

2010 年以来，读者出版集团围绕主业开展相关产业探索，如在动漫影视、户外广告等传媒产业方向进行探索，近年来在多元产业板块方面加快了部署步伐。

阅读服务。2016 年 12 月底，《全民阅读“十三五”时期发展规划》发布，《全民阅读促进条例》进入立法快车道，全民阅读已成为一项国策。“读者”品牌为阅读而生，一直以来都在引领国人价值观和阅读风尚，参与中国人精神生活的建构，为中国人提供最优质的阅读及文化消费服务，着力推动文化与社会发展。为了充分利用“读者”品牌在阅读人群中的广泛影响力、大力拓展《读者》“影响力经济”，读者出版集团于2016年底开始起草制定《读者出版集团“读者·中国阅读行动”全民阅读工程方案》，部署“横向到边辐射全国、纵向到底贯穿全省”的系列阅读推广和阅读服务活动，大力传播《读者》文化，推动《读者》成为全民阅读推广的“领读者”。目前已经开展一系列活动，取得了丰硕成果，如首届“读者大会”举办、读者读书会荐书平台上线、“读者·新语文”中小学语文阅读与写作教育平台启动、“金城书房·读者小站”公共文化空间项目实施等。“读者·中国阅读行动”获得甘肃省宣传思想文化工作创新提名奖。

文化创意。读者晋林工作室手工书做得有声有色，开发了《佛陀微笑》、《玩皮影》、《千手观音》等手工互动图书以及藏书票、读者香包等产品，其中《中国古代体育图录》、《敦煌佛教感通画研究》、《兰花花》分别获得2016年第67届美国印制大奖的表彰奖、优异奖；期刊出版中心开发了“慢慢爱”文化主题笔记本、《日知录》日历书、唐卡礼盒等产品；原美术出版社开发了敦煌伞、手工香皂等产品。此外，读者数码公司已在深圳的“读者文化生活馆”营业，主营特色茶礼盒、口杯、T恤衫等自主创意设计、唯美实用的文创产品；期刊中心在上海的实体店即将营业；文化集市公司依托甘肃省新华书店系统和农家书屋，在全省建成文化集市固定经营点150家（包括加盟店），主营夜光杯、黑陶、砖雕、皮影等甘肃各地特色的民间民俗文化产品。

文化旅游。集团设立了读者文旅公司，开展研学旅行和文化旅游。文化旅游作为集团多元化产业发展的首发业务板块，注册于2016年12月28日。经过一年多的探索，已基本形成以读者研学为核心业务、以“小众、高端、特色”为主要发展方向的读者特色文化旅游产业发展格局。集团逐步探索“读者”品牌在文化旅游产业各业态的扩张，着手布局包括酒店、景区、婚庆等在内的文化旅游生态体系的构建。

文化金融。2016年以来，读者出版集团先后投资黄河财产保险股份有限公司，成为甘肃本土第一家财产保险公司的发起人之一；入股华龙证券股份有限公司，参与西部地区重要证券公司的增资扩股；设立读者光大新兴产业基金，获得国家财政 5000 万元资金支持，成为“甘肃省第一个获得国家财政专项资金的市场化基金”；增资甘肃文化产权交易中心，成为第二大股东，集团金融产业板块初步形成。

教育装备。读者出版集团旗下读者文化传播有限责任公司负责教育装备和教育信息化工作。2017 年 11 月正式涉足教育装备和教育信息化领域，截至目前，在该业务板块实现营业额 896.58 万元，利润 112 万元。

文化地产。读者出版集团旗下甘肃新华飞天文化地产有限公司，是原甘肃省新华书店为拓展集团多元化产业于 2013 年 9 月成立的地产开发性公司。该公司依托全省新华书店优质土地资源，加快文化地产开发布局，提升基层书店经营场地综合开发水平，从而提升新华品牌形象，丰富、完善服务功能，提高资产收益率，业务以房地产开发、建设，商品房销售、出租和管理，自建商品房及配套设施等为主。

目前读者出版集团已初步形成了主业突出、产业多元，业务涵盖印刷发行、文化旅游、文化创意、阅读服务、教育装备、金融资本、文化地产、物流物业等综合性文化产业格局。

6. 文化“走出去”

2003 年 7 月，《读者》与北美大路公司签订协议，授予该公司在北美的独家发行代理权，采取在美国分印发行的方式，进入当地市场。2007 年《读者》被列为国家文化出口重点项目。2010 年《读者》台湾繁体字版发行，8 月 25 日，台湾“行政院新闻局”正式核准《读者》进入台湾地区发行。《读者》成为大陆第一本进入台湾地区公开发行的杂志，翻开了两岸文化交流的新篇章。北美地区月发行量 4 万多册，中国台湾及港澳地区月发行 2.5 万册。

7. 企业社会责任

集团转企改制后，在品牌驱动发展的过程中，仍然不忘《读者》的核心价值，传递人文关怀，树立企业文化品牌形象。

捐书扶贫。2010 年 4 月 23 日“世界读书日”到来之际，读者出版集团积极响应，组织广大员工踊跃捐书或捐款认购，以单位名义捐赠了价值 13.5 万元的图书，个人捐赠和认购了价值 4 万元的书刊。同年，集团还向甘肃省部分农家书屋捐赠了 200 份全年的《中国新闻出版报》，向甘肃秦安县等地图书馆和中小学校捐赠了 9.9 万元的图书、期刊和 5 万元文化扶贫专项资金。2015 年以来，集团在“世界读书日”、“文化三下乡”等活动中累计捐赠图书 56 万多码洋。2012 年以来，集团按照省委要求积极开展脱贫攻坚帮扶工作，截至 2017 年累计投入帮扶资金 442 万元，帮助四个贫困村发展重点产业，改善基础设施，增加农户经济收益。2017 年第一批帮扶的四个贫困村已经全部实现脱贫，进入指导性帮扶阶段。

抗震救灾。每当中华大地遭受重大灾害的危急关头，读者出版集团总是在第一时间捐款捐物。

2008 年，汶川地震发生后第一时间，《读者》杂志社的 20 多名青年员工、读者出版集团本部 300 名职员工、100 位离退休老职工纷纷主动捐款，加上党员、非党员缴纳的特殊党费，集团广大员工捐款 10 万元。此外，集团向甘肃省陇南地区一次性捐款 110 万元。这样，集团和广大员工在汶川地震中共捐款 120 万元。

2010 年 4 月 14 日，玉树地震发生后第一时间，读者出版集团党委以现金形式向玉树地震灾区一次性捐款 500 万元。4 月 20 日晚，时任读者出版集团总经理的彭长城同志受集团董事会委托，出席中央电视台大型特别节目《情系玉树　大爱无疆》抗震救灾晚会，捐出 500 万元爱心善款。

2010 年 8 月 7 日，特大山洪泥石流灾害侵袭甘肃舟曲，读者出版集团党委召开紧急党委会议，决定由读者出版传媒股份有限公司向舟曲县一次性捐款 200 万元，并紧急重新印刷中小学秋季教材和教辅读物，要求所属出版社紧急调拨教辅读物，向灾区捐赠部分教材教辅图书。

光明行动。2013 年 6 月，由《读者》杂志、中华少年儿童慈善救助基金、北京光彩明天儿童眼科医院共同发起的“《读者》光明行动”正式实施，免费救助贫困家庭的先天弱视儿童，迄今捐款总额突破2245万元，义诊146697人，实际救助2344名弱视儿童，救助范围涵盖全国22个省份。

## 三、基本经验、问题与建议

读者出版集团从一本薄薄的杂志，到一个知名文化品牌，再到一个品牌驱动发展的出版集团，这一发展历程有许多经验值得总结。

### 1. 传播正能量同样具有巨大的市场潜力

在文化产业发展过程中，做到社会效益与经济效益相统一，不是一件容易的事，坚持社会效益优先的“双效”统一更为不易。“读者”品牌以真善美的人文关怀为其文化内涵，在品牌的形成与发展的不同阶段根据市场情况进行微调，但不迎合、不低俗，始终如一地传递人文关怀，形变神不变，用人性的光辉打败时尚与低俗，赢得了广泛的市场认同。这一案例生动说明了传播正能量同样有巨大的市场潜力，关键在于要善于文化创意，挖掘人性，找到准确的市场定位。

### 2. 以人民为中心，讲好价值观故事

长期以来，如何以人民为中心，以喜闻乐见的文化方式传播社会主义核心价值观，将抽象的概念与政治口号生活化，解决大众化、落地生根、内化于心的问题，一直是文化单位苦苦探索的文化难题。《读者》定位在高雅与大众之间，平民色彩很浓，向普通大众传递人文关怀，贴近人性，直指人心。她善于文化创意，挖掘富有哲理与人情味的短文或市井小人物的故事，“润物细无声”，在急剧变革与世俗化时代，为大众提供自我救赎的精神家园，成功打造“中国人的心灵读本”。这一鲜活案例，给当前的价值观建设与意识形态工作提供了启示。

### 3. 全球化时代的文化产业竞争，是品牌竞争

《读者》杂志创刊不久就陷入与美国《读者文摘》的商标纠纷中，但恰恰是这一国际纠纷，使《读者》杂志比业界许多刊物更早地认识到品牌竞争

时代的来临。《读者》从无意识到有意识、从被动到主动、从侧重内容到内容与营销并举，尊重品牌建设规律，快速打造出自己的文化品牌，从而在中国入世后及时走上品牌扩张的道路，在与包括美国《读者文摘》在内的期刊竞争过程中获得了市场优势。由此可见，品牌建设关乎文化企业的核心竞争力。

4. 坚持改革，不断创意，开拓市场营销

读者出版集团从一本杂志开始，打造品牌，走向品牌扩张的集团化发展道路，是在中国改革开放的历史进程中不断改革创新的结果。她以早萌的市场意识，通过发行与印刷体制改革创新，激活并有效利用现有发行机制，构建起自己独特的发行网络，通过国际化的品牌竞争与创意策划，不断开拓市场营销渠道，通过转企改制、成功上市等深化文化体制改革的重大举措推动集团多元化发展。改革、创意与营销是赢得市场的三个关键词。“好酒也怕巷子深”，只有坚持改革、不断创意、做好营销，一个文化品牌内容为王的编辑优势才能转化为市场优势。

5. 坚持工匠精神，不折腾，做好一件事

中国社会变迁较快，文化市场浮躁，能始终如一坚持自己的理念、品味、质量、效益的文化企业不多，所以难以形成稳定的品牌效应。但是37年来，《读者》主编和编辑人员换了一茬又一茬，但《读者》的基本定位没有变，她的人文关怀没有变，始终不渝地在编辑微调中得以坚持和强化，形成了自己的编辑灵魂，保证了《读者》发展的连续性和稳定性。《读者》坚守的编辑理念、品味、质量、风格与社会效益，构成了自己的品牌传统，几代人守护这个传统，精益求精，不折腾，做好一件事，表现出深沉的文化定力与一丝不苟的工匠精神。这种文化定力与工匠精神是文化品牌强大的生命力与竞争力。

读者出版集团在多元化发展过程中，尤其在刚与飞天传媒实现战略重组的时候，如何宣传保护好“读者”品牌，突出主业，以品牌的理念、品味、质量与工匠精神渗透到多元的产业板块中去，做出更多的精品，是一个考验品牌企业的创意与管理能力的大问题。读者出版集团在纸媒与新媒体融合发展过程中已经取得重要成果，但从美国《读者文摘》面临新媒体冲击而申请破产保护的教训看，读者出版集团仍然要增强忧患意识，加强新媒体时代的传播创意与营销能力。集团需要进一步开拓人才渠道，构建品牌竞争时代强大的人才库。

经过这次调研，我们向有关政策管理部门建议如下。

（1）税收优惠方面，当前很多文化企业是靠国家税收优惠政策发展，尤其对出版发行行业而言，企业所得税减免和增值税先征后返政策，极大地支持了文化企业的改革发展，甚至成为文化企业利润的重要来源。因此，国家应当延续文化产业税收优惠政策，建议取消 3% 的文化事业建设费，以降低企业的纳税负担，这也是文化企业普遍反映的问题。

（2）加大对文化产品的政府采购力度，特别是像《读者》这样社会效益突出的优质出版物与“读者 · 中国阅读行动”全民阅读工程应进入采购名录。目前，政府采购对文化企业的消费拉动作用很大，有利于激励企业坚持社会效益优先的原则。此外，通过政府采购还有利于引导文化市场的消费，避免过度娱乐化，积极传播社会主义核心价值观。

（3）对西部落后地区的传统文化产业改造增加国家投入和技术扶持。读者出版集团与飞天传媒战略重组后历史包袱很重，甚至多年亏损，问题严重，因此对读者出版集团旗下的传统印刷企业的升级改造、发展高新绿色印刷包装产业，以及发行仓储环节的设备升级应给予政策、项目与资金扶持，以帮助西部地区文化企业实现跨越式发展，避免将多年改革开放的文化成果“读者”品牌拖垮。

（4）帮助“读者”品牌“走出去”。“读者”品牌的人文关怀具有较广泛的文化传播性，在北美及中国台湾、香港地区都有不同的发行量。《读者》是中国大陆第一本也是目前唯一一本进入台湾地区公开出版发行的杂志。国家对于这些既具有正能量又具有跨地区、跨文化传播品质的文化品牌，可以适当方式进行项目基金支持。

图书在版编目（CIP）数据

改革开放与中国企业发展 / 《改革开放与中国企业发展》编写组编. --北京：社会科学文献出版社，2018.12

（庆祝改革开放40周年"百城百县百企"调研丛书）

ISBN 978-7-5201-3823-9

Ⅰ.①改… Ⅱ.①改… Ⅲ.①改革开放－关系－企业发展－调查报告－中国 Ⅳ.①D619 ②F279.23

中国版本图书馆CIP数据核字（2018）第255345号

·庆祝改革开放 40 周年"百城百县百企"调研丛书·

改革开放与中国企业发展

编　　者 / 《改革开放与中国企业发展》编写组

出 版 人 / 谢寿光

项目统筹 / 谢蕊芬

责任编辑 / 谢蕊芬　张小菲　胡庆英　杨　阳　佟英磊
　　　　　杨桂凤　赵　娜　隋嘉滨　任晓霞　胡　亮

出　　版 / 社会科学文献出版社·社会学出版中心（010）59367159
　　　　　地址：北京市北三环中路甲29号院华龙大厦　邮编：100029
　　　　　网址：www.ssap.com.cn

发　　行 / 市场营销中心（010）59367081　59367083

印　　装 / 三河市东方印刷有限公司

规　　格 / 开　本：787mm×1092mm　1/16
　　　　　印　张：81.25　字　数：1202千字

版　　次 / 2018年12月第1版　2018年12月第1次印刷

书　　号 / ISBN 978-7-5201-3823-9

定　　价 / 398.00元

本书如有印装质量问题，请与读者服务中心（010-59367028）联系